Palaeolithic Archaeology of the Sagamino Upland

相模野台地の
旧石器考古学

諏訪間 順
Jun Suwama

新泉社

立川ローム層の土層断面

左から，愛鷹山麓（土手上遺跡）3〜4m，相模野台地（栗原中丸遺跡）7〜8m，武蔵野台地（武蔵国分寺関連遺跡）3〜4mの層厚がある。

層位的に出土した礫群

柏ヶ谷長ヲサ遺跡の第Ⅸ文化層と第Ⅵ文化層の礫群。40〜50cmの層位差をもって検出される。

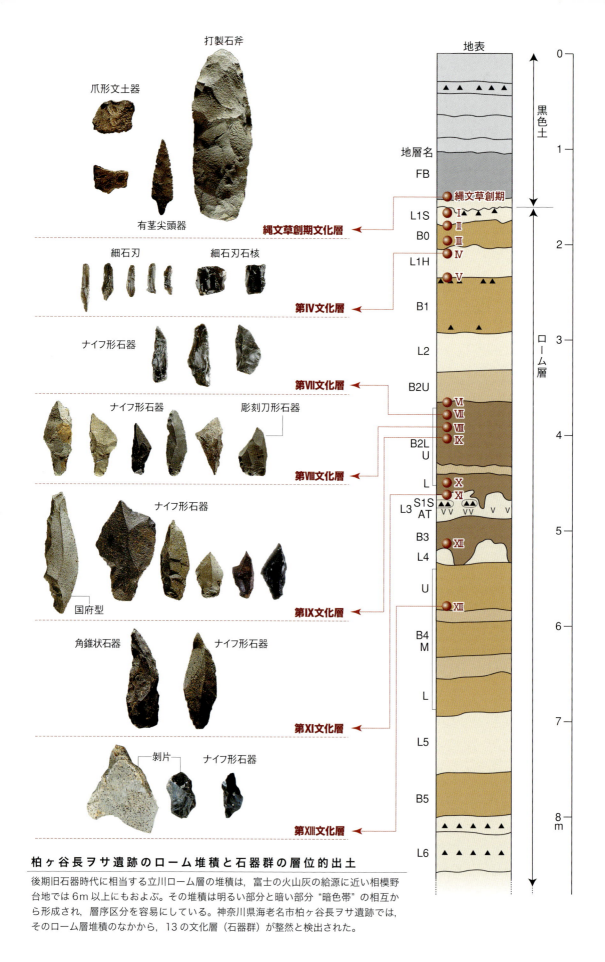

柏ヶ谷長ヲサ遺跡のローム堆積と石器群の層位的出土

後期旧石器時代に相当する立川ローム層の堆積は，富士の火山灰の給源に近い相模野台地では6m以上にもおよぶ。その堆積は明るい部分と暗い部分"暗色帯"の相互から形成され，層序区分を容易にしている。神奈川県海老名市柏ヶ谷長ヲサ遺跡では，そのローム層堆積のなかから，13の文化層（石器群）が整然と検出された。

ナイフ形石器
（鉄石英）

ナイフ形石器
（黒曜石・柏峠）

掻器
（ガラス質黒色安山岩・箱根）

国府型ナイフ形石器
（硬質細粒凝灰岩）

ナイフ形石器
（ガラス質黒色安山岩・箱根）

掻器
（黒曜石・畑宿）

敲石
（硬質細粒凝灰岩）

柏ヶ谷長ヲサ遺跡第Ⅸ文化層の石器群
切出形ナイフ形石器や掻器などと国府型ナイフ形石器が出土した。

柏ヶ谷長ヲサ遺跡第Ⅸ文化層の礫群
最終氷期最寒冷期（LGM）に該当するこの時期は，礫群がきわめて発達する。

柏ヶ谷長ヲサ遺跡第Ⅷ文化層の配石
中央に平坦な台石があり，敲石，石核などが配置されたもの。

相模野台地の旧石器考古学

はじめに

　関東地方は，石器群を包含する地層堆積がきわめて良好なことから，編年研究をはじめ多くの研究が進められている。なかでも関東地方の西部に位置する相模野台地は，日本列島の中でも石器群の層位的出土事例に最も恵まれたフィールドである。後期旧石器時代の石器群を包含する立川ローム層が6〜8mという分厚い堆積をみせることから，石器群を層位的に分離することが容易である。この層位的出土例を基に日本列島の中では最も分解能の高い石器編年が構築されている地域といえる（諏訪間1988・2001）。
　相模野台地を含む神奈川県は，2009年10月までに，456遺跡，856文化層の旧石器時代遺跡の存在が確認されている（栗原・加藤2010）。遺跡の数でいえば，千葉県や東京都とくらべると決して多いとはいえないが，層位的に出土した石器群のもつ資料的価値はきわめて高い。
　そして，相模野台地は層位的に恵まれた条件に加え，近隣に丹沢山地や箱根・伊豆山地などの石材産地を控え，石材環境に恵まれた地域であることから，石材構成の変遷という視点からも石器群の変遷が検討しやすい特質をもっている。相模野台地の近隣には，丹沢山地及び相模川流域の硬質細粒凝灰岩，多摩川流域のチャート，半径30〜50kmには，箱根山中に箱根畑宿産黒曜石や箱根山から早川沿岸にかけて箱根産ガラス質黒色安山岩産地，さらに，70km以内には伊豆柏峠産の黒曜石原産地がある。これらの石材の相模野台地に搬入される姿（産地の比率）を時期別に検討することにより，相模野をめぐる集団の遊動領域をより具体的に捉えることができる（諏訪間2002・2006a）。
　本書は，相模野台地における旧石器時代石器群の層位的出土例から細分された石器群の変遷を基本として，石器石材研究から当時の行動領域などを追究したものである。最初の相模野段階編年の提示（諏訪間1988）から30年が経過し，多くの石器群が調査されているが，これまでその骨格そのものの変更はされていない。重厚なローム層堆積からの「層位的出土」は最大のポテンシャルなのである。
　本書は，学位論文として2008年10月に東京都立大学に提出してから10年が経過してしまった。その間の黒曜石を中心とした石材研究と，放射性炭素年代測定およびその較正年代に関する研究が大きく進展している。特に較正年代については，水月湖の年縞堆積物に基づいたINTCAL13による較正曲線が整備され，年代の更新が著しいが，本論があくまで発表時の年代をもとにしているため，新たな年代を反映できていないことをお断りしておきたい。
　筆者がライフワークとしてきた相模野台地の旧石器時代編年をベースにした「相模野台地の旧石器考古学」研究をご覧いただき，ご批判をいただければ幸いである。

相模野台地の旧石器考古学
◎目 次

はじめに 3

序 章 研究の背景と目的 ------------ 13

第1節 本書の目的 14
1 研究の背景 14
2 研究の目的と視点 15
3 本書の構成 16

第2節 関東地方における旧石器時代研究の背景 18
はじめに 18
1 関東地方の研究のあゆみ 18
2 研究の現状と課題 24
3 研究の展望 26

第Ⅰ章 相模野台地の旧石器編年 ------------ 29

第1節 相模野旧石器編年の前提 30
はじめに 30
1 地層累重の法則 31
2 ローム層の分層と垂直分布投影 31
3 ブロックの同時性 34
4 ローム層の分層と遺跡間の対比 35
5 YNo.による識別と考古学土層 36
6 石器群の年代 37
7 石器構造編年から遺跡構造編年へ 39

第 2 節　相模野台地における石器群の変遷　*41*

　　　はじめに　*41*
　　1　相模野台地の石器群の段階的把握　*42*
　　2　石器群の変遷　*64*
　　　おわりに　*66*

第 3 節　相模野旧石器編年の到達点　*69*

　　　はじめに　*69*
　　1　相模野台地の層位と編年の前提　*70*
　　2　相模野旧石器編年の研究の歩み　*72*
　　　(1)月見野遺跡群の調査と相模野編年の成立／(2)大規模重層遺跡の調査と研究の進展
　　3　相模野旧石器時代石器群の変遷　*75*
　　4　相模野旧石器編年の展望　*86*
　　　追　記　*87*

第Ⅱ章　後期旧石器時代前半期の石器群　------------ *89*

第 1 節　後期旧石器時代開始期の石器群の評価　*90*

　　1　後期旧石器時代を遡る石器群の条件　*90*
　　2　「X層」研究の意義　*91*
　　3　関東・東海地方の立川ローム層　*92*
　　4　南関東地方から東海地方の後期旧石器時代開始期の石器群　*94*
　　　(1)武蔵野台地のX層出土石器群／(2)下総台地のX層出土石器群と武蔵野ローム層出土石器群／(3)相模野台地のL5・B5層出土石器群／(4)愛鷹山麓のBBⅦ層出土石器群
　　5　Xb層段階石器群の特徴と問題点　*101*
　　　(1)出土層位／(2)遺跡の形成・石器群の規模／(3)石器組成／(4)石器石材と剝片剝離技術
　　6　Xb層段階石器群の評価と課題　*103*

第 2 節　相模野台地におけるAT降灰以前の石器群　*106*

　　　はじめに　*106*
　　1　相模野台地の地形と遺跡の分布　*106*
　　2　相模野台地の層位　*107*
　　3　相模野台地のAT降灰以前の石器群　*107*
　　4　武蔵野台地との層位対比とAT降灰直後の石器群　*116*
　　　(1)武蔵野台地との層位対比／(2)AT降灰直後の石器群
　　　おわりに　*117*

第Ⅲ章　AT 降灰前後の石器群　　　　　　　　　　　　　119

第1節　最寒冷期の石器群の評価　*120*

　　　はじめに　*120*
　　1　相模野第Ⅲ期の位置づけ　*120*
　　2　相模野台地の層位的出土例の検討　*121*
　　　　(1)遺跡層序の堆積環境と層位区分／(2)段階Ⅳ・段階Ⅴ・段階Ⅵ石器群の出土層位と特徴
　　3　Ⅴ～Ⅳ下層段階の空間的広がり　*129*
　　　　(1)南関東各台地の様相／(2)南関東周辺・近接地域

第2節　AT 降灰の石器文化に与えた影響　*136*

　　　はじめに　*136*
　　1　南関東地方の層位対比と AT をめぐる研究史　*136*
　　2　AT 降灰前後の石器群の様相　*138*
　　　　(1)AT 降灰直前段階の石器群／(2)AT 降灰直後段階の石器群／(3)段階Ⅴ石器群
　　3　AT 降灰の石器文化に与えた影響　*147*
　　4　段階Ⅴ石器群への変遷　*149*

第Ⅳ章　後期旧石器時代後半期の石器群　　　　　　　　　153

第1節　砂川期・月見野期の位置づけと評価　*154*

　　1　ナイフ形石器文化終末期をめぐる議論　*154*
　　2　ナイフ形石器文化研究の黎明　*155*
　　3　相模野第Ⅳ期の細分と砂川期の設定　*155*
　　4　月見野期の設定と石器群の評価　*160*
　　5　砂川期とその前後の石器群の様相　*162*
　　　　(1)段階Ⅴ石器群／(2)段階Ⅵ石器群／(3)段階Ⅶ石器群
　　6　砂川期・月見野期をめぐる議論　*166*

第2節　ナイフ形石器文化の終焉と尖頭器文化の成立　*168*

　　　はじめに　*168*
　　1　ナイフ形石器終末期をめぐる評価　*168*
　　2　相模野台地のナイフ形石器文化終末期の様相　*171*
　　　　(1)段階Ⅵ石器群／(2)段階Ⅶ石器群／(3)段階Ⅷ石器群
　　3　ナイフ形石器の変遷　*177*
　　4　ナイフ形石器文化の終焉と尖頭器文化の成立　*179*

第3節　相模野台地における尖頭器石器群の変遷　*181*

　　はじめに　*181*
　1　相模野台地における尖頭器出現以降の石器群の変遷　*183*
　　　(1)段階Ⅴ石器群／(2)段階Ⅵ石器群／(3)段階Ⅶ石器群／(4)段階Ⅷ石器群／(5)段階Ⅸ石器群／(6)段階Ⅹ石器群／(7)段階Ⅺ石器群／(8)段階Ⅻ石器群
　2　尖頭器の諸問題　*193*
　　　(1)尖頭器の出現について／(2)尖頭器を石器組成とするナイフ形石器文化／(3)ナイフ形石器文化終末期の様相／(4)尖頭器文化の成立／(5)細石刃文化の出現と尖頭器文化の崩壊／(6)縄文文化への胎動

第4節　細石刃石器群を中心とした石器群の変遷　*198*

　　はじめに　*198*
　1　相模野台地における細石刃石器群とその前後の石器群の変遷　*198*
　2　中部高地との対比　*200*
　3　中部日本の細石刃石器群の変遷と中ッ原第5遺跡の位置づけ　*202*

第5節　相模野台地における有舌尖頭器および石鏃の出現　*205*

　　はじめに　*205*
　1　細石刃石器群の終末　*205*
　2　無文土器段階の石器群と有舌尖頭器　*205*
　3　隆起線文土器段階の石器群と石鏃　*208*
　4　爪形文土器段階の石器群　*209*

第Ⅴ章　石器石材研究と行動領域　*211*

第1節　相模野台地における石材構成　*212*

　　はじめに　*212*
　1　相模野台地における段階区分と石材構成　*212*
　　　(1)段階Ⅰ／(2)段階Ⅱ／(3)段階Ⅲ／(4)段階Ⅳ／(5)段階Ⅴ
　2　相模野的石材構成と領域　*218*

第2節　相模野台地におけるAT降灰前後の石器石材　*220*

　1　石材研究の視点　*220*
　2　段階Ⅳ石器群の石材構成　*221*
　3　段階Ⅴ石器群の石材構成　*225*
　4　段階Ⅳから段階Ⅴの石材獲得と行動領域の変化　*229*

第3節　伊豆柏峠黒曜石原産地遺跡の研究　*234*

はじめに　*234*
1　柏峠産黒曜石の研究略史　*235*
2　柏峠産黒曜石原産地の分布と産状　*237*
3　採集された遺物　*240*
4　柏峠遺跡採集資料の位置づけ　*244*

(1)編年的位置づけの検討／(2)本蓼川遺跡の石刃製作技術／(3)南鍛冶山遺跡の石刃製作技術／(4)柏峠遺跡・本蓼川遺跡・南鍛冶山遺跡の比較

おわりに　*250*

第4節　相模野台地における黒曜石の利用と変遷　*252*

1　相模野台地の層位　*252*
2　相模野台地の石材環境　*252*
3　相模野台地における石器群の変遷と石材構成　*254*
4　相模野台地における黒曜石利用の変遷　*260*

第5節　相模野台地における石器石材の変化と行動領域の位相　*263*

はじめに　*263*
1　相模野台地の石器群編年　*263*
2　相模野旧石器編年の年代観　*267*
3　相模野台地の石材環境と行動領域　*267*
4　石器群の変化と最寒冷期の適応過程　*268*

終　章　結　語　*271*

参考文献　*279*

あとがき　*292*

図

- 図 1　相模野台地の地形区分と遺跡分布
- 図 2　相模野旧石器変遷図（段階Ⅰ～段階Ⅹ）
- 図 3　相模野縄文草創期変遷図（段階Ⅺ～段階Ⅻ）
- 図 4　グリーンランド氷床コアの酸素同位体比からみた気候の変化
- 図 5　重層遺跡の層序と文化層
- 図 6　段階Ⅰ（L6 下底～L6 上面）の石器、段階Ⅱ（B5 下底～B4 上部ないし B3 下部）の石器、段階Ⅲ（B4 上部ないし B3 下部～B3 上部）の石器
- 図 7　段階Ⅳ（B3 上部～B2L 下部）の石器
- 図 8　段階Ⅴ（B2 下部～B2U 上部）の石器
- 図 9　段階Ⅵ（L2 中部～B1 中部）の石器
- 図 10　段階Ⅶ（B1 上部～B1 上面）の石器
- 図 11　段階Ⅷ（L1H 中部）の石器
- 図 12　段階Ⅸ（L1H 上部～B0 下部）の石器
- 図 13　段階Ⅹ（B0 中部～L1S 上部）の石器
- 図 14　段階Ⅺ（L1S 上面）の石器と土器
- 図 15　段階Ⅻ（漸移層～FB 下部）の石器と土器
- 図 16　関東地方の層位対比図
- 図 17　第四紀総合編年を目指した最初の相模野編年
- 図 18　段階Ⅰ～段階Ⅲ石器群（B5～B3 下部出土）
- 図 19　段階Ⅳ・段階Ⅴ石器群（B3 上部～B2U）
- 図 20　段階Ⅵ～段階Ⅷ石器群（B1 下部～L1H 中部）
- 図 21　段階Ⅸ～段階Ⅻ石器群（L1H 上部～FB 下部）
- 図 22　立川ローム層対比図
- 図 23　武蔵野台地の層位対比図
- 図 24　武蔵台遺跡Ⅹ層の石器群と平面分布
- 図 25　多摩蘭坂遺跡群Ⅹb 層石器群
- 図 26　草刈遺跡群の層位的出土例
- 図 27　南関東地方の立川ローム層基底部の石器群
- 図 28　段階Ⅰ・段階Ⅱの石器群
- 図 29　段階Ⅲの石器群
- 図 30　段階Ⅳの石器群
- 図 31　段階Ⅳ・段階Ⅴの石器群
- 図 32　相模野台地の層位的出土事例
- 図 33　関東・中部地方の遺跡群と黒曜石原産地
- 図 34　各地のⅥ層段階後半～末葉の石器群
- 図 35　AT 降灰直前段階の石器（相模野台地）
- 図 36　AT 降灰直前段階の石器（武蔵野台地）
- 図 37　AT 降灰直後段階の石器（相模野台地）①
- 図 38　AT 降灰直後段階の石器（相模野台地）②
- 図 39　AT 降灰直後段階の石器（武蔵野台地）
- 図 40　AT 降灰後の石器（相模野台地　段階Ⅴ）①
- 図 41　AT 降灰後の石器（相模野台地　段階Ⅴ）②
- 図 42　九州地方の AT 降灰前後の石器
- 図 43　相模野第Ⅳ期細分の基準となった石器群

図 44　白石による砂川期と月見野期の細分
図 45　ナイフ形石器の形態分類模式図
図 46　B1層出土の二側縁加工ナイフ形石器の類型
図 47　相模野台地における砂川期とその前後の石器群
図 48　段階Ⅵ・段階Ⅶ・段階Ⅷのナイフ形石器
図 49　段階Ⅵ・段階Ⅶ・段階Ⅷの尖頭器
図 50　段階Ⅴ～段階Ⅻの石器群
図 51　段階Ⅴの尖頭器
図 52　段階Ⅵの尖頭器
図 53　段階Ⅶの尖頭器
図 54　段階Ⅷの尖頭器
図 55　段階Ⅺの尖頭器
図 56　中部日本における細石刃石器群の段階変遷についての試案
図 57　神奈川県内の縄文草創期の尖頭器・有舌尖頭器・石鏃
図 58　段階Ⅳ石器群
図 59　段階Ⅴ石器群
図 60　相模野段階Ⅳ・段階Ⅴ石器群の石材構成
図 61　相模野段階Ⅳ・段階Ⅴ石器群の黒曜石産地構成
図 62　伊豆地方の石器石材産地
図 63　柏峠黒曜石原産地位置図
図 64　柏峠黒曜石原産地採集石器①
図 65　柏峠黒曜石原産地採集石器②
図 66　本蓼川遺跡と南鍛冶山遺跡の石器
図 67　本蓼川遺跡と南鍛冶山遺跡の石核
図 68　柏峠・本蓼川・南鍛冶山各遺跡の石核の長幅比
図 69　柏ヶ谷長ヲサ遺跡に搬入された石材
図 70　相模野台地旧石器～縄文時代草創期変遷図
図 71　相模野台地の石材構成変遷図
図 72　相模野台地の黒曜石産地構成変遷図

表

表 1　相模野のAMS年代と較正年代
表 2　実測図一覧表
表 3　相模野台地の段階Ⅳ～段階Ⅵの層位と石器群の諸属性
表 4　相模野台地のナイフ形石器終末期をめぐる研究史
表 5　砂川期と月見野期の比較表
表 6　相模野石器群のAMS年代と較正年代
表 7　相模野台地の尖頭器石器群の時期区分対比表
表 8　石器石材①
表 9　石器石材②
表 10　相模野段階Ⅳ・Ⅴ石器群の石材構成
表 11　相模野段階Ⅳ・Ⅴ石器群の黒曜石産地構成

写真

写真1　柏峠トンネルの現況
写真2　柏峠の標柱
写真3　柏峠の露頭
写真4　露頭のアップ
写真5　露頭直下採集の原石
写真6　石核採集地点
写真7　柏峠採集の石器

装幀　菊地幸子

序章

研究の背景と目的

第1節　本書の目的
第2節　関東地方における旧石器時代研究の背景

第1節
本書の目的

1　研究の背景

　　　　　　　　　　日本列島は東西に長く弧状に張り出した形をしており，それぞれは山脈と山地，平野と盆地，半島や島という地形的特徴や地理的制約により，北海道から九州・沖縄までそれぞれに地域性が形成されている。こうした地域性は，地形や気候・植生などの生態的要因と国家の形成以降の政治的・社会的関係により長い時間をかけて形成されてきたものであるが，その発現は旧石器時代まで遡って認めることができる。

　世界地図をみると日本列島に連なりアジア大陸が広く展開しており，日本の位置はアジアの東端に位置することが理解できる。そして，くの字に屈曲する日本列島には千葉県犬吠崎を最東端とする関東平野が広がっている。アジア・ユーラシアから最も遠いという地理的位置から，関東地方に残された石器文化は，大陸からのヒトとモノの直接的な影響下にない日本列島の環境に適応した独自の姿を示している可能性が高いといえる。

　さて，日本列島にいつの時点で人類が渡来したのか。現在のところ日本考古学は，明確な答えを用意できていない。2000年11月に発覚した「前・中期旧石器捏造事件」により，それまで60万年を越えようとする日本列島最古の人類の痕跡はすべて消滅したからである（前・中期旧石器問題調査研究特別委員会2003）。捏造事件後，わが国の旧石器時代研究は，この未曾有の事件を契機として，全国的な組織作りや研究体制の再点検を行うとともに，日本列島における人類文化の始まりに関する議論を進めてきた（日本旧石器学会2003）。

　その中での一つの方向性は，後期旧石器時代を遡る明確な人類遺跡の存在は確定できないということである（諏訪間2003a）。すなわち，4万年を越える時代の人類は日本列島に到来しなかった可能性が高いことが指摘できる（諏訪間2006）。それでも，一定の研究者は，当然のことのように中期旧石器や前期旧石器に相当する石器群の存在を想定しているが，後期旧石器を遡る誰もが認める石器群の条件を満たすものはない。また，東アジアでは，前期旧石器から中期旧石器をへて，後期旧石器時代の遺跡は旧人から新人（ホモ・サピエンス）への移行を段階的に証明するための資料は明確とはいえない状況にある（小畑2003）。日本列島にいつ，人類が到来したのかという問いに答えるための考古学的な研究は日本考古学の大きな課題といえる。

　わが国の旧石器時代研究は，高精度年代測定の開発が進んだことにより，較正年代による地球規模の環境変遷史の中に位置づけるという新しい視点，方向性がみえてきている（工藤

2005）。日本列島の旧石器時代とユーラシアやアジアとの比較研究もこれまでにくらべて格段に精度が上がり，世界的な人類史上に日本列島の人類遺跡を位置づけることが可能となりつつある。

日本列島において酸素同位体ステージ3後半の約3.5万年前から急速に増加する旧石器時代の遺跡の存在は，新人がアフリカを出て世界各地へと拡散していく過程と連動した出来事と捉えることができる。ユーラシアではネアンデルタールからクロマニョンへの移行が，ステージ3の中ごろに起こっており，中期旧石器時代から後期旧石器時代への移行期をルバロア技法から石刃技法への転換という石器製作技術だけでなく，象徴的思考や優れた計画能力などの「現代人的行動」を考古資料から見いだすことがさかんに議論されている（海部2005）。

およそ3.5万年前に日本列島に到達した新人は，列島各地の環境に適応し，資源開発を行うことによりその生存領域（分布範囲）を広げていったが，その過程はどのようなものであるのか。また，日本列島の遺跡から確認される「現代人的行動」とはどのようなものであるのか。こうした諸点を有機質の資料を残さない日本列島では，ほぼ石器とその残され方（遺跡のあり方）のみを材料に考えなければならない。

最終氷期最寒冷期を迎えたステージ2にかけては，激変する環境悪化への適応として，集団の領域を変化（縮小）させ，それぞれの地域にある資源の開発・利用をさらに深めることによって適応を果たしたことが明らかになりつつある。こうした結果を最終氷期最寒冷期における石器の型式や技術の違いとして認められる石器文化の地域性として読み取ることができる。ここで確立した地域性は，その後の縄文時代をへて今日的な地域の枠組みの根幹となっているようだ。後期旧石器時代の地域性の把握は，石器群単位で詳細な検討の蓄積による地域研究が基礎になり，地域間の関係を比較・検討することによってはじめて明確に認識できるものである。

2　研究の目的と視点

関東地方は，石器群を包含する地層が厚く堆積していることから，編年研究をはじめ多くの研究が進められている。なかでも関東地方の西部に位置する相模野台地は，火山灰の供給源である富士火山に近接していることから，石器群を包含する立川ローム層が厚く，姶良Tn火山灰層（AT），相模野上位スコリア層（S1S），相模野下位スコリア層（S2S）などの「鍵層」やB0〜B5層までの6枚の黒色帯があり，遺跡内で出土する石器群の分離のみならず，遺跡間の対比も容易である。さらに，相模野台地では1遺跡から出土層位を違えて，数枚から十数枚の文化層が検出されることが多く，石器群の変遷が理解しやすい条件が整っている。相模野台地は，わずか東西10km，南北30kmにすぎない狭い地域であるが，これまでにお

よそ300遺跡の存在が確認され，文化層の集計はおよそ500文化層（石器群）を超える膨大な考古資料の蓄積がある。

　筆者は，相模野台地の層位的出土例を文化層単位で，石器の種類（器種），製作技術（剝片剝離技術や調整加工技術），使用石材などを検討し，後期旧石器時代を10段階，石鏃が出現する以前の縄文時代草創期を2段階に編年区分している（諏訪間1988）。

　本研究は，相模野台地の層位的出土例に裏付けられた，精緻な旧石器時代石器群編年の提示を目的とする。そして，その石器編年という時間軸を基にして，石材環境の検討や石材構成の分析を行い，そこから導き出される集団の領域性や地域性の形成過程を検討する。本研究は，こうした集団の領域や地域性の形成が環境変化に対する人類の適応戦略として見いだし，旧石器時代の社会構造の変化として捉える視点をもちながら研究を進めてきたものである。

　相模野台地あるいは関東・中部という地域における後期旧石器時代の石器群を詳細に検討することによって，直接的な関係は少ないように思われるが，アジアにおける人類の拡散モデルを検証することにつながり，日本列島における人類文化の発展・展開に一定の見通しをもつことができる。アジアでは明確とはいえない石器製作技法をはじめとする技術や文化の連続・不連続の問題の一端に貢献できることは明らかである。

　こうした地域研究を積み重ねることで，相模野台地から日本列島，そしてアジアの旧石器時代研究への連携ができると考える。

　本書は，筆者がこれまで研究を重ねてきた，相模野台地の旧石器時代石器群の編年研究を中心に総合化を試みたものである。相模野台地を中心に関東・中部地方までの地域を対象とし，後期旧石器時代の開始期であるおよそ3.5万年前からおよそ1.5万年前の縄文時代草創期までの石器群を対象として取り扱っている。

　研究の視点としては，相模野台地の「岩相層序に基づく層位学」を基盤とした石器群の層位的出土例の把握と，それに基づく「石器の型式形態学的な分析」「石器群の技術構造の分析」による石器群の編年研究が本論の中心である。また，研究史を振り返り，先学の見解を十分踏まえたうえで，研究を展開することを基本とし，精緻な石器編年という時間軸を基にして，石器石材研究などから集団の領域性や地域性の発現，環境変化と人類の適応など，旧石器時代の社会構造の変化を見据えた研究の方向性をもちながら進めてきたものである。

3　本書の構成

　序章では，本書の研究の背景や目的を記し，関東地方における旧石器時代研究の研究を振り返るとともに，石器石材研究と高精度年代測定などの旧石器時代研究の今日的な課題を明確にしたものである。

第Ⅰ章では，本書の根幹となる相模野台地における編年研究を提示した。まず，編年研究の前提を示し，続いて，相模野台地の後期旧石器時代から縄文時代草創期の石器群を文化層ごとに層位的出土例を検討し，12段階の変遷を提示した。そして，相模野段階12変遷を資料の増加により充実したAT降灰以前の石器群を加え再論した。そこでは，相模野台地では30〜35の石器群が出土する層準があることを明らかにし，通史的にみた段階ごとの石材構成の変化と編年の相関について検討した。また，これまでの相模野編年は石器群の技術基盤を構造的に捉えた「石器構造編年」であるが，今後の方向性としては，集団の生活した痕跡である遺跡構造の変化などを編年する「遺跡構造編年」や人類活動のすべてを包括する「社会構造編年」の構築に向けての提言を行った。

　第Ⅱ章は，後期旧石器時代の開始期から前半期の石器群についての研究を記した。特に，「前・中期旧石器捏造事件」後に筆者が取り組んできた後期旧石器時代開始期の石器群の評価に関する研究を含んでいる。後期旧石器時代開始期の石器群の放射性炭素^{14}C年代とその較正年代から3.6〜3.8calBPであることを明らかにし，これらはホモ・サピエンスによって残されたものであることを確認した。

　第Ⅲ章では，後期旧石器時代前半から後半への指標となるAT降灰前後の石器群について研究したものである。段階Ⅴ石器群の時間的編年的位置を明確にするとともに，遺跡の分布から当該期に南関東地方への遺跡集中が認められることを明らかにした。また，AT降灰の石器文化に与えた影響について検討し，AT降灰後，直ちには石器群が変化していないことを確認した。そして，ATを最終氷期最寒冷期の開始を告げる「象徴」として評価した。

　第Ⅳ章は，相模野台地を中心として，後期旧石器時代後半期のナイフ形石器石器群や尖頭器石器群，細石刃石器群から縄文時代初頭期の石器群など，それぞれの石器群の編年的細別や評価について提示した。

　第Ⅴ章は，相模野台地の石器石材がどのような構成になっているのかを集成し，その石材産地との関係から相模野台地に居住した集団の行動領域や寒冷化にともなう適応戦略について考察した。相模野台地の主要石材は，伊豆・箱根系黒曜石（柏峠および畑宿），丹沢産硬質細粒凝灰岩，箱根産ガラス質黒色安山岩であることを明らかにし，この3石材の合計が9割以上を占めて状況を「相模野的石材構成」と呼び，相模野台地における石器石材の特徴であると評価した。また，石材研究の実践として伊豆柏峠原産地遺跡で発見された石刃石核の報告を基に，相模野台地で検出されている柏峠産黒曜石を主体とする石器群との比較研究を行った。

　さらに，相模野台地における黒曜石の利用とその変遷を通史的に示し，信州産黒曜石や神津島産黒曜石などの遠隔地石材の供給から，集団の行動領域や社会構造の変化，寒冷化への適応過程として考察した。

第2節
関東地方における旧石器時代研究の背景

はじめに

　　関東地方は，1949年に岩宿遺跡が発見されて以来，茂呂遺跡，砂川遺跡と学史的な遺跡の調査が相次ぎ，1968年の月見野遺跡群，1969年の野川遺跡の調査を契機として，層位的な出土例を基にした編年研究が進められた（矢島・鈴木1976，小田1980，諏訪間1988）。そして，編年の確立を基礎に，石器石材研究の進展を受けた形で，地域間の対比や各地域の地域性の議論も活発となっている（石器文化研究会編1989〜2006）。さらに，遺跡内の構造研究や遺跡間の関係，遺跡群研究と広がりをみせ，多様な研究が進展している。それは，関東地方に旧石器時代の遺跡が多く存在していることはもちろんであるが，首都圏の開発にともなう調査件数が多いこと，考古学研究室の設置されている大学の集中や埋蔵文化財センターなど都県・市町村勤務の研究者人口が多いことなどの条件がそろっていることがあげられる。ここでは岩宿発見後50年を越える長い研究の蓄積をもつ関東地方の旧石器時代研究の歩みを振り返り，研究上の転換点を確認し，今後の研究の展望について述べることとする。

1　関東地方の研究の歩み

岩宿発見から『日本の考古学1　先土器時代』の刊行

　　1949年，相沢忠洋による岩宿遺跡の発見と明治大学による学術的な発掘調査によって，日本列島の旧石器時代研究はスタートした。当時の学界では黒色土中に存在する縄文時代の撚糸文土器が最も古い文化とされており，それよりも下層である関東ローム層中には人類文化が存在しないと考えられていた。岩宿遺跡の発掘は，こうした既成概念を打ち破り，日本列島の歴史を一気に数万年も遡らせるという画期的な出来事になった。それは，杉原荘介によって「原始世界の拡張」と呼ばれ（杉原1956），戦前の非科学的な歴史観を大きく転換させる重要な意味があったと評価されている（戸沢1977）。

　岩宿遺跡発掘の意義は，次の3点としてまとめることができる。①関東ローム層から人工遺物である石器が発見された。②それが縄文土器の出土層位よりも確実に下層であることが実証された。③形態的特徴の異なる3つの石器群が層位的に検出され，旧石器時代の編年研究の出発点となった。最も下層の岩宿Ⅰ文化は局部磨製石斧が出土したことから，世界史的には新石器に位置づけられるという批判もあったが，続いて列島各地でローム層から多くの

石器群が発見されるにつれて，旧石器文化の存在が確実なものなっていった。

　岩宿遺跡の発見以前にも，日本に旧石器時代の存在を主張した研究があった。それらには，英国人の N.G. マンローによる神奈川県西部の早川・酒匂川での採集資料の報告とともに旧石器時代の存在の提示（Munro 1908）や直良信夫による明石原人にともなうとされる石器の報告（直良 1931），八幡一郎による細石器文化への注目（八幡 1937）などであるが，いずれも当時の学界に認知されることはなかった[1)]。

　岩宿遺跡の発見によって，旧石器時代の存在が明らかになってからは，日本列島各地で堰を切ったように旧石器時代遺跡の発見が相次ぐようになり，1951 年，東京都板橋区茂呂遺跡において，黒曜石製のナイフ形石器が発掘され，南関東地方でのはじめての旧石器時代遺跡の存在が明らかになった（杉原・吉田・芹沢 1959）。そして，この直後，関東・中部地方における旧石器時代の編年の大綱が杉原荘介（杉原 1953・1956），芹沢長介によって相次いで発表される（芹沢 1954）。両者の編年は，岩宿遺跡での 3 つの異なる地層から出土した石器群を時間的な配列の中心にすえ，それぞれの特徴的な石器を示準化石化したいわゆる「大別編年」であったが，前後して，武井遺跡での尖頭器石器群が，矢出川遺跡で細石刃石器群が相次いで調査されたことにより，関東および中部地方における石器の編年的な大枠ができあがっていく。そして，岩宿発見から約 15 年後の 1965 年にははじめての旧石器時代単独の研究書である『日本の考古学Ⅰ　先土器時代』が刊行され，全国各地の石器文化は「敲打器文化→刃器文化→尖頭器文化→細石器文化」という編年大綱に整理されるとともに，各地域の研究の現状がまとめられた（杉原編 1965）。

新しい研究方法の模索

　1965 年に『日本の考古学』で体系化された石器の示準化石化による単系的な編年は，その後に増加する各地域の石器群の実態との矛盾が生じ破綻していくことになる。そして，編年研究や石器の型式・形態的な研究が深化していく中で生まれてきた矛盾を克服するための，新たな研究方向が示されるようになる。

　それらは，戸沢充則による「インダストリー論」（戸沢 1965a），大井晴男や佐藤達夫による石器群の系統的理解（大井 1968，佐藤 1970）や加藤晋平による石器組成の差を石器群のもつ機能差に求める研究（加藤 1970），さらには，稲田孝司による石器群のもつ構造性を器種・型式・製作の各視点から分析した研究（稲田 1969），芹沢長介による前期旧石器の存在の提示などである（芹沢 1965）。前期旧石器についてはその存否をめぐる論争の中で，石器の認定方法や使用痕研究など新たな方法論的研究が進展した。

　こうした研究の中で，今日の石器研究に大きな影響を与えたと評価されている戸沢充則による砂川遺跡の調査・研究が行われた。それは，出土した全石器を母岩個体別に分類し，接合作業を通じて剝片剝離技術を復原するとともに，個体別資料の分布とその接合関係のあり

方から人間の動きを捉えるというものであった。ここに編年研究と並ぶ旧石器研究の柱である遺跡構造研究が具体的な資料を基に出発した（戸沢1968，戸沢ほか1974）。

月見野遺跡の調査と相模野編年の確立

1960年代後半からは高度経済成長が始まり，大規模開発の波が押し寄せ，これまでとは比較にならない規模の発掘調査が行われるようになる。その象徴的なものは，神奈川県月見野遺跡群と東京都野川遺跡の調査である。これらの調査は，旧石器時代の発掘調査が「広く・深く」行われるさきがけとなるとともに，じつにさまざまな点で研究史上の転換点となった。

1968年から始まった月見野遺跡群は，相模考古学研究会による分布調査によって発見されたもので，目黒川流域で4遺跡10地点が明治大学考古学研究室・月見野遺跡群調査団によって発掘調査が行われた（月見野遺跡群調査団1969）。この調査では10地点で7枚以上の文化層が重複して検出され，層位的に確認できる編年研究の重要な資料を提供した。同時に，石器群の広がりが当時の認識をはるかに越えた平面的な広がりをもっていたことも確かめられ，遺跡の構造研究や遺跡群研究への新しい視点を醸成するきっかけとなった。そして，最も重要な点は先の分布調査やこの調査を通じて，若い研究者によるさまざまな問題意識が芽生え，方法論の模索が始まったことである。また，石器の集中地点を示す「ブロック」や礫群と石器ブロックの垂直分布の検討により文化層分離・認定の方法として「月見野ビーナス曲線」などの新しい研究が提示された（小野正1970）。

月見野遺跡群の調査以後も相模考古学研究会による分布調査が継続され，相模野台地で200地点の遺跡分布が確認された（相模考古学研究会編1971）。そして，1971年に小園前畑遺跡が調査され，その報告の中で相模野第Ⅰ期〜第Ⅴ期に区分された相模野編年の骨子が示された（相模考古学研究会1972）。続いて，地蔵坂遺跡，報恩寺遺跡などの小規模な発掘調査によって相模野第Ⅱ期や細石器についての検討が行われている。そして，1976年には矢島國雄・鈴木次郎によって「相模野台地における先土器時代研究の現状」が発表された（矢島・鈴木1976）。この論文は，文字どおり月見野遺跡群の発掘や分布調査をはじめとするこれまでの相模野台地の研究成果を集大成したもので，相模野編年の確立と隣接地域との編年的対比が行われたものである。続いて発表された「先土器時代の石器群とその編年」では，武蔵野台地の成果も取り入れ，南関東地方の統一的な編年案を提示した（鈴木・矢島1978）。

野川遺跡の調査と武蔵野編年の確立

一方，野川遺跡の調査では立川ローム層を11層に区分された自然層から10枚の文化層が検出され，石器群の本格的な編年研究がスタートした（小林ほか1971）。ナイフ形石器をもつ野川Ⅱ期，もたない野川Ⅰ期，尖頭器をもつ野川Ⅲ期の3区分が提示された。その後，資料

の増加により Phase I〜Ⅳに区分され（小田・キーリー 1974），さらにそれぞれが細分されているが，今日の武蔵野編年の基礎を提示した意義は高い。また，この時に確立された立川ローム層の層序区分は武蔵野台地の基本層序として，その後の調査や編年の基準となっている点も特筆される。

　武蔵野台地では野川遺跡の発掘直後から，小田静夫を中心として，ICU Loc. 15 地点，中山谷遺跡，西之台遺跡B地点，前原遺跡，新橋遺跡，高井戸東遺跡，はけうえ遺跡など次々と良好な石器群が調査され，報告されていく。そして，1974 年から開始された鈴木遺跡では，13 地点を約 13 年にかけて断続的に調査が行われ，石神井川源流部の谷頭を囲むように形成された大規模遺跡であることが明らかになった（戸田 1999）。こうした一連の調査で立川ローム基底部に近いX層からⅣ層まで連綿とナイフ形石器が検出されたことを受け，ナイフ形石器の編年が進み（白石 1973，白石・荒井 1976），武蔵野編年の細部の検討・修正が行われた（織笠ほか 1976，小田ほか 1977a）。そして，1980 年には小田静夫によって武蔵野編年の全貌が示された（小田ほか 1980）。

姶良 Tn 火山灰の発見と層位対比の進展

　また，南関東地方の相模野・武蔵野両台地で調査・研究が展開される中で，両台地の層位対比が問題になっていたが，丹沢パミスと呼ばれていた特徴的なテフラについて，町田洋・新井房夫によって鹿児島湾内の姶良カルデラから噴火した広域火山灰であることが明らかにされた（町田・新井 1976）。この広域火山灰である姶良 Tn 火山灰（AT）を指標として日本各地の層位的な対比が進み，編年研究の整理が急速に進んでいったことも研究史上特筆される（小田 1979，麻生・織笠 1986）。

　AT はバブル・ウォール形を呈する特徴的な火山ガラスであり，比較的簡単に認定が可能であることから，全国各地で AT の検出が行われた。また，その年代は約 2 万 1000 年前という具体的な年代として示されたことによって，当時，およそ 3 万年から 1 万年までとされていた後期旧石器時代のほぼ中間の年代を示すことから，後期旧石器時代の前半，後半を区分する指標となっていった。

相模野台地での研究の進展

　相模野台地では武蔵野台地での状況からやや遅れて 1977 年ごろより本格的な大規模行政調査の時代が到来した。まず，1977 年に寺尾遺跡が調査され 7 枚の文化層が検出された（白石 1980，鈴木 1980）。神奈川県での最初の大規模な行政発掘であり，神子柴系の石斧などをともなう大量の尖頭器と無文土器が出土した第Ⅰ文化層，黒曜石製の大量のナイフ形石器が出土した第Ⅵ文化層など，今日でも相模野台地の石器群を語るうえで欠かせない重要な資料である。

この調査は主に武蔵野台地を研究の基盤としていた白石浩之と相模野台地を研究の基盤とする鈴木次郎の神奈川県を代表する二人の旧石器研究者によって調査・報告された画期的なものであり，学史的な意味をもっている。執筆された報告書は，精緻な資料の報告と考察が行われた神奈川県で最初の旧石器時代の報告書で，今日まで神奈川県内の旧石器時代の報告書がテキストにしている。

　続いて，下鶴間長堀遺跡，月見野上野遺跡，栗原中丸遺跡，柏ヶ谷長ヲサ遺跡，橋本遺跡，代官山遺跡，中村遺跡，長堀南遺跡など重層的な良好な遺跡の調査が続き，AT 降灰後のナイフ形石器文化後半から細石刃文化・縄文時代草創期までの良好な石器群が検出された。

　こうした調査成果を基に，筆者は相模野台地の石器群の変遷を 12 段階に区分した（諏訪間 1988）。この段階編年は，相模野台地の地域編年ではあるものの，関東地方を代表する編年として各地域編年の基準となっている。

　また，ナイフ形石器に関する研究（鈴木 1986，白石 1986，諏訪間 1989b），尖頭器に関する研究（織笠 1987，伊藤 1988，諏訪間 1989b），細石刃に関する研究（鈴木 1983b，堤 1987a，砂田 1988）など後期旧石器時代後半段階の石器群の検討が詳細に進展した。そして，2001 年にはシンポジウム「相模野旧石器編年の到達点」が開催され，これまでの相模野台地における旧石器時代研究が総括され，相模野編年の再検討や遺跡分布や石器群の年代などの多角的な検討が行われている（諏訪間 2001，小池 2001，御堂島 2001 など）。

下総台地での研究の進展

　下総台地では，1970 年代より千葉ニュータウンをはじめとする大規模開発にともなう調査により旧石器時代の石器群が蓄積されていたが，木苅峠遺跡や東内野遺跡などを除くとまとまった報告もなく，実態が明らかではなかった。こうした中で，1984 年に『房総考古学ライブラリー 1　先土器時代』が刊行され，下総台地における旧石器時代の概観とともに編年案が提示された（田村・橋本 1984）。1986 年にはシンポジウム「房総の先土器時代—AT 降灰以前の石器群—」が開催され，下総台地の膨大な石器群の一端が提示された（千葉県立房総風土記の丘 1987）。そして，ほぼ同時期に，田村隆・澤野弘らによって，下総台地に搬入された関東各地の石材原産地の検討が行われた（田村・澤野ほか 1987）。この田村らの研究以後，石材研究は急速に注目されるようになり，今日では必要不可欠な検討項目となっている。

　下総台地では，引き続き大規模開発にともなう調査が多く行われ，AT 降灰以前の環状の石器分布（ブロック群・環状ユニット）を数多く検出するなど（橋本 1989），2000 年代までには関東地方屈指の石器群の蓄積がある。こうした資料を基に下総台地に特徴的な東内野型尖頭器に関するシンポジウムが開催されたり（千葉県立房総風土記の丘 2002），印旛沼周辺の旧石器編年が提示されたり（酒井・宇井 2004）と研究が進展している。そして，田村隆により下総台地を中心とした包括的な石器群の編年が構築されている（田村 2006）。

北関東地方での研究の進展

　群馬県でも 1980 年代に入って，関越自動車道などの公共事業にともなって後田遺跡，善上遺跡，下触牛伏遺跡，古城遺跡など相次いで調査が行われるようになった。当地域では AT 降灰以前の石器群が多く検出され，下触牛伏遺跡などで検出された環状ブロック群が注目された。1993 年からは岩宿文化資料館・岩宿フォーラム実行委員会によってシンポジウムが開催され，群馬県の旧石器時代をさまざまな視点から検討が加えられるようになった。特に，1994 年には群馬県内の研究者による共同研究として群馬編年が提示されたことは大きな成果である（岩宿文化資料館・岩宿フォーラム実行委員会編 1994）。AT 降灰以前の石器群は膨大なものであるが，AT 降灰後に激減することなど，当地域の遺跡のあり方は注目される。また，関東地方屈指の尖頭器石器群の大遺跡である武井遺跡の全体像が提示されている（岩宿文化資料館・岩宿フォーラム実行委員会編 2004）。

　栃木県は，まとまった資料も少なく研究が進展しているとはいいがたい状況にあるが，毎年開催される岩宿フォーラムでのシンポジウムをへて，資料の取りまとめが進みつつある（芹澤 1998）。その中では，出居博によって調査・報告された上林遺跡では径 80m という最大規模の環状ブロック群が検出され，環状集落としての復元的研究が行われている（出居 2005）。また，近年，高原山黒曜石原産地において原産地遺跡の存在が確認され，継続的な調査が開始されたことは，今後の北関東のみならず南関東の旧石器時代の石材研究に多くの視点をもたらす重要な研究になろう（田村・国武 2006）。

　茨城県は，調査事例も少なくまとまった資料が少ない状況が続いたが，武田西塙遺跡などでまとまった石器群も検出され（ひたちなか市文化・スポーツ振興公社 2002），橋本勝雄によって資料の集成や編年が提示されている（橋本 1995）。そして，2002 年に「茨城県における旧石器時代研究の到達点―その現状と課題―」が開催され，茨城県を中心に石器群の集成と編年が提示され，一定の研究の進展がみられる（茨城県考古学協会 2002）。

　埼玉県は，武蔵野台地の北半部と大宮台地に当該期の遺跡が集中している。市場坂遺跡の報告（滝沢 1962），砂川遺跡の調査（戸沢 1968）などの先駆的な調査研究があったが，1970 年代後半から，打越遺跡や新開遺跡などの調査・報告もあり，着実に資料が増加した。1980 年には関東地方ではじめて国府型ナイフ形石器が発見された殿山遺跡が注目された（松井 1980）。埼玉県内の旧石器については何回かの集成作業も行われ，1997 年には『埼玉考古別冊』5 号として特集が組まれ，集大成された（西井ほか 1997）。近年は，武蔵野台地北東部の平坦地における野水の存在と遺跡の立地についての検討が行われ，地域的な特質の検討が始まっている（加藤 2007）。

研究の組織化と展開

　以上，関東地方の旧石器時代研究史について調査史を中心に概観してみた。1970 年代以

降，武蔵野台地で始まった大規模調査は，相模野台地，下総台地，北関東へと連鎖的につながり，新たな石器群の蓄積に個人レベルでは対応がつかない状況が続いている。こうした点を少しでも克服するためにシンポジウムや研究会活動がさかんである。

　1979 年には，ナイフ形石器の終末と尖頭器の出現を検討するために，シンポジウム「ナイフ形石器文化終末期の諸問題」が開催された（神奈川考古同人会 1979）。続く 1982 年には「ナイフ形石器文化の諸問題」として，切出形ナイフ形石器をともなう石器群についての検討が行われた（神奈川考古同人会 1983）。1985 年には，2 回のシンポジウムのメンバーを中心として，石器文化研究会が発足した。以来，月 1 回の月例会を中心に勉強会を継続しており，情報交換の場と共通認識の深化が図られている。そして，南関東地方で急速に資料が増加しつつあった AT 降灰以前の石器群について 2 回の内部的な研究討論会を行い，それぞれ『石器文化研究』1，2 として刊行された。1991 年には，シンポジウム「AT 降灰以前の石器文化」が開催され，AT 降灰以前の石器群の全国的な編年が整理された（石器文化研究会編 1991）。そこで，武蔵野台地立川ローム層の基本層序を基にした X 層段階・IX 層段階・VII 層段階・VI 層段階といった編年が示され，全国的な編年の指標となっていく。つづいて，1996 年にはシンポジウム「AT 降灰以降のナイフ形石器文化」が開催され，関東地方における V〜IV 層下部段階石器群の詳細な検討が加えられた（石器文化研究会編 1996）。さらに，「砂川期」と呼ばれるナイフ形石器文化後半期の検討（石器文化研究会編 2000），続いて，シンポジウム「「ナイフ形石器文化終末期」再考」（石器文化研究会編 2005）と資料集成と石器観察を通じて，関東地方の旧石器時代石器群の詳細が明らかにされていった。

　一方，安斎正人・佐藤宏之らを中心として「本郷石器研究会」が組織され，会誌『先史考古学論集』『考古学』の刊行や毎年の公開セミナーやシンポジウムの開催など，旧石器考古学のパラダイムシフトを目指した研究活動が強力に推進された。

　また，現代考古学の多様な研究の方向性を反映して，大沼克彦らを中心とした「石器技術研究会」，柴田徹・上本進二らを中心とした「石器石材研究会」，上杉　陽・上本進二らを中心として「遺跡層序研究会」などの研究会が組織され，それぞれの目的をもった独自な研究活動が行われた。

2　研究の現状と課題

　ここでは，関東地方における研究の課題と今後の展望について若干論じる。1990 年代の研究は，石材研究の進展により新たな段階に入ったといえる。これまでの一文化層，1 石器群の石器組成，ナイフ形石器，尖頭器などの形態の検討，石器製作技術の検討など積み上げられたものは多かったが，人間の動きを具体的に示すことができるのは，石器の石材がどこで採集され，どのような経過をたどり，その遺跡に残されたのかである。このことがわかれば，人間活動の解明に大きな手がかりを得ることができる。

さて，石材研究は，田村隆らによる関東地方のほぼ全域を対象とした石材産地の集成と石器群の検討により急速に進展したが（田村・澤野1987），それ以前は，黒曜石は信州産との認識が高く，伊豆産，箱根産，高原山産といった関東平野外縁部の産地への注目度は低かった。また，チャートは多摩川，硬質細粒凝灰岩は丹沢（相模川）という程度の理解であり，ガラス質黒色安山岩やホルンフェルスなどの石材は在地産ということだけで一括されていた状況であった。その後，1990年代の南関東では柴田徹，上本進二，山本薫らにより，ガラス質黒色安山岩の原産地特定（箱根産・大洗産など）に成功したことや（山本1997），硬質細粒凝灰岩の産地についても中村喜代重らにより具体的な場所が明らかにされた（中村1995）。群馬県では主要な石材である黒色頁岩，黒色安山岩の識別と同時に原産地の確認も進んでいる（磯貝1995）。

　上に述べたように，関東地方の黒曜石は信州産というイメージが強かったが，箱根畑宿産や伊豆柏峠産，高原山産といった関東近傍の産地の存在が意識されるようになり（諏訪間・野内1991など），近年では，望月明彦らによる黒曜石の蛍光X線分析による全点産地分析により，遺跡にもちこまれた黒曜石はどこの産地のものであるのかということにとどまらず，遺跡内での具体的な産地ごとの分布状況まで把握できる分析例もでてきた（望月1997）。このように，1石器群のすべての石材構成が明らかになり，その搬入された石材の原産地や石材採集可能地の推定がある程度可能になったことによって，石器原料の消費と石器製作工程，遺跡間の工程連鎖といった遺跡構造研究や遺跡群研究についても具体的に検討が加えられるようになってきた（野口1995，島田1996，吉川1988など）。また，より広域的な地域を対象にした原産地遺跡との関係まで議論ができるようになり，砂川期における地区集団の設定や地区分立型の地域社会の想定など（島田1998），社会構造の研究にまで進みつつある。

　こうした研究は，砂川遺跡での実践をへて構築されてきた長い研究史の蓄積のうえにあるものであるが，近年の研究の深化は石材研究の進展によるところが大きい。

　残された問題は，石材の供給元である原産地の探査により原産地を明確にし，石材獲得行動の領域を時期ごとに明らかにすることによって，それぞれの地域集団の行動領域に迫ることができよう。こうした作業は，相模野台地においては，一部実践されているが（諏訪間1997・1998・2002），関東地方の地域ごとに石材採集圏というものを設定できるはずである。それぞれの地域では，30〜50km程度の比較的近距離の石材を基本としていることから，それほど広範囲な行動領域をもっていたとは考えられず，遠隔地の信州産黒曜石や東北産硬質頁岩などの石材が一定量は入ってくる時期は限定しているようである。こうしたことから，各地域には，伝統的な石材圏が存在し，この範囲を基本とした行動領域をもっていたものと考えることができよう。その追究のためにも，各地域での石材環境の解明が必要となる。

　砂川遺跡で個体別資料分析が提示され，進展しているのと同じように，1石器群のすべてを石材産地ごとに厳密に分類し，その搬入経路が解明できたらより具体的な人間行動を復原

できるに違いない。こうした石材産地と消費地である遺跡や遺跡群をめぐる議論は，下総台地を中心として，田村らによる石材産地の探索も精力的に行われ，石材産地の確認や北関東・東北地方の石材との関係から，下野―北総回廊という概念を用い，行動領域の研究が行われており（田村・国武・吉野 2003, 国武 2008），今後の重要な研究視点となろう。

3 研究の展望

わが国における旧石器時代研究も「岩宿発見」から半世紀が過ぎ，新しい研究の方向性が認められ，研究の基盤がこの十数年で大きく変革していることが指摘できる。

その一つは，1980年代の末から，これまでの研究の検証と批判を基にした新しい研究が行われている。具体的には，佐藤宏之による二極構造（佐藤 1988），田村隆による二項モード（田村 1989），安斎正人による社会生態学的研究視点である（安斎 1990）。こうした研究は，遊動生活を送っていた旧石器時代の集団と自然・文化・社会環境との対応関係や適応過程を読み取るためのモデルや理論の構築に主眼をおく新しい潮流である。社会生態学的視点による新しい研究方法は，既存の研究視点の変更により新しい枠組みを構築しようという試みであり，その実践として国武貞克による「石材消費戦略」を基にした行動論的研究（国武 1999）や，長くナイフ形石器と総称していた石器に対して，尖頭器という名称を与えることにより新基軸を見いだしている（森先 2004）。

安斎らによって進められているパラダイム・シフトは確実に進行している。今後は，欧米でのプロセス考古学とポストプロセス考古学の論争をへて，これらの統合をはかるようなポスト・ポストプロセス考古学が台頭しているように（仲田 2007），わが国の旧石器時代研究もこれまでの研究の枠組みに社会生態学的視点を踏まえた研究の総合化の方向性が模索され，石器1点1点を正確に記述する実践的な研究とそれをモデル化し説明する研究との融合が図られる必要があろう。

また，第四紀更新世に属する旧石器時代は，高精度年代測定の開発によって新たなステージに入ったといえる。1998年に『科学』68―4で特集された「氷河時代末期人類はどう生きたか」と同年，東京都立大学で開催された『シンポジウム：更新世―完新世移行期の比較考古学』（東京都立大学考古学研究室・国立歴史民俗博物館春成秀爾研究室 1998）はまさしく考古学研究が新しい年代の枠組みを手に入れたことを示すものとして重要な転換点となった。具体的には，氷床，湖沼，海底堆積物のボーリングコアの分析により，古気候変動の分解能の高い復元が可能となり（小野 1998），福沢仁之らによる年縞堆積物の分析により1年から数年単位での気候変動・海水準変動の復元に成功したこと（福沢 1998），加速器質量分析法による放射性炭素 ^{14}C 年代を暦年代換算が 45,000 年 BP という年代域まで拡大したことが示されたことである（Kitagawa and van der Plicht 1998）。その結果，同一時間面でのグローバル

な対比が可能となったことが挙げられる（小野 1998）。

　こうした最新の成果は，人類の進化をさまざまな環境変動に対する適応過程として捉えてきた考古学の解釈の前提や枠組みに多大なる影響を及ぼすであろう。相模野台地では用田バイパス関連遺跡でB1層下部炭化材のAMS法（加速器質量分析法）^{14}Cにより約19,500年BP，宮ヶ瀬遺跡群中原遺跡でもほぼ同様の年代値が測定されている（かながわ考古学財団・神奈川県立埋蔵文化財センター 1998）。いわゆる「砂川期」のAMS法 ^{14}C年代が明らかになったといえる。相模野台地という層位的に良好なフィールドでの精緻な年代観の蓄積が進むことは重要であろう。今後は各層位でのAMS法 ^{14}C年代測定が進むことを期待したい。また，日本列島各地で年代測定が蓄積されれば，考古学的な石器群の型式的な比較，地質学的な火山灰による対比に加え，年代学的なAMS法 ^{14}C年代測定による比較とより複数の比較検討が可能となるとともに，アジア的，さらには世界的な視野で関東地方の石器群を見つめ直すことになるであろう。

　近い将来，こうしたAMS法 ^{14}Cの暦年代換算という共通の年代観で議論する新しい研究段階に入ることは間違いない。今後の旧石器時代研究はこうした関連科学との協同が欠かせない新たな段階に来ていることは確実であり，小野昭の提言にあるように「第四紀学」として新しい人類史研究を構築していく必要性を強く感じる（小野 1998）。

　そして，こうした高精度年代測定の開発が進んだことにより，較正年代による地球規模の環境変遷史の中に石器群を位置づけるという新しい視点での実践も始まっている（工藤 2005）。日本列島の旧石器時代とユーラシアやアジアとの比較研究もこれまでにくらべて格段に精度が上がり，世界的な人類史上に日本列島の人類遺跡を位置づけることが可能となりつつある。そのためにも，1点の石器，一文化層の石器群を確実に観察する必要があることはいうまでもないことである。

註
1）マンローは日本で出土する動物層（ファウナ）の存在から「日本はかつて大陸と地続きであり，人間の渡来した可能性がある」「旧石器時代の技術の残存が縄文時代の打製石斧に認められる」とし，神奈川県西部の早川・酒匂川での採集資料の報告と結び付けて，旧石器時代の存在論を展開した。八幡一郎による細石器文化の指摘は，相沢忠洋による関東ローム層の踏査へと誘い，岩宿遺跡の発見へと結実したものと評価されている（戸沢 1977）。

第Ⅰ章

相模野台地の旧石器編年

第1節　相模野旧石器編年の前提
第2節　相模野台地における石器群の変遷
第3節　相模野旧石器編年の到達点

第1節
相模野旧石器編年の前提

はじめに　2001年3月11日に開催されたシンポジウム「相模野旧石器編年の到達点」は，矢島・鈴木編年（1976）から24年，諏訪間段階変遷（1988）から12年が過ぎた2000年秋に企画された。この間，全国的に蓄積された石器群の時間的尺度，つまり時間軸の構成を考えるうえで，相模野台地の石器群と，層位的出土事例に基づいて作成された上記の編年案は，南関東地方はもとより，各地の遺跡の相対的な位置づけを図るとき，くり返し参照・引用されてきたものといえる。相模野編年は，いわば，日本列島の旧石器時代編年を考えるうえで，ひとつのスタンダードであるといってよい。しかしながら，相模野の石器群の変遷そのものが，列島の旧石器時代遺跡に広く適用できるものと考えているわけではない。

　関東・中部地方に限っても，台地単位や流域単位といった地理的関係や石材環境や食料資源環境など自然環境による適応のあり方として，石器群に違いが認められるのは当然のことである。それぞれの地域で，こうした環境を踏まえた石器群の評価を行い，より精査された地域編年が構築されるべきである。ここでは，「相模野編年」はあくまでも，相模野台地を中心とした地域編年の一つでしかないことを強調しておきたい。

　さて，相模野台地における旧石器編年は，「相模野編年」を基本として研究者間での共通した認識がもたれている。しかし，細部にわたる時期区分や石器群の評価については意見の分かれるところがあり，一見，確立した観のある相模野編年も，課題や問題点も山積している。

　そこで，神奈川県在住・在勤の研究者を一同に集め，相模野編年を再度見直し，どのような問題点があるのかを探るために企画されたのが冒頭に述べたシンポジウムである。発表者は，神奈川県のみならず，関東を代表する研究者であり，それぞれが自らのフィールドとする，相模野の石器群をあらためて評価することで，相模野旧石器編年の現時点での了解と問題を明らかにすることを課題とした。

　相模野編年は，層位的出土例に基づく編年であることが特色であるが，対象とする石器群の単位の抽出や，評価・認識において，それぞれの立場の違いがよく反映されていた。それによって，評価にいたるまでの検証過程においては詰め切れていない課題も随所にみられた。特に，出土層位の認定，集中地点の認識，文化層の分離，生活面の設定など，調査者の判断基準が問われる認識や評価に対する検証・論証の過程が，必ずしも明確とはいえない状況に

あることが浮き彫りとなった。

　このように，遺跡論ひとつをとってみても，地層堆積や遺跡形成といった今日的な視点も取り込み，さらにそれ以上に，評価にいたる手続きの明示化という作業を意識することで，あらためて遺跡を捉え直す必要性が生じたのである。

　ここでは，筆者の考える相模野旧石器編年の前提として，旧石器時代の発掘調査と出土品整理における資料化の問題について記し，層位的出土や石器群の評価に関する認識と課題について記す。

1　地層累重の法則

　相模野台地は層位が厚く堆積しており，1遺跡内で層位的な出土例に恵まれている。このことは，地層が堆積した後に攪乱や断層などによって地層の逆転がないという前提の場合には，古い（深い）地層から出土した石器群は古く，新しい（浅い）地層から出土した石器群は新しいという地質学の基本原理に則り，相対的な年代，序列を与えることができる。

　相模野台地では，姶良 Tn 火山灰層（以下，AT とする）をはじめとして，相模野上位スコリア層（以下，S1S とする）や相模野下位スコリア層（以下，S2S とする），第0黒色帯（以下，B0，黒色帯をBと略す）からB5までの6枚の黒色帯などが鍵層としての有効性を発揮し，遺跡間の層序対比を可能にしており，各遺跡で出土した石器群の対比が可能となっている。まず，遺跡内での層位的な出土例を検討し，次に遺跡間の層位対比を行ったうえで，編年研究が行われている（図2・3）。こうして，相模野の旧石器編年は地層累重の法則に則って構築されてきたものといえる。

　さて，このように，編年研究を行う際に具体的な研究材料は文化層ごとの石器群である。その石器群の認定にはじつにさまざまな手続きを踏んで1石器群，一文化層が認定される。そこには，五十嵐彰によって指摘される，「文化層」の認識に関する多くの問題が潜んでいる（五十嵐2000）。まず，発掘調査の過程でどのような手順により調査され，記録されるか，そこにどんな問題点があるのかを確認しておきたい。

2　ローム層の分層と垂直分布投影

　旧石器時代の発掘調査は，縄文時代の遺物包含層である黒色土までの調査を終了させて，ローム層を上層から順番に掘り下げていく。石器が出土しはじめるとその周辺を広げ，平面分布の把握を行うことになる。その時に，その石器集中地点（以下，ブロックという）に対し，どの場所に壁を設定し，層位図をとるかが重要となる。ブロックから離れた壁面の層位をとり，それに垂直分布を投影したのでは意味がない。実際の遺跡では，まったく，フラットな

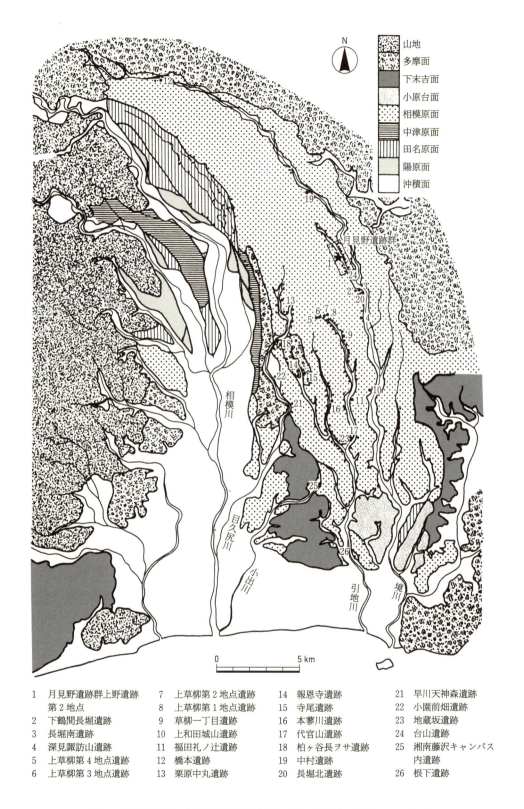

図1　相模野台地の地形区分と遺跡分布（大和市教育委員会 1986 を改変）

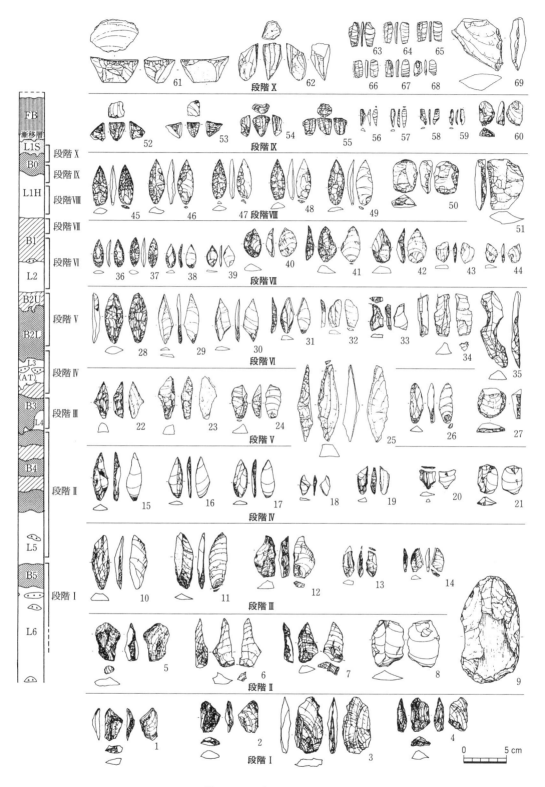

図 2　相模野旧石器変遷図（段階Ⅰ～段階Ⅹ）

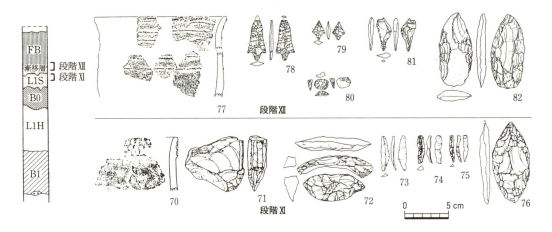

図3 相模野縄文草創期変遷図（段階Ⅺ～段階Ⅻ）

地形に石器群が残されていればいいが，多くの場合は，緩やかではあるが斜面であることが多い。それは遺跡そのものが台地の先端部や縁辺部に残されていることと無関係ではない。

また，調査時において，最初からブロックがどの程度の広がりであるかを想定することは難しいし，地形の傾斜に沿って土層断面図を作成することは困難な場合が多い。結果として，ブロックごとに的確な位置で地層との関係を捉えることができない場合も少なくない。通常の場合，出土品整理の過程では，石器の出土位置を土層断面図に投影し，垂直分布を検討し出土層準を確定していく作業が行われるが，土層断面をとる壁がブロックから離れていれば，本来の出土層準とは異なる層位から出土した石器群であると捉えてしまう危険性がある。

報告書で同一の文化層とされた複数のブロックについて平面分布と垂直分布の検討を行うと，同一文化層とされた石器群であっても，同一の層から出土していない状況が認められるのは，こうしたことが原因のひとつである場合も多い。報告書にはブロックに対して，どの位置の土層断面を掲載したかを明記する必要があるのは，最も基本的かつ重要な点であろう。

3 ブロックの同時性

A遺跡のX文化層の石器群が複数のブロックによって構成されているとして，ブロック同士の同時性を証明するためには，石器1点1点を石材ごとに分類し，さらには同一石材内を母岩ごとに分類し，接合作業を十分に行ったうえで，接合関係のある場合，あるいは母岩を共有する場合に，はじめて同時に残されたブロックであると認定できる。

しかしこの場合，厳密には接合関係や母岩の共有は同時性の証明にはならない。同時性の時間幅が問題になる。数時間単位なのか，石器製作作業を行い，別の遺跡に移動した後，続きの作業をしたのかは，判断がつかない。また，遺跡（この場合，石器）が残された後，何

年も経過した時点でたまたまそこに到来した別の集団によって，再利用されたことなども可能性としては否定できないのである（御堂島 1991）。そこまでの検討はできないので，編年区分される時間幅としては議論の対象外となるのであろうが，こうした点も考慮しながら石器群の分析をすべきであろうと考える。

　以上，検討を加えてきたように，一文化層の石器群の抽出に際して，その出土層位を確定し，石器群単位の比較・検討を行ううえで，いくつもの手続きと確認しなければならないことが理解できた。こうした検討は考古学が科学として成り立つための前提であり，今後ともより厳密に行わなければならないと考える。

4　ローム層の分層と遺跡間の対比

　次に，層位そのものの分層の問題がある。相模野台地のローム層の層位は，相模考古学研究会による分布調査を通じて（矢島 1970），あるいは月見野遺跡群やその後の小園前畑遺跡や地蔵坂遺跡の発掘調査によって，今日使われている考古学土層区分が確立してきた（矢島・鈴木 1976）。1970 年代までは，相模考古学研究会の鈴木次郎，矢島國雄ら数人によって遺跡の層位の分層が行われており，その後，1980 年代前半までは，調査担当者が互いに発掘現場を行き来し，分層についても確認をとり合っていたようだ。したがって，1980 年代前半までの調査では，ほぼ同一の視点で分層が行われていたといってよい。

　その後，調査の増加により，さまざまな調査組織・調査担当者が調査する時代が到来した。基本的な分層の視点は同じであるはずだが，それぞれ遺跡ごとの土層堆積環境の違いもあり，分層そのものが異なってきている。遺跡において明確な暗色部が認識しにくく，黒色帯であるB0 層，B1 層，B2U 層，B5 層などは地点によって，黒色の色合いが異なっているため，その認定・分層については特に難しい。

　たとえば，B0 層はクラック帯の暗色部を厳密に狭く引くという伝統に対し，色に加えて軟質部分をやや広くとる調査者もいる。砂川期といわれる石器群は，相模野ではB1 層を中心に垂直分布するが，礫群や石核など重量のある資料はB1 下部からL2 上面に集中するため，それぞれ礫群の出土層準を生活面と捉えて，遺跡間の比較検討が行われる。

　しかしながら，A 遺跡のB1 層の下底の線とB 遺跡のそれが同時代を示す保証はない。それは，遺跡の立地，偏西風の軸からの距離などによる黒色帯の形成過程の違いだけでなく，調査者の線の引き方によっても異なるためである。また，同時に，これまで明らかになってきた石器群の編年観に照らして，出土層位を推定する，という場合はないだろうか。調査者が無意識のうちに，既成の編年観に引きずられた分層が行われることは十分にあり得る。

　以上述べたように，実際の遺跡に立って，土層に線を引く場合，教科書どおりに引くことは難しいということであり，研究者・調査者それぞれによって，その線の引き方にバラツキ

があるのが実態であろう。現在のところ，こうした問題があることを認識したうえで遺跡間の石器群の対比が行われるべきであり，各石器群の出土層位を絶対的なものと捉え，層位だけで編年を対比することに問題があることを認識しなければならない。

5　YNo.による識別と考古学土層

相模野の立川ローム層は主に富士火山から噴出した降下火山灰の堆積によるものである。一回の噴火で飛来するテフラの量はおおむね火山からの距離の二乗に反比例することが指摘されている（上本・上杉ほか1994）。相模野台地では，層厚にして7～8mの堆積し，武蔵野台地3～4mの約2倍，下総台地1.5～2.0mの約4倍の層厚がある。偏西風に乗って降下するため，相模野台地内でも海老名から相模原にかけては厚いが，藤沢市域など偏西風の軸からずれる台地南部は薄く黒色帯も不明瞭になる。

さて，相模野台地の層序区分はL（ローム）とB（ブラックバンド）による分層，いわゆる考古学土層であるが，降下火山灰1枚1枚を記載し，YNo.として識別する方法が試みられている（上本・上杉ほか1994）。立川ローム層はYNo.によれば，Y-103～141までに分層が可能で，富士東麓から西相模，相模野台地，武蔵野台地，下総台地との対比が行われている。現在までのところ，認識されたYNo.と考古学土層との対応関係が整合的に示されているとはいいがたい状況であり，黒色帯の層位とYNo.の位置は一致していないとの指摘がある。

宮ヶ瀬遺跡群中原遺跡第Ⅴ文化層は，二側縁加工のナイフ形石器を特徴とする「砂川期」，筆者の段階Ⅵ石器群として認識されるものであるが，Y-130のスコリア層直上で出土している。相模野台地の標準的な土層堆積ではB1層の下底をY-132のスコリアで区分しており，Y-130直上から出土した中原遺跡第Ⅴ文化層は，L2層上部に相当することになるが，報告書にはB1下部に位置づけられている。丹沢山地と相模野台地という立地や富士火山との距離による違いもあるが，黒色帯の形成過程の問題とも併せ注意すべき課題である。

L1S層上部のY-139，L1H層中のY-137，B1層下底部のY-132などは比較的どの遺跡でも丹念に探せば認識できるテフラである。

こうしたYNo.の認定は現在のところ，上杉陽・上本進二に頼っているが，相模野旧石器研究者の共通のカタログとして，誰もが識別できるようになる必要がある（上本・上杉1996）。そのためには，地質研究者とのネットワークをこれまで以上に構築し，相互にYNo.に対する認識を高めるための方策がとられる必要がある。こうした点で，遺跡層序研究会などの今後の活動にも期待したい。

表1 相模野のAMS年代と較正年代

No.	層位	遺跡名	AMS年代 (yrsBP)	較正暦年代 (CalBP)	文献
1	L5	打木原遺跡	30,760± 230		佐藤2002
2	B3下部	打木原遺跡（土坑下底）	25,270± 300		佐藤2002
3	B3下部	打木原遺跡（土坑下底）	24,380± 140		佐藤2002
4	B3上面	吉岡遺跡	22,580± 140	27,500	吉田1999
5	B2L下底	王子ノ台遺跡（Y-123）	23,700±1,000		吉田1997
6	B1下部	宮ヶ瀬遺跡群上原遺跡	19,210± 100	22,800	砂田1999
7	B1下部	用田鳥居前遺跡	19,140± 170	22,725	砂田1999
8	B1下部	福田丙二ノ区遺跡	19,220± 380	22,600	砂田1999
9	B1上部	福田丙二ノ区遺跡	17,970± 250	21,350	砂田1999
10	L1H中部	用田鳥居前遺跡	17,030± 90	20,280	砂田1999
11	L1H上部	吉岡遺跡群B区	16,660± 200	19,850	砂田1999
12	L1S上面	宮ヶ瀬遺跡群北原遺跡	13,050± 80	15,425	砂田1999

6 石器群の年代

相模野台地の石器群は，放射性炭素^{14}C年代の測定が行われるようになり，AMS年代とその較正年代が蓄積されつつある（砂田1999，御堂島2001）。

後期旧石器時代は，地球環境変動に照らせば，酸素同位体ステージ3の後半からステージ2に相当し，最終氷期最寒冷期を前後する厳しい環境変動の時代である。相模野台地で認められた石器群の変遷は，こうした環境変動のどの時期にそれぞれ相当するのかは興味がもたれるところである。最新のAMS年代および較正年代を表1にまとめてみたが，概ね齟齬がなく変遷していることが理解できる。相模野台地の各段階の石器群の較正年代は，次のとおりである。

段階Ⅵ	B1下部	22,500〜23,000年前
段階Ⅶ	B1上部	21,000〜21,500年前
段階Ⅷ	L1H中部	20,000〜20,500年前
段階Ⅸ	L1H上部	19,500〜20,000年前
段階Ⅺ	L1S上部	15,500〜16,000年前

上記の年代は，地球環境変動の曲線（春成2001）に対比すると（図4），どのように読み取ることができるか，検討してみよう。まず，AT降灰年代を28,000年前に設定し，前後の年代を考えると，段階Ⅳは29,000年前〜27,000年前，段階Ⅴが27,000〜23,000年前におよその較正年代を与えることが可能であろう。また，編年的に新しくなる段階Ⅵと段階Ⅶの差は1,250年，段階Ⅶと段階Ⅷは930年，段階Ⅷと段階Ⅸは430年，段階Ⅸと段階Ⅺは

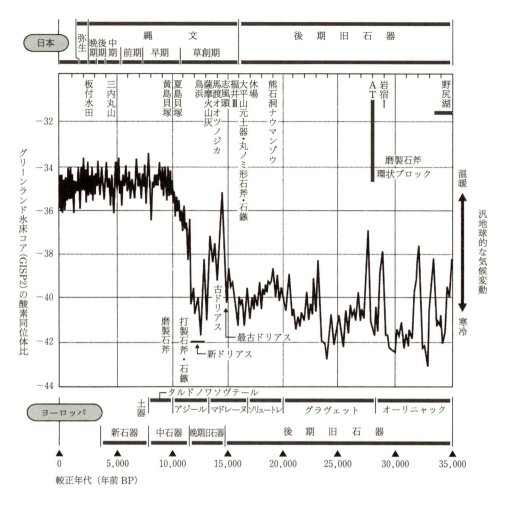

図4　グリーンランド氷床コアの酸素同位体比からみた気候の変化（春成 2001）

4,425年となる。

　こうした較正年代はいまだ整備途中のものであり，そのまま採用する段階ではないが，ここで示された年代観は石器群の変遷を考えるうえで参考になるであろう。各段階の石器群の継続期間を考えるうえでも重要である。具体的な年代をいくつか検討してみよう。

　未較正の年代でL5層は30,760年，B3下部は27,500年の測定値が出ており，その間の年代は5,490年もある。L5層とB3層の間に位置するB4層は5,000年前後という長い期間かけて堆積した可能性がある。

　また，B2層も層厚70cm前後であるが，その堆積期間は3,000年前後の長い時間が想定される。さらに，細石刃石器群は相模野段階Ⅸから段階Ⅺにかけて継続したものであるが，その間，複数の細石刃製作技法の転換など3段階以上の変化が認められる。L1H上部で出土している吉岡遺跡B区は未較正で16,660年，細石刃の出土はないものの石器群の内容か

ら段階Ⅺの石器群として，細石刃をともなう段階として捉えることができる北原遺跡では13,050年とあり，これらを較正するとL1H上部からB0を挟んでL1S上部のまでの間はじつに4,000年も続いた可能性がある。わずか30cm内外の層厚であるB0層は3,000年以上の長い時間をかけて堆積した可能性も想定することができる。

　こうした黒色帯は，相模野台地でLと呼ばれる黄褐色ローム層の堆積期間とくらべるとその速度は著しく遅く，その形成過程・堆積時間は時間がかかっていることが指摘できる。このことは，火山灰が連続して供給され，また，1回の降下量も多かったことにくらべ，黒色帯は火山灰の供給が少なく，土壌化が進む環境であったことを推測させる。「テフラ層の厚さは時間指標にはならない」「黒色帯中の遺物のレベル差1cmは，ローム層のレベル差数10cm以上に相当する時間差を考えなければならない」（上本・上杉ほか1994）という指摘を追認することができる。

　さて，それでは，こうした較正年代と地球規模の気候変動との対比はどうなるか。近年のグリーンランドの氷床コアなどによる酸素同位体の気候変動から読み取ると，最寒冷期は較正年代で，27,000～23,000年前までの約4,000年に相当し，相模野段階Ⅴを中心にした段階Ⅳの後半から段階Ⅵの時期に対応が可能であろうと考えられる。ただし，黒色帯の形成が富士黒土層などのように温暖・湿潤期に形成されるという事例もあり，B2層を最終氷期最寒冷期に対応させると矛盾することになる。黒色帯の形成の解明は地質・土壌学との協働で行う課題の一つであろう。

　こうした点も含め，火山灰層序学や地球環境変動論などと石器群の変遷を絶えず対比させ，その都度，合理的な説明を加える必要がある。

7　石器構造編年から遺跡構造編年へ

　筆者は2001年のシンポジウム「相模野旧石器編年の到達点」において，石器構造編年から遺跡構造編年へ，そして，社会構造編年へと進むべきとの提言を行った。それは，これまでの相模野編年というものは，層位に基づき石器群の技術基盤を構造的に捉えた「石器構造編年」であり，これからは石器群の残され方の分析をとおして，旧石器人の遊動生活の痕跡である石器集中地点のあり方を比較検討し，「遺跡構造」の変化を抽出して編年を構築する必要を提言したものである。そして，こうした視点から，社会構造の変化も迫りうると考えたのである。

　それは，かつて，相模考古学研究会が目指していた「第四紀総合編年」構築への再スタートでもある。たとえば，石器群だけでなく，礫群や配石，相模野ではまだ確認されていないが環状ブロック群や土坑列などはそれぞれ出現の時期や盛行する時期が限定できそうである。複数のブロック群が同時に残される時期，単独ブロックが特徴的な時期などを含め，遺跡の

増減，遺跡の立地，遺構のあり方，ブロックの構成などにも注目した編年も可能であろうと考えている。筆者の当面の課題としておきたい。

　以上，2001年に開催したシンポジウム「相模野旧石器編年の到達点」以後，考えてきたことの一端を述べてきたが，相模野ならでは，相模野だからこそ，層位に徹底的にこだわっていきたいと考えている。そして，層位そのものの認識を高めるとともに，文化層や生活面といった検討単位の整理も検討し，そのうえで，石器群そのものの検討を行う必要があると考える。

第2節
相模野台地における石器群の変遷

はじめに

1988年は相模野台地の旧石器時代研究にとって画期的な調査となった月見野遺跡群の調査から20周年にあたる記念すべき年である。相模野台地はこの調査を契機として層位的に恵まれた良好な石器群の検出が相次ぎ，旧石器時代研究のフィールドとして重要な位置を占めている。特に，1980年代における多くの調査成果が公表されつつある今日にあっては，まさしくそのことを強く感じずにはいられない。

その中でもナイフ形石器文化後半から，縄文時代草創期にかけての資料の蓄積はまさに驚異に値する。これを反映して石器群の細部にまで詳細な検討を加えた質の高い報告書が刊行されつづけており（鈴木1980，白石1980，鈴木1984，中村ほか1984，相田ほか1986，伊藤ほか1987），これらを基にした数多くの研究論文が発表されている（栗島1986，白石1986，鈴木1986，織笠1987a，樫田1987，堤1987a等）。これらでは，ナイフ形石器文化終末期の様相の把握，尖頭器文化の成立と展開，細石刃文化の様相と段階的把握といった，旧石器時代後半から終焉にいたる諸問題をテーマとして多角的な検討が加えられている。これほどまでに時間的な，空間的な限定をもって石器群の詳細な検討が行われている地域は相模野台地をおいてほかにはないであろう。

ところで，1976年に矢島國雄・鈴木次郎によって発表された「相模野台地における先土器時代研究の現状と課題」は相模野台地の旧石器時代研究の基礎となった論文である[1]。この論文によって示された相模野Ⅴ期編年は今日まで，資料の増加にともなって，各期の内容の修正（鈴木・矢島1978），細分の提示はあったものの（鈴木・矢島1979b，鈴木1983，諏訪間・堤1984等），その基本的な枠組み自体はいまだ変わっていない。

筆者は相模野台地をフィールドにする一人として，この相模野Ⅴ期編年の枠の中で石器群の位置づけを行ってきた。しかし，近年の資料の増加にともなって相模野各期の細分案が提出される状況の中で（鈴木1983，諏訪間・堤1984，鈴木1987，織笠1987a，堤1987），各期の細分された各々の石器群の内容は，相模野台地の移りゆく石器文化のひとつの過程（段階）をそれぞれ表わすものとして，積極的に評価する必要があるのではないかと考えるに至った。

本節はこうした視点に立ち，相模野台地の旧石器時代および縄文時代草創期までの石器文化の移り変わりを考えるための第一歩として，層位的出土例の検討によって石器群の段階的把握を試みたものである。

1 相模野台地の石器群の段階的把握

　相模野台地は旧石器時代の石器文化を研究するうえで最も優れた地域のひとつといえる。その最大の理由として，石器群が出土する立川ローム層が非常に厚く堆積していることが挙げられる。立川ローム層は層厚にして7～8mに達し，また，暗色帯がよく発達しており，暗色帯0（B0）から暗色帯（B5）までの計6枚が確認できる。さらには，相模野上位スコリア層（S1S），相模野下位スコリア層（S2S），姶良Tn火山灰層（AT）などが良好に堆積していることで，石器群の出土層位を明確におさえることができる。そして，このことにより，同一遺跡での重複関係を知るばかりか，遺跡間の対比も容易となっている（図5）。

　また，相模野台地は旧石器時代遺跡の密集地帯であり，これまでの調査例から台地の縁辺部であれば，北向きの台地であろうと，谷地形であろうと，どこを調査しても何枚にもわたる良好な石器群を検出することができる。遺跡の調査が緊急調査という物理的条件の中で実施されるため，立川ローム層基底部まで調査が行われることは少ないが，より下層まで深く調査が実施されれば，その深さに応じてより多くの文化層が検出されているという状況である。いずれにしても，良好な遺跡の密集地帯としては日本列島でも有数であるといえよう。また，この20年にわたって都市化の波を受けつづけ，これに対応するかのように調査事例が増加していることもあげなければならないであろう。

　さて，本節は重複関係をもつ石器群を一文化層ごとに層位的に並べ整理し，ナイフ形石器，尖頭器，細石刃，石斧等の出現・発展・終焉と，各器種の形態組成の変化，さらに剝片剝離技術と調整加工技術を中心とした技術基盤の変化等によって画期を見いだし，この画期から次の画期までの共通した特徴をもつ石器群を抽出し段階として設定した。このようにして相模野台地の石器群をみてみると，概ね12の段階が設定できそうである。なお，この12段階の設定は相模野台地の層位的優位性によってなされるわけだが，また，そのことは反対に難点となっていることも理解できよう。層位に恵まれているということは，石器群を包含するローム層が厚いということであり，さらに上層での膨大な石器群が検出されれば下層までの調査は困難となろう。この点での資料不足は武蔵野台地，下総台地の成果を踏まえて段階が設定されていることをあらかじめ断っておく。

　また，各段階は新器種の出現，器種の形態組成の変化，技術基盤の変化等さまざまな視点をもって設定しているが，その最も重点をおいたことは重層遺跡での層位的出土例である。

段階Ⅰ（図6上段）
1　層位：L6下底（立川ローム基底部）～L6上面と考えられる[2]。層厚にして1～1.5mを測る。
2　主な石器群：L6下部　綾瀬市早川天神森Ⅹ
　　　　　　　　L6上部　早川天神森Ⅸ，藤沢市代官山

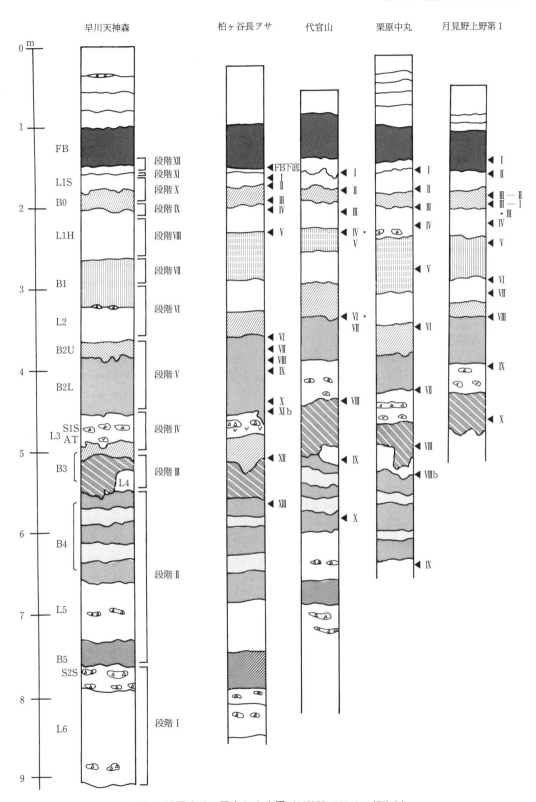

図5 重層遺跡の層序と文化層（諏訪間1988を一部改変）

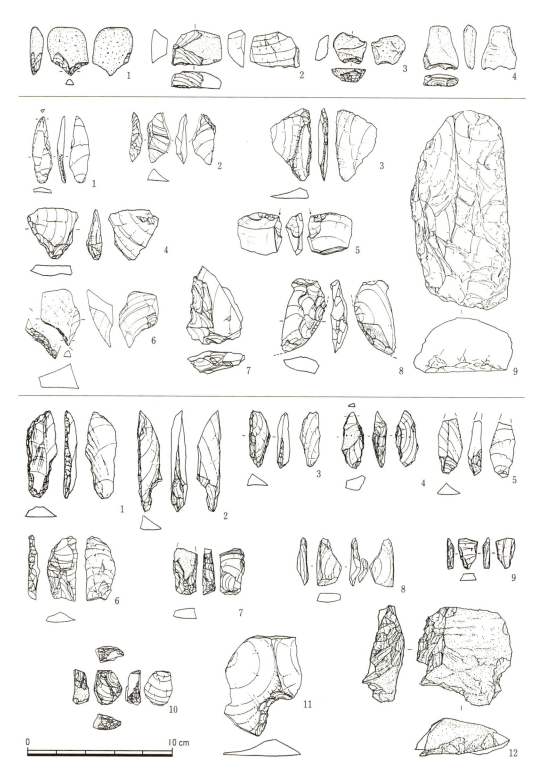

図6 段階Ⅰ（L6下底〜L6上面）の石器（上段），段階Ⅱ（B5下底〜B4上部ないしB3下部）の石器（中段），段階Ⅲ（B4上部ないしB3下部〜B3上部）の石器

3 石器組成：錐器（1・2），削器（3・4）などが単独で出土しているにすぎない。
4 石材：硬質細粒凝灰岩，チャートが使われる。
5 剝片剝離技術：いわゆるいも石と呼ばれる数cmの小礫を素材としてその一端に加工を施すものが認められる。
6 段階設定の理由と問題点

これらの石器はいずれも単独資料であり，石器群の内容はまったく不明である。石器は錐器，削器があるが，これらの素材は"いも石"と呼ばれる現地性の礫であり，しっかりとした剝片を素材としたものはない。したがって，すべてを人為的な石器として積極的に評価することはできない。しかし，武蔵野台地X層中の石器群に類例が認められることから，このような錐器，削器の小形石器と大形礫器類を組成にもつ石器群が存在すると考慮して1段階設定しておきたい[3]。

7 従来の編年：相模野Ⅰ期

段階Ⅱ（図6中段）
1 層位：B5下底〜B4上部ないしB3下部。層厚にして2.0m前後を測る。
2 主な石器群：L5上部　座間市栗原中丸Ⅸ，綾瀬市寺尾Ⅶ，早川天神森Ⅷ
　　　　　　　B4下部　代官山Ⅹ
　　　　　　　B4上部　海老名市柏ヶ谷長ヲサⅩⅢ，藤沢市大庭根下Ⅳ，
　　　　　　　　　　　相模原市橋本Ⅵb[4]，栗原中丸Ⅷb[5]
3 石器組成：ナイフ形石器（1〜4），石斧（8・9），錐器（5），彫器（6），削器（7），使用痕を有する剝片，石刃，剝片，石核等によって構成される。ナイフ形石器は基部加工（1），一側縁加工（2），台形状を呈するナイフ形石器（3）が存在する。石斧は局部磨製石斧（8）と打製石斧（9）の双方が認められる。定形的な器種はあまり多くないが，石刃等には使用痕を有するものが多く認められ，石刃や剝片に依存することも多かったと予想される。
4 石材：チャート，硬質細粒凝灰岩が比較的多く黒曜石もすでに使用されている。
5 剝片剝離技術：縦長剝片剝離技術と横長剝片剝離技術の双方が認められる。代官山Ⅹ，栗原中丸Ⅸなどでは石刃が認められる。また，橋本Ⅵbでは多様な石核調整をもつ剝片剝離技術が認められている。
6 段階設定の理由と問題点

ナイフ形石器が出現することを段階設定の理由としたい。段階Ⅲとの画期は石斧の出土層位がB4上部であることを重視して，B4上部ないしB3下部におく。

本段階でナイフ形石器と他の石器群との共伴関係が確認されているのは大庭根下Ⅳと橋本Ⅵbのみであり，現在までのところ石器組成全容を表わす石器群が検出されていないため，不明な点が多いといわざるをえない。詳しい内容は資料の増加を待たなければならない。

7 従来の編年：相模野第Ⅱ期前半

段階Ⅲ（図6下段）
1 層位：B4上部ないしB3下部からB3中部。層厚にして約50cmを測る。
2 主な石器群：B3下部　柏ヶ谷長ヲサⅦ，橋本Ⅵa
　　　　　　　B3中部　早川天神森Ⅶ，栗原中丸Ⅷa，綾瀬市地蔵坂
3 石器組成：ナイフ形石器（1～9），搔器（10・11），削器（11），石刃，剝片，石核，敲石，磨石などがある。彫器，錐器も本来的に組成していたと考えられるが，まだ検出されていない。ナイフ形石器は基部加工（5），一側縁加工（6～8），二側縁加工（1～4・9）とバラエティーが豊富になる。
4 石材：硬質細粒凝灰岩，黒曜石，チャートが用いられる。
5 剝片剝離技術：本段階は剝片剝離技術を具体的に検討する資料は橋本Ⅵaしかない。これによると，縦長剝片剝離技術と横長剝片剝離技術の双方が認められる。縦長剝片剝離技術は大形の剝片を素材とし，縦長剝片を連続して剝離するものが多く，横長剝片剝離技術は礫素材で残核の形状が礫器状や円盤状を呈するものが認められる。
6 石器群の特徴と問題点
　本段階も良好な石器群の検出が少なく，段階設定は非常に困難であり，特に前段階との区分は不明瞭である[6]。段階Ⅱと段階Ⅲとの区分は，石斧がともなう段階として前者を，茂呂型ナイフ形石器の範疇で捉えられる二側縁加工のナイフ形石器（1）が出現することによって後者を分離してみた。
　いずれにしても，相模野台地の資料がほとんどないので，段階Ⅰ～段階Ⅲについては武蔵野台地・下総台地の成果を参考にしてあえて段階を設定している。
7 従来の編年：相模野第Ⅱ期後半

段階Ⅳ（図7）
1 層位：B3上部からB2L下部。層厚50cmから1mを測る。途中ATとSISを介在させ，その上下にまたがって石器群が検出されている。
2 主な石器群：B3上面　寺尾Ⅵ，地蔵坂
　　　　　　　L3　橋本Ⅴ
　　　　　　　B2L下部　栗原中丸Ⅶ，月見野上野第1－Ⅸ，地蔵坂，
　　　　　　　　　　　　柏ヶ谷長ヲサⅪb[7]
3 石器組成：ナイフ形石器（1～23），彫器（24），削器（29～33），搔器（25～27），錐器（28），石刃，剝片，石核，磨石（34），敲石をはじめ，ほとんどの器種がそろう。石斧，尖頭器は本段階では認められない。ナイフ形石器は二側縁加工（2～17），部分加工

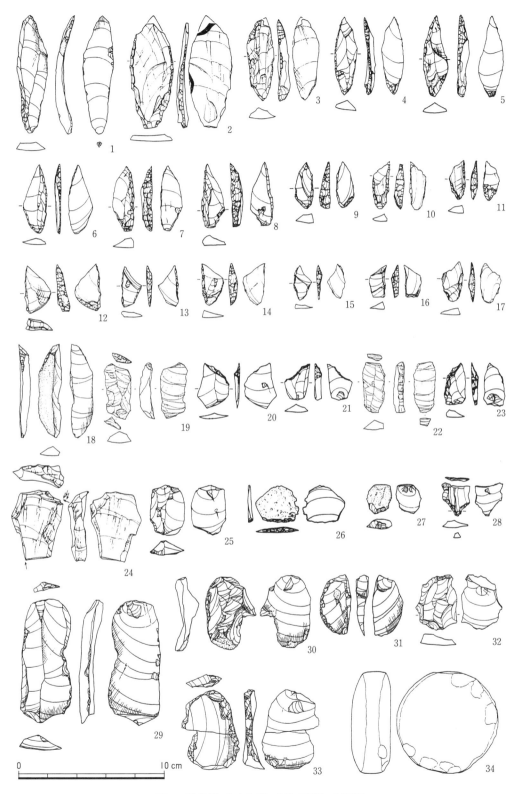

図 7 段階Ⅳ（B3 上部〜B2L 下部）の石器

（18〜21），一側縁加工（22・23），基部加工（1）の各形態が出そろっている。二側縁加工のものはバラエティーに富んでおり，先端がやや鈍角で切出形を呈するもの（10・11）や全体の形状が三角形状を呈し小形のものも（12〜17）量的に安定している。これらのナイフ形石器には切断手法が顕著に認められる。

　4　石材：寺尾Ⅵ，橋本Ⅴにみられるように，信州産の良質な黒曜石が多用される傾向がみられる。寺尾Ⅵ・橋本Ⅴはともに黒曜石の占める割合は9割を超えている。その他はチャート，安山岩[8]・硬質細粒凝灰岩等が使われる。

　5　剝片剝離技術：縦長剝片剝離技術と横長剝片剝離技術の双方が認められ，前者の石刃技法によって特徴づけられる。石刃石核には黒曜石が用いられることが多い。180度打面転位が頻繁に行われる。石核の打面調整，頭部調整はともに比較的顕著である。段階Ⅲから認められることであるが，石材によって剝片剝離技術の違いが認められる。このことは目的的剝片を剝離し，目的器種を製作するという一連の工程がより構造的になったと評価することができそうである。

　6　段階設定の理由と問題点

　本段階は，発達した石刃技法により二側縁加工のナイフ形石器が量産される段階として捉えられる。二側縁加工のナイフ形石器は，大きさや先端角において豊富なバラエティーをもっており，この中には切出形を呈するものや，小形三角形状を呈するものも含まれる。寺尾Ⅵと橋本Ⅴではナイフ形石器の形態組成において若干の相違が認められる。現在のところ質量とも安定した石器群は寺尾Ⅵしかなく，これをもって本段階の普遍的な姿と捉えるのは危険であるが，石刃を素材としてナイフ形石器をはじめ剝片石器のほとんどが製作され，ナイフ形石器には切断手法が共通して認められるということで大枠の段階設定は妥当なところと考えられる。

　本段階は武蔵野台地Ⅵ層文化に対比が可能であり，AT降灰直前の石器群と捉えられることが多いが，二側縁加工のナイフ形石器をその段階設定のメルクマールとしている石器群は，相模野台地においてAT降灰直後にも確実に存続するということを確認しておきたい[9]。

　7　従来の編年：相模野第Ⅱ期後半

段階Ⅴ（図8）

　1　層位：B2L下部からB2U上面。層厚80cmから1mを測る。従来はB2L上部から下層では石器群が検出されていなかったが，柏ヶ谷長ヲサ遺跡の調査によって様相は一変した。B2L上部から上面にかけての層準に最も多くの生活面が存在する。

　2　主な石器群：B2L下部　柏ヶ谷長ヲサⅩ
　　　　　　　　　B2L中部　柏ヶ谷長ヲサⅨ
　　　　　　　　　B2L上部　柏ヶ谷長ヲサⅧ，大和市上和田城山Ⅳ，

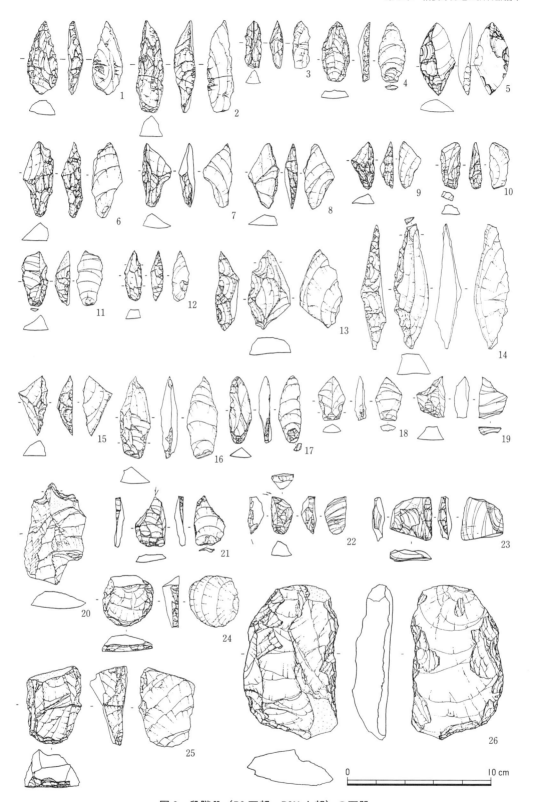

図 8　段階Ⅴ（B2 下部〜B2U 上部）の石器

　　　　　　　　大和市上草柳第Ⅱ－Ⅱ，柏ヶ谷長ヲサⅦ，早川天神森Ⅵ
　　　B2L 上面　柏ヶ谷長ヲサⅥ，早川天神森L，綾瀬市上土棚，同小園前畑，
　　　　　　　　相模原市下九沢山谷Ⅳ，大和市月見野上野第Ⅰ－Ⅷ1
　　　B2U 下部　藤沢市代官山Ⅵ・Ⅶ[10]
　　　B2U 中部　大和市月見野ⅢC，綾瀬市地蔵坂
　　　B2U 上部　地蔵坂
　　　B2U 上面　栗原中丸Ⅵ

3　石器組成：ナイフ形石器（6～19），角錐状石器（1～3），石斧（6），錐器（20），彫器（21・22），搔器（24・25），削器（23），磨石，敲石，剝片，石核等によって構成される。角錐状石器は本段階のみに認められる特徴的な器種である。ナイフ形石器は各形態が出そろい非常にバラエティーに富んでいる。二側縁加工のものは切出形ナイフ形石器または，切出形石器と分類されるものであるが（6～11），先端は比較的鋭角な例も多い（6～9）。基部加工のナイフ形石器（16～18）も数量的には多いとはいえないが特徴的に存在する。一側縁加工（13～15）も比較的多く検出される。特に国府型ナイフ形石器（14）が本段階に検出された意義は大きい。部分加工は少ない（19）。

　また，器体の全周に調整加工が施された円形搔器が特徴的に認められる（24）。尖頭器（4・5）は現在のところ柏ヶ谷長ヲサⅨと下九沢山谷Ⅳにしか認められておらず，石器組成の一員として認知されるまでには至っていない。石斧は柏ヶ谷長ヲサⅦに1点のみであり，基本的な組成ではないであろう。

4　石材：黒曜石，安山岩，硬質細粒凝灰岩，チャートが用いられる。特に黒曜石を多用するといった傾向は数遺跡で認められるものの，全体の傾向としてはそれほど多くない。

5　剝片剝離技術：本段階は縦長剝片剝離技術を主体とする。ナイフ形石器，角錐状石器，搔器等はある一定の大きさと厚さをもっている剝片であれば，鋸歯状をはじめとする多彩な調整加工技術によってどのようにでも製作することが可能であるという，素材に限定されない石器製作技術をもっている。また，基部加工のナイフ形石器は，これとは別に先端先細りの石刃を目的的剝片とする石刃技法と強い相関関係をもつ。

6　段階設定の理由と問題点

　本段階は二側縁加工のナイフ形石器（切出形ナイフ形石器）と角錐状石器によって特徴づけられる。さらには各器種の調整加工には鋸歯状の荒い加工が用いられることが多い。本段階の設定については異論の挟む余地はない。それは前後の段階が発達した石刃技法を技術基盤とする確立したナイフ形石器文化であり，とても対称的だからである。

　さて，近年，国府型ナイフ形石器の検討から国府型ナイフ形石器と角錐状石器との層位的な関係を重んじ，本段階を二分する考え方が提示された（織笠1987c）。しかし，国府型ナイフ形石器をともなう柏ヶ谷長ヲサⅨには確実に角錐状石器を組成にもち，また，そのさらに

下層にあたる第X文化層でも角錐状石器は出土している。そして何よりも，筆者は該期をとおして，基本的な石器組成やナイフ形石器の形態組成は変わっていないと考えている。したがって，該期を細分する根拠をもっていないと考えるほうが現状ではよいのではないかと思われる。

　7　従来の編年：相模野第Ⅲ期

段階Ⅵ（図9）
　1　層位：L2からB1中部。層厚にして70cm〜1m。B1下底から下部の20cmに多くの生活面が位置する。
　2　主な石器群：L2　下九沢山谷Ⅲ，大和市長堀南Ⅴ
　　　　　　　　　B1下底　寺尾Ⅳ，本蓼川，大和市深見諏訪山Ⅳ，月見野上野第1−Ⅵ，月見野Ⅰ，大和市下鶴間長堀Ⅲ，橋本Ⅲ，中村Ⅴ
　　　　　　　　　B1中部　栗原中丸Ⅴ，大和市上草柳Ⅱ−1
　3　石器組成：ナイフ形石器（5〜22），尖頭器（1〜4），石斧（28），彫器（23〜25），掻器（26・27），削器（29・30）楔形石器（31），錐器，加工痕を有する剝片，使用痕を有する剝片，敲石，磨石，石刃，剝片，石核等によって構成される。ナイフ形石器は二側縁加工（5—14）と部分加工（18〜22）が凌駕する。二側縁加工のうち鋭い先端をもち，器体の半分までを刃部とするやや大形のものが特徴的であるが（5〜10），小形化した形態のもの（11〜13），切出形を呈するもの（14）も存在している。尖頭器は両面加工が多く，先端部ファシットを有するものが特徴的に存在する。また，加工具も豊富で上ゲ屋型（23・24），小坂型（25）を含む彫器，先刃式掻器（26・27），ノッチ状を呈する削器等遺跡を越えて共通する形態が認められる。
　4　石材：硬質細粒凝灰岩，黒曜石，安山岩，チャートを多用する。黒曜石はナイフ形石器においては半分以下，尖頭器においては7割を超える。
　5　剝片剝離技術：「砂川型刃器技法」（戸沢1968）に代表される石刃技法が主体となる[11]。楕円形礫を素材として，上下両設に打面が設定される。180度打面転位を基本としてたまに90度打面転位も認められる。多様な剝片剝離技術が知られている（鈴木1984，伊藤1987等）。
　6　段階設定の理由と問題点
　本段階は「砂川型刃器技法」を技術基盤とする石器群に対して設定した（諏訪間・堤1985）。
　また，尖頭器がはじめて石器組成の一員として登場すること，ナイフ形石器は二側縁加工と部分加工が卓越すること，また，彫器，削器，掻器等の加工具が豊富で，各形態が型式的に安定していることなどが挙げられる。
　本段階については多方面から詳細な検討が行われており（鈴木1986・白石1986・伊藤1987等），ここでは多くを語る必要はないが，若干の問題点を指摘しておこう。

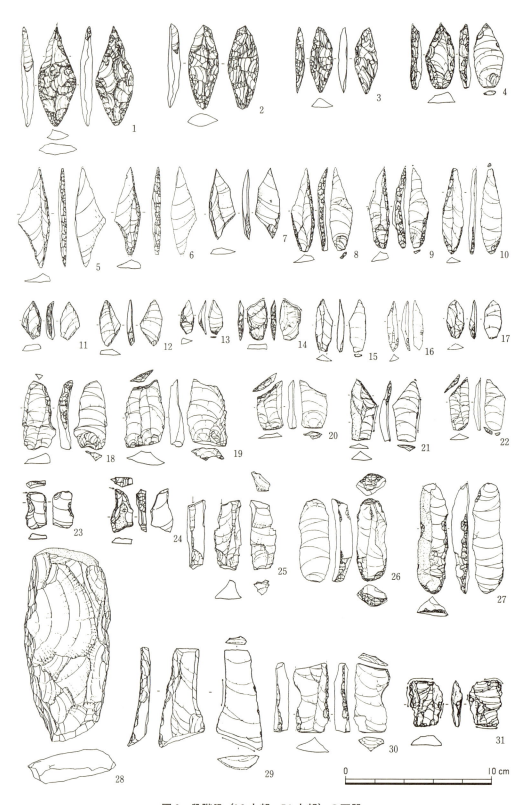

図9 段階Ⅵ（L2中部〜B1中部）の石器

本段階はいわゆる「砂川期」(田中 1979) として設定されるものである。「砂川期」の認識については「砂川型刃器技法」を技術基盤にする石器群に対して設定されるべきであろうと考えている (諏訪間・堤 前掲)。尖頭器の共伴についてはかつての指摘どおり大方の賛同を得ているものと捉えている。

さて，多量なナイフ形石器を主体として，これに数点の尖頭器がともなうというのが本段階の一般的な姿である。また，豊富な加工具の存在も知られており，この点については前段階と次の段階の加工具の在り方と尖頭器の形態・石器組成に占める割合などから，「動物質食料と植物質食料がともに重要な役割を担っていたことを類推させる。そうした状況の中で，新たな狩猟具が量的にも拡大することに無理があったのではあるまいか」(織笠 1987a) とし，従来，「なぜ少ないながらも確実に尖頭器が共伴する」のか (諏訪間・堤 前掲) という疑問への一つの答えとなる見解である[12]。

本段階は編年的指標となるばかりか石器文化として，当時の人間行動と社会生活の復元へと研究が進みつつあるといえよう。

　7　従来の編年：相模野第Ⅳ期前半

段階Ⅶ（図 10）
　1　層位：B1 上部から B1 上面にかけての層厚 20〜30cm にわたって生活面が位置する。
　2　主な石器群：B1 上部　深見諏訪山Ⅲ，下九沢山谷Ⅱ，代官山Ⅳ・Ⅴ，下鶴間長堀Ⅱ，
　　　　　　　　　　　　　月見野上野第Ⅰ−Ⅴ，橋本Ⅱ，相模原市田名稲荷山Ⅱ
　　　　　　　　　B1 上面　寺尾Ⅲ，早川天神森Ⅲ，大和市月見野ⅣA，中村Ⅲ
　3　石器組成：ナイフ形石器（6〜19・25〜36・44〜50），尖頭器（1〜5・23・24・37〜43），錐器（20），彫器（21），掻器（22），削器，敲石，磨石，剝片，石核等によって構成される。

ナイフ形石器は茂呂型がそのまま小形化したもの（25〜29・45・46）と，打面を残置し，ティアドロップ形を呈するもの（6〜10），台形状を呈するもの（13〜19・32・33），いわゆる小形幾何形といわれるもの（11・12・34〜36・47〜50）というようにバラエティーに富んでいる。尖頭器は両面，片面，周辺の各形態が認められるがナイフ形石器の形態組成と相関関係が強く認められる。各々の石器群によってその内容は変化に富んでおり，一律に評価することはできない。ナイフ形石器，尖頭器以外の加工具は非常に少なく，各石器群に数例が認められるにすぎない。
　4　石材：黒曜石が 9 割以上あるいは，すべてを占めるという石器群も認められる。その中でも箱根産の黒曜石を多用する傾向が認められる。また，遺跡によってその比率が異なるものもあり，それは石器群の内容と強い相関関係にあると思われる。硬質細粒凝灰岩も比較的多い。

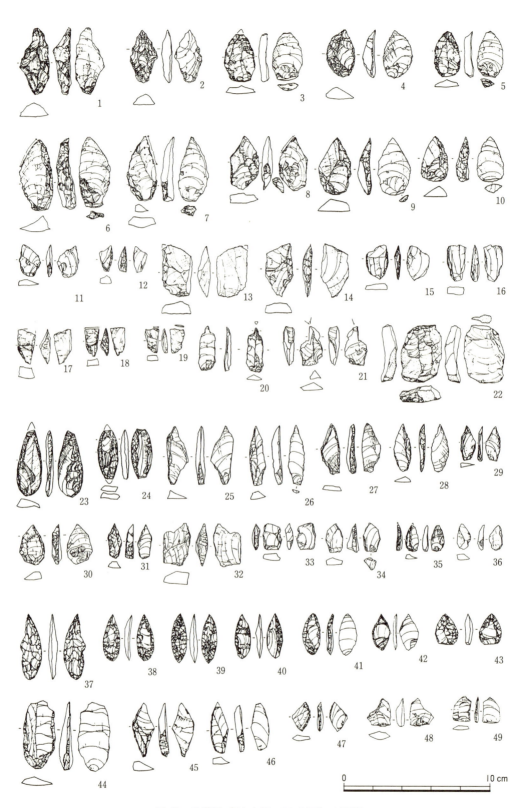

図10 段階Ⅶ（B1上部〜B1上面）の石器

5　剝片剝離技術：「砂川型刃器技法」に代表される上下両設に打面設定される石刃石核は認められなくなり，幅広で寸詰まりの縦長剝片を剝離する技術になる。90度や180度打面転位が頻繁になり，残核には3面以上の打面が残されるものが多い。

6　段階設定の理由と問題点

前段階からくらべると「砂川型刃器技法」の崩壊段階として捉えることができる。したがって，層位的に前段階の後で，次の尖頭器を主体とする石器群の前としての位置づけしかない。本段階はナイフ形石器文化の最終末の段階であり，ナイフ形石器と尖頭器の比率やナイフ形石器の形態組成は石器群によって違いが激しい。ナイフ形石器の形態組成の偏りと尖頭器の形態組成の偏りによって，石器群の様相の異なりが指摘されており（樫田1987），この差は編年的なものによるのか，遺跡の場（セトルメント）によるものなのかは判断できず，今後の課題であろう。いずれにしても，ナイフ形石器文化終末期の複雑な様相を示しているといえよう。しかし，共通することは小形幾何形ナイフ形石器がどの石器群にもともなうことから，段階の設定としてはとりあえず妥当であろう。

7　従来の編年：相模野第Ⅳ期後半

段階Ⅷ（図11）

1　層位：L1H下部から上部にかけて層厚50cmにわたって生活面が位置するがL1H中部が最も多い。

2　主な石器群：L1H中部　中村Ⅲ，月見野上野Ⅳ，寺尾Ⅱ，月見野ⅢA，同ⅡD
　　　　　　　　L1H上部　月見野ⅣA

3　石器組成：尖頭器（1〜11），ナイフ形石器（12〜17），錐器（18・19），彫器（20），削器（21・25〜27），搔器（22〜24），加工痕を有する剝片，使用痕を有する剝片，磨石，叩き石，剝片，石核等によって構成される。尖頭器は両面（1〜6），半両面（7〜9），片面（10・11）とあるが両面のものが多いようである。削器は大小のバラエティーがある。

4　石材：安山岩，黒曜石，チャート，硬質細粒凝灰岩等が用いられる。黒曜石の使用頻度は低い。

5　剝片剝離技術：尖頭器製作技術基盤として，目的とする尖頭器の大きさよりやや大きな剝片を剝離するための剝片剝離技術であると考えられる。大形の礫を素材として大形の剝片が剝離されたものと理解される。しかし，遺跡での素材である剝片を剝離した状況を示す事例が少なく，遺跡に搬入される石材は大形の剝片として既に加工した状態であることが多いようである。

6　段階設定の理由と問題点

本段階は尖頭器を主体とする石器群として段階設定した。尖頭器以外は削器，錐器等少量の加工具が認められるだけで，組成としてはきわめて単純な様相を示す。ナイフ形石器は少

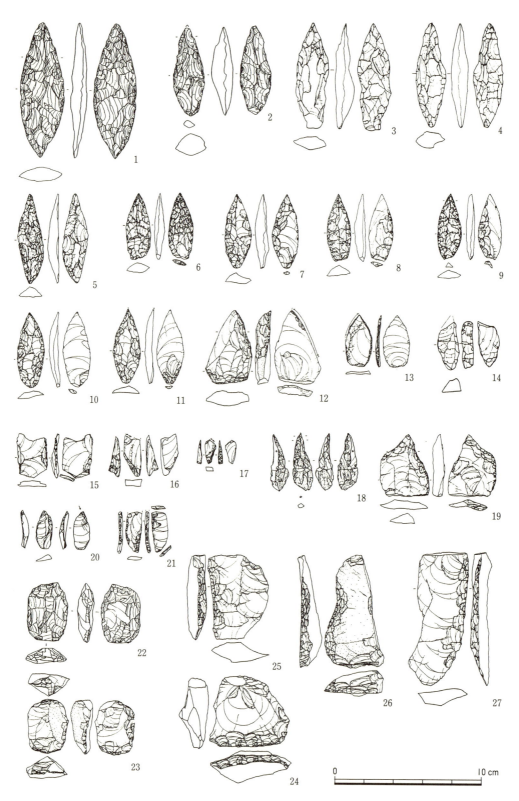

図 11　段階Ⅷ（L1H 中部）の石器

量共伴するものと思われるが，幾何形を呈するもののみであり，ブランティング・トウールの総称としての意味しかもたなくなる。

前段階までは遺跡内に原石あるいは石核素材をもち込み，石核調整を行って，目的的剝片を剝離し，その目的的剝片に調整加工を施し，目的器種を製作するといった一連の作業工程が認められたが，本段階は尖頭器製作技術の柔軟性から，尖頭器の大きさに見合う剝片・礫があればいいという状況である。

 7 従来の編年：相模野第Ⅴ期

段階Ⅸ（図12）

 1 層位：L1H上部からB0下部にかけて層厚30cmにわたって生活面が位置する。
 2 主な石器群：L1H上部 代官山Ⅲ，柏ヶ谷長ヲサⅣ，かしわ台駅前Ⅱ
       B0下部 中村Ⅱ，月見野上野Ⅰ−Ⅲ（Ⅰ・Ⅲ），上和田城山Ⅱ，
       上草柳第Ⅲ中央Ⅰ
 3 石器組成：細石刃（12〜31），細石刃核（1−11），錐器（33），削器（34〜38），礫器（39），楔形石器（32）によって構成される。尖頭器，ナイフ形石器は認められるが残存器種である。
 4 石材：細石刃はほとんど黒曜石であり，削器等は安山岩や砂岩等が多く用いられる。
 5 剝片剝離技術：野岳・休場型細石刃核による細石刃剝離と大形剝片を目的的剝片とする剝片剝離技術等がみられる。
 6 段階設定の理由と問題点

本段階は野岳・休場型細石刃核で占められ，ほとんどが黒曜石を素材とする斉一性の高い石器群である。代官山型としての提唱もあるが（砂田1986），ここでは野岳・休場型細石刃核のバラエティーとして捉えた（堤1987）。細石刃は幅が細く，両側緑が平行し，比較的長めである。いわゆる「細形」細石刃の範疇に入るものである（織笠1983）。野岳・休場型細石刃核は次の段階にまで引き継がれるが，本段階はより斉一性が高いことを重視して段階を設定した。

 7 従来の編年：相模野第Ⅴ期

段階Ⅹ（図13）

 1 層位：B0中部からLIS上部にかけて層厚30cmにわたって生活面が位置する。
 2 主な石器群：B0中部 上草柳第Ⅰ−Ⅰ
       B0上部 報恩寺，相模野No.149Ⅱ，深見諏訪山Ⅱ
       LIS下部 栗原中丸Ⅱ，下鶴間長堀Ⅰ
       LIS上部 上和田城山Ⅰ

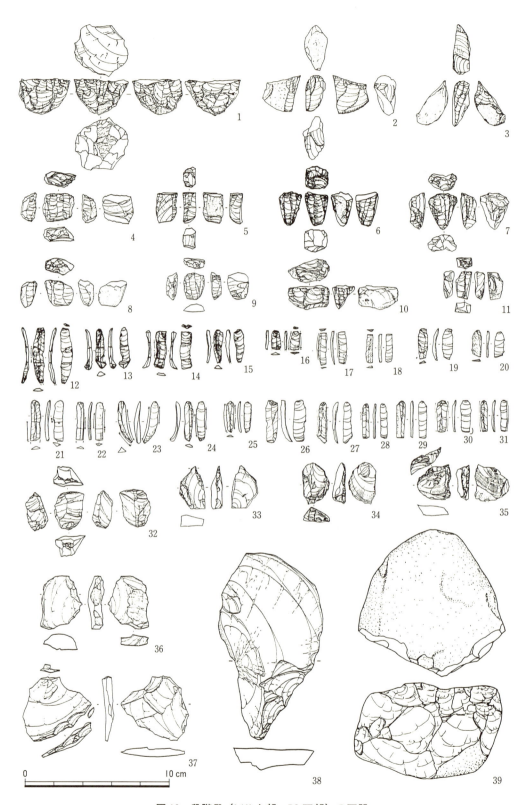

図 12 段階Ⅸ（L1H 上部〜B0 下部）の石器

第Ⅰ章　相模野台地の旧石器編年

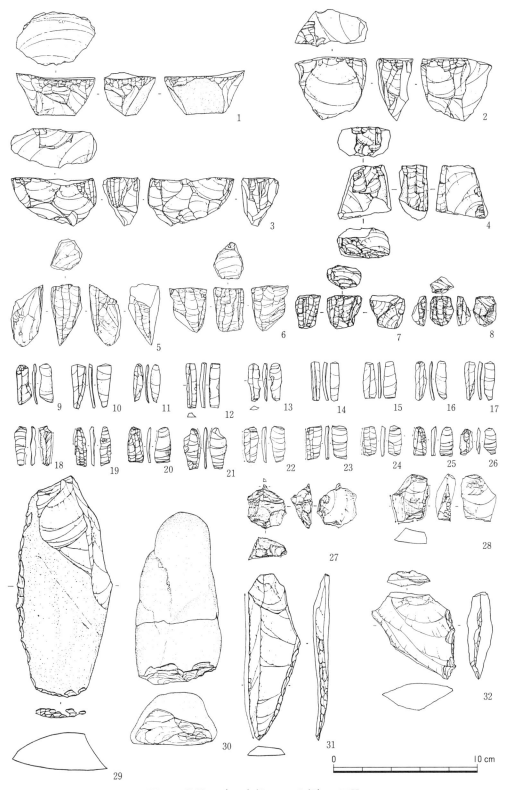

図13　段階Ⅹ（B0中部～L1S上部）の石器

3　石器組成：細石刃（9～24），細石刃核（1～8），削器（28・29・31・32），錐器（27），礫器（30）等によって構成される。尖頭器はあくまでも残存器種である。

4　石材：硬質細粒凝灰岩，チャート，黒曜石，安山岩

5　剝片剝離技術：野岳・休場型細石刃核と船野型細石刃核の両者が認められ，その他は段階IXと同様に大形剝片を目的とする剝片剝離技術が認められる。

6　段階設定の理由と問題点

　本段階は野岳・休場型細石刃核が前段階から引きつづき存在するが，一方では船野型細石刃核が新たに出現する。この船野型細石刃核の登場との相関関係をすぐさま論じることはできないが，ほぼ同時に細石刃の幅が広くなり，いわゆる広形細石刃（織笠1983）の範疇で捉えられるものに変化する。

　前段階と本段階では石器組成においてはほとんど変化がなく，あえて段階設定する必要性がないように思われたが，細石刃の形態が細形から広形へと変化し，また，B0中部を境として船野型細石刃核が登場することを重要視して段階を設定した。

7　従来の編年：相模野第V期

段階XI（図14）

1　層位：LIS上面。層厚にして10cm内外を測る。

2　主な石器群：LIS上面　月見野上野第1-II，寺尾I，長堀北[13]，
　　　　　　　　栗原中丸I，相模野No.149[14]

3　石器組成：細石刃（12～14），細石刃核（10・11），尖頭器（2～4・16～18），石斧（5・6・15），搔器（7），削器，礫器，使用痕を有する剝片，加工痕を有する剝片，剝片，石核等によって構成される。土器は無文あるいは無文部（8・9），押圧縄文（1）等がみられる。

4　石材：安山岩が多用される傾向がみられる。次いで，チャート，硬質細粒凝灰岩，黒曜石と続くと考えられる。

5　剝片剝離技術：両面調整加工が発達する。

6　段階設定の理由と問題点

　本段階は現在のところ，段階の設定については不明な点も多く，評価も分かれるところであるが，前段階では細石刃石器群であったのに対し，本段階になって尖頭器が主要な器種になる点を評価した。したがって，縄文時代草創期の土器編年はあまり考慮していない。石器組成が前段階と異なることをその最大の理由に挙げる。

　月見野上野IIや長堀北では削片系の細石刃核も存在し，石器文化の系統を検討する良好な石器群である。いずれにしても，前段階まで続いた野岳・休場型細石刃核は存在しないし，土器をもった新しい文化の影響を受けた石器群であるとの評価は与えてよいであろう。

　次の段階である段階XII以降は，縄文時代文化の象徴とも評価できる有舌尖頭器や石鏃が登

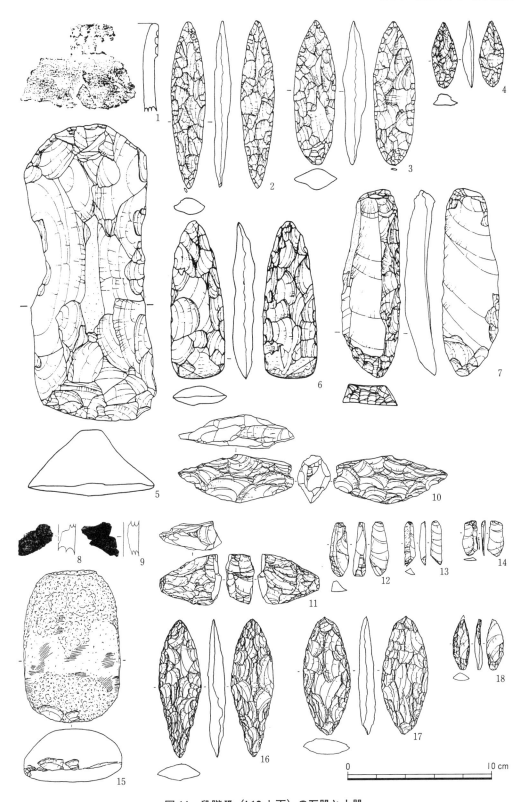

図 14　段階 XI（L1S 上面）の石器と土器

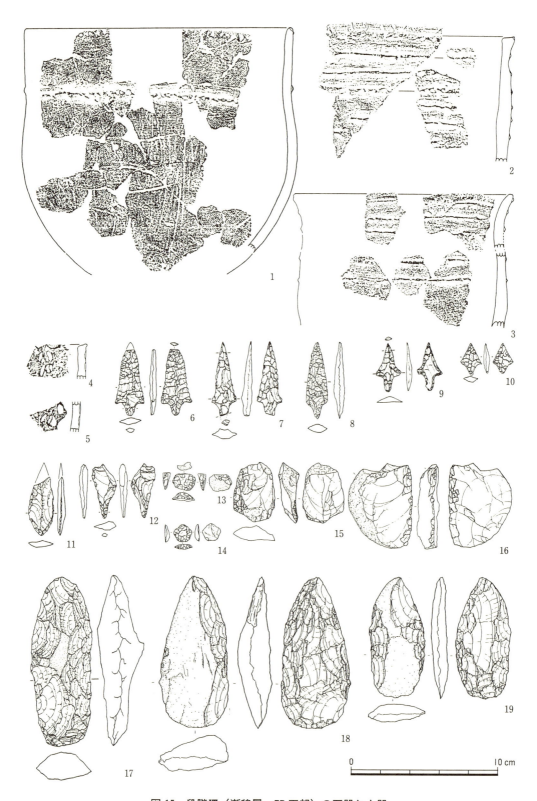

図15 段階XII（漸移層〜FB下部）の石器と土器

場する。
7　従来の編年：縄文時代草創期

段階XII（図15）
1　層位：漸移層〜富士黒土層下部。層厚にして20cm内外を測る。
2　主な石器群：富士黒土層下部　月見野上野第1−Ⅰ，月見野上野第2−Ⅰ，
　　柏ヶ谷長ヲサ
3　石器組成：有舌尖頭器（6〜10），尖頭器（11），錐器（12），揮器（13・14），削器（15・16），石斧（17〜19）等によって構成される。土器は隆起線文系土器群である。
4　石材：チャート，安山岩，硬質細粒凝灰岩，黒曜石
5　剥片剥離技術：段階XIと同様に両面調整加工が発達する。
6　段階設定の理由と問題点
本段階は前段階の尖頭器を主体とする石器群から，有舌尖頭器を主体とする石器群への変換をもって画期とするものである。各遺跡によって石器組成のばらつきはあるものの，これ

表2　実測図一覧表

段階Ⅰ	早川天神森Ⅹ（1）　代官山6u（2・4）　早川天神森Ⅸ（3）
段階Ⅱ	大庭根下Ⅳ（1・9）　柏ヶ谷長ヲサⅩⅢ（2）　橋本Ⅳ（3）　栗原中丸Ⅷ（4）　寺尾Ⅶ（5） 代官山Ⅹ（6）　栗原中丸Ⅸ（7・8）
段階Ⅲ	地蔵坂B3中部（1）　橋本Ⅵ（2・5〜7・10・11）　栗原中丸Ⅷ（3） 柏ヶ谷長ヲサⅩⅡ（4・8・9・12）
段階Ⅳ	寺尾Ⅵ（2〜17・20・21・23・25〜28・32・34）　橋本Ⅴ（1・18・29〜31・33） 地蔵坂B2L下部（24）
段階Ⅴ	上草柳第Ⅱ〜Ⅲ（1〜3）　柏ヶ谷長ヲサⅨ（4・8・9・11・14・16・18・19・22〜25） 下九沢山谷Ⅳ（5）　柏ヶ谷長ヲサⅧ（6・7・10・15・17・21）　柏ヶ谷長ヲサⅦ（26） 柏ヶ谷長ヲサⅥ（20）
段階Ⅵ	中村Ⅴ（1・4・8〜10・13・14・18〜22・26・27・30）　深見諏訪山Ⅳ（2・3・7・11・12） 栗原中丸Ⅴ（5・6・16・23・24）　下鶴間長堀Ⅲ（15・17・29・31）　橋本Ⅲ（25・28）
段階Ⅶ	中村Ⅳ（1・5〜8・17〜19・22）　深見諏訪山Ⅲ（2・4・9〜16・20・21） 月見野上野第1−Ⅴ（23〜36）　下鶴間長堀Ⅱ（37〜50）
段階Ⅷ	中村Ⅲ（5〜17・19・21・23〜27）　寺尾Ⅱ（3・4）　月見野上野第1−Ⅳ（1・2・18・20・22）
段階Ⅸ	月見野上野第1−Ⅲ−Ⅰ・Ⅲ群（1・7・10・11・21〜25・33〜35・39） 柏ヶ谷長ヲサⅣ（4・5・17〜20・38）　かしお台駅前Ⅱ（6・12〜16） 上草柳第Ⅲ中央（8・9・26〜31・32・36・37）　代官山（2・3）
段階Ⅹ	下鶴間長堀Ⅰ（2・3・9〜17・29・31）　月見野上野第1−Ⅲ−Ⅱ群（8・27・28・30） 上和田城山Ⅰ（4・7）　上草柳第Ⅰ−Ⅰ（1・5・6・18〜26・32）
段階ⅩⅠ	寺尾Ⅰ（1〜7）　月見野上野第1−Ⅱ（8〜18）
段階ⅩⅡ	月見野上野第2−Ⅰ（1〜3・6・10・12〜16・18・19）　代官山Ⅰ（7・9） 柏ヶ谷長ヲサFB下底（4・5・8・11・17）

以前までは存在しなかった有舌尖頭器の出現によって狩猟形態の大きな変化を想定するためである。草創期の土器編年はあくまでも型式学に則っており，洞穴遺跡以外では層位的な検討はあまり行われていないといえる。本節は相模野台地の石器群の変遷を検討することによるため，あえて，ここに段階を設定したものである。

7　従来の編年：縄文時代草創期

2　石器群の変遷

以上のように12の段階を設定したわけであるが，各段階は相模野台地の石器群の変遷を示すものとして評価しうる内容をもっていることが理解できよう。

ここでは石器群の変遷がどのようなものであったかを，段階Ⅰから段階XIIを通して考えてみたい。それにはまず，旧石器時代石器群の変遷を最も表わすナイフ形石器，尖頭器，細石刃の3器種が出現する段階，主体を占める段階，消滅する段階を検討し，これに併せて各段階における各器種の比率によって，その発展・展開を知ることができよう。さらにはこれらを製作する技術的な基盤である剝片剝離技術と調整加工技術の推移をみてみることが有効であろう。

段階Ⅰは資料不足であるため内容はまったく不明である。

段階Ⅱはナイフ形石器の出現によって画される。ナイフ形石器は大庭根下Ⅳ以外には単発の出土であるため，どのような形態組成をもっていたのかは不明である。数少ない資料からいえることは，柳葉形を呈し先端が鋭角な，いわゆる「茂呂型」の範疇に入る形態のナイフ形石器の欠落を指摘することができる。石刃の形状からは基部加工のナイフ形石器が主体的であったとの推定が許されようか。また，石斧が共伴する段階でもあり，このことが段階Ⅲとの画期として評価した点でもある。

段階Ⅲはナイフ形石器が基部加工，一側縁加工のほかに新たに，茂呂型としていい二側縁加工のナイフ形石器が出現することを評価して段階を設定した。

いずれにしても，段階Ⅰから段階Ⅲは資料不足のため，段階設定の根拠が乏しく，不安定である。今後の資料の増加に期待するしかないであろう。

段階Ⅳになると資料的にもある程度増加し，段階として共通性が認められるようになると思われる。本段階になると，ナイフ形石器が石器組成の主体となる。ナイフ形石器は二側縁加工が主体で，形状が柳葉形を呈し，鋭い先端をもつ典型的な茂呂型が主体となる。また，形状が三角形状や切出状を呈する小形ナイフ形石器も量的に安定して存在する。本段階は発達した石刃技法によるナイフ形石器の大量生産化が認められ，石刃技法を技術基盤としたきわめて，斉一性の高い，いうなれば構造的な石器群と評価できよう。

本段階に認められる二側縁加工のナイフ形石器は，先端が鋭い大形〜中形のものと，先端

が鈍く三角形状や切出状を呈する小形のものとがセットという関係は本段階以降，ナイフ形石器の形態を変えながら，段階Ⅶのナイフ形石器終末期まで続いており，ナイフ形石器の基本的な形態組成（大きさの組み合わせ）として捉えてもいいのではないかと思われる。

　段階Ⅴはいわゆる切出形ナイフ形石器と角錐状石器によって特徴づけられる。そして，横長剥片剥離技術と切出形ナイフ形石器をはじめとする各器種との強固な結びつきが認められる構造的な段階として評価できる。切出形ナイフ形石器は具体的に刃部が切出形を呈し，やや鈍いものが多いかというと一概にはいえず，比較的先端が鋭いものも多いようである。また，国府型ナイフ形石器については数例しかないため[15]，何とも評価しがたいが，これによって本段階を細分するよりも，それ以上に本段階の石器群は共通の構造をもっていると評価したい。また，掻器や削器，さらには磨石，叩き石等の加工具が種類，量ともに増加することも本段階の特徴としてあげることができる。

　段階Ⅵは石刃技法を技術基盤にもち，ナイフ形石器文化として完成された段階として評価できる。茂呂型ナイフ形石器と部分加工のナイフ形石器が主体となる。二側縁加工のナイフ形石器は段階Ⅳと同じように大形〜中形のものと小形のものとが共存する。また，本段階において，はじめて尖頭器が出現し，量的には少ないものの石器組成の一員となる。すでに両面加工・片面加工・周辺加工の三者が認められ，遺跡によって偏りが認められるものの両面加工が多いようである。相模野台地においては尖頭器の出現当初から各形態が認められ，角錐状石器からの系統的な連続性は認められない。また，ファシットを有する尖頭器は本段階の尖頭器の特徴的な形態として「深見諏訪山型尖頭器」として型式設定し，「東内野型尖頭器」（戸田 1979）と区別して認識しておくことが必要である[16]。

　ナイフ形石器をはじめほとんどの器種が石刃技法による同一の構造体にあるのに対し，尖頭器は構造外の製作体系をもつものとして概念化できよう（宮家ほか 1974）。しかし，ナイフ形石器と個体の共有があることや，その素材が石刃であることが考えられる資料も存在し，これまで考えられていた「構造外」と単純に概念化できない状況も生まれている。

　段階Ⅶはナイフ形石器文化の終末期として複雑な様相を示している段階である。前段階の技術基盤であった砂川型刃器技法は崩壊する。ナイフ形石器は形態の分化が著しくなり，打面を残置し形状がティアドロップ形を呈するものと，台形状や小形幾何形を呈するものが特徴的に認められる。ティアドロップ形を呈するナイフ形石器は，尖頭器と平面形や調整加工においても相関関係が認められる。尖頭器は前段階にくらべ量的に増加する。また両者は同一の技術基盤により製作されることが多くなる。

　石器組成は，段階Ⅴ・Ⅵは豊富な加工具が知られていたが，本段階は加工具が極端に減少することも指摘できよう。段階Ⅷ以降は各遺跡においては数点のナイフ形石器の共伴は認められるものの，その主体は尖頭器，さらには細石刃に変わり，あくまでも残存器種としての意味しかもたなくなると考えられる。いわゆるブランティング・トゥールとしての総称の中

でわれわれが認識・識別しているにすぎないのであろう。

段階Ⅷは尖頭器が主体となり，それまでのナイフ形石器主体から一変する。加工具が減少し，まさしく，尖頭器文化と呼称するにふさわしい段階である。尖頭器は両面加工が主体であるが片面・周辺加工も存在する。先端は尖鋭であり，刺突具としての完成された姿をみることができる。

段階Ⅸは前段階で主体となった尖頭器は一時消滅し，細石刃文化によって一変される。本段階は石材に黒曜石を用い，野岳・休場型細石刃核のみというきわめて斉一性の高い内容をもっている。細石刃自体は「細形」であり[17]，次の段階の細石刃とは区別される。

段階Ⅹは船野型細石刃核の出現する段階で，前段階に引きつづき野岳・休場型細石刃核が普遍的であるが，細石刃は「広形」となり，前段階にみる黒曜石のみを素材とするといった斉一性は認められなくなる。

段階Ⅺは縄文時代草創期として位置づけられるが，その石器群の内容は旧石器時代的である。本段階は尖頭器を主体とする段階である。細石刃は月見野上野第1―Ⅱや長堀北Ⅱで共伴するが，いずれも削片系の細石刃核によるものであり，野岳・休場型や船野型細石刃核はなく前段階とは異なる。土器は共伴する遺跡としない遺跡がある。石器組成に石斧が再び出現することから，神子柴・長者久保系文化の影響をどのように受けているのか今後の課題である。

段階Ⅻは有舌尖頭器の出現によって前段階とは画される。尖頭器は一部有舌尖頭器と共存するものの，その主体は有舌尖頭器である。土器は隆起線文系の土器が共伴する。石斧が普遍的に存在する。本段階以降は有舌尖頭器の衰退とともに石鏃が普及するようになるものと考えられる。

以上，簡単に各段階をまとめてみたが，その主体となる器種によって次のとおり位置づけができる。

段階Ⅰはナイフ形石器をもたない剝片石器と礫核石器文化。段階Ⅱから段階Ⅶまではナイフ形石器文化で，このうち段階Ⅶはナイフ形石器文化終末期と位置づけられる。段階Ⅷは尖頭器文化，段階Ⅸ・Ⅹは細石刃文化ということができよう。段階Ⅺ・Ⅻは縄文時代草創期であるが，同様の視点から位置づけると，段階Ⅺは尖頭器文化，段階Ⅻは有舌尖頭器文化といえよう。

おわりに

このように通史的に石器群の変遷を考えてみると，ある段階から次の段階へと移り変わる画期が特定の石材とともにあると考えることもできる。そのことを追究することが，旧石器時代石器群をとおして，当時の社会構造の解明への糸口になるかもしれない。たとえば，段階Ⅳ

の寺尾Ⅵに象徴されるナイフ形石器文化の確立，段階Ⅵにおける尖頭器の出現，段階Ⅶのナイフ形石器文化の終焉，さらには，段階Ⅸの野岳・休場型細石刃核の普及等は，そのほとんどの石材を黒曜石に求めている。このことは何を物語るかは現段階では解釈できないが，いずれにしても各段階は，新器種の出現，石器組成，技術基盤がすべて構造的な強い結びつきをもっており，段階によっては石材までもその構造下に組み込んでいると考えられる。

　本節は相模野台地の最も優れた点である層位的な出土例を基にして石器群の段階的把握を行ってみた。各段階は出現器種と消滅器種とを中心に，それらを作り出す石器製作技術の変化を考えてみたものである。したがって，従来考えられていた編年観よりも細別編年となった。しかし，これはあくまでも段階を設定したにすぎず，相模野台地という一地域の層位的な石器群の縦の並べを行ったにすぎない。今後はこの石器群の変遷の歴史的意味について考えることが課題となる。

　今後は，すでに発表された資料も含め，1文化層ごとに正しい評価を与えることが必要であり，あらためて相模野台地というフィールドの重要性を認識した。

註
1) この論文は月見野遺跡群の調査以来培われてきた旧石器時代調査の方法論の提示とともに相模野台地の石器群の構造を検討し，その移り変わりを層位的な出土例によって検証したもので，これによって相模野Ⅴ期編年はほぼ確立をみたといってもよいであろう。
2) 相模野台地においてB5層中から調査によって石器が出土したことはいまだにない。ただ，相模原市長久保遺跡において黒曜石製の使用痕を有する剝片が断面採集されている（諏訪間1983a）。B5層は現段階では比較検討の余地がないため，武蔵台Ⅹb（非黒曜石）とⅩa（黒曜石を含む）との石材差を重んじて段階Ⅱに位置づけた。いずれにしても資料数が少なすぎるため，今後の資料の増加を待たなければならない。
3) 武蔵台Ⅹb層や西之台Ⅹ層（小田ほか1980），中山谷Ⅹ層（キダー・小田1975），鈴木遺跡御幸第Ⅰ地点Ⅹ層（戸田・角張1982）等が対比できると考えている。
4) 本文化層は報告書の記載によって（武藤1984），B3～L4にかけて分布する珪岩の一群をⅦa文化層，L4～B4にかけて分布する硬質細粒凝灰岩の一群をⅦB文化層として分離した。
5) 本文化層は図5中段4のみ単独でB4上部より出土しており，1点ではあるがⅧB文化層として分離した。
6) 本段階は層位的にB3中の波状帯の存在によって石器群の生活面の把握を困難にしており，さらに，該期の石器群の調査例が少ないことから，層の認定が各調査者によって異なっているという状況も認められる。このことがいっそう該期の難しさといえよう。
7) 柏ヶ谷長ヲサ遺跡第Ⅺ文化層は，分布の違いと若干の層位差によって第ⅩⅠbと第ⅩⅠaとに二分した。
8) ここでいう安山岩は従来，玄武岩（寺尾遺跡），粘板岩（栗原中丸遺跡）と呼んでいたものを一括した。
9) 東日本において相模野台地以外の地域では，下総台地の一部を除いてAT層を肉眼では確認す

ることは困難であり，土層サンプルによるピークによって確認されていることが多い。したがって，厳密にはATの上か下かという議論は難しい。また，AT降灰と石器群の変化との関係については従来から指摘されているが（小田1979，白石1983），ATそのものの降灰によって石器群の内容が著しく変化したとは考えられない。なぜならば，AT「降灰によって一時的な植生の破壊や気温の低下が生じても，IC亜文化期の石器文化そのものには影響しなかったと考えられる。」（杉原1983）や「寒冷化はAT降灰に先行して起っており，大規模噴火が直接寒冷化にかかわった形跡はない」（辻1983）との指摘のとおりであり，これにもまして，相模野台地は富士山からの大規模な噴火による火山灰の影響を常に受けつづけていたということも考慮しなければならないからである。

10) 代官山ⅥとⅦ，ⅤとⅣは報告書に記載されている石器の出土レベルと出土地点を検討し，さらにナイフ形石器等の形態的な検討を併せて行ったところ，各々文化層として分離する積極的な根拠をもっていないものと判断し，ここでは同一の文化層として扱うことにする。

11) 「砂川型刃器技法」は一般に両設打面をもつ刃器（石刃）技法として理解されているが，ここでは両設打面ということにこだわらず，当該期にみられる発達した石刃技法ということで理解した（諏訪間・堤前掲）。したがって，「砂川型刃器技法」の範疇で捉える石刃技法は決して，段階Ⅵのみに存在するものではないともいえる。段階Ⅳの寺尾Ⅵ等の石核とは石核どうしの比較によっての区別は困難であるといわざるをえない。したがって，ここでの「砂川型刃器技法」という呼称は一定の時間幅（段階Ⅵ）を限定して用いたことになる。段階Ⅴを介在させて，前後の石器群の共通する内容についての評価は今後の重要な課題である。

12) 本段階は相模野台地で最も数多く調査され，豊富な資料が得られている。ナイフ形石器だけでも下鶴間長堀Ⅲ254点，橋本Ⅲ179点，栗原中丸Ⅴ219点，中村Ⅴ220点が検出されており，これに長堀南Ⅳが150点を超える点数があり，合計すると1000点を優に超えている。各々の石器群が同時にこれだけのナイフ形石器を保持することを仮に大遺跡の形成と捉えるとすれば，織笠の指摘は示唆的である。それだけ，狩猟だけでなく，植物質の食物が安定して確保できたと考えることができるのかもしれない。また，多量の加工具の存在はこれを裏付けることになるのであろうか。

13) 小池聡氏のご好意により実見させていただいた。

14) 有舌尖頭器は表面採集品であり，石器組成には含まれないと判断した。（小野ほか1972 31頁）

15) 柏ヶ谷長ヲサⅨのほかにも2点出土している。上土棚遺跡と橋本Ⅴである。橋本例は層位が不明確であるという指摘もあり（織笠1987a），その扱いに注意が必要である。上土棚については中村喜代重・矢島國雄両氏の御厚意によって実見させていただいた。

16) ファシットを有する尖頭器は「男女倉型ナイフ」（森嶋1975），「木苅型グレイバー状石器」（鈴木道1975）等の名称が与えられている。「深見諏訪山型尖頭器」とあえて型式設定した理由は，東内野型尖頭器はファシットが施される側線の肩が「く」の字になり，平面形が左右非対称になるのに対し，深見諏訪山型尖頭器はファシットが左側縁に施され，平面形においても左右対称形である。また，同様に先端角，断面形，ファシットの角度，大きさ，長幅比等についても著しい違いが認められる。また，双方の分布や石材も異なっており，さらには時間的な位置づけにおいても，出土層位や共伴するナイフ形石器から東内野型尖頭器は深見諏訪山型尖頭器よりも後出であると考えられ，双方を「東内野型尖頭器として同一に扱うのは好ましくないと考えたからである。相模原市長久保遺跡においてはB0層中より断面採集されており，この層位がその存在した時代を示すとは考えられないものの，少なくても段階Ⅶ以降であるものと思われる。（諏訪間1983a）

17) 織笠昭氏による「広形細石刃」（織笠1983）をさらに「広形」と「細形」として二分して捉えたものである。

第Ⅰ章　相模野台地の旧石器編年

第3節
相模野旧石器編年の到達点

|**はじめに**| 1976年,『神奈川考古』1号の巻頭論文として掲載された鈴木次郎・矢島國雄による「相模野台地における先土器時代研究の現状」は,相模野台地の旧石器時代編年をはじめて体系的に提示した重要な文献である（矢島・鈴木 1976）。ここで提示された相模野5期編年は,その後の資料の増加にともなって,その都度,石器群の変遷を捉えなおす作業がくり返し行われ,各期の内容の修正（鈴木・矢島 1978）や細分の提示（鈴木・矢島 1979・諏訪間・堤 1985）はあるものの,その基本的な枠組みは大きな変更なく今日に至っている（鈴木 1994）。

　筆者も1988年に相模野5期編年を基本としつつも,「各期の細分された各々の石器群の内容は,相模野台地の移りゆく石器文化の一つの過程（段階）をそれぞれ表わすものとして,積極的に評価」し,層位的な出土例を基に段階Ⅰ～段階Ⅻまでの段階変遷案を提示している（諏訪間 1988）。筆者の段階変遷案もその後,細石刃石器群を対象にした変遷案（諏訪間 1991）や,AT降灰以降の石器群について南関東地方の各地との編年的な対比（諏訪間 1995）などを行う中で,その都度,新資料の追加などによってその一部を修正しつつあるが,大幅な変更は加える必要がないままに今日に至っている。

　こうした相模野の旧石器編年は,編年の構築の際に石器群の層位的な出土例を基本とした「地層累重の法則」の原理・原則に則った編年体系であることと,新出器種の出現を基準にするものの,その器種が出現する背景としての石器製作技術総体（技術基盤）を構造的に捉え,その変化を編年の基準としていることからその大枠は確固たるものとなっている。そして,相模野台地という限定された地域編年ではあるが,日本の後期旧石器編年としては最も精緻な地域編年として評価され,まさしく,関東・中部地方における旧石器編年のスタンダードともいえるものとなっている。

　しかしながら,これまで資料が少なく十分な内容の評価ができていなかったAT降灰以前の石器群について,吉岡遺跡群の調査成果が報告されたことにより（白石ほか 1996・砂田ほか 1996）,新たな検討が始まっている（矢島・野口・門内・吉川 1997・1998,鈴木 2000）。また,かながわ考古学財団の旧石器時代研究プロジェクトチームによって,6年にもわたる相模野旧石器石器群の組織的な集成と検討の蓄積を背景として（白石ほか 1994～1999）,「新たなる相模野編年の構築に向けて」とサブタイトルがつけられた相模野編年の現状と課題がまとめられている（白石ほか 2000）。相模野編年は,1976年の矢島・鈴木論文,1988年の諏訪間論

69

文以降，吉岡遺跡群などの新資料が新たに加わったことを受けて，これまでの編年の枠組み，あるいは内容や評価について，再度検討を加える時期に来ているといえる。

　2000年11月に前・中期旧石器捏造事件が発覚し，旧石器時代研究全体に対する信頼が大きく揺らいでおり，信頼回復のために何をすべきかが真剣に模索されている。筆者は旧石器研究を志す一人として，今，われわれに求められているもののひとつには，自らのよって立つ足元の研究をしっかりとやることであろうと考えている。そのような意味でも，これまで構築された研究を振り返り，自らの研究を見つめなおし，再確認・再検討する機会は必要であろうし，そこから徹底的な議論が生まれることを望むものである。

1 相模野台地の層位と編年の前提

　相模野台地は旧石器時代の石器群を研究するにあたり，日本列島内でも最も優れた条件がそろっている地域である。その最大の理由は，石器群の出土する地層が厚く，各時期の石器群が層位的に出土することにつきる。相模野台地では関東ローム層の中でも立川ローム層から石器群が出土し，それ以前の武蔵野ロームからの確実な石器の出土はない。すなわち，後期旧石器時代の石器群に相当するものである。

　立川ローム層は，主に富士山から供給された火山灰層によって形成されたもので，層厚にして7〜8mの堆積がある。表土からは9〜10mにも達する。武蔵野台地3〜4mの約2倍，下総台地1.5〜2.0mの約3倍の層厚があり，近隣地域にくらべて圧倒的に土層堆積の条件がいいことが理解できる（図16）。

　その中に，B0層〜B5層までの6枚の黒色帯があり，さらには，B4には3枚，B3も2枚，B2はB2LとB2Uに細分できる。B2Lはさらに下部と間層がある。また，L3層には広域火山灰である姶良Tn火山灰層（AT）や相模野上位スコリア（S1S），L6層中には相模野下位スコリア（S2S）などの鍵層が認められる。

　こうした黒色帯や鍵層により，遺跡から出土した石器群の出土層位を確認し，さらに遺跡間の比較・対比が容易となっている。しかしながら，この層厚が弊害となり，よほどの大規模開発でなければ，AT下位の層位まで発掘調査がおよぶことは少なく，この点が相模野の弱点ともいわれている。

　こうした相模野台地の層位区分は相模考古学研究会による相模野台地全域の分布調査によって呼称されてきたもので（相模考古学研究会1971），今日まで継承されているものであるが，この考古学土層分層に加え，近年では富士・箱根系火山灰のワンフォール・ユニット単位で編年されたテフラカタログ（Y-No.）によって詳細な層位区分も行われつつある。これによって，武蔵野台地や下総台地などとの台地間の対比にも有効性を発揮しつつある（上本・上杉1996）。

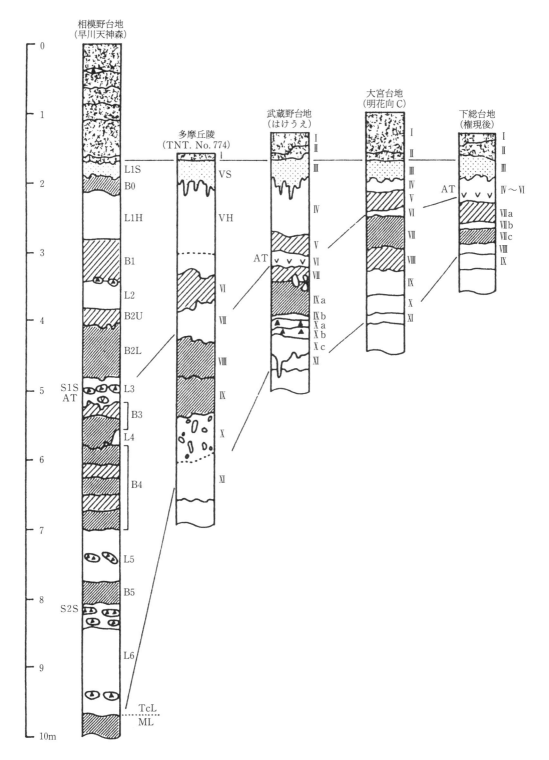

図 16 関東地方の層位対比図（石器文化研究会編 1989）

また，放射性炭素^{14}C年代測定も加速器質量分析法（AMS法）の開発により高精度化が進んでいるが，近年，相模野での分析例も蓄積されつつある。石器群の相対的な序列（石器群の変遷）に絶対年代が加わることによって，今後は台地内だけでなく，より広域的な比較・検討も行われることになろう。

　こうした相模野台地の層位の有意性，有効性が相模野編年の前提であるといえる。そして，さらに付け加えるとすれば，石器研究者の量と質である。旧石器時代の発掘調査だけで比較すれば，他府県とくらべれば多いとはいえないが，かながわ考古学財団や市町村，民間調査団においても一定の調査・整理体制が整備されていることや，調査や整理期間中に研究者相互に検討する機会が多いことなども挙げられる。こうした背景もあり，石器群の内容に踏み込んだ質の高い報告書が刊行されつづけている。

　また，相模野台地の旧石器にかかわる神奈川県在住・在勤の旧石器時代研究者が多いというだけでなく，石器群の研究対象としての魅力から多くの研究者に取り上げられ，多方面からくり返し研究が行われていることも挙げられよう。本来はきちんとした数字で示すべきであろうが，おそらくは，相模野台地の石器群を題材とした論文の数は1980年以降のここ20年間の間では他地域にくらべ群を抜いているものと思われる（文献参照）。それだけ，研究テーマとして良好な石器群が豊富で，かつ層位的に出土しているということであろうか。

2　相模野旧石器編年の研究の歩み

　1949年の岩宿の発見後，数年のうちに関東・中部地方における旧石器時代の編年の大綱が杉原荘介（杉原1953・1956），芹沢長介によって相次いで発表される（芹沢1954）。こうした編年は，特徴的な石器によって示準化石化したいわゆる大別編年であったが，前後して，武井遺跡での尖頭器石器群が，矢出川遺跡で細石刃石器群が相次いで調査されたことにより，関東および中部地方における石器の編年的な大枠ができあがっていく。そして，岩宿発見から約15年後の1965年には，はじめての旧石器時代単独の研究書である『日本の考古学Ⅰ　先土器時代』が刊行され，「敲打器文化」―「刃器文化」―「ナイフ形石器文化」―「尖頭器文化」―「細石器文化」という全国規模の編年大綱がほぼできあがった（杉原編1965）。

　1960年代後半になると，示準化石化による大別編年は，各地の最新の調査成果によって矛盾が生じ破綻していくことになる。そして，編年研究や石器の型式・形態的な研究が深化していく中で生まれてきた矛盾を克服するための，新たな研究方向が示されるようになる。戸沢充則による「インダストリー論」（戸沢1965），佐藤達夫による石器群の系統的理解（佐藤1970）などは新しい編年研究の基礎となるものであった。

　戸沢のインダストリー論は，砂川遺跡の調査・研究によって実践された。1966年と1973年の二度にわたる調査により，個体別資料の分布とその接合関係から，各ブロック間の石器

の移動を基にして人間の動きを捉える遺跡構造研究が出発した(戸沢1968)。また,それは稲田孝司によって引き継がれ,石器群のもつ構造性を器種・型式・製作の各視点から分析した研究へと続いていく(稲田1969)。

(1) 月見野遺跡群の調査と相模野編年の成立

1960年代後半から日本列島は高度経済成長が始まり,列島内では大規模な開発にともない,これまでとは比較にならない規模の発掘調査が行われるようになる。神奈川県の月見野遺跡群と,東京都野川遺跡の調査である。1968年から始まった月見野遺跡群は,相模考古学研究会による分布調査の結果発見されたもので,目黒川流域で4遺跡10地点が明治大学考古学研究室・月見野遺跡群調査団によって発掘調査が行われた(月見野遺跡群調査団1969)。

この調査では10地点で7枚以上の文化層が重複して検出され,相模野編年の基礎資料となったのである。同時に,石器群の広がりが当時の認識をはるかに超えた平面的な広がりをもっていたことも確かめられ,遺跡の構造研究や遺跡群研究への新しい視点を醸成するきっかけとなった。

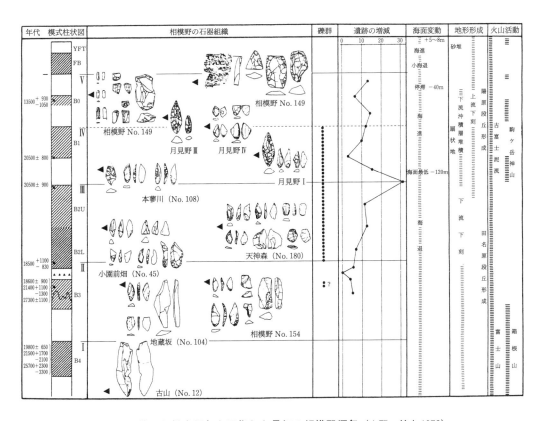

図17 第四紀総合編年を目指した最初の相模野編年(小野・鈴木1972)

相模野編年は，月見野遺跡群の調査成果を基にして，1970年，相模考古学研究会会報「さがみの」6号に素案が示され（鈴木1970），1972年の小園前畑遺跡の報告書で相模野第Ⅰ期〜第Ⅴ期に区分された相模野編年の骨子が示された（小野・鈴木ほか1972）。ここでの重要な視点は，第四紀学総合編年を目指し，海面変動や地形形成，火山活動などと石器群の内容の変化や遺跡の増減などを対応させ，説明している点である（図17）。

　そして，1976年には鈴木次郎・矢島國雄によって「相模野台地における先土器時代研究の現状」が発表された（矢島・鈴木1976）。この論文は，文字どおり月見野遺跡群の発掘や分布調査をはじめとするこれまでの相模野台地の研究成果を集大成したもので，「石器組成・石器製作技術・遺跡分布のあり方等」によって相模野第Ⅰ期〜第Ⅴ期に区分された。そして，隣接地域との編年的対比が行われたのである。続いて発表された「先土器時代の石器群とその編年」では，武蔵野台地の成果も取り入れ，南関東地方の統一的な編年案を提示した（鈴木・矢島1978）。

(2) 大規模重層遺跡の調査と研究の進展

　相模野台地では，武蔵野台地での状況からやや遅れて1977年ごろより本格的な大規模行政調査の時代が到来した。まず，1977年に寺尾遺跡が調査され，7枚の文化層が検出された（白石・鈴木1980）。神奈川県での最初の大規模な行政発掘であり，御子柴系の石斧などをともなう大量の尖頭器と無文土器が出土した第Ⅰ文化層，黒曜石製の大量のナイフ形石器が出土した第Ⅵ文化層など，今日でも相模野台地の石器群を語るうえで欠かせない重要な資料である。執筆された報告書は，精緻な資料の報告と考察が行われた神奈川県で最初の旧石器報告書で，今日までこの報告書が基準となっている。

　1970年代末から寺尾遺跡の調査をはじめとして，下鶴間長堀遺跡，月見野上野遺跡，栗原中丸遺跡，柏ヶ谷長ヲサ遺跡，橋本遺跡，代官山遺跡，中村遺跡，長堀南遺跡など重層的で良好な遺跡の調査が続き，AT降灰後のナイフ形石器文化後半から細石刃文化・縄文時代草創期までの良好な石器群が検出された。こうした調査成果を基に，筆者は，層位的な出土例を基に段階Ⅰ〜段階ⅩⅡまでの段階変遷案を提示したのである（諏訪間1988）。また，ナイフ形石器の終末期をめぐる研究（鈴木1986，白石1986，諏訪間1989），尖頭器石器群の変遷や評価に関する研究（織笠1987，伊藤1988，諏訪間1989），細石刃石器群の変遷に関する研究（鈴木1983，堤1987，砂田1988，諏訪間1991）など後期旧石器後半段階の石器群の詳細な検討が行われた。1991年には石器文化研究会による第1回シンポジウム「AT降灰以前の石器文化」が開催され（石器文化研究会編1991），相模野台地の様相がまとめられている（諏訪間・麻生1991）。

　1980年代後半からは宮ヶ瀬遺跡群，湘南藤沢キャンパス内遺跡群の調査，1990年代にな

ると吉岡遺跡群など大規模な発掘調査が実施された。その中では，これまで資料の少なかったB5層からB3下部層までの石器群が吉岡遺跡群で層位的に出土し，AT降灰以前の石器群の様相をつかむことが可能となっている（白石ほか1996・砂田ほか1996）。また，矢島國雄・野口淳らによって，石材構成の変化と遺跡間の石器製作工程連鎖の構造的差異を視野におき，遺跡構造の変遷として相模野第Ⅱ期の再検討が行われている（矢島・野口・門内・吉川1997・1998）。

1996年には石器文化研究会による第2回目のシンポジウム「AT降灰以降のナイフ形石器文化」が開催され，Ⅴ～Ⅳ層下部段階，相模野第Ⅲ期の範囲や細分についての議論が行われた（石器文化研究会編1996）。2000年には第3回目のシンポジウム「砂川―その石器群と地域性―」が開催され，砂川期に関わる膨大な資料集成（石器文化研究会編2000a）と多角的な検討が行われている（石器文化研究会編2000b）。

そして，2000年には，かながわ考古学財団の旧石器時代研究プロジェクトチームによって，7年にもわたる相模野旧石器石器群の組織的な集成と検討の蓄積を背景として，「新たなる相模野編年の構築に向けて」とサブタイトルがつけられた相模野編年の現状と課題が提示されている（白石ほか2000）。

こうした調査と研究の積み重ねによって相模野の旧石器の実態が解明され，編年についても何度も検討が加えられている状況にある。

3　相模野旧石器時代石器群の変遷

ここでは，筆者の12段階変遷区分に沿って，相模野旧石器時代石器群の変遷を概観する。筆者の変遷観は，重層遺跡の層位的出土事例の検討により石器群の変遷を段階的に示すものである（図5参照）。図18～図21には各層位から出土した主要な石器群を図示した。柱状図に丸数字で出土層位を示し，各石器群と対応させている。この図によって，相模野台地における石器群の変遷がある程度理解できるように，特徴的な石器群を抽出している。また，相模野5期編年および武蔵野層位編年との対比のみ加えた。

段階Ⅰ（相模野第Ⅰ期，武蔵野第Ⅰa期，武蔵野台地Ⅹ層下部）

本段階は，これまで内容不明のままL6層中の早川天神森遺跡第Ⅹ文化層，第Ⅸ文化層などの，単独出土した小礫を素材とした錐器，削器を考えていたが，出土状況から自然破砕の可能性があるため，人工遺物としての積極的な評価はできない状況であった。吉岡遺跡群D区B5層を段階Ⅰ石器群として捉えなおし，本段階をB5層までと変更する。吉岡以外では大和市No.159遺跡第Ⅱ文化層B5上面で，黒曜石製台形様石器と硬質細粒凝灰岩製打製石斧の調整剝片が出土し（村澤1997），長久保遺跡で黒曜石製剝片が採集されている（諏訪間

1983)。

　数少ない資料であるが，本段階は台形様石器と石斧を特徴とした石器群として捉え，明確なナイフ形石器と石刃・縦長剝片剝離技術の成立以前と位置づけたい。本段階は今後の資料増加によって内容の変更があるものと考えている。

　①吉岡遺跡群D区B5層（図18—25～28）

　出土層位はB5層で，台形様石器（25・26），ナイフ状石器（27・28），楔形石器，彫器，石斧調整剝片などが出土している。石材構成はチャート主体で，黒曜石も認められる。剝片剝離技術は90度打面転位をくり返し，サイコロ状の残核や横長剝片剝離が主体となるが，明確な石刃・縦長剝片剝離技術は認められない。

　段階Ⅱ（相模野第Ⅰ期・Ⅱ期，武蔵野第Ⅰb期，武蔵野台地Ⅹ層上部～Ⅸ層上部）

　本段階はL5上部～B4上面までとし，台形様石器と基部加工ナイフ形石器，局部磨製石斧を特徴とする。二側縁加工ナイフ形石器は明確には認められていない。剝片剝離技術は栗原中丸例などにより石刃・縦長剝片剝離技術の存在が確認されており，横長・幅広剝片剝離技術の両者が認められる段階と捉える。石材はチャートが特に多い段階であるが，検出された石器群も少ないため，今後の資料の増加によって様相は変わる可能性があると考えている。

　②栗原中丸遺跡第Ⅸ文化層（図18—21～24）

　出土層位はL5上部で，チャート製のやや寸詰まりではあるが石刃・縦長剝片（21・22），削器（23），局部磨製石斧（24）が出土している。

　③吉岡遺跡群D区B4下部（図18—16～19）

　出土層位はB4下部で，畑宿産黒曜石を素材とした台形様石器（16・17），削器（18），局部磨製石斧（19）が出土している。台形様石器は吉岡遺跡群B5層とくらべ調整加工が明瞭である。

　④藤沢市No.339遺跡第Ⅱ文化層（図18—20）

　出土層位はB4下部で，頁岩製の局部磨製石斧が2点出土している。

　⑤吉岡遺跡群C区B4中部（図18—10～15）

　出土層位はB4中部で，ガラス質流紋岩，チャート，ガラス質黒色安山岩など多用な石材を素材とした粗雑な調整加工ではあるが，二側縁加工のナイフ形石器（10），両極打法による楔形石器（11～15），搔器，削器などが出土している。石材の質が悪いせいか小型で粗雑な石器が多い。石刃・縦長剝片剝離は明確ではない。

　⑥吉岡遺跡群A区B4上部（図18—6～8）

　出土層位はB4上部で，ガラス質黒色安山岩など素材とした一側縁加工ナイフ形石器（6），台形様石器（7），基部加工ナイフ形石器（8）などが出土している。剝片剝離技術は縦長剝片剝離，横長剝片剝離ともに認められる。

第Ⅰ章 相模野台地の旧石器編年

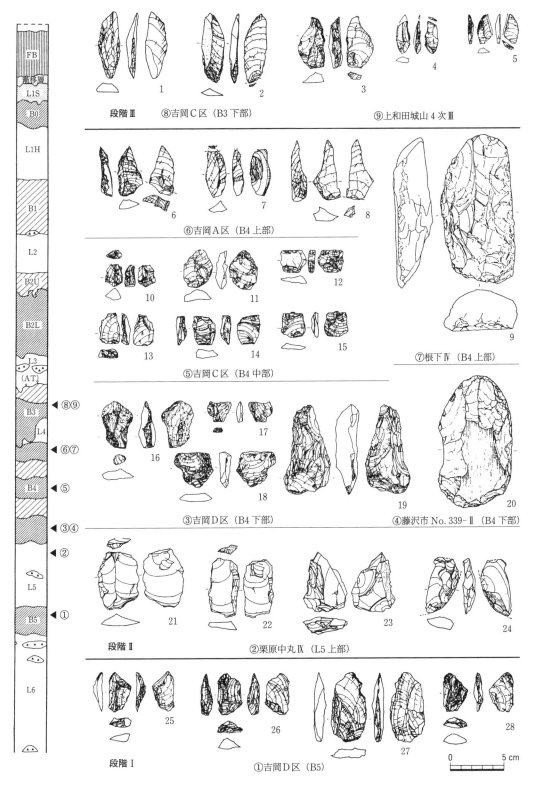

図18 段階Ⅰ～段階Ⅲ石器群（B5～B3下部出土）

⑦根下遺跡第Ⅳ文化層（図18−9）

出土層位はB4上部で，基部加工ナイフ形石器と打製石斧（9）が出土している。

段階Ⅲ（相模野第Ⅱ期後半，武蔵野第Ⅰb期，武蔵野台地Ⅶ層）

本段階はB3下部を中心とするが，B4上部との判別はできない。縦長剥片に段階Ⅱから続く基部加工や一側縁のナイフ形石器に加え，二側縁加工ナイフ形石器に特徴づけられる段階である。台形様石器は平坦加工から急斜なブランティングへと調整加工に変化がみられる。

⑧吉岡遺跡群C区B3下部（図18−1・2）

出土層位はB3下部上面で，ナイフ形石器と台形様石器など楔形石器，彫器などが出土している。石材は黒曜石が少なく，硬質細粒凝灰岩やガラス質黒色安山岩が多い。ナイフ形石器は基部加工（1・2）が主体である。石斧未製品も認められることから，B3下部まで石斧がともなう層準と捉えることができる。接合資料は少ないが，石刃・縦長剥片剥離技術が特徴的に認められる。

⑨上和田城山遺跡第4次第Ⅲ文化層（図18−3〜5）

出土層位はB3下部で，一側縁加工ナイフ形石器（3〜5）が特徴的に出土している。

段階Ⅳ（相模野第Ⅱ期後半，武蔵野第ⅠC期，武蔵野台地Ⅵ層〜Ⅴ層下部）

本段階はB3上部〜B2L下部まで，AT層，S1S層を挟んだ上層までが相当する。二側縁加工のナイフ形石器とそれを量産するための石刃技法が強固な結びつきをもつ段階である。円形掻器は本段階後半に位置づけられる湘南藤沢キャンパス内遺跡第Ⅴ文化層に認められる。石材は黒曜石が多用されるが，信州産だけではなく，伊豆柏峠産，箱根畑宿産も用いられる。

⑩寺尾遺跡第Ⅵ文化層（図19−35〜41）

出土層位はB3層上部で，黒曜石製ナイフ形石器が多量に出土している。二側縁加工ナイフ形石器がほとんどを占める（35〜39）。錘器（40）や掻器（41）も認められる。黒曜石は信州産が主体ではあるが，伊豆柏峠産も一定量認められる。剥片剥離技術は石刃技法である。

⑪湘南藤沢キャンパス内遺跡第Ⅴ文化層（図19−29〜34）

出土層位はB2L下部で，黒曜石製ナイフ形石器が多量に出土している。二側縁加工ナイフ形石器がほとんどを占めるが（29〜31），基部加工（32）も認められる。楔形石器（33）や円形掻器（34）がこの層位から数多く認められようになる。黒曜石は箱根畑宿産が主体ではある。剥片剥離技術は石核調整を丁寧に施す両設打面の石核で典型的な石刃技法である（服部1992）。

段階Ⅴ（相模野第Ⅲ期，武蔵野第Ⅱa期，武蔵野台地Ⅴ層上部〜Ⅳ層中部）

本段階はB2L下部〜B2Uまでで，切出形ナイフ形石器，角錐状石器，円形掻器が特徴的

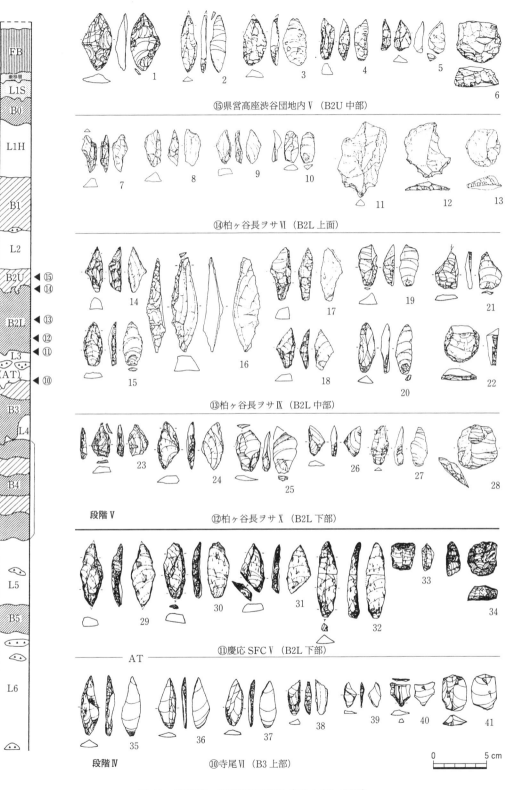

図 19 段階Ⅳ・段階Ⅴ石器群（B3 上部～B2U）

な段階である。量的には少ないが，国府型ナイフ形石器が前半期に，尖頭器が後半期にともなうようである。こうした器種組成の変化から，本段階の細分は可能であるが，本段階を通じての技術基盤は横長・幅広剝片剝離技術と鋸歯状の粗い調整加工である点が前後の段階との大きな違いである。石材は箱根畑宿産，伊豆柏峠産の黒曜石が全体を通じて多く，B2L上部〜B2Uには信州産黒曜石も搬入されるようである。硬質細粒凝灰岩，ガラス質黒色安山岩，チャートと比較的近在地系の石材の比率が高い。

⑫柏ヶ谷長ヲサ遺跡第Ⅹ文化層（図19—23〜28）

出土層位はB2L下部黒色帯上面で，角錐状石器（23），ナイフ形石器（24〜27），掻器（28）などが出土している。ナイフ形石器は切出形ナイフ形石器が主体で（24），基部加工ナイフ形石器もともなっている。

⑬柏ヶ谷長ヲサ遺跡第Ⅸ文化層（図19—14〜22）

出土層位はB2L中部で，相模野台地最大規模の石器群の一つである。角錐状石器（14），尖頭器（15），国府型ナイフ形石器（16），切出形ナイフ形石器（17〜19），基部加工ナイフ形石器（20），彫器（21），円形掻器（22）が出土している。石材構成は黒曜石，ガラス質黒色安山岩，硬質細粒凝灰岩の三者が主体を占める。黒曜石は箱根畑宿産および伊豆柏峠産に加え，神津島産や高原山産もごくわずかであるがもち込まれている。

⑭柏ヶ谷長ヲサ遺跡第Ⅵ文化層（図19—7〜13）

出土層位はB2L上面で，切出形ナイフ形石器（7〜9），基部加工ナイフ形石器（10），錐器（11），削器（12）円形掻器（13）が出土している。石材構成は畑宿産黒曜石が主体で，硬質細粒凝灰岩が続く。

⑮県営高座渋谷団地内遺跡第Ⅴ文化層（図19—1〜6）

出土層位はB2U中部〜下部で，尖頭器（1），ナイフ形石器（2〜6），掻器（6）などが出土している。尖頭器はガラス質黒色安山岩製で平面形態は下九沢山谷遺跡第Ⅳ文化層の尖頭器と類似し，出現期の尖頭器と位置づけられる。

段階Ⅵ（相模野第Ⅳ期前半，武蔵野第Ⅱb期，武蔵野台地Ⅳ層中〜上部）

本段階はL2からB1中部までで，二側縁加工と部分加工のナイフ形石器，男女倉型有樋尖頭器が特徴的な段階である。ほかに先刃掻器，小坂型彫器，上ヶ屋型彫器，ノッチなどの特徴的な加工具類の存在も本段階の特徴である。ナイフ形石器をはじめ石器のほとんどが「砂川型刃器技法」と呼ばれる両設打面を典型とする石刃技法により製作される。南鍛冶山遺跡や本蓼川遺跡などでは，伊豆柏峠産黒曜石を素材とした単設打面石核の存在も認められる。石材構成は硬質細粒凝灰岩やチャートなどの在地石材が多用され，尖頭器には信州産黒曜石が主体に用いられている。また，箱根畑宿産はほとんど使われない段階である。

⑯深見諏訪山遺跡第Ⅳ文化層（図20—28〜38）

出土層位は B1 下部で，尖頭器（28〜30），ナイフ形石器（31〜38）などが出土している。尖頭器は男女倉型有樋尖頭器で信州産黒曜石を素材としている。ナイフ形石器は二側縁加工ナイフ形石器（31〜35）と部分加工ナイフ形石器（36〜38）が特徴である。

⑰橋本遺跡第Ⅲ文化層（図20―41〜43）

出土層位は B1 下部で，尖頭器，二側縁加工と部分加工のナイフ形石器，彫器（41），ノッチ（42），先刃掻器，打製石斧（43）などが出土している。

⑱栗原中丸遺跡第Ⅴ文化層（図20―39・40）

出土層位は B1 中部であるが，豊富なナイフ形石器や掻器，削器に加え，彫器がまとまって出土している。彫器は上ヶ屋型彫器と分類できるものである。この石材には黄玉石やメノウなどの特徴的な石材が用いられている。

段階Ⅶ（相模野第Ⅳ期後半，武蔵野第Ⅱb期，武蔵野台地Ⅳ層上部〜Ⅲ層下部）

本段階は B1 上部〜上面までを出土層位とし，打面を残置する幅広の二側縁加工のナイフ形石器（下九沢山谷型）と小形幾何形ナイフ形石器が主体となり，二側縁加工のいわゆる茂呂型ナイフ形石器は小型化になる段階である。剥片剥離技術は両設打面の石刃・縦長剥片剥離技術は明確には認められず，90度の打面転位をくり返すものや，幅広で寸詰まりの縦長剥片を剥離するものになる。

石材構成は，多くの石器群が黒曜石を9割以上用いるというきわめて偏った段階といえる。箱根畑宿産の黒曜石を主体とする深見諏訪山Ⅲや中村Ⅳ，信州産の黒曜石を主体とし，尖頭器製作に主眼がおかれている下鶴間長堀遺跡第Ⅱ文化層，田名向原遺跡，根岸山遺跡など，さらに寺尾遺跡第Ⅲ文化層，台山遺跡第Ⅲ文化層等の尖頭器を含まない石器群も存在する。現在のところこれらの前後関係は不明である。

⑲下鶴間長堀遺跡第Ⅱ文化層（図20―20〜27）

出土層位は B1 上部で，中型の両面加工（20・21），小型で半両面から片面加工（22〜24）の尖頭器，二側縁加工ナイフ形石器（25）や小型幾何形ナイフ形石器（26・27）が多く出土している。尖頭器は信州産黒曜石が使用されている。

⑳深見諏訪山遺跡第Ⅲ文化層（図20―12〜19）

出土層位は B1 上部で，片面加工尖頭器（12・13）と下九沢山谷型ナイフ形石器（14・15），小形幾何形ナイフ形石器（16〜19）が出土している。石材は箱根畑宿産黒曜石でほとんどを占め，一部に伊豆柏峠産が使われる。

段階Ⅷ（相模野第Ⅴ期前半，武蔵野第Ⅱb期，武蔵野台地Ⅲ層下部）

本段階は L1H 中部を中心とする出土層位で，中型の尖頭器を主体とする段階である。尖頭器は両面加工，半両面加工，片面加工とバラエティーをもつが，両面加工のものが多い。

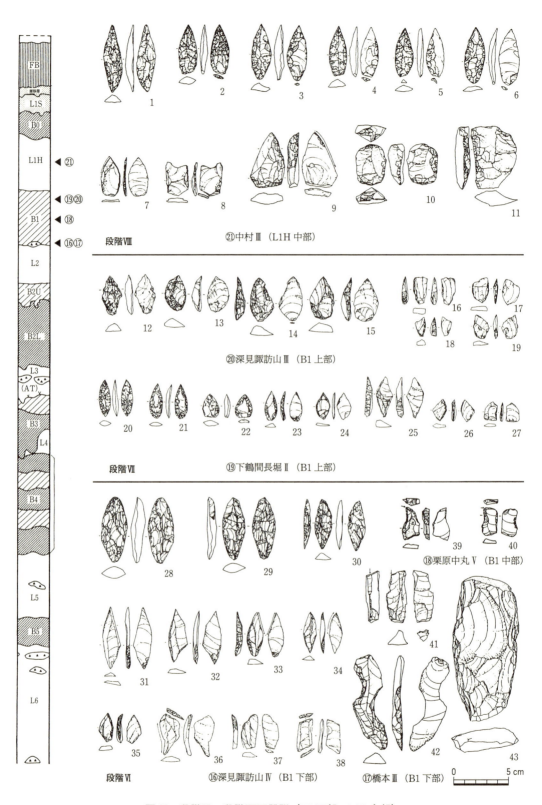

図 20 段階Ⅵ～段階Ⅷ石器群（B1 下部～L1H 中部）

大きさのバラエティーも顕著である。ナイフ形石器は各石器群に数点ときわめて少ない。加工具類は大型の削器がともなう。剥片剥離技術は尖頭器や削器などの器種は横長剥片を素材としているが，遺跡内での製作痕跡は多くない。石材は前段階で主体を占めた黒曜石が激減し，代わってチャート，ガラス質黒色安山岩が主体となる。

㉑中村遺跡第Ⅲ文化層（図20—1〜11）

出土層位はL1H中部で，多量の尖頭器（1〜6）と若干のナイフ形石器（7〜9），掻器（10），削器（11）などが出土している。尖頭器は幅広の縦長剥片を素材とし両面加工（1・2），半両面加工（3・4），片面加工（5）とバラエティーをもつが，サイズのばらつきは少なく4〜6cmにほぼ収まる。石材はチャートが主体となっている。

段階Ⅸ（相模野第Ⅴ期後半，武蔵野第Ⅲ期，武蔵野台地Ⅲ層中部）

本段階はL1H上部〜B0下部までに出土層位がある細石刃石器群である。石器組成は，細石刃核，細石刃，削器，錐器，礫器などで構成される。細石刃は黒曜石が用いられ，L1H上部の吉岡遺跡群B区，代官山遺跡第Ⅲ文化層では，伊豆柏峠産黒曜石の小角礫を素材とした細石刃核がまとまって出土している。これらは代官山段階として，相模野最古段階の細石刃石器群として位置づけられそうである。ただ，柏ヶ谷長ヲサ遺跡第Ⅳ文化層では「野岳・休場型」細石刃核に神津島産黒曜石が用いられており，層位的には最古段階を確定できない。代官山や吉岡例は柏峠産黒曜石の原石の形状に適応した石器製作技術の姿を示していることも考えられる。

黒曜石産地の変化と細石刃剥離技術との対応関係を編年的な指標にできそうではあるが，一方では慎重な姿勢をとることも必要である。本段階は尖頭器の共伴が不明確な段階として設定していたが，吉岡例は調整剥片がともなうことから共伴と認められる。段階Ⅳに主体であった尖頭器が組成に残る段階と評価すれば吉岡遺跡群は最古の細石刃石器群ということもできる。

㉒吉岡遺跡群第B区（図21—37〜48）

層位はL1H上部で，細石刃核（37〜39），細石刃（40〜47），尖頭器（48）が出土した。細石刃核は「代官山型」で，伊豆柏峠産の小角礫を素材としている。剥離された細石刃は幅が狭く短い。尖頭器は両面加工で調整剥片とともに出土している。

㉓月見野遺跡群上野遺跡第1地点第Ⅲ文化層（Ⅰ群）（図21—25〜36）

出土層位はB0下部で細石刃核（25〜28），細石刃（29〜33），錐器（34），削器（35・36）などで構成される。細石刃核は「野岳・休場型」である。

段階Ⅹ（相模野第Ⅴ期後半，武蔵野第Ⅲ期，武蔵野台地Ⅲ層中部）

本段階はB0中部〜L1S上部までに出土層準をもつ細石刃石器群で，野岳・休場型に加え，

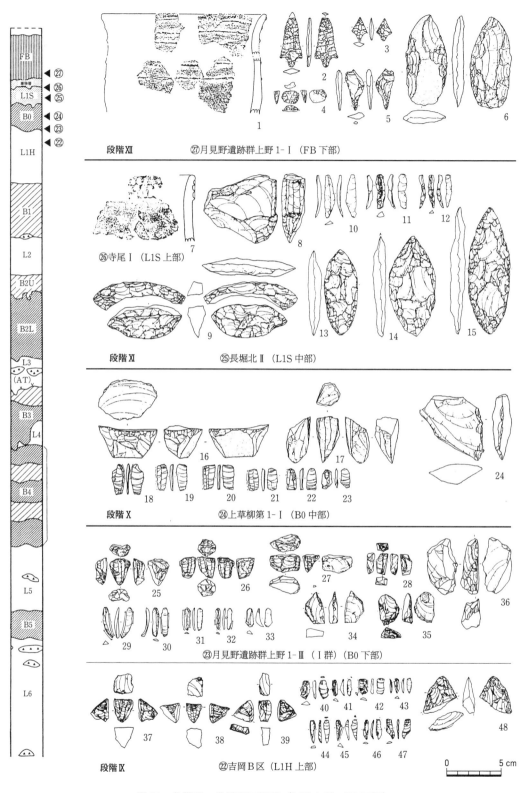

図21 段階Ⅸ～段階Ⅻ石器群（L1H上部～FB下部）

船野型細石刃核が組成に加わることを特徴とする。細石刃核は段階Ⅸよりも一まわり大きく，細石刃も幅広で長くなる傾向がある。石器組成は単純で大型の削器がともなうことが多い。石材は野岳・休場型は黒曜石で，船野型は硬質細粒凝灰岩などの在地系石材を素材とする。削器などはガラス質黒色安山岩や硬質細粒凝灰岩である。

㉔上草柳第1地点第Ⅰ文化層（図21－16～24）

出土層位はB0中部で，船野型（16）と野岳・休場型（17）細石刃核が共伴している。細石刃は段階Ⅸにくらべ幅，長さとも大きくなる（18～23）。これは硬質細粒凝灰岩などの石材の変化とも連動した変化と捉えられる。

段階Ⅺ（縄文時代草創期初頭，武蔵野第Ⅳ期，武蔵野台地Ⅲ層上部）

本段階はL1S中部～漸移層までに出土層位をもち，尖頭器，搔器，削器，石斧などに削片系細石刃核，細石刃が共伴する段階である。また，隆起線文土器以前の最古段階の土器群が共伴する段階でもある。尖頭器は両面加工の中型～大型品である。石斧は御子柴型石斧の範疇に入る特徴的な形態のものが認められる。

石材は黒曜石がほとんど使われなくなり，ガラス質黒色安山岩，硬質細粒凝灰岩などの石材が多用される。本段階は神子柴・長者久保系石器群として捉えられるもので，縄文時代草創期初頭に位置づけられる。

㉕長堀北遺跡第Ⅱ文化層（図21－8～15）

出土層位はL1S中部であり，本段階の石器群の中では最も下層から出土している（小池1996）。削片系細石刃核（8・9），細石刃（10～12），尖頭器（13～15）などによって構成され，有舌尖頭器の共伴の可能性がある。土器は出土していないが，共伴する段階の石器群と考えられる。

㉖寺尾遺跡第Ⅰ文化層（図21－7）

出土層位はL1S上部で多量の尖頭器，搔器，削器，石斧，舟底形石器などが出土している。土器は口縁部に肥厚する段部をもつ押圧文系土器の一種である。

段階Ⅻ（縄文時代草創期）

本段階は漸移層～富士黒土層下部に出土層位をもち，有舌尖頭器，打製石斧などに隆起線文土器群と共伴する段階である。石鏃は花見山遺跡，三ノ宮下谷戸遺跡など相模野台地周辺部の大規模な遺跡での共伴は認められるものの，台地内では明確な共伴事例は少ない。本段階も黒曜石の使用は少なく，チャートを主体とした石材である。

㉗月見野遺跡群上野遺跡第1地点第Ⅰ文化層（図21－1～6）

出土層位は富士黒土層下部で，隆起線文土器（1），有舌尖頭器（2・3），搔器（4），削器（5），打製石斧（6）などで構成される。

4 相模野旧石器編年の展望

相模野台地の石器群を段階Ⅰ～段階Ⅻまでを通してその変遷を考えたとき，どこで区分できるのか。その画期と前後のつながりを考えることは重要である。

その時の視点として，ナイフ形石器，尖頭器，細石刃という主要な器種の出現や消滅，器種内での形態組成の消長や組み合わせの変化，そして，それらを製作する剥片剥離技術や調整加工技術などの技術基盤の構造的な変化をどう読み取るのかで，編年区分に違いがでてくる。

筆者としては，相模野の石器群の変遷観は，段階Ⅰと段階Ⅱについては今後の資料の増加によって，変更の可能性が残されるが，段階区分の枠組みそのものを変更することは今後ともないものと予測している。しかしながら，石器群の変化から当時の人間の諸活動を探る時には，石器群を区分された段階に当て込む手法は通用しないであろうし，さらに段階内での細かい時期区分を基に議論が行われなければならない。

今回提示した①～㉗までの27の石器群は，各層位を下部，中部，上部と区分した際におおよそ22の層位から出土したものである。相模野ではこれら以外の出土層位もあわせると30～35の文化層としての出土層位が確認できるだろう。

こうしてみると，石器群が集中する層位と散漫あるいはほとんど出土しない層位があることを知ることができる。石器のでない層位は人がいないか，一瞬の火山灰降下により地層が形成されたかのどちらかであろう。火山灰層序学との連携によって解き明かしたい問題である。段階Ⅴ石器群（相模野第Ⅲ期）の時期には，南関東への遺跡の集中し，北関東の遺跡の消滅に近い状況が把握されている。こうした意味でも，精緻な編年研究と同時に地域的な広がりを考える作業は積み重ねていかなければならない。そこから，相模野に居住した相模野人の具体的な動態に迫ることができるのであろう。

もう一つ，通史的にみると段階ごとに石材構成が大きく変化していることが指摘できる。石器群の構造的な変化と石材構成の変化は強い相関関係があり，石器群構造は石材までもその構造化に取り込んだシステムであるといえる。

具体的には段階Ⅳにおける信州産黒曜石と伊豆柏峠産黒曜石の関係や段階Ⅵにおける硬質細粒凝灰岩やチャートでのナイフ形石器の製作と信州産黒曜石と有樋尖頭器との結びつき，段階Ⅶでの下九沢山谷型ナイフ形石器と畑宿産黒曜石，尖頭器と信州産黒曜石，段階Ⅸ以降の細石刃石器群での伊豆柏峠産→信州・神津島産→硬質細粒凝灰岩・ガラス質黒色安山岩への変化，段階Ⅺ・Ⅻでの黒曜石の激減など，特に黒曜石の搬入状況と在地系石材との関係が指摘できる。その一部はAT降灰前後の石器群の検討をとおして「相模野石材圏」を設定し行動領域についての検討を行っているが（諏訪間1997），時期ごとに変化する石材構成から「相模野的石材構成」の強固な時期，緩む時期などを検討しつつ，当時の人の具体的な行動に迫りたいものである。

その意味で，2000年に実施されたシンポジウム「砂川」では，そうした実践が南関東全域で展開され，地域性研究の新しい展開をみせているし（石器文化研究会編2000a・2000b），相模野第Ⅱ期の再検討で行われた「石器原料の入手・消費からみた相模野台地における遺跡構造の変遷」を通時代的に実践することによって，これまでの石器組成や剝片剝離を構造的に捉える編年から，石材消費と補給やその遺跡形成のあり方などの違いによる新しい編年体系へと進むことができるかもしれない（矢島・野口ほか1997）。

　今後の編年研究は，さらに細かい時期区分が行われることであろうが，一方では石器群の構造から遺跡構造の違いを通して，人間活動のすべてを包括するような社会構造の変化を編年するという方向を模索しなければならないと考えている。その意味で，相模野旧石器編年の到達点は「石器群構造編年」であり，今後の展望としては，「遺跡構造編年」そして「社会構造編年」へと向かうべきであろうと考える。

　その一方で，AMS法による世界共通の時間軸（年代観）を取り入れ，世界的に整備が進みつつある地球環境変動との対比を行うことである。そうすれば，日本列島のごく狭い地域である相模野を世界の人類紀の中に位置づけることも可能になるのでは，と考える。

　相模野編年の到達点はまだまだ遠いが，新たなる人類史の構築（小野1998）を目指し，相模野編年の研究の初期に目指していた第四紀総合編年（小野・鈴木1972）を目指すべきであろうと考える。

　追　記

　2000年11月に発覚した前・中期旧石器捏造は，わが国の旧石器時代研究にとってこれまでに経験したことのない重大な事件であった。筆者は，相模野台地を主要な研究テーマにしていることもあり，前・中期旧石器について詳細な検討を行ったことはないが，これまでにいくつかの研究動向や書評の中で紹介したことがある。自分自身で資料の十分な検討を行わず論評をした点は，反省すべきであり責任を感じている。

　捏造発覚後に会津若松市で開催された「東北の旧石器文化を語る会」での資料検討会に参加し，石器を観察した結果，残念ながら微かに抱いていた「淡い期待」は崩れ去った。石器の形態，風化の度合い，押圧剝離と加熱処理の痕跡など多くの点で，縄文時代の石器との区別がつかなかったのである。そこで指摘された「錆痕」や「黒土の付着」にも合点がいくのである。「灰色」の資料を基に研究はできないし，座散乱木遺跡の発掘以降に新しく始まった日本の前・中期旧石器時代研究は出直しが必要であろう。

　斜軸尖頭器から初期台形様石器への移行など，中期から後期旧石器時代への移行の問題なども，これまでの研究は宮城県を中心とした資料を基に進んできた経緯がある。関東地方の後期旧石器時代の始源期の議論にも大いに関係があるのである。

　北海道や九州での中期旧石器段階に相当する石器群の存在は指摘されているが，これまで

に発掘調査が行われ，報告書として公表されている資料のうち，確実な層位から出土した最も古い石器群は何があるだろうか。そう考えた時，少なくても筆者がフィールドにしている相模野や関東では相模野台地B5層，武蔵野台地X層下部など立川ローム基底部の石器群しかないのである。まずは，後期旧石器時代の始源期に位置するこうした石器群の検討から始めなければならないのは必然なのである。

　今後は，相模野をはじめ武蔵野，下総，愛鷹・箱根，北関東と立川ローム層基底部の石器群の再検討を行い，石器研究者の一人として，説明責任の一端を果たしたい。その一端は，本書第Ⅱ章第1節に示した。

第Ⅱ章

後期旧石器時代前半期の石器群

第1節　後期旧石器時代開始期の石器群の評価
第2節　相模野台地におけるAT降灰以前の石器群

第1節
後期旧石器時代開始期の石器群の評価

| 1 後期旧石器時代を遡る
石器群の条件

　2000年11月5日に発覚した前・中期旧石器捏造事件[1]により，日本列島の後期旧石器時代以前の石器群は古く位置づける根拠を失った。それは捏造資料を基に組み立てられた石器編年との比較によって構築されたものであったからにほかならない。捏造発覚後は，各地で捏造資料以外の古いとされる石器群の再検討や旧石器時代の始原を探る調査や研究が進められており，いくつかの後期旧石器時代を遡る可能性のある石器群が提示されている。しかしながら，それらの石器群は，いずれも層位や年代，資料の一括性などに何らかの疑問や問題が残されており，すべての研究者に認められる石器群はない。

　さて，誰もが認める後期旧石器時代を遡る石器群の条件とはどのようなものであろうか。当たり前ではあるが，次の4点を挙げてみる。

　①石器に残された明確な加工痕。人為的な二次加工，それも連続的なものにより石器が製作されていること。

　②遺跡が，礫層や崖錐性堆積物などでない場所に存在すること。すなわち偽石器が存在する疑いのない場所であることが地質学的に確認できること。

　③確実な層位的な出土。石器群が出土する層位の上下に由来（年代）の明らかな火山灰があり，およそ3万年以上前という層位的な位置づけが明確であること。もしくは，後期旧石器時代最初期と評価される「X層段階」石器群よりも下層から出土したものであること。

　④石器が単独ではなく，石核，剥片等の複数の資料によって石器製作の痕跡が確認でき，なおかつ接合資料によって石器群の同時性が認められること。

　現在，後期旧石器時代を遡る可能性が指摘される石器群は，上記に挙げた条件のすべてに適合するものは認められない。確実な前・中期旧石器時代の石器群は①～④の条件を満たすか，これとは別に新たな理由によりその古さを証明しなければならないであろう。

　そこで，型式や石器製作技術などの類似を列島外の前・中期旧石器時代と比較して提示することは，研究の過程では必要なことであるが，決定的な条件とはならない。捏造事件での反省のひとつは，こうした似ている，似ていないという表面的な比較研究の危うさであったのではないか。捏造後の旧石器考古学に対する社会的な厳しい情勢の中で，石器群を評価する総合的な視点や厳密な姿勢をもつことは必要なことであろうと考える。

　われわれがまず行うべきことは，誰もが認める後期旧石器時代開始期の石器群の多角的・

総合的な研究を蓄積することであろう。そのうえで，後期旧石器を遡るとされる石器群との比較・検討も可能となるであろう。

　南関東地方から東海地方で確認された後期旧石器時代最初期の石器群は，それぞれの石器群が個性的で石器組成や石材構成が大きく異なっているため同一段階の姿として捉えにくい状況がある。特に在地系石材を主体とする石器群は，定形的な石器を組成しない場合が多く，古くみえるものである。当該期をめぐる議論は，「中期旧石器」を前提にして「移行期」として捉える考え方や後期旧石器時代を真正な石刃技法の出現をもって位置づけるという考え方などさまざまある。

　X層段階石器群を考えることは，日本列島の人類の歴史そのものの確実な位置を確認する作業である。人類学や年代学などの問題を含め，火山灰層序学や土壌学など第四紀学として多方面での学際的な協同により明らかにされるべき課題であろう。

2　「X層」研究の意義

　筆者は，前・中期旧石器捏造事件が発覚後の2001年3月11日に開催されたシンポジウム「相模野旧石器編年の到達点」において，捏造直後の素直な気持ちを表現し，その中でX層段階石器群の検討を行うことを表明した（諏訪間2001）。そして，表明した点を実行に移すために，何人かの研究者と「X層研究会」と称した石器検討会を立ち上げ，立川ローム層基底部であるX層段階の石器群の検討を始めた[2]。こうした石器群の検討から，X層段階石器群のもつ特徴と問題点が明らかになるとともに，南関東・東海地方という範囲に限ってみれば，X層段階石器群よりも古いと考えられる石器群は認めないということを確信するにいたった。

　「X層」研究は，立川ローム層基底部という層位的に確実な石器群を検討することにより，後期旧石器時代開始期の石器群の実態を明らかにする目的をもち，日本列島に到来したホモ・サピエンスが，その環境に適応して分布を急速に広げた過程を確認するという意義をもっている。

　2006年の岩宿フォーラムでは，岩宿博物館での関東・中部・東海の立川ローム層下底部に相当するX層段階石器群を観察する機会が与えられ，それぞれの石器群の特徴や問題点が議論され，浮き彫りになるとともに，同時に当該石器群への理解や問題点を多くの研究者と共有するよい機会になるであろう[3]。そしてそれは，今後，発見されるかもしれない後期旧石器時代を遡る「前期旧石器」や「中期旧石器」を検討するうえでの比較検討の基準となるものと考える[4]。

　ここでは，関東・東海地方における立川ローム層基底部の石器群について検討を加え，日本列島における旧石器時代の起源を考えるうえでの基礎的な検討のひとつとしたい。

3　関東・東海地方の立川ローム層

　南関東地方の立川ローム層を構成する火山灰は，ほとんどが富士火山を供給源とするものである。相模野台地の立川ローム層は層厚にして7～8mであるが，武蔵野台地では3～4mと相模野台地の約2分の1，下総台地では1.5～2mと約4分の1の堆積である。富士火山の南東に位置する愛鷹・箱根山麓では，立川ローム層に対比される上部ローム層は約4mの厚さをもっている。AT降灰以前の地層の発達が著しく，スコリア層と黒色帯の互層となり地層の区分が明瞭である（図22）。

　武蔵野台地では，ローム層の最上層をⅢ層とし，以下，Ⅳ層～Ⅺ層までの自然層の層位区分が行われており，Ⅴ層は第Ⅰ黒色帯，Ⅶ・Ⅸ層は第Ⅱ黒色帯として区分され，Ⅵ層中にはAT火山灰が認められる（図23）。立川ローム層基底部は，調査年次や調査組織等によって呼称が異なるので注意が必要だが，今日ではⅩ層をa・b・cと3細分することが標準となりつつある。Ⅹa層は黄褐色ローム層，Ⅹb層は色調が薄いものの埋没表層である黒色帯とされる。Ⅹc層は黄褐色ロームでスコリアの集中が認められることもあり，S2SLに対比が可能と考えている。また，立川ローム層と武蔵野ローム層との境界は，Ⅺ層とⅫ層に間に置かれおり，Ⅻ層以下は武蔵野ローム層とされている（坂上1984）。

　関東・東海地方の各台地間の層位対比は，まず，AT層が共通する鍵層として最も有効である。愛鷹・箱根ではNL（ニセローム）層，相模野ではL3層下部に，武蔵野ではⅥ層内，下総では肉眼観察は困難であるが，同じくⅥ層中に堆積が認められる。

　また，黒色帯による対比が行われており（諏訪間・麻生1991），相模野台地B4層は武蔵野台地Ⅸ層（第Ⅱ黒色帯下部），B3層はⅦ層（第Ⅱ黒色帯上部），B2L層はⅤ層（第Ⅰ黒色帯）に対比されている。愛鷹山麓との対比は，武蔵野台地Ⅴ層がBBⅠ，Ⅶ層がBBⅡ～BBⅢ層，Ⅸ層がBBⅣ～BBⅥ層に対比されると考えられる。そして，立川ローム層基底部にあたる相模野台地L5層～L6層は武蔵野台地Ⅹ層～Ⅺ層に対比が可能であり，L5層がⅩa層，B5層はⅩb層，Ⅹc層，Ⅺ層はL6層にそれぞれ対比すると考えられる。また，相模野台地の立川ローム層基底部で確認される3枚のスコリア層（S2SUとS2SLおよびL6層下部スコリア）は，それぞれⅩa層，Ⅹc層，Ⅺ層に不明確ながら認めることができる。こうした両台地の層位対比は，出土石器群との比較の上でも概ね整合している。

　愛鷹・箱根山麓との対比は，最も下層の黒色帯であるBBⅦ層が，相模野台地B5層，武蔵野台地Ⅹb層にそれぞれ対比されるものと考えられる。愛鷹山麓から下総台地までの太平洋側では，第Ⅱ黒色帯とS2S等のスコリアにより対比が可能であるが，武蔵野ローム層との境界なども含めて，さらに検討を加え，整合性をとるべきであろう。

第Ⅱ章 後期旧石器時代前半期の石器群

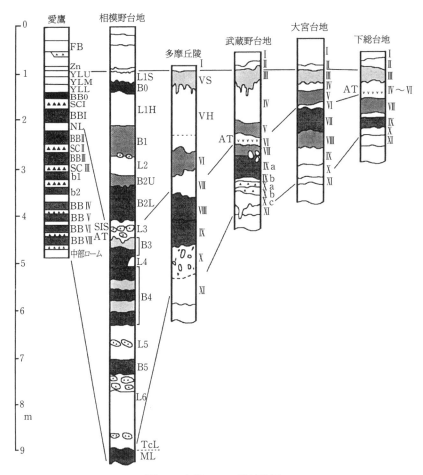

図 22 立川ローム層対比図

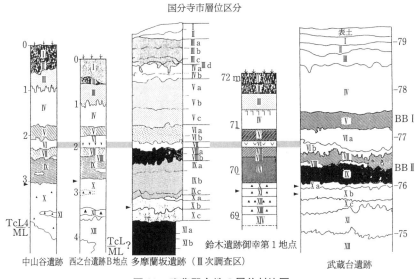

図 23 武蔵野台地の層位対比図

4 南関東地方から東海地方の後期旧石器時代開始期の石器群

(1) 武蔵野台地のX層出土石器群

　関東地方では，武蔵野台地が先行して数多くの調査による豊富な資料の蓄積が認められる。1971年の平代坂遺跡で，立川ローム層基底部とされるX層から大型の削器（スクレブラ）が出土し，X層まで石器が出土することが明らかになった。1973年からは，栗原遺跡，中山谷遺跡・西之台遺跡B地点，高井戸東遺跡，鈴木遺跡など大規模な調査が立てつづけに行われ，立川ローム層下層のさまざまな石器群が層位的に出土した[5]。

　西之台遺跡B地点は，チャート製の小型剝片石器と礫器が多量に出土し，石錐などが特徴とされたが，器種認定が難しい石器群である。加工が明確でないものの，台形様石器や楔形石器などが認められる。中山谷遺跡や鈴木遺跡御幸第I地点第IV文化層も同様にチャート製小型剝片石器が中心となるもので，定型的な石器が認められない。高井戸東遺跡では，X層上部で基部加工ナイフ形石器と局部磨製石斧が出土し，X層同一層準から二つの石器文化が認められることになった。そして，高井戸東遺跡のX層（上部）−IX層下部−IX層中部−IX層上部の各層位から出土した層位的出土を基に武蔵野編年の第I期がa・b・cと3細分された（小田ほか1977）。

　1981年からの武蔵台遺跡の調査では，同一遺跡内でX層中に二つの異なる石器群が存在すると報告され，その後のX層段階石器群の評価に決定的な影響を与えた（横山・角張・川口1984）（図24）。Xb層石器群はチャートを主体とする小型の剝片石器類と砂岩などによる局部磨製を含む石斧を中心とした石器群として，Xa層石器群は黒曜石製のナイフ形石器や局部磨製石斧を含む石器群として報告された[6]。これ以降，X層下部は，中山谷遺跡などとともに明確なナイフ形石器をもたず，小型剝片石器に局部磨製石斧がともなう石器群として，X層上部になって，ナイフ形石器や台形様石器が出現し，黒曜石の使用が始まる，といった点が広く共通の認識となっていった。

　1990年代後半以降は，国分寺崖線沿いの線上に連続する多摩蘭坂遺跡，武蔵国分寺跡関連遺跡，武蔵台遺跡などの遺跡群で，立川ローム層基底部の石器群の調査が相次ぎ，Xb層の石器群に新資料が加わった（図25）。

　多摩蘭坂遺跡第5地点は，豊富な石斧類（5）と基部加工ナイフ形石器（1〜3），黒曜石製台形様石器（4）が，同第8地点はA区では，豊富な石斧（18〜20）と台形様石器（13・14），楔形石器（15）と石錐（16），削器（17）等が，同B区では基部加工ナイフ形石器（6・7）と石刃（8・9），台形様石器（10），報告では基部加工石器とされたナイフ形石器の範疇で捉えられる石器（11・12）が出土している。こうした多摩蘭坂遺跡での各石器群は，従来のXa層，Xb層の細分の理解であれば，ナイフ形石器や石刃は混在として排除されるものであるが，不必要な遺物の垂直移動を考慮する必要がないほどの地層堆積の安定性が高いこと

第Ⅱ章　後期旧石器時代前半期の石器群

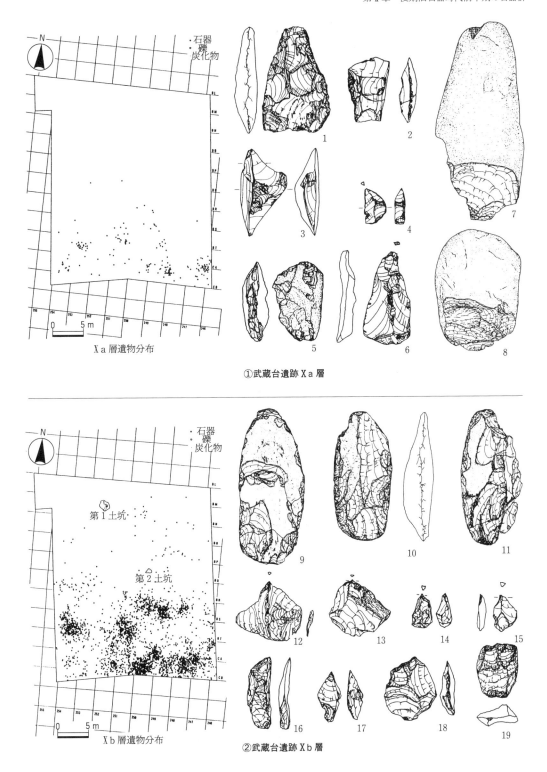

①武蔵台遺跡Ⅹa層

②武蔵台遺跡Ⅹb層

図24　武蔵台遺跡Ⅹ層の石器群と平面分布

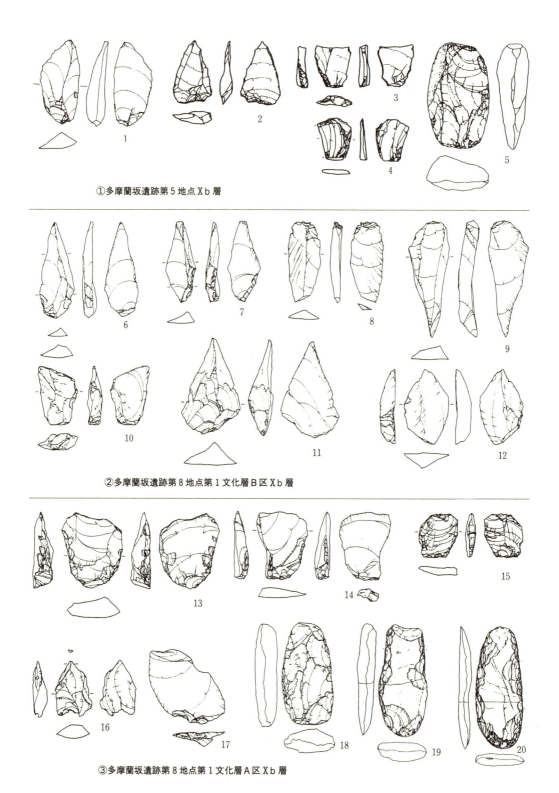

①多摩蘭坂遺跡第5地点Ⅹb層

②多摩蘭坂遺跡第8地点第1文化層B区Ⅹb層

③多摩蘭坂遺跡第8地点第1文化層A区Ⅹb層

図25 多摩蘭坂遺跡群Ⅹb層石器群

から，両地点の石器群の違いを遺跡機能差として評価することに妥当性があるものと考えられる（中村ほか2003）。

筆者は，こうした新資料の評価を背景に，武蔵台遺跡Ⅹa，Ⅹb層の文化層分離に疑問を呈し，同一の石器群（Ⅹb層）と評価した（諏訪間2003b)[7]。武蔵台遺跡のⅩa層，Ⅹb層をⅩb層出土石器群として捉えなおすと，武蔵野台地のⅩb層出土石器群には，台形様石器に加え，基部加工ナイフ形石器や石刃あるいは縦長剥片も認められ，後期旧石器時代の指標とされるすべての石器と技術が備わっているとみることができる。このため後期旧石器時代開始期の石器群を石刃・縦長剥片剥離技術の有無，黒曜石の有無などの個別要素で細分することはあまり意味がないということになる。

これまでⅩ層出土石器群は，出土層位よりも石器群の内容でⅩa層とⅩb層に振り分けられていた可能性がある。武蔵野台地北部の埼玉県内では，谷津遺跡や藤久保東遺跡などでⅩ層上部から基部加工ナイフ形石器や石刃，石斧類などが出土している。これまで，これらの石器群は，Ⅹ層上部の石器群としてⅩb層段階に後出するものと評価されていたものであるが，Ⅹ層段階の細分を検討しなおす中で再評価が必要な石器群であると考える。

(2) 下総台地のⅩ層出土石器群と武蔵野ローム層出土石器群

下総台地では，Ⅸ層からⅩ層にかけての重要な石器群が多く検出されており，近年，田村隆によって編年的な整理が行われている（田村2006）。

ここでは草刈遺跡群における層位的出土例を概観してみる（島立2004）（図26）。

草刈遺跡C区第1文化層C—13ブロックの石器群は，武蔵野ローム層最上部から出土したとされる（田村2006）。この層位的位置づけが正しいとすれば，南関東地方最古の石器群ということができる[8]。この石器群のうち，尖頭器と報告されている石器は，剥片の一側縁に微細な加工が連続的に施されており，台形様石器として捉えられる（16）。ほかにも横長剥片の縁辺に微細な平坦剥離が施される台形様石器が認められる（17・19）。こうしたことから，本石器群は，層位的にやや深い層から出土しているが，石器群の内容からⅩb層段階の石器群として捉えられるものである。

草刈六之台遺跡第1文化層は，Ⅹ層上部に出土層位をもち，台形様石器（11），石錐（12），楔形石器（13）縦長剥片（14）などに局部磨製石斧（15）がともなう。第2文化層はⅨ層下部に出土層位をもち，神津島産黒曜石製の台形様石器（7・8），基部加工ナイフ形石器（9），局部磨製石斧（10）などが組成する。この台形様石器は下総台地において神津島産黒曜石が搬入されたことを示す資料として重要である。第3文化層はⅨ層上部に出土層位をもち，二側縁加工ナイフ形石器（1〜3）とその素材となる石刃技法が明確になる。

こうした層位的に捉えられる変遷は，高井戸東遺跡をはじめとする南関東地方のⅩ層〜Ⅸ

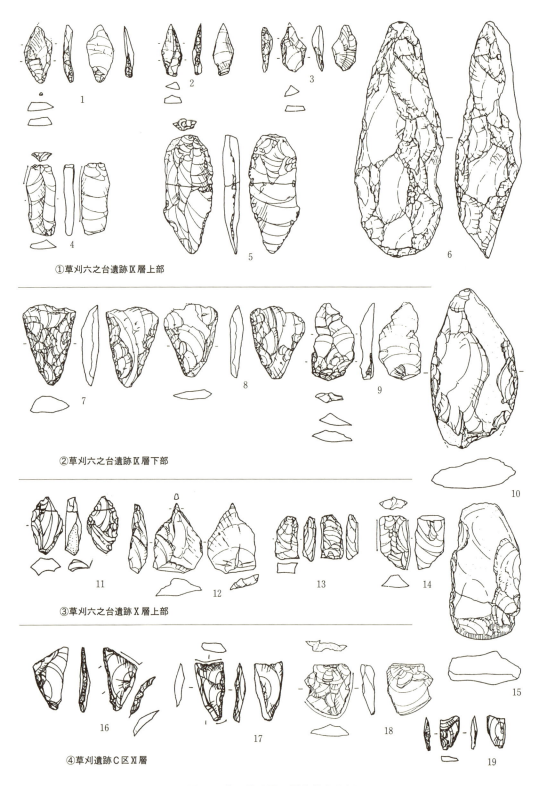

①草刈六之台遺跡Ⅸ層上部
②草刈六之台遺跡Ⅸ層下部
③草刈六之台遺跡Ⅹ層上部
④草刈遺跡C区Ⅺ層

図26　草刈遺跡群の層位的出土例

(3) 相模野台地のL5・B5層出土石器群

相模野台地では，層位が厚いこともあり，立川ローム層基底部の調査は少なく，良好な石器群の出土に恵まれていない。吉岡遺跡D区B5では，チャート製剝片類を中心に出土しており，台形様石器，楔形石器などが認められる（図27）（白石ほか1996）。武蔵野台地の中山谷遺跡，西之台遺跡B地点などと同様チャート製の石材を用いており，調整加工に規則性や連続性が認めにくく定型的な石器形態をもっていない。相模野台地のL5層では，栗原中丸遺跡第Ⅹ文化層で局部磨製石斧断片とチャート製石刃が，大和配水地遺跡L5層では，打製石斧と基部加工ナイフ形石器などが出土している。

相模野台地では，資料数が少ないものの，断片的な資料からは，B5層の小型剝片石器からL5層の基部加工ナイフ形石器と石斧をもつ石器群への変遷が層位的に追える可能性がある。

(4) 愛鷹山麓のBBⅦ層出土石器群

愛鷹山麓では1982年から始まった愛鷹運動公園遺跡群の調査以降，数多くの旧石器時代の調査が行われており，AT下位の良好な石器群が蓄積されている。近年，第二東名高速道路建設にともなう調査によって，元野遺跡（No.19地点），No.25地点，No.26地点，銭神遺跡（No.27地点）などが調査され，立川ローム層と対比される上部ローム層最下底のBBⅦ層から，富士川水系のホルンフェルス製の礫器状の石器と剝片類が検出された。その後，同層位で梅の木沢遺跡（No.143-2地点）で黒曜石製の剝片，石斧？が出土している。続いて富士石遺跡（No.142地点）では，信州産の黒曜石製台形様石器とホルンフェルス製石錐や剝片などが出土し，台形様石器と局部磨製石斧を特徴として設定されている愛鷹・箱根編年第Ⅰ期がBBⅦ層まで遡ることが確実となった（笹原2005）。

近年調査された追平B遺跡では，BBⅦ～BBⅤ層から6カ所の石器ブロックが検出され，黒曜石製の台形様石器，石斧などがホルンフェルス製の礫器状石核などと共伴している（廣瀬2006）。

こうした富士石遺跡，追平B遺跡などの最新の調査資料では，立川ローム層下底部に相当する愛鷹山麓の上部ローム層基底部のBBⅦ層から信州産黒曜石製台形様石器が出土しており，これらとより古いと考えられていたホルンフェルス製剝片や礫器状石核などとの共伴が確実となっている。

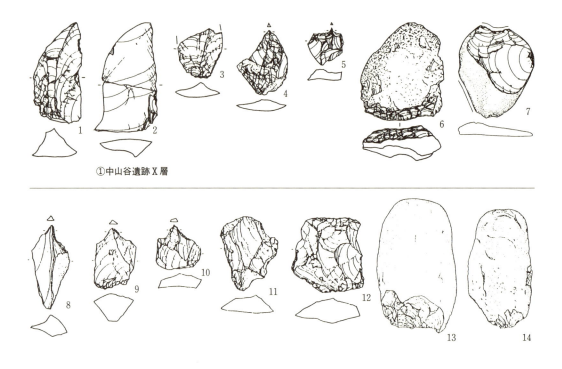

①中山谷遺跡Ⅹ層

②西之台遺跡Ｂ地点Ⅹ層

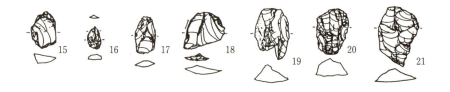

③鈴木遺跡御幸第１地点第Ⅳ文化層（Ⅺ層）

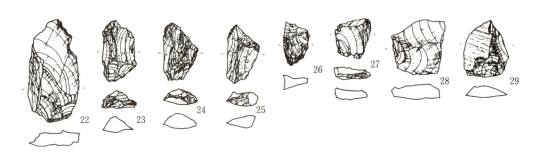

④吉岡遺跡群Ｄ区 B5 層

図27　南関東地方の立川ローム層基底部の石器群

5　Ⅹb層段階石器群の特徴と問題点

愛鷹山麓の最新資料を含めて広く東海から下総台地までを見通して，立川ローム層基底部にあたるⅩb層段階の石器群の特徴と問題点を整理する。

(1) 出土層位

　南関東地方から東海地方の後期旧石器時代開始期の石器群は，立川ローム層およびその相当層の基底部から出土する。相模野台地ではB5層，武蔵野台地ではⅩb層，愛鷹山麓ではBBⅦ層である。Ⅹb層よりも下層からの出土例は草刈遺跡C区を除き認められず，現段階では，この一例を除き，武蔵野ローム層から石器群の出土はない。これらの出土層位の上位には広域火山灰のAT層や複数の黒色帯，下位にはS2S（相模野下位スコリア層），武蔵野ローム層下位のTP（東京軽石層）など，上下に由来の明らかな火山灰に挟まれている。また，段丘形成や火山灰の対比などの地質・地理学的な検討により，立川ローム層の基底部であることが多方面から確実とされている。

　Ⅹb層および相当層は，立川ローム層基底部であることは間違いないが，武蔵野ローム層との間にはさらに間層があるため，厳密には立川ローム層の形成初期の堆積年代とは時間差がある可能性がある。また，Ⅹ層上部や上面から出土する石器群との層位的な新旧関係を認めることが難しい状況にある。いずれも石器の垂直分布は数十cmの振幅があり，大型の礫や石斧などをともなわない場合は，当時の生活面の推定さえ難しく，厳密に出土層位を設定できないこともありえる。相模野台地や愛鷹山麓では比較的層厚が確保できているため，こうした地域での資料の増加が望まれる。

(2) 遺跡の形成・石器群の規模

　1000点を超える大規模な遺跡は中山谷遺跡や武蔵台遺跡など限られており，多くは数百点以下の中小規模遺跡である。Ⅹ層上部以後に出現する環状ブロック群の成立時期とくらべると石器の保有（廃棄）数は相対的に少ない。ただ，武蔵台遺跡から多摩蘭坂遺跡にかけては，遺跡が連続しており，調査範囲による見かけ上の遺跡規模であることも考慮すべきである。遺跡立地は，後続するⅩa層やⅨ層下部と変わらないものと考えられるが，武蔵野台地の多摩蘭坂・武蔵国分寺跡関連遺跡・武蔵台遺跡などの遺跡群は国分寺崖線沿いに密集していることは特筆される。

(3) 石器組成

　各石器群に共通する構成は，大型の局部磨製を含む石斧類と小型剝片石器類のセット関係として捉えられる。石斧は，本段階から形態的にも量的にも安定して組成される。小型剝片石器は，台形様石器と基部加工ナイフ形石器，石錐，楔形石器，削器などが認められ，後続するⅩa層出土石器群と基本的な構成は変わらない。この段階で後期旧石器時代の道具立ての基本構成が整っていたとみることができる。

(4) 石器石材と剝片剝離技術

　本段階の剝片石器は多様であるが，およそ後出する石器群と基本的な構成は同様である。剝片剝離技術は，幅広・不定形剝片を剝離する技術と縦長剝片を剝離する技術の両者が認められる。中山谷遺跡，西之台遺跡B地点，鈴木遺跡御幸第Ⅰ地点，吉岡遺跡などのチャートを主体とした石器群は，不定形剝片を剝離する技術が特徴で，ここからは規格性のある剝片は得られていない。縦長剝片剝離技術は，武蔵台遺跡などに認められるように小口からの連続的な縦長剝片を剝離する技術である。製品として残された石刃状の縦長剝片も一定程度認められる。こうした縦長剝片剝離技術には主に頁岩系の石材が用いられており，剝離された石刃・縦長剝片は，基部加工ナイフ形石器の素材となっている。

　本段階は，こうした点を積極的に評価し，初期的な石刃剝離技術を保持していたものと捉えておきたい。また，同一段階として捉えられるかは今後の検討課題であるが，谷津遺跡などに認められる基部加工ナイフ形石器などと長野県八風山遺跡第Ⅱ文化層の石刃石器群との関係性なども考慮すべきであろう。谷津遺跡は，これまではⅩa層段階として捉えられていたが，こうした石刃石器群に対してⅩ層段階での時間的前後関係をもつものかどうか注意深く検討してみる必要がある。

　黒曜石の利用は相対に少ないが，幅広の剝片を剝離し，台形様石器などが製作されるものもあれば，石刃・縦長剝片も剝離されていようだ。愛鷹山麓の富士石遺跡や追平B遺跡などでは，平坦剝離による精製の台形様石器も認められる。

　黒曜石の原産地は，信州系が多いが，武蔵台遺跡などでは，神津島産も認められる。神津島産黒曜石の存在は，後期旧石器時代の初頭から渡航により黒曜石の獲得が行われていたことを証明するものと評価できる。

　当該期は，石器製作技術が相対的に未発達であったと想定され，入手した石材の質により，残された石器群の内容，剝片剝離技術が極端に異なっていることを示しているように考えられる。

6 Ⅹb層段階石器群の評価と課題

最近，町田洋によって放射線炭素 ^{14}C 年代の較正年代や酸素同位体変動史や古気候などの検討により，立川／武蔵野ローム層の境界を 4.7〜5 万年前におくという考え方が示された（町田 2005）。また，町田は，立川ローム層基底部に近い武蔵野台地 X 層およびその相当層から出土する石器群の年代を 4 万年よりもやや古いと考えている。

一方，松藤和人は東アジアの旧石器時代石器群の放射性炭素年代の集成を行い，Calpal 2004 の較正年代プログラムによって年代を提示している（松藤 2004）[9]。こうした新しい年代で X 層内の細分をみると，Ⅹb 層に相当する愛鷹山麓第二東名 No.26 遺跡 BBⅦ と Ⅹa 層に相当する高井戸東遺跡の測定値は 3.2 万年前後の年代を示し，ほとんど変わらない。年代測定による両石器群の明確な区分は当面期待できない可能性がある。松藤の集成の中で最も古い数値は，熊本県石の本遺跡群 8 区の 33,720±430 yrsBP である。この年代を較正した場合，38,445±1,734 calBP という数値がでている。石の本遺跡は，九州で黒色帯よりも下層から出土した台形様石器をともなう石器群で，関東地方の Ⅹb 層相当に対比される可能性のあるものである。

こうした年代値はそれぞれ複数測定されている場合，1000 年以上のばらつきがあるため，どの数値を使うかによって異なってくるが，およそ Ⅹb 層に対比される石器群の放射線炭素 ^{14}C 年代は 3.2〜3.3 万年前と捉えることができそうである。また，それを較正した年代は，およそ 3.6〜3.8 万年前とすることができる。立川ローム層基底部の石器群の年代は，町田の見解の「4 万年よりも少し古い」年代に近づいている。

日本列島における最古の石器群の評価は，日本列島に渡った人類の問題と直接かかわってくる。筆者は，Ⅹb 層段階石器群は，ホモ・サピエンスによって残されたものと考えるが，今後，Ⅹb 層段階石器群を遡る石器群が発見された場合でも，それが 4 万年を少し超えるものであるのならば，まずはホモ・サピエンスとの関係を考えておくべきであろう。

当該期をめぐる議論は，「中期旧石器」を前提にして「移行期」として捉える考え方や，後期旧石器時代を真正な石刃技法の出現をもって位置づけるという考え方などがあり，さまざまであるが，それぞれの寄って立つ位置を明らかにしたうえで冷静で公正な議論が進むことを期待する。Ⅹb 層段階石器群を考えることは，日本列島の人類の歴史そのものの確実な位置を確認する作業である。人類学や年代学などの問題を含め，火山灰層序学や土壌学など第四紀学として多方面での学際的な協同により明らかにされるべき課題である。

註

1) 2000 年 11 月 4 日午後 7 時 55 分，藤村新一は毎日新聞の記者に上高森遺跡の捏造を認め，翌日の朝刊での大スクープとなった。筆者は 11 月 5 日を忘れない。

2）X層研究会は会員も会則もない任意の石器研究会である。その都度，参加者は入れ替わったが，石器の観察を行い，議論を行った主なメンバーは，砂田佳弘，西井幸雄，小菅将夫，仲田大人らである。

3）こうした検討の一端は，日本旧石器学会の第1回シンポジウム「後期旧石器時代のはじまりを探る」において発表したが（諏訪間 2003b），当該石器群についてあらためて検討を行う機会を設けたいと考えていた。今回，「X層研究会」のメンバーの一人で，当該期石器群に対する問題意識を共有している小菅将夫の企画によって，岩宿博物館での企画展「岩宿時代はどこまで遡れるか」と岩宿フォーラム「岩宿時代はどこまで遡れるか―立川ローム層最下部の石器群―」が開催されることとなり，ほぼ，同時期に長野県旧石器文化研究交流会でもシンポジウム「後期旧石器時代以前の遺跡・石器群をめぐる諸問題」の開催と併せて，捏造後の研究の取りまとめとなるものである。今後さらにさまざまな角度や方法で後期旧石器時代の始原やそれ以前の石器群に対しての検討を続けなければならない旧石器研究の大きな課題である。

4）筆者はX層段階石器群を遡る石器群が存在しないとは考えていない。しかしながら，捏造発覚後のいくつかの古いとされている石器群の取り扱い方については，疑問をもっている。ここでは，具体的には指摘しないが，日本最古を検証するためにはより客観的な視点をもって行われるべきであろうし，マスコミや地元の期待や声に左右されない毅然とした姿勢が必要であろうと考える。こうした点は，捏造事件の反省に立ち，研究を続けるわれわれの責務である。

5）こうした調査では，「最古の人間の痕跡を探すべく，各遺跡で基盤層まで広く掘り下げる作業を行った」（小田 2001）とされ，武蔵野ローム層中の石器群の検出を目指した調査も行われたものの，立川ローム層X層以下の層準での確実な石器の出土はなかった。

6）武蔵台遺跡のX層中の二分された石器群は，接合資料を基に詳細な平面分布と垂直分布の検討により文化層分離が行われたものであるが，Xb層としたチャート製石器の垂直分布はXa層よりもさらに上層のIX層まで接合関係をもっている。重量の軽い黒曜石製石器は垂直方向の上層に分布する傾向があることを勘案すれば，黒曜石製石器群のみがXa層とするのは不自然であり，同一の文化層と考えるべきである。

　この文化層分離は，中山谷遺跡，西之台遺跡B地点などのチャート製石器群との共通性や当時，中期旧石器時代の確実な石器群とされていた宮城県座散乱木遺跡などに黒曜石が使用されていないことを受け，黒曜石の利用は新しい段階のものという視点が深く影響を与えていたのではないかと考える。捏造による前中期旧石器の存在によって関東地方最古の石器群の評価にも影響を与えていたと捉えることができる。

7）両文化層を同一石器群とする意見の表明も見られる（中村 2005，竹岡 2005）が，一方では，両文化層の分離や多摩蘭坂遺跡の出土層位について疑問視する意見もある（松藤 2004）。武蔵野台地X層出土の石器群をどのように評価するかは，当該石器群に対する認識や後期旧石器時代の枠組みをどのように捉えるかと大きくかかわっている。前提として，中期旧石器時代というものを想定しながら，その残影や影響，系譜などを考える立場をとるか，とりあえず，石器群の検討により確実にいえることはどこまでかという立場である。

　筆者は後者の立場でまず，現状のX層出土の石器群の特徴を抽出することを目指している。武蔵台遺跡は20年以上前の報告書であるが，基本的なデータが掲載されており，一定の再検討ができる。残念ながら1970年代に調査された多くの石器群は，石器実測図，分布図をはじめ基本的な報告がなされていないことが多く，詳細な検討をすることができないものが多かった。

8）垂直分布図をみるかぎり，多くの石器はX層中から出土しているようだ。下総台地における立川／武蔵野ロームの境界の認識が確定していない状況の中では積極的に評価することに躊躇する。

9）参考までに日本列島の最古級とされる主な石器群の放射線炭素年代は下記のとおりである。
　　鹿児島県種子島立切遺跡XIII層：30,390±600　種IV火山灰下位　局部磨製石斧
　　熊本県石の本8区VIb層：33,720±430　33,140±550　台形様石器
　　長崎県福井洞穴15層：31,900
　　長野県八風山II遺跡Xb層：32,240±260　31,860±250　基部加工ナイフ形石器と石刃
　　長野県日向林B遺跡Vb層：31,420±280　29,870±250　台形様石器と局部磨製石斧
　　静岡県第二東名No.26遺跡BBVII層：32,060±170　台形様石器と石斧
　　静岡県梅ノ木沢遺跡BBV層：29,590±300　台形様石器と石斧
　　東京都高井戸東（近隣第三）遺跡X層：32,000±170　台形様石器と石斧

第2節
相模野台地におけるAT降灰以前の石器群

はじめに　相模野台地は1970年代末以降，寺尾遺跡，月見野遺跡群上野遺跡，橋本遺跡，栗原中丸遺跡，柏ヶ谷長ヲサ遺跡などの大規模な調査が相次いで実施され，層位的な出土例をもつ良好な石器群が数多く検出されている。そして，こうした石器群を基にさまざまな問題について検討が加えられており，特に旧石器時代後半から縄文時代草創期までの研究にとっては最も重要な地域のひとつとして注目をされている。

一方，AT降灰以前の石器群は，寺尾遺跡第Ⅵ文化層以外にはまとまった資料も少なく，研究があまり活発であるとは言い難い。この点では表土から立川ローム基底部まで層厚8〜10mという恵まれた層位が障害となり，AT層より下層の調査が実施されることが少ないということも見逃せない。

さて，本節は相模野台地のAT降灰以前の石器群を対象に集成を行い若干の検討を加えるものであるが，良好な資料が少ないという資料的な制約もあり，武蔵野台地・下総台地の成果に負うところが多いことをあらかじめ断っておく。

1　相模野台地の地形と遺跡の分布　相模野台地は神奈川県の中央部を南流する相模川の東側に広がる，南北約30km，東西約10kmの広がりをもつ洪積台地である。典型的な段丘地形を示し，高位より，座間丘陵，高座丘陵，相模原段丘，中津原段丘，田名原段丘，陽原段丘の6段の段丘に区分されている（図1参照）。そして，各段丘は武蔵野台地の多摩丘陵，下末吉台地，武蔵野段丘，立川上位段丘，立川下位段丘，青柳段丘にそれぞれ対比されている。

これらの段丘は境川，引地川，小出川，目久尻川等の河川によって開折されており，その結果多くの張り出し地形が連続する地形となっている。

旧石器時代の遺跡はこうした張り出し地形を中心に立地しているが，AT降灰以前の石器群は上層において検出された分布にくらべて，特に張り出し地形の先端部に立地する傾向が認められる。これはAT降灰以前の崖線と河川との距離や比高差に関係があったためと考えられる。

2 相模野台地の層位

相模野台地の層位は，富士火山を給源の主体とする立川ローム層と箱根火山を主体とする武蔵野ローム層，そして完新世の堆積層を併せると約15〜18mにも達する（図28〜31参照）。

相模野台地ではこれまでのところ立川ローム層内にしか石器は検出されておらず，武蔵野ローム層における人類遺物の検出は今後の課題である。

相模野台地のローム層の層位区分は上位からL1S，L1H，L2……L6までの7枚の黄褐色ロームとB0〜B5までの6枚の暗色帯に分層されており，相模野上位スコリア層（S1S），姶良Tn火山灰（AT），相模野下位スコリア（S2S）などの鍵層が明瞭に識別できるため，石器群の出土層位を明瞭に捉えることができる（鈴木・矢島1976）。

また，近年では，富士・箱根の給源に近い大磯丘陵や秦野・伊勢原地域のローム層とのスコリアによって対比する作業が行われつつある（米沢・上杉1990）。このスコリアによる対比作業はこれまでの暗色帯による対比よりも精度の高い対比が可能となるため，今後，相模野台地内はもとより富士火山を給源とする南関東の他地域の立川ローム層の対比に有効となるものと考えられる。

3 相模野台地のAT降灰以前の石器群

相模野台地のAT降灰以前の石器群は，段階Ⅰから段階Ⅳまでの4段階の変遷が提示されている。これを武蔵野台地の層位区分に対比すると，段階ⅠはⅩ層段階（Ⅹ層下部），段階ⅡはⅨ層段階（Ⅹ層上部〜Ⅸ層），段階ⅢはⅦ層段階，段階ⅣはⅥ層段階（Ⅵ〜Ⅴ層下部）に概ね対比が可能である（諏訪間1988）。本節ではAT降灰以後の段階Ⅴ（Ⅴ層上部〜Ⅳ層下部）までの石器群を対象に概論する。

段階Ⅰ

1　層位：層位的にはL6下底（立川ローム基底部）〜L6上と考えられる。層厚1.5m前後を測る。L6層内には上部にS2S（相模野下位スコリア）がブロック状に認められる。このスコリア層より下層約1m前後が立川ロームと武蔵野ロームの境界とされ，武蔵野ローム上部の風化クラック帯により区分がされる。

2　主な石器群　L6下部：早川天神森遺跡第Ⅹ文化層
　　　　　　　　L6上部：早川天神森遺跡帯Ⅸ文化層，代官山遺跡，長久保遺跡

3　石器組成：錐器（18・17），削器（16・15），剥片などがそれぞれ単独で出土しているにすぎず，石器組成については不明である。

4　石材：細粒擬灰岩，チャートが使われている。

5　剥片剥離技術：いわゆる「いも石」といわれる1〜2cmの小礫を素材としているもの

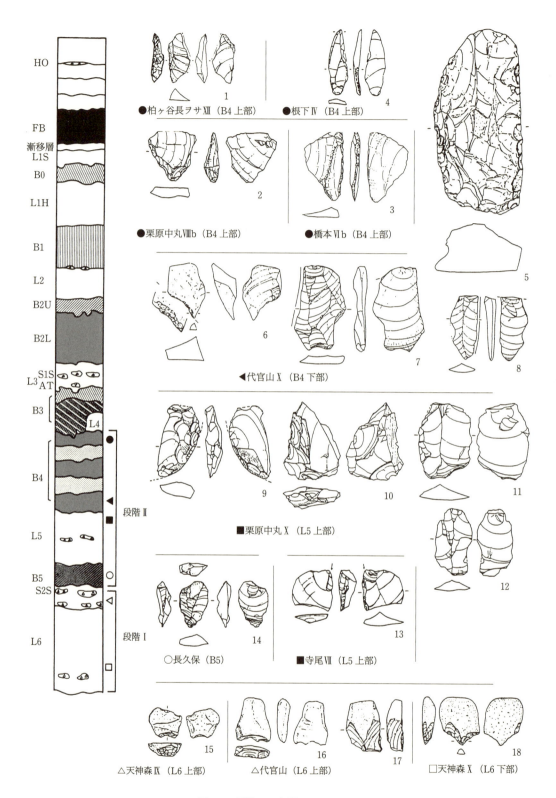

図28　段階Ⅰ・段階Ⅱの石器群

のみである。

　6　石器群の特徴と問題点

　これらの1～3点と単独あるいはそれに近い出土状況であり，石器群の内容はまったく不明である。いずれもいも石を素材としたもので，積極的に人工的な石器として取り扱うことに躊躇する資料である。したがって，段階の設定は難しいところであるが，武蔵野台地の武蔵台遺跡Ⅹb層（横山1984），鈴木遺跡御幸第1地点（戸田ほか1982），などⅩ層下部の石器群に類例を見いだしあえて対比した。

　段階Ⅱ
　1　層位：B5下底よりB4上面までと考えられる。層厚にして2m前後を測る。
　2　主な石器群　　B5：長久保遺跡
　　　　　　　　　L5上部：栗原中丸遺跡第Ⅸ文化層，寺尾並跡第Ⅶ文化層，
　　　　　　　　　　　　　早川天神森遺跡第Ⅷ文化層
　　　　　　　　　B4下部：代官山遺跡第Ⅹ文化層，根下遺跡第Ⅴ文化層
　　　　　　　　　B4上部：根下遺跡第Ⅳ文化層，橋本遺跡第Ⅵb文化層，
　　　　　　　　　　　　　栗原中丸遺跡第Ⅷb文化層，柏ヶ谷長ヲサ遺跡第ⅩⅢ文化層
　3　石器組成：ナイフ形石器（1～4），石斧（5・9），削器？（10），彫器（13），錐器（6），剝片（7・8・11・12），石核，台石，磨石等で構成される。器種ごとの点数は非常に少ない。ナイフ形石器は柏ヶ谷長ヲサ遺跡では一側縁加工（1），坂下遺跡で基部加工（2），橋本遺跡，栗原中丸遺跡では台形状（3・4）がそれぞれ1点ずつ出土している。石斧は刃部磨製が栗原中丸遺跡，打製が根下遺跡からそれぞれ出土している。
　4　石材：安山岩，細粒凝灰岩，チャート等の非黒曜石が多く用いられ，黒曜石はきわめて少ない。比較的まとまった出土点数をもつ根下遺跡では安山岩，橋本遺跡第Ⅵb文化層では硬質細粒凝灰岩が多く用いられている。
　5　剝片剝離技術：縦長剝片剝離技術と横長剝片剝離技術の双方が認められる。縦長剝片剝離技術は，橋本遺跡では人頭大の河原石を素材とし，打面は単剝離打面で粗い束部調整が施される。90度あるいは180度の打面転位と原礫面除去作業を組み合わせた複雑なものとなっている。作出された剝片は縦長幅広で打面が大きいことが特徴となっている。根下遺跡の石核は両設打面石核であり，打面は剝離面打面で打面調整は施されない。作出された剝片は比較的良好な石刃状の縦長剝片と考えられる。横長剝片剝離技術は根下遺跡に石核が検出されている。この石核は一定の打面をもたず，既存の剝離面を打面としながら，90度の打面転位をくり返して剝片剝離を行っているもので，作出された剝片は不定形な横長剝片と考えられる。
　6　石器群の特徴と問題点

本段階は武蔵野台地Ⅹ層上部からⅨ層に対比される石器群である。ナイフ形石器の出現と石斧を組成することを特徴とするが，石器組成の一部のみが部分的が検出されているにすぎず，本来の石器組成等は不明な点が多い。

　段階Ⅱの始まりは長久保遺跡B5の黒曜石の剥片の存在によってB5からとした（諏訪間1988）。これは武蔵台遺跡Ⅹb層（非黒曜石）とⅩa層（黒曜石を含む）の関係を重視した結果であるが，府中高校Ⅺ・Ⅻ層や武蔵台遺跡Ⅹb層が相模野台地のB5に対比されるという指摘もあり（坂上1987・川口1990），これに従えばB5までを段階Ⅰとしなければならなくなる。この点については，長久保遺跡は断面採集資料でもあるので，今後発掘資料が増加した時点で再検討することにし，保留しておく。

　段階Ⅱとの区分はL5が武蔵野台地Ⅹ層上部に，B4がⅨ層に対比されると考えられ，根下遺跡でB4上部に石斧が検出されたことからもB4とL4の境に設定しておく。

　段階Ⅲ
1　層位：L4下部からB3上部
2　主な石器群　L4：地蔵坂遺跡，代官山遺跡第Ⅸ文化層
　　　　　　　　B3下部：橋本遺跡第Ⅵa文化層
　　　　　　　　B3中部：台山遺跡第Ⅳ文化層，地蔵坂遺跡，栗原中丸遺跡第Ⅷ文化層，
　　　　　　　　　　　　柏ヶ谷長ヲサ遺跡第Ⅶ文化層，早川天神森遺跡第Ⅷ文化層，
　　　　　　　　　　　　根下遺跡第Ⅱ文化層
3　石器組成：ナイフ形石器（19・21・23～26・28～32），掻器（33），削器（27・34），彫器，剥片（20・22），石核，敲石（35），磨石等によって構成される。ナイフ形石器はやはり点数的に少ないものの，基部加工，一側縁加工，二側縁加工，台形状のもの等がみられる。
4　石材：硬質細粒凝灰岩，チャート，黒曜石等が中心となっているが，やはり非黒曜石が占める割合は高い。
5　剥片剥離技術：本段階の剥片剥離技術を具体的に示す資料は橋本遺跡，台山遺跡，根下遺跡が挙げられる。橋本遺跡では比較的良好な接合資料が得られており，縦長剥片剥離技術と横長剥片剥離技術の双方が認められる。縦長剥片剥離技術は大形の剥片ないしは分割礫を素材とし，単剥離打面で縦長剥片を連続して剥離するものが多く，横長剥片剥離技術では礫素材で既存の剥離面を打面とするため，残核の形状が礫器状や円盤状を呈するものが多い。台山遺跡は縦長剥片剥離技術が認められず，すべて横長剥片剥離技術で占められている。礫あるいは厚手の剥片を素材とし，既存の剥離面を打面とし90度の打面転位をくり返しながら石核を回転させるように剥離を行う。残核の形状は円盤状を呈するものが特徴的である。一方，根下遺跡では礫素材の両設打面石核が確認されており，これは180度の打面転位を行い，やや寸詰まりではあるが比較的良好な縦長剥片を作出している。

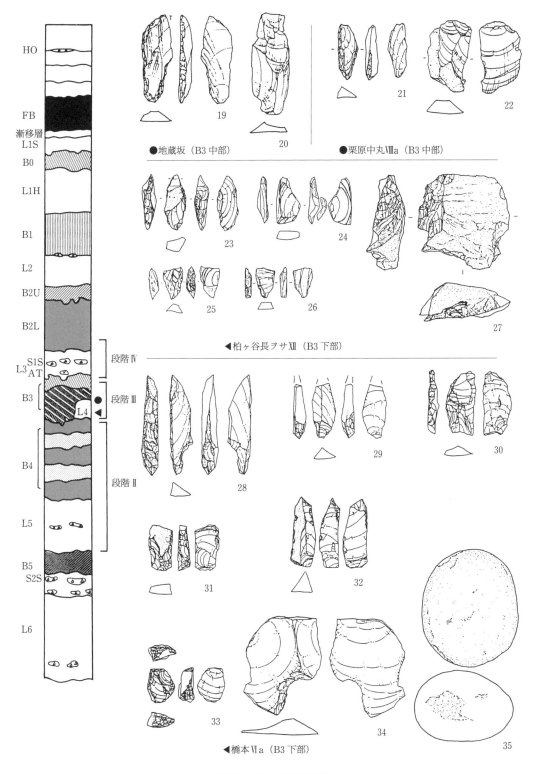

図29 段階Ⅲの石器群

6 石器群の特徴と問題点

本段階は武蔵野台地Ⅶ層に対比できる。段階Ⅱで特徴的であった石斧がみられない点と，茂呂型ナイフ形石器の範疇に属する二側縁加工のナイフ形石器の出現を画期としたが，石器組成の不完全な石器群のみである。

段階Ⅳ

1　層位：B3上郡からB2L下部までで，L3層内のS1SとATを介在させ，その上下に石器群が検出されている。

2　主な石器群　B3上面：寺尾遺跡第Ⅵ文化層，地蔵坂遺跡，相模野No.154遺跡
　　　　　　　L3：橋本連跡第Ⅴ文化層
　　　　　　　B2L下部：栗原中丸遺跡第Ⅶ文化層，地蔵坂遺跡，
　　　　　　　　　　　月見野遺跡群上野遺跡第1地点第Ⅶ文化層，
　　　　　　　　　　　柏ヶ谷長ヲサ遺跡第Ⅺb文化層
　　　　　　　B2L下部：湘南藤沢キャンパス内遺跡

3　石器組成：ナイフ形石器（36～38・41～49・53・54・56～58・66～69，73～79），彫器（55・59），削器（39），掻器（40・50・70・71），錐器（57），楔形石器（72），右刃，剥片（80），石核，磨石（52），敲石等すべての器種が安定して出そろう。

ナイフ形石器は二側縁加工が主体を占め，寺尾遺跡では全体の8割が本形態である。基部加工もわずかではあるが認められる。二側縁加工の中でも刃部先端角によってさらに細分が可能で，やや切出形ナイフ形石器になる鈍角なもの（45）や，全体の形状が小型で三角形状を呈するもの（46）などバラエティーに富む。これらのナイフ形石器には素材である石刃ないし縦長剥片を斜めに断ち切る切断手法を多用し，素材形状の変形度が激しいのが特徴である。

4　石材：寺尾遺跡，橋本遺跡にみられるように，信州産の良質な黒曜石を多用する傾向にあり，両遺跡は共に9割を超える高い黒曜石の使用率である。その他はチャートや細粒擬灰岩，安山岩が使用されている。

また，B2L下底～下部の柏ヶ谷長ヲサ遺跡や栗原中丸遺跡，湘南藤沢キャンパス内遺跡などでは信州産ではなく，箱根や伊豆産の黒曜石を使用している。

5　剥片剥離技術：主体を占めるのは縦長剥片剥離技術である。縦長剥片剥離技術は石刃技法といえる内容をもつもので，寺尾遺跡第Ⅵ文化層では180度打面転位を頻繁に行う両投打面石核が主体であり，さらに90度打面転位が頻繁に行われる。打面調整，頭部調整ともに顕著である。

横長剥片剥離技術は顕著ではないが，寺尾遺跡ではチャートを石材とする横長剥片剥離技術も認められている。楕円形の礫を素材とし，半割した平坦面を打面とし，幅広の横長剥片

第Ⅱ章　後期旧石器時代前半期の石器群

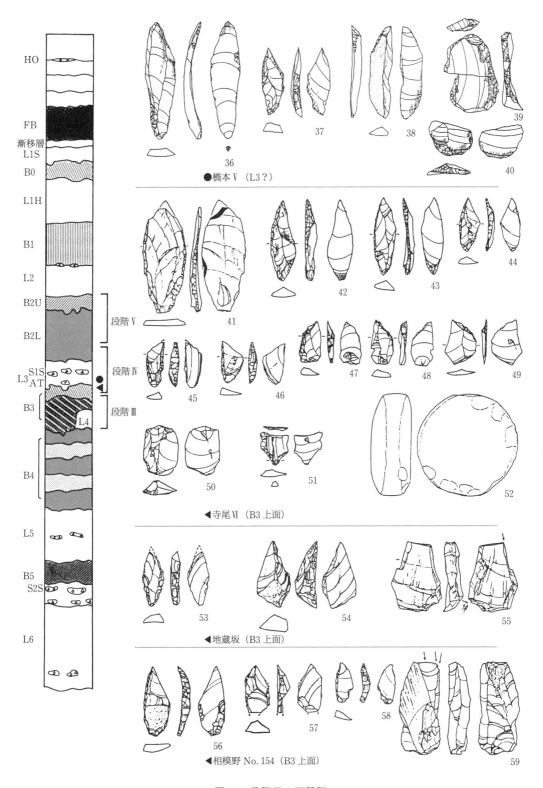

図30　段階Ⅳの石器群

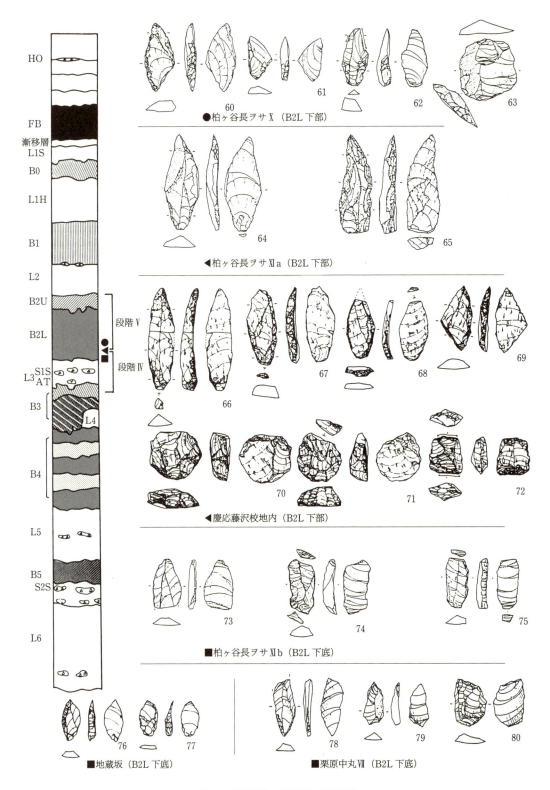

図 31　段階Ⅳ・段階Ⅴの石器群

を作出するもので，残核の形状はチョッピング・トゥール状を呈する。

　6　石器群の特徴と問題点

　本段階は，武蔵野台地Ⅵ層およびⅤ層下部に対比される石器群である。本段階は寺尾遺跡に代表されるAT直前の石器群とB2L下底に生活面をもつ栗原中丸遺跡第Ⅶ文化層等では，ナイフ形石器の形態や黒曜石の産地が異なっているようである。

　湘南藤沢キャンパス内遺跡はナイフ形石器の形態や剥片剝離技術は寺尾遺跡に近い内容をもっているが，黒曜石の産地が信州産ではなく，また，円形掻器をまとまって出土している点は次の段階Ⅴの特徴であり，両者の遺跡内での融合がみられる。この点は従来の資料にないもので直ちに判断はできないが，段階Ⅴの特徴である切出形ナイフ形石器でなく，基部に打面を残すものが多いという特徴はあるものの，二側縁加工のいわゆる茂呂型ナイフ形石器であることと，縦長剥片剝離技術（両設打面の石刃技法）であることを重要視し，本段階に含めて考えた。

段階Ⅴ

1　層位：B2L下部からB2U上面までである。
2　主な石器群　　B2L下部：柏ヶ谷長ヲサ遺跡第Ⅹ文化層，柏ヶ谷長ヲサ遺跡第Ⅺa文化層
　　　　　　　　　B2L中部：柏ヶ谷長ヲサ遺跡第Ⅸ文化層
　　　　　　　　　B2L上部：柏ヶ谷長ヲサ第Ⅷ文化層，上和田城山遺跡第Ⅳ文化層，
　　　　　　　　　　　　　　上草柳遺跡第2地点第Ⅱ文化層，早川天神森遺跡第Ⅵ文化層
　　　　　　　　　B2L上面：柏ヶ谷長ヲサ第Ⅵ文化層，下九沢山谷遺跡第Ⅳ文化層
　　　　　　　　　B2U下部：代官山遺跡第Ⅵ・Ⅶ文化層
　　　　　　　　　B2U中部：月見野遺跡ⅢC地点
　　　　　　　　　B2U上部：栗原中丸遺跡第Ⅵ文化層
3　石器組成：ナイフ形石器（60〜62・64），角錐状石器（65），尖頭器，石斧，錐器，彫器，掻器（63），削器，楔形石器，磨石，敲石，剥片，石核等によって構成される。ナイフ形石器以外の狩猟具と考えられる角錐状石器，尖頭器などが出現する。また，彫器，掻器など加工具の量・質ともに豊富で安定した石器組成となる。

　ナイフ形石器は切出形ナイフ形石器（60・61）と基部加工ナイフ形石器（62・64）が中心となり，国府型ナイフ形石器も柏ヶ谷長ヲサ遺跡第Ⅸ文化層や上土棚遺跡では共伴している。掻器は円形掻器が特徴的である。尖頭器も両面加工，片面加工の両者がともなう石器群が認められることから，量的には少ないが本段階に出現すると考えたい。

4　石材：黒曜石，安山岩，硬質細粒凝灰岩が中心となり，これにチャートが加わる。黒曜石は前段階に特徴的であった信州産のものはほとんどみられず，代わって，箱根・伊豆産の黒曜石が多用される。黒曜石を多用する石器群としては上草柳遺跡第2地点第Ⅱ文化層，

栗原中丸遺跡第Ⅵ文化層などがある。

　5　剝片剝離技術：横長剝片剝離技術が主体を占める。一部，縦長剝片剝離技術が認められるものの，これは基部加工ナイフ形石器と強い結びつきをもって存在している。先端先細りの一本稜線の石刃を剝離するものである。横長剝片剝離技術は多様な残核形態を示す。
　6　石器群の特徴と問題点
　武蔵野台地Ⅴ層上部・Ⅳ層下部に対比される石器群である。本段階は切出形ナイフ形石器を主体とし，基部加工ナイフ形石器，角錐状石器，円形搔器などを特徴とする段階である。

4　武蔵野台地との層位対比とAT降灰直後の石器群

(1) 武蔵野台地との層位対比

　相模野台地のAT降灰以前の石器群はこれまで述べてきたように，寺尾遺跡以外はきわめて零細で断片的な資料しかないが，武蔵野台地との層位的な対比によって石器群の対応ができるという状況である。

　ここではまとめとして，武蔵野台地のAT降灰以前の層位と対比してみよう。

　武蔵野台地Ⅹ層：Ⅹ層は場所によるが上部と中部，下部に分けられる。上部がL5に，中部がB5に，下部がL6に対比できる。

　武蔵野台地Ⅸ層：Ⅸ層は武蔵野台地の第Ⅱ黒色帯下半部でⅦ層にくらべ厚い。また，条件のいいところでⅦ層が認められるが，ほとんどの場合は確認できない。Ⅷ層がL4，Ⅸ層がB4に対比される。

　武蔵野台地Ⅶ層：武蔵野台地の第Ⅱ黒色帯上半部に位置づけられており，やや黒色の薄い部分である。相模野台地ではB3に対比が可能である。

　武蔵野台地Ⅵ層：相模野台地L3に対比される。ATはⅥ層下半部に堆積している。このことは相模野台地においてL3中部にS1Sの直下に認められることと矛盾はない。

　武蔵野台地Ⅴ層：相模野台地のB2Lに対比される。石器群の内容の比較からB2L下部の黒色味の強い部分に対比される可能性が強い。武蔵野台地Ⅳ層下部はB2L上部からB2Uに対比される。

(2) AT降灰直後の石器群

　AT降灰直前は寺尾遺跡第Ⅵ文化層があり，その内容については，細部に至るまで検討が加えられている（服部1990）。寺尾遺跡を含めて，段階Ⅳの特徴は黒曜石を多用し，縦長剝片剝離技術による二側縁加工のナイフ形石器を量産する段階，といえよう。そして，産地こそ，箱根畑宿産が占め信州産ではないが，上記の特徴からすれば湘南藤沢キャンパス内遺跡

の石器群はこの範疇に入る内容をもった石器群といえる。しかし，石器組成は次の段階Ⅴの特徴である円形掻器を安定して保持する。湘南藤沢キャンパス内の石器群は段階Ⅳ的な剝片剝離技術とナイフ形石器の形態組成と段階Ⅴ的な円形掻器と信州以外の黒曜石の多用といった新要素が一つの構造のもとに融合していると評価ができ，まさしく過渡期の石器群であるといえる。このように B2L 下底～下部にかけての石器群は AT 降灰後直ちに段階Ⅴ石器群へと変容していったのではないということが考えられる。

段階Ⅴ石器群の成立は，生態系の変化を引き起こしたと考えられる最終氷期の最寒冷期や AT 降灰の影響と瀬戸内技法，角錐状石器，剝片尖頭器など石器群に新たに加わる諸要素（器種・技術）の系統的な関係を汎列島的な視野で検討する必要がある。そのためにも，関東地方でのより厳密な層位的出土例の検討が必要とされる。このことは，調査の方法や精度にかかわる問題でもあり，今後の大きな課題である。

おわりに

相模野台地の AT 降灰以前の石器群の変遷を概観したが，前述したように，相模野台地の層位の厚さが障害となって良好な石器群の検出が少ないといえる。この点は武蔵野台地，下総台地の研究成果を参考にせざるをえない状況にある。

B3 層から B2L 層までの AT 降灰前後の石器群は層位的に変遷が捉えられ，AT 降灰を挟んで上下に同一段階の石器群が存在していることを確認することができるなど，多くの点を明らかにすることができた。いずれにしても，相模野台地の AT 降灰以前の石器群は，資料的な制約が多く，今後の資料の増加に期待したい。

第Ⅲ章

AT降灰前後の石器群

第1節　最寒冷期の石器群の評価
第2節　AT降灰の石器文化に与えた影響

第1節
最寒冷期の石器群の評価

はじめに　1996年7月13日に開催されたシンポジウム「AT降灰以降のナイフ形石器文化」では，関東地方のⅤ～Ⅳ下層段階の石器群を多角的に検討されたが，AT降灰，あるいは最終氷期最寒冷期という環境変化と石器群の関係，特に国府型ナイフ形石器や角錐状石器に象徴される新しい石器（器種）の出現や石刃技法から横長剝片剝離技術への転換に象徴される石器製作技術の変化などが検討された。そして，こうした変化とともに日本列島内各地域で異なった特徴をもつ石器群が形成されるといった地域社会の成立する過程などが議論された（石器文化研究会 1996）。

　こうした議論の前提として，関東地方でⅤ～Ⅳ下層段階といわれる石器群の時間的な範囲とその広がり，すなわち空間的な範囲というものを明らかにしなければならない。

　Ⅴ～Ⅳ下層段階の石器群は，武蔵野第Ⅱa期（小田・キーリー 1973），相模野第Ⅲ期（矢島・鈴木 1976）として編年的に位置づけられている段階であり，筆者も段階Ⅴ石器群として位置づけている（諏訪間 1988）。しかしながら，Ⅴ～Ⅳ下層段階の始まりをどこにするのかについては議論が分かれており（織笠 1991，諏訪間 1991a），また段階内の細分案も提示されている（織笠 1991，伊藤 1991，西井 1991，亀田 1995）。

　ここでは，こうした議論を踏まえながら時間的な範囲と空間的な範囲について検討してみよう。

1　相模野第Ⅲ期の位置づけ　議論の対象となるⅤ～Ⅳ下層段階の石器群は，通常，Ⅳ下（よんげ）あるいはB2（びいに）と南関東の研究者間で呼ばれていたもので，武蔵野第Ⅱa期，相模野第Ⅲ期と編年的に位置づけられている。武蔵野第Ⅱa期については，編年の枠組みの提示はあるものの詳しい内容の記述が少ないため，ここでは相模野第Ⅲ期の位置づけからみてみよう。

　相模野編年は，相模野台地全域の分布調査と月見野遺跡群の調査を基にして，構想が重ねられ（小野 1970，鈴木 1970），1972年の小園前畑遺跡の報告書での編年の大枠の提示を経て（小野ほか 1972），『神奈川考古』1号の「相模野台地における先土器時代研究の現状」で体系的な編年案が提示されたものである（矢島・鈴木 1976）。

ここで相模野第Ⅲ期は次に要約した特徴をもつ時期として設定されている。

①層位的にB2L上部からB2Uに出土層位をもち，B2L上面からB2Uに集中する。

②遺跡数が爆発的に増加し，相模野台地全域に均等に増加する。

③礫群が普及し，礫群をともなわない遺跡はほとんどない。

④石器組成は，ナイフ形石器を主体として尖頭器様石器（角錐状石器），掘器，削器がともない，彫器はほとんどみられない。

⑤ナイフ形石器は，形態B（基部加工）と形態E（切出形）が量的に最も多い。

⑥剝片剝離技術は二者みられ，剝片剝離技術ⅢAは形状逆三角形の石刃を目的的剝片とし，形態Bのナイフ形石器に加工する。剝片剝離技術ⅢBは，一定の形状をもたないものの，打面の大きい横長のものが多く，形態E（切出形），尖頭器様石器（角錐状石器），搔器・削器等の素材となっている。

以上が鈴木次郎・矢島國雄による相模野第Ⅲ期の位置づけである。そして，こうした相模野編年の特徴は，「剝片剝離技術と特定の器種・形態は，ほぼ表裏一体として存在」することなどから，「各石器群の石器製作システムをみると，特定器種・形態は，それぞれの構造の許容限度内での変化（型式的変化）がみられる。しかし，その変化が構造内の許容限度を越えた場合，その器種・形態独自の製作技術が必要となる。そして，その器種・形態が石器群全体の中で優位性を確立したとき，前の構造は崩壊し，新たな構造が成立する。」（矢島・鈴木1976, p.19）という石器群の構造的な理解が石器群の評価や編年区分の拠り所となっていた。⑥の剝片剝離技術とナイフ形石器等の主要な直接生産用具的な石器との強固な関係をこの時期の石器群の構造として評価し，前後の相模野第Ⅱ期，相模野第Ⅳ期との大きな違いを編年上の指標としているのである。

さて，この相模野第Ⅲ期の位置づけは，この『神奈川考古』1号の論文発表以降，柏ヶ谷長ヲサ遺跡第Ⅸ文化層や同Ⅹ文化層など石器群が検出されたことにより，B2L中部，あるいはB2L下部まで遡ることが明らかになったが大枠では変わっていない。筆者の提示した相模野台地の段階的な変遷観でも，段階Ⅴ石器群はイコール相模野第Ⅲ期であり，矢島國雄・鈴木次郎の枠組みと変わることはない（諏訪間1988・1995a）。

まずは，相模野台地の層位的な出土例を提示し，Ⅴ～Ⅳ下層段階の範囲を検討してみよう。

2　相模野台地の層位的出土例の検討

（1）遺跡層序の堆積環境と層位区分

相模野台地は，立川ローム層が7～8mもあり，この中にATやS1S，S2S，B0からB5までの6枚の黒色帯など単層に恵まれ，非常に良好な堆積状況にあるため，同一遺跡内の文化層分離や遺跡間の対比を行う場合に比較的容易にできると

いう状況にある。しかしながら，実際には，偏西風の軸から南にいくほど堆積が薄くなり，黒色帯が不明瞭であったり（藤沢市域など），地形的に安定し，最も多くの占有面積をもつ相模原面にくらべ，座間丘陵や高座丘陵などの丘陵地形などでは不安定な状況もみられ，地震等の影響による断層等により層位的でかつ面的な石器群の把握が厳密にできているとはいえない（五十嵐1993）。

また，こうした調査遺跡ごとの堆積環境の違いもさることながら，調査者の主観により土層に線が引かれ，その堆積状況を把握しているという最も不安定で危険な状況があることも注意しなければならないであろう。さらに，出土石器が集中する場合と，散漫な場合，重量のある礫群や石核が多くある場合とそうでない場合では，報告書で提示された出土層位がそのまま当時の生活面を表わしているのかどうかもなかなか難しいといわざるをえない。全国的にみて最も層位的な出土例に恵まれている相模野台地でもこうした問題があることを前提にして，各々の石器群を検討・分析していかなければいけないと考えている。

相模野台地では，層厚30〜50cmのL3層中にS1S（相模野上位スコリア）とその直下にATが直径1〜数cmのブロック状に肉眼でも観察される場合が多い。その下層にはB3があり，S1Sの上にはB2層が堆積している。条件のよい遺跡では，B2UとB2Lに分層され，さらに条件のよい遺跡では，B2L内下半部に10〜20cmの明るい間層が認められ，その下部は黒みの強い黒色帯を形成している。

早川天神森遺跡や柏ヶ谷長ヲサ遺跡，上土棚遺跡などではこの間層が顕著で，その下層のB2L下部黒色帯が発達していた。藤沢市域など相模野台地南部では，B2UとB2Lの層厚がほぼ変わらないような状況が認められ，おそらくB2L下部黒色帯の部分がB2LにB2L中部あるいは上部からB2U部分かB2Uとなっている可能性もあると考えている。

B2L下部黒色帯については，富士火山のテフラ番号のY-123等が相当すると考えられるが（上本・上杉ほか1994），こうしたスコリアごとの同定と対比の精度を上げて，くり返し検証されなければならないであろう。

(2) 段階Ⅳ・段階Ⅴ・段階Ⅵ石器群の出土層位と特徴

ここでは，各報告書に掲載された出土層位を基に，筆者の解釈を一部加え，相模野台地における層位的な出土例を基に段階Ⅳ〜段階Ⅵの各石器群を検討してみよう。筆者は，Ⅵ層段階を段階Ⅳに，Ⅴ〜Ⅳ下層段階を段階Ⅴに，Ⅳ中層段階（砂川期）を段階Ⅵにそれぞれ位置づけている。

主要な石器群の特徴をわかりやすく表わすために，①〜⑮の項目について表にした（表3）。

①石器点数は，△50点未満，○50点以上200点未満，◎200点以上

表3 相模野台地の段階Ⅳ〜段階Ⅵの層位と石器群の諸属性

段階	出土層位	石器群	石器点数	礫群・配石	二側縁加工ナイフ形石器	切出形ナイフ形石器	基部加工ナイフ形石器	角錐状石器	円形掻器	両設打面縦長剥片	単設打面縦長剥片	横長剥片	信州系黒曜石	柏峠産黒曜石	畑宿産黒曜石	丹沢産細粒凝灰岩	箱根産ガラス質黒色安山岩
段階Ⅳ	B3上部〜上面（AT直前）	寺尾Ⅵ	◎	×	◎	△	×	×	×	◎	○	×	◎	×	×	△	△
		地蔵坂B3上面	○	○	◎	×	×	×	×	○	○	×	◎	×	×	◎	△
	L3（AT直後）	湘南藤沢Ⅵ	△	×	○	×	×	×	×	×	×	×	×	×	×	×	×
		橋本Ⅴ	◎	×	○	×	×	○	×	×	◎	×	◎	×	×	×	△
	B2L下底〜下部	栗原中丸Ⅶ	△	×	○	○	×	×	×	○	○	×	×	×	×	△	×
		地蔵坂B2L下底	○	○	○	×	×	×	×	○	○	×	×	×	×	×	×
		柏ヶ谷長ヲサⅪb	△	×	○	×	×	×	×	×	○	×	×	○	×	×	×
		湘南藤沢Ⅴ	◎	×	◎	×	△	×	◎	○	○	△	×	×	×	×	×
段階Ⅴ	B2L下底〜下部	柏ヶ谷長ヲサⅪa	△	×	×	○	×	○	○	○	○	△	×	×	×	△	×
		柏ヶ谷長ヲサⅩ	○	◎	×	○	×	○	×	×	×	△	×	×	×	×	×
	B2L中部	柏ヶ谷長ヲサⅨ														△	
	B2L上部〜上面	柏ヶ谷長ヲサⅧ	◎	◎	×	○	×	◎	×	×	×	○	×	×	◎	○	×
		柏ヶ谷長ヲサⅦ	◎	○	×	○	×	○	×	×	○	○	×	×	○	×	×
		上草柳2-Ⅱ	○	○	×	○	○	○	×	×	×	○	×	×	×	×	×
		下九沢山谷Ⅳ	○	○	×	○	×	×	×	×	×	○					
		高座渋谷団地Ⅴ	○	○	×	○	○	×	×	×	×	○	○	×	×	×	×
		柏ヶ谷長ヲサⅥ	○	○	×	○	×	△	×	○	×	◎	×	○	○	○	×
	B2U下部〜上部	湘南藤沢Ⅳ	◎	○	×	◎	×	○	×	◎	○	◎	×	○	×	×	×
		代官山Ⅵ	◎	◎	×	◎	○	×	×	○	×	◎	×	○	×	×	×
		栗原中丸Ⅵ	△	×	×	◎	△	×	×	×	×	○	×	×	×	×	×
		月見野Ⅲc	◎	◎	×	◎	×	×	×	○	×	◎	×	×	△	○	×
段階Ⅵ	L2〜B1下部	寺尾Ⅳ	◎	○	△	◎	×	×	◎	○	◎	×	○	×	×	△	×
		下鶴間長堀Ⅲ	◎	○	◎	○	×	×	○	◎	○	△	×	×	×	×	×
		中村Ⅴ	◎	○	◎	○	△	×	×	○	○	△	×	×	△	○	×

②礫群は，×礫群なし，△1カ所，○5カ所未満，◎5カ所以上

③二側縁加工ナイフ形石器は，段階Ⅳおよび段階Ⅵの指標となるナイフ形石器で，ここでは縦長剥片を素材とし，二側縁に調整加工を施したものとし，その刃部は器長の2分の1程度の長さをもつナイフ形石器と規定する。×なし，△1点のみ，○2点以上でナイフ形石器のうち50％未満，◎50％以上。

④切出形ナイフ形石器は，段階Ⅴの指標となるナイフ形石器で，ここでは素材を横もしくは斜めに用い，刃部が概ね45度以上のナイフ形石器と規定する。×なし，△1点のみ，○2点以上もしくはナイフ形石器のうち30％以内，◎10点以上もしくは50％以上。

⑤基部加工ナイフ形石器は，縦長剥片を素材とし，基部両側縁および先端部に調整加工を施したものとし，打面を残置するものと規定する。×なし，△1点のみ，○2点以上もしくはナイフ形石器のうち30％以内，◎10点以上もしくは50％以上。

⑥角錐状石器は，×なし，△1点のみ，○2点以上，◎5点以上。

⑦円形搔器は，打面部もしくは折断面以外を調整加工されたものと規定する。×なし，△1点のみ，○2点以上，◎5点以上。

⑧両設打面縦長剥片は，両設打面石核から剥離された縦長剥片で，×なし，△5点未満，○5点以上もしくは剥片の30％以内，◎10点以上もしくは50％以上。

⑨単設打面縦長剥片は，単設打面石核から剥離された縦長剥片で，×なし，△5点未満，○5点以上もしくは30％以内，◎10点以上もしくは50％以上。

⑩横長剥片は，横長剥片石核から剥離された横長剥片で，幅が長さよりも長いものとする。×なし，△5点未満，○5点以上もしくは30％以内，◎10点以上もしくは50％以上。

⑪信州系黒曜石は，×なし，△10点未満，○10点以上もしくは黒曜石の30％以内，◎50点以上もしくは50％以上。

⑫柏峠産黒曜石は，×なし，△10点未満，○10点以上もしくは黒曜石の30％以内，◎50点以上もしくは50％以上。

⑬畑宿産黒曜石は，×なし，△10点未満，○10点以上もしくは黒曜石の30％以内，◎50点以上もしくは50％以上。

⑭丹沢細粒凝灰岩は，×なし，△10点未満，○10点以上もしくは全石材の30％以内（礫を除く），◎50点以上もしくは50％以上。

⑮箱根産ガラス質黒色安山岩は，×なし，△10点未満，○10点以上もしくは全石材の30％以内（礫を除く），◎50点以上もしくは50％以上。

以上の項目は，筆者が段階Ⅳ，段階Ⅴ，段階Ⅵの石器群の特徴を抽出するために選んだもので，その内容は主観的であることをあらかじめ断っておきたい。また，石材については，黒曜石原産地同定などの行われていないものについては，筆者の肉眼による観察結果によっているので厳密ではないか，漆黒で気泡の多い畑宿産のものと，透明で気泡のない信州系の区別は肉眼によってでも容易である。また，柏峠産についてのねずみ色の縞模様などの特徴的なものについては識別が容易である。したがって，厳密ではないが大まかな傾向は掴んでいるものと考えている。

Ⅵ層段階（段階Ⅳ）B3上部〜B2L下部まで

B3上部〜L3下部の層位から出土した石器群は，寺尾遺跡第Ⅵ文化層，地蔵坂遺跡B3上面文化層，湘南藤沢キャンパス内遺跡第Ⅵ文化層，相模野No.154遺跡B3上面文化層，上土棚遺跡3次調査B3上面文化層などがある。これらは，AT降灰以前の石器群である。寺

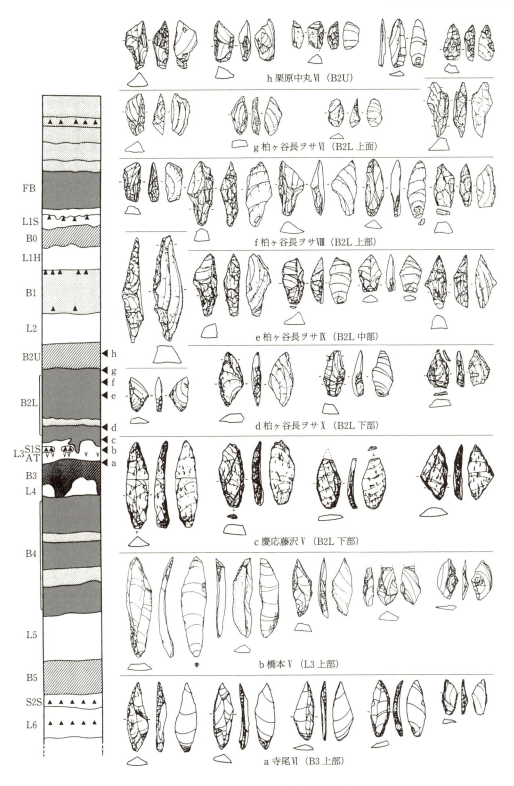

図32 相模野台地の層位的出土事例

尾遺跡1,898点，上土棚遺跡（正確な点数は不明），地蔵坂遺跡108点を除くと50点以下の小規模な石器群である。礫群は上土棚遺跡，地蔵坂遺跡で検出されているものの，礫群は発達しているとはいえない。

L3上部からB2L下部の層位から出土した石器群は，橋本遺跡第Ⅴ文化層，栗原中丸遺跡第Ⅶ文化層，柏ヶ谷長ヲサ遺跡第Ⅺa文化層，湘南藤沢キャンパス内遺跡第Ⅴ文化層，地蔵坂遺跡B2L下底文化層，上土棚遺跡B2LⅢ層文化層などの石器群がある。これらはAT降灰直後の石器群である。地蔵坂遺跡B2L下底文化層では配石と呼ぶことができるような礫群が存在するが，その他の石器群には明確な礫群が認められない。

この層位でも，橋本遺跡231点，湘南藤沢キャンパス内遺跡2,032点を除くと50点以下の小規模な石器群が多い。礫群のない湘南藤沢キャンパス内遺跡第Ⅴ文化層は，B2L下部黒色帯の下底部に生活面があったと考えるのが妥当ではないだろうか。

以上，B3上部からB2L下部の石器群は，石器点数の遺跡間格差が激しく，遺跡の機能差が強く反映されているものと考えられる。また，礫群をもたない石器群がほとんどを占めており，現段階の資料からは冬期における一部利用などは考えられるが，礫群形成を基本的にもたない生業活動・行動パターンを想定することも可能である。この段階の石器群は，二側縁加工ナイフ形石器と石刃・縦長剥片剥離技術の強固な関係が認められる。掻器や彫器等の加工具類も含めて縦長剥片を素材としており，コア・リダクション戦略（佐藤1995）を基本とした構造を想定できる。

こうした構造の背景には，信州系の良質な黒曜石の安定的な供給あるいは獲得によって果たされている可能性が高いが，寺尾遺跡では，柏峠産黒曜石も一定量含まれることや，湘南藤沢キャンパス内遺跡第Ⅴ文化層では畑宿産黒曜石，地蔵坂遺跡では硬質細粒凝灰岩等の楕円礫を素材としていることから，良質な石材の選択性・指向性は強いと考えられるが，信州産黒曜石だけに依存してこうした石刃・縦長剥片剥離技術が存在しているわけではないと判断される。寺尾遺跡例のような，石器製作跡とそれ以外の小規模な石器群では石材入手から消費までの一連の行動パターンによる表現の違いを示すものであろうと考える（田村1992）。

寺尾遺跡例は，未使用品が多くキャッシュの可能性があるのと対照的に，湘南藤沢キャンパス内遺跡例は，ナイフ形石器の破損率が高く，完形品はナイフ形石器37点中3点と少ないことから，製作途中の破損・失敗品が残された石器製作跡であったものと考えられる。こうした石器群の性格，遺存状況の検討なくして細かい型式分類や石器組成を時期区分の指標とすることには慎重でなくてはならないと考える。

Ⅴ～Ⅳ下層段階（段階Ⅴ）B2L下底～B2U上面まで

B2L下底からB2Uまでの出土層位をもつ主要な石器群を層位ごとに並べる。

B2L下底：柏ヶ谷長ヲサ遺跡第Ⅺb文化層

B2L下部黒色帯上面：柏ヶ谷長ヲサ遺跡第Ⅹ文化層，かしわ台駅前遺跡第Ⅴ文化層
B2L中部：柏ヶ谷長ヲサ遺跡第Ⅸ文化層，長堀南遺跡第Ⅶ文化層
B2L上部：柏ヶ谷長ヲサ遺跡第Ⅷ文化層，同第Ⅶ文化層，
　　　　上草柳遺跡第Ⅱ地点第Ⅱ文化層，県営高座渋谷団地内遺跡第Ⅴ文化層
B2L上面：柏ヶ谷長ヲサ遺跡第Ⅵ文化層，下九沢山谷遺跡第Ⅳ文化層
B2U：湘南藤沢キャンパス内遺跡第Ⅳ文化層，代官山遺跡第Ⅵ文化層，月見野Ⅲc遺跡，
　　　栗原中丸遺跡第Ⅵ文化層，地蔵坂遺跡

　B2L下底～B2Uに出土層位をもつ石器群は，各軸別形態をもつが，大枠で切出形ナイフ形石器を分類できるナイフ形石器，角錐状石器，円形掻器等基部加工ナイフ形石器以外のすべての器種と横長剝片剝離技術との強固な関係が抽出される。そして，これを補完するように，先端先細りの右刃を剝離し，基部加工ナイフ形石器の素材となる縦長剝片剝離技術を保持している。

　礫群の発達が顕著で礫群をもたない石器群は，石器点数の少ない栗原中丸遺跡くらいである。見かけ上の遺跡の大規模化が認められる。

　石材は，黒曜石，硬質細粒凝灰岩，ガラス質黒色安山岩の三者が主体となり，黒曜石の産地別の組成は，信州産黒曜石は激減し，月見野Ⅲc遺跡などの一部を除き，畑宿産および柏峠産のみによって構成される。

　切出形ナイフ形石器をはじめとする各器種は，一定の厚さをもっており（5mm～1cm），素材剝片の厚さ，すなわち横長剝片剝離技術との関係が強い。そして，Ⅵ層段階に顕著であった素材の形状重視の石器製作工程から，調整加工重視へと大きく転換していると評価できる。

Ⅳ 中層段階（段階Ⅵ）L2～B1中部まで

L2：下九沢山谷遺跡第Ⅲ文化層，長堀南遺跡第Ⅴ文化層，同第Ⅳ文化層，
　　寺尾遺跡第Ⅳ文化層
B1下部：下鶴間長堀遺跡第Ⅲ文化層，深見諏訪山遺跡第Ⅳ文化層，中村遺跡第Ⅴ文化層
B1中部：栗原中丸遺跡第Ⅴ文化層，上草柳遺跡第Ⅱ地点第Ⅰ文化層

　L2～B1中部に出土層位をもつ石器群は，「砂川型刃器技法」の呼ばれる両設打面を基本とする石刃・縦長剝片剝離技術と二側縁加工，部分加工ナイフ形石器，彫器，削器，掻器，錐器などの豊富な加工具類によって構成される。これに少量の有樋尖頭器がともなう。

　石材は，硬質細粒凝灰岩，チャートを主体とし，ガラス質黒色安山岩，信州産黒曜石も用いられる。有樋尖頭器は信州産黒曜石を石材とすることが多い。

　礫群は前段階ほどの大規模なものは少ないものの，ほとんどの遺跡で検出されており，前段階以降引きつづき，礫群に一定の比重をもつ生業活動・行動パターンを想定できる。

以上，相模野台地の層位的な出土事例から，段階Ⅳ・段階Ⅴ・段階Ⅵの3段階を①～⑮までの項目で検討すると，石器群の規模，礫群の形成という遺跡構造からは，B2L下部前後に段階Ⅳと段階Ⅴの境界があるといえる。そして，③二側縁加工ナイフ形石器から④切出形ナイフ形石器の転換，角錐状石器の出現もB2L下部である。

　信州産黒曜石の多用から，箱根・伊豆系黒曜石への転換については，石器数の多い寺尾遺跡，橋本遺跡などの拠点的ともいえる遺跡にのみに信州産が認められており，それ以外の小規模な石器群は柏峠産などの近在地産黒曜石に依存していることから，良質の黒曜石の入手から消費，さらに在地，近在地産の石材による補完が行われており，行動論的な視点による分析が必要とされよう。湘南藤沢キャンパス内遺跡第Ⅴ文化層における，信州産および柏峠産黒曜石製石器の搬入状況は示唆的である（図34中段）。また，丹沢産硬質細粒凝灰岩，箱根産ガラス質黒色安山岩などの在地石材の多用もB2L下部以降といえる。

　こうした多くの属性から区分すると，B2L下部黒色帯上部以降に段階Ⅴ石器群が成立したといえ，柏ヶ谷長ヲサ遺跡第Ⅹ文化層がその成立期の石器群といえる。

　以上の検討から，Ⅴ～Ⅳ下層段階石器群の時間的な範囲は，層位的には相模野台地ではB2L下部黒色帯上部からB2U上面までの層位である。

　一方，湘南藤沢キャンパス内遺跡第Ⅴ文化層や殿山遺跡など相模野台地B2L下部や武蔵野台地Ⅴ層に出土層位をもつ石器群に対して，前段階のⅥ層段階（相模野第Ⅱ期後半，段階Ⅳ）ではなく，Ⅴ～Ⅳ下層段階に含める，あるいはⅤ層段階とⅣ下段階に区分しⅤ層段階を設定するなど，Ⅴ層出土石器群に対する議論が行われている（織笠1991・1992a，伊藤1990・1991，西井1991，亀田1995）。

　こうした議論は，ナイフ形石器の形態組成や国府型ナイフ形石器，角錐状石器，磨石群等のいくつかの注目すべき特性の検討を基にそれぞれの考え方が提示されているが，こうした細別段階については，細別段階を設定している各石器群の層位的な対比が厳密にできるのかという問題がある。すなわち，相模野台地でのB2L下部黒色帯を対比することさえ，遺跡間では困難な場合が多いが，まして武蔵野台地のⅤ層とⅣ層下部の層位的な遺跡間対比は相当に難しいため，あくまでも相対的な層位対比という曖昧な比較・対比でしかない，という点である。

　次に，ナイフ形石器の形態組成や石器組成などによる細別段階は有効であるが，Ⅴ～Ⅳ下層段階の特質として，素材剥片に対して加工量の大きい鋸歯状の調整加工を施し，目的とする形態の石器を製作するといういわば調整加工主導型の石器製作システムが確立していることから，二側縁加工ナイフ形石器や基部加工ナイフ形石器など素材剥片に規定される石器にくらべ相対的に石器の基本形態の不明確化によるバラエティーが大きく，型式組成の抽出が困難である。石器群によっては，特定の石材に偏りが激しいなど，層位差，時期差と石材の形状や性質などといった物理的な要素による石器製作技術の適応のあり方の違いが明確でな

い。

　角錐状石器や円形掻器の有無などの石器組成の差による細別段階も，石器群単位での石器組成の偏りが顕著であることや，石器群のすべてを調査していないことなどの問題があり，対比が困難であるといえる（殿山遺跡2次調査や上土棚遺跡2次・3次調査等）。したがって，Ⅴ～Ⅳ下層段階の細別，すなわち年代的な序列化は現段階では困難であろうと考えている。すでに述べているように，「切出形ナイフ形石器とこの石器の素材となる横長剥片剥離技術との強固な関係（構造）をもって」（諏訪間1995a），本段階は設定されるべきものであると考える。

3　Ⅴ～Ⅳ下層段階の空間的広がり

　相模野台地で確認された相模野第Ⅲ期，段階Ⅴ石器群は，一言でいえば横長剥片剥離技術を技術基盤とし切出形ナイフ形石器を製作する，いわば「切出形ナイフ形石器石器群」といえる。ここでは，こうした切出形ナイフ形石器とその技術基盤である横長剥片剥離技術をもつ石器群の広がりについて検討してみよう。

(1) 南関東各台地の様相

武蔵野台地

　Ⅴ～Ⅳ下層段階の石器群は，西之台遺跡B地点，野川中州北遺跡，東早淵遺跡第Ⅳ地点第Ⅰ文化層，葛原遺跡B地点第Ⅲ文化層，自由学園南遺跡，多摩蘭坂遺跡第Ⅲ文化層，新開遺跡など多くの石器群がある。石器群ごとのナイフ形石器の形態組成の偏りや遺跡の機能的な違いによる差は認められるが，石器群のもつ構造は，相模野台地と共通するものと評価できよう。強いて挙げれば，石材環境の違いによるチャートの多用が指摘されるくらいであろう。礫群の発達も指摘されているとおりである。

多摩丘陵

　T.N.TNo.774遺跡，同No.213遺跡，同No.769遺跡，館町遺跡第1地点など比較的小規模な石器群があるが，他台地にくらべると少ない。これは本段階に限らず，多摩丘陵の後期旧石器後半を通じての傾向であるといえ，丘陵地形への生活領域としての開発は進んでいなかったものと考えられよう。しかしながら，切出形ナイフ形石器や畑宿産黒曜石を多用するなど相模野台地との共通性が強い。

1 越中山K　2 常陸伏見　3 寺野東　4 岩宿　5 東裏　6 野辺山B5
7 原口　8 子ノ神　9 広野北　10 柳又　11 日野・寺田

A 相模野台地　　B 多摩丘陵　　C 武蔵野台地　　D 大宮台地　　E 下総台地
F 愛鷹・箱根山麓　G 磐田原台地　H 赤城山麓　　I 野尻湖　　J 立野ヶ原丘陵

a 畑宿　b 柏峠　c 神津島（恩馳島）　d 高原山　e 信州（和田峠他）

図33　関東・中部地方の遺跡群と黒曜石原産地

下総台地

　Ⅴ層（第1黒色帯）より上層の層厚が薄く，ソフトローム化が進んでいるため明確にⅣ層下部から出土する本段階の石器群は少ない。したがって，本段階の石器群を抽出するのは困難な場合も多いが，比較的広範囲の調査が行われていることもあり，平面分布（石器集中地点）を中心に抽出が可能である。当該期の石器群としては，聖人塚遺跡，若葉台遺跡，北海道遺跡，白幡前遺跡等多くの遺跡が抽出できる。これらの石器群は，高原山産黒曜石を用いる石器群も多く，礫群の形成については遺跡ごとの差異が大きいことが指摘される。こうした点は，下総台地の石材環境による特徴と指摘することができるが，切出形ナイフ形石器を主体とする点で共通する。

　なお，飯仲金堀遺跡では，石刃・縦長剥片剥離技術と二側縁加工および基部加工のナイフ形石器円形掻器，楔形石器，石刃等の珪質頁岩製の石器群が検出されている（図34上段）。この石器群は，湘南藤沢キャンパス内通跡第Ⅴ文化層と石材こそ違うが共通する点が多い。栗野遺跡なども含めてⅥ層段階後半の石器群に位置づけられよう。

大宮台地

　下総台地と同様に層位的な状況は決して良好ではないが，殿山遺跡，天沼遺跡，上ノ台遺跡，松木遺跡，北宿西遺跡，提灯木山遺跡など多くの石器群が検出されている。AT降灰以前の石器群がきわめて少ないことにくらべると，Ⅴ～Ⅳ下層段階の遺跡数の増加は特筆すべきことで，この点の解明は課題である。

　以上，相模野台地，多摩丘陵，武蔵野台地，下総台地，大宮台地という南関東地域には，具体的な資料の提示はしなかったものの，相模野台地で検討した各項目と合致する石器群が展開していたと考えてよいであろう。すなわち，田村隆によって提示された「地方的な様式圏」ともいえるものであろう（田村1992）。

　ただ，各台地，地域ごとに主体となる石材に偏りが認められることが指摘でき，これこそが当該期のもつ特性ともいえるものである。それぞれの地域集団がより地域に密着した行動パターンの表われと評価することができる。続いて，南関東地方の周辺地域をやや広域に検討する。

(2) 南関東周辺・近接地域

北関東地方

　北関東地方は便宜的に，群馬県，栃木県，茨城県とする。旧石器時代には，古利根川の左岸に位置し，群馬県については館林台地から大宮台地へと続く地理的関係が考えられる地域でもある（岩宿文化資料館・岩宿フォーラム1995）。

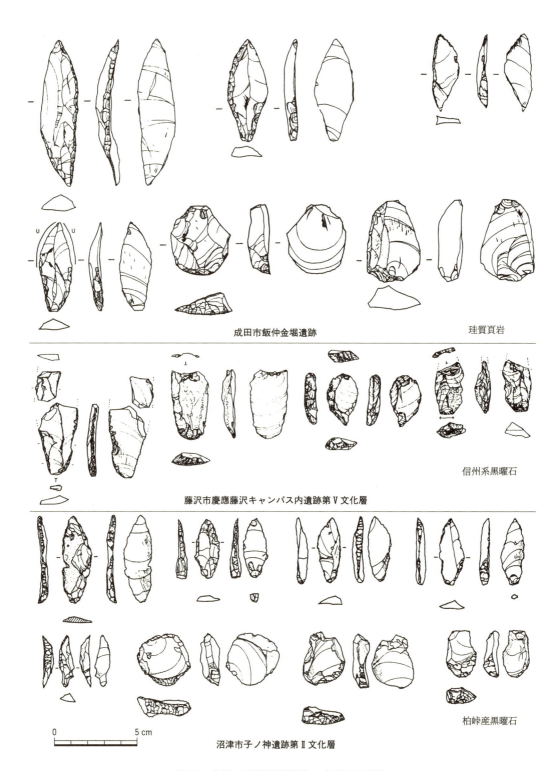

図34 各地のⅥ層段階後半〜末葉の石器群

群馬県の当該期の石器群は，岩宿遺跡第Ⅱ文化層の石器群が想起されるが，これ以外の石器群はきわめて少ない状況にある。栃木県では，寺野東遺跡で切出形ナイフ形石器，角錐状石器など当該期の石器群がまとまって検出されている。茨城県では，常陸伏見遺跡の存在などから，少ないながらも当該期の遺跡が点在しているといった分布状況を示している。いずれにしても，北関東地方の当該期の遺跡は，AT降灰以前のⅨ層段階あるいはナイフ形石器終末から尖頭器主体の石器群の遺跡の多さにくらべるときわめて少ないといえよう。

一方では，大宮台地においては，当該期の遺跡が急増しており，北関東と大宮台地との相関関係は重要である。最終氷期最寒冷期の海面低下による地形変化との関係や，浅間火山の噴火や植生等を含む環境変化に対応するのではないのだろうか。

東北南部

東北地方南部については，具体的な石器群を挙げて検討する余裕もないが，弥明遺跡などの切出形ナイフ形石器を出土する遺跡が点在していることから，南関東地方外縁部の状況を示しているものと考えられる。おそらくは，生態系をはじめとする環境の違いに基づく適応の違いとして，東北日本においては，石刃技法を基本とした技術構造を保持する石器群が伝統的に展開していた可能性があると推定され，関東地方との直接的な石器群の対比は難しい状況にある。

中部高地

中部高地は信州産黒曜石原産地を控え，尖頭器石器群の宝庫であるが，切出形ナイフ形石器を主体とする石器群は存在しない。南関東地方のⅤ～Ⅳ下層段階に時間的に並行する石器群の同定・抽出は困難である。男女倉遺跡J地点などは本段階に対比されているが，確定は難しいと考えている。南関東地方において当該期に信州系黒曜石が激減することは，中部高地での遺跡数の激減と無関係ではなく，おそらく黒曜石原石採集を担った中部高地を領域とする集団の不在と関係あると考えている。それまでのⅥ層段階には，中部高地の黒曜石原産地を核として，南関東と信州がほぼ一つの地域社会を形成していたものと考えられるが，当該期での寒冷化等の環境変化にともない，中部高地の集団の南下も容易であったと考えられる。

愛鷹・箱根山麓

愛鷹・箱根山麓ではどうであろうか。愛鷹・箱根山麓は，相模野台地とは直線距離で約80キロ，箱根畑宿産黒曜石原産地を中間におきほぼ近い関係にある。

愛鷹・箱根山麓のAT降灰前後の編年は，ATを含むニセローム層を3期a段階，BBⅠ層を3期B段階，BB0層を3期c段階としているもので（笹原1996a・b），3期のはじまりは，

尖頭器状石器の出現と掻器の出現によって考えられている。

　さて，愛鷹・箱根山麓のBBⅡ層〜ニセロームまでの石器群は，南関東のⅦ層〜Ⅵ層段階の変化と概ね合致し，同様な変遷がたどれる。さて，問題は，BBⅠの石器群である。AT降灰後であるこの層位の石器群はすべて二側縁加工ナイフ形石器と縦長剥片剥離技術の強固な関係が指摘でき，これに円形掻器が特徴的にともなっている（図34下段）。黒曜石の産地は，望月の分析から，伊豆・柏峠産と信州・蓼科産の黒曜石が主体となっているようである（望月1996）。この二者の黒曜石の素材は比較的小型の亜角礫である場合が多く，こうした石材の原石の形状に対応した幅広の縦長剥片剥離技術がBBⅠの特徴と考えられる。こうしたあり方は，相模野台地のB2L下底前後のあり方と共通するものである。

　相模野台地と愛鷹山麓のローム層は，L3＝ニセローム（ATを含む），B2L下部黒色帯＝BBⅠ，B2L間層＝SCⅠ，B2L中部〜B2U＝BB0に対応できるのではないかと予測している。したがって，BBⅠは相模野B2L下部黒色帯に対比され，その石器群はⅥ層段階の後半期の様相として捉えられる内容をもっていることから，円形掻器の出現をもって時期区分の画期（3期の開始）とすることは問題があろう。

　一方，BB0層では子ノ神遺跡第Ⅰ文化層で切出形ナイフ形石器や角錐状石器が出土していることから，相模野台地のB2L上部からB2Uに対比されるものと考えられる。しかしながら，この子ノ神遺跡BB0層石器群の基本は縦長剥片剥離技術であるという点は，看過できない。愛鷹・箱根山麓では，縦長剥片剥離技術がAT以前から連綿と続く伝統的地域であると考えている。柏峠産黒曜石の原石の形状などの特性に適応した剥片剥離技術と強い相関関係が認められることから，愛鷹・箱根山麓においては，石材環境に適応した伝統的な石器群が連綿と続いていた可能性がある。

　いずれにしても，BB0層出土石器群は少なく，Ⅴ〜Ⅳ下層段階に対比される石器群は希薄である地域である。

磐田原台地

　磐田原台地は東海地方においては旧石器時代遺跡が密集する核地域であるが，ここで，南関東のⅤ〜Ⅳ下層段階に対比される石器群は多いとはいえない。匂坂中遺跡群，広野北遺跡などで検出されているのみであり，次のⅣ層中層段階（段階Ⅵ）になって遺跡の増加が認められる地域である。

　こうしたことから，愛鷹・箱根山麓および磐田原台地を含む東海地方では，Ⅴ〜Ⅳ下層段階石器群の希薄な地域と捉えたい。

　以上，大雑把に南関東地方の周辺地域の石器群の様相について検討してみたが，関東・中部地方をやや広く検討したところでは，切出形ナイフ形石器を主体とする石器群の広がりは狭く，南関東地方の各台地に集中する傾向が読み取れるであろう。

こうした当該期の遺跡集中は，調査密度による見かけ上の分布という危険がともなうが，東海西部（磐田原台地）を除くと，AT 降灰以前の石器群の分布状況とは著しい差異を見いだすことができ，最終氷期最寒冷期の環境変化による適応のひとつとして，南関東地方への遺跡集中という現象を考えてみる必要があろう。

列島規模で当該期の石器群とⅥ層段階以前の分布をくらべると，当該期になると特定の地域に集中化する傾向が認められる[1]。

こうした仮説は，地域圏あるいは地域文化の成立ということになるが，AT 降灰を含む最終氷期最寒冷期への環境変化へ適応するための適応戦略と表現できよう。このような適応戦略は集団が集団の維持のために核となる地域として適応できうる環境の選択を行った結果が，南関東への集中と考えてみたい。この段階には，日本列島の地域ごとに異なった石器群が成立しており，まさしく地域性の明確化が認められる。国府石器群などはその典型例とみることができよう。

南関東地方のⅤ～Ⅳ下層段階石器群の時空的範囲について検討してきたが，当該期を含めて前後の石器群の変化をどのような視点から分析すべきなのか。層位の検討と石器石材の産地特定を含めて，あらゆる角度からアプローチしていかねばならない問題であると再認識した。

註
1) 本節では，南関東地方Ⅴ～Ⅳ下層段階において，南関東地方への集団の集中する過程を検討した。特に相模野台地の B2L 層の遺跡数の増加は特筆される。一方，相模野台地 L3 層および L2 層の遺跡数が激減することについて，この層位を空白期と評価し，「南関東の人びとは何らかの理由によって南信あるいは東海地方東部に移動したと考えられる」という集団移動説が提示されている（織笠 1991）。筆者はこれに対しは，否定的見解であり，理由を以下に挙げておく。
①L3 層は AT 降灰や S1S などによって短期間に形成された土層であり，B3 上面と B2L 下底との年代的な差は他の層位とくらべて短期間であった可能性が高いこと。
②相模野台地では L3 や L2 に限らず遺跡の集中する層位があり（B3 上面，B2L 上部～上面，B1 下底～下部，B1 上部～上面など），それ以外には無遺物層が細かくみれば存在し，おそらくこうした無遺物層は，上杉らによって認識された Y-123，Y-132，Y-137 等のスコリア帯であり，ワンフォール・ユニットの降下火山灰が土壌化したものと考えられる。
③B3 上面は寺尾遺跡のみの資料数によって資料数を確保しており，B3 上面も含めて B2L 中部までは遺跡数が少ないこと。
④集団移住した中部高地や愛鷹・箱根山麓においても，相模野台地の空白期となる L3 から B2L 下底部に対比される遺跡が多いとはいえない。
⑤渋川遺跡の編年的位置づけは確定されておらず，直接的な対比することは問題が多い。

第2節
AT降灰の石器文化に与えた影響

はじめに　広域火山灰である姶良Tn火山灰（以下ATと略す）の確認は，日本列島内の石器文化研究に重要な指標を与えた発見であった（町田・新井1976）。ATは列島内を一律に区分する時間軸となり，全国規模の石器文化の編年対比を可能としたのである（小田1979，麻生・織笠1986）。

さて，このAT降灰は地球的な規模での環境変化，すなわち，生態系の変化や気候の寒冷化をもたらしたと考えられている（辻1985）。こうした影響は，われわれの手元に残されている限りでの，当時の人間社会を唯一反映している石器（文化）にどのような影響を与えたのであろうか。

筆者はAT降灰後の横長剥片を素材とした切出形ナイフ形石器を中心とする特徴的な石器文化を段階V石器群として把握しているが（諏訪間1988），この石器群の成立を考えるうえで，AT降灰の影響との関係を見きわめることは避けて通れない重要な課題であると考えている。

本節は，相模野台地・武蔵野台地を中心にAT降灰前後の層位的な石器群の変遷を提示し，AT降灰の影響及び関係についての検討を行うものである[1]。

1　南関東地方の層位対比とATをめぐる研究史　南関東地方は旧石器時代の研究が最も進んでいる地域のひとつである。それは，石器群を包含する関東ローム層が厚く堆積しているため，石器群の層位的出土例に恵まれているからといえる[2]。また，ATや暗色帯など鍵層となる特徴的な土層の識別によって，台地内はもとより，台地間の対比が容易であるということも重要な点として挙げられる（図16参照）。ここでは，ATを中心とした相模野台地・武蔵野台地の層位対比の研究史を振り返ってみよう。

関東地方のローム層に対する本格的な調査・研究が行われるようになったのは，1949年の岩宿遺跡において「赤土」の中から縄文時代に先行する石器文化が発見されたことを契機とする（杉原1956）。その後，地質研究者を中心とした関東ローム層の本格的なフィールド調査が実施され，その成果である『関東ローム』には関東地方の主要な台地や丘陵の層序や地形区分などが集大成された（関東ローム研究グループ1965）。

こうした調査が行われる中で，貝塚爽平，戸谷洋らによって，立川ローム層中に火山ガラ

スが堆積していることが確認され，鍵層として有効であるという指摘が行われた（貝塚1958，戸谷1962）。しかし，このころの南関東地方での旧石器時代の調査が，茂呂遺跡（杉原ほか1959）をはじめ数遺跡しか行われていなかったということもあって，この火山ガラスを鍵層として石器群を対比するということは行われなかったのである。

　こうした研究の流れを大きく変えたのは，旧石器時代研究の画期とされる月見野遺跡群（月見野遺跡群調査団1969）・野川遺跡（小林・小田ほか1971）の調査においてであった[3]。1960年代末に相次いで実施されたこの両遺跡の調査では，これまでに予想もしなかった遺物の平面的な分布の広がりとともに，10枚を超える石器文化が層位的に検出されたのである。そして，この両遺跡の検討を加える中で，相模野台地・武蔵野台地のローム層の層位区分と対比があらためて問題になったのである。

　相模野台地では武蔵野ロームと立川ロームとの境は暗色帯（B3）の波状帯（町田ほか1971），あるいはその一枚下の暗色帯（B4）と考えられていた（月見野遺跡群調査団1969）。これに対して，野川遺跡の調査では武蔵野ローム層では石器が検出されなかったことなどによって，相模野台地の層位区分に問題があるのではないかと指摘されていた。このような中で，町田洋らはそれまで貝塚らが確認していた火山ガラスを「丹沢パミス」と呼び，鍵層することによって相模野台地と武蔵野台地の層位を対比することに成功したのである[4]（町田ほか1971）。

　このように関東地方の火山灰編年を精力的に研究している町田らによって，1976年には，この丹沢パミスの給源は，遠く九州，鹿児島県の姶良火山であることが突き止められ，姶良Tn火山灰層（AT）と命名された（町田・新井1976）。そして，この火山ガラスはヴァブル・ウォール形という非常に特徴的な火山ガラスであり，九州はもとより関東さらには東北地方まで降下している，広域火山灰として認定したのである。また，降下年代についても^{14}C年代などをもとに21,000年から22,000年という年代が与えられた。

　ATの確認があった後，この成果は小田静夫によっていち早く取り入れられ，ATを基準とした編年が発表された（小田1979）。その結果，従来，層位的や年代的な位置づけが不明瞭であった石器群についても，これまでの石器の型式的な対比のみではなく，ATという全国一律の時間軸による客観的な対比が可能となったのである。そして，全国各地で編年研究を急速に推進する大きな役目を担うことになっていった。

　1980年代になると，南関東地方の層位的な出土例がさらに増加し，いくつかの重要な研究が発表される。白石浩之はATの前後の石器群をⅥ層とⅣ層下部に二分し，その様相の違いを詳細に検討した（白石1983）。そして，「ATを境にして石器群が大きく異なっていることが認識された」とし，AT降灰の影響を受けてⅣ層下部の石器群が成立したことを示唆した。また，武蔵野台地等のⅥ層全体をAT層として拡大解釈している場合があると指摘し，AT層と石器群の出土層位を厳密に検討しなければいけないとの指摘もしている。

続いて，1986年には麻生優と織笠昭によって，「姶良Tn火山灰層確認前後の旧石器編年」が発表され（麻生・織笠1986），ATの確認の以前と以後で石器群が捉え方や層位の認定の仕方がどのように変わっていったかが詳細に検討された。

1980年代後半にはいって，関東地方では下総台地や北関東地方を中心にAT降灰以前の石器群が相次いで検出され，さらに北陸や中国地方などでもAT降灰以前の資料が蓄積され，これらをもとに各地でシンポジウムなどが開催され議論がさかんになっている。一方，AT降灰は地球的な規模での環境の変化を与え，生態系や気候の寒冷化をもたらしたと花粉分析など関連科学の研究成果から考えられるようになり（辻1985），こうした影響は人類にどのような影響を与え，その結果として石器文化がどのような変化を生んだのかについての議論を呼んでいる（諏訪間1989a）。

2 AT降灰前後の石器群の様相

関東地方においてAT降灰前後の石器群は，武蔵野台地の層位区分にしたがって，Ⅵ層段階，Ⅴ層・Ⅳ下層段階の二段階に区分されている[5]（石器文化研究会1989）。筆者は相模野台地の層位的な出土例をもとに段階Ⅳと段階Ⅴに区分している[6]（諏訪間1988）。

さらに現在はより細かな層位的出土例をもとに石器群の変遷を検討することが可能となってきている。

ここではAT降灰直前段階として，相模野台地ではB3上部からL3下部，武蔵野台地ではⅥ層下部の石器群と，AT降灰直後段階として相模野台地ではL3上部からB2L下部，武蔵野台地ではⅥ層上部からⅤ層下部の石器群，そして，編年的に後段階であるB2L下部からB2U，Ⅴ層上部〜Ⅳ層下部の石器群について検討を加えてみよう。

(1) AT降灰直前段階の石器群

相模野台地ではATがL3層の中位のS1S（相模野上位スコリア）の直下に確認され，ほとんどの場合1〜2cm大のブロックとなっていることが多い。肉眼で確認できない場合でも，S1Sは明確であるので，ATの位置は確認され易い（図16参照）。したがって，AT降灰以前の石器群の抽出は比較的容易である。

AT降灰直前段階として捉えられる石器群は，AT層より20〜30cm下層のB3上面に出土層位をもつ，寺尾遺跡第Ⅵ文化層（鈴木1980），地蔵坂遺跡（相模考古学研究会1974），相模野No.154遺跡（相模考古学研究会1971）がある（図35・36）。

寺尾遺跡ではB2L下部からB3上部まで50cm〜1mの垂直分布の幅をもっているが，礫や石核など重量のある遺物はB3上面に安定して存在していることから，B3上面は生活面，

第Ⅲ章　AT 降灰前後の石器群

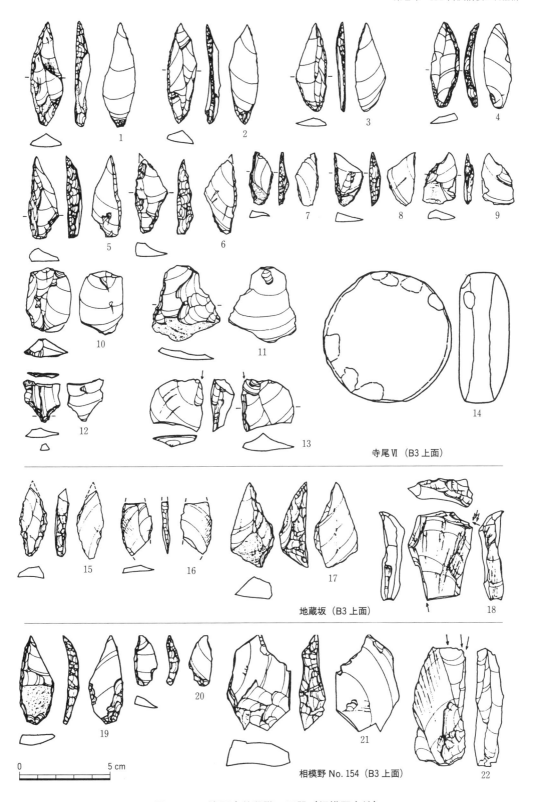

図 35　AT 降灰直前段階の石器（相模野台地）

139

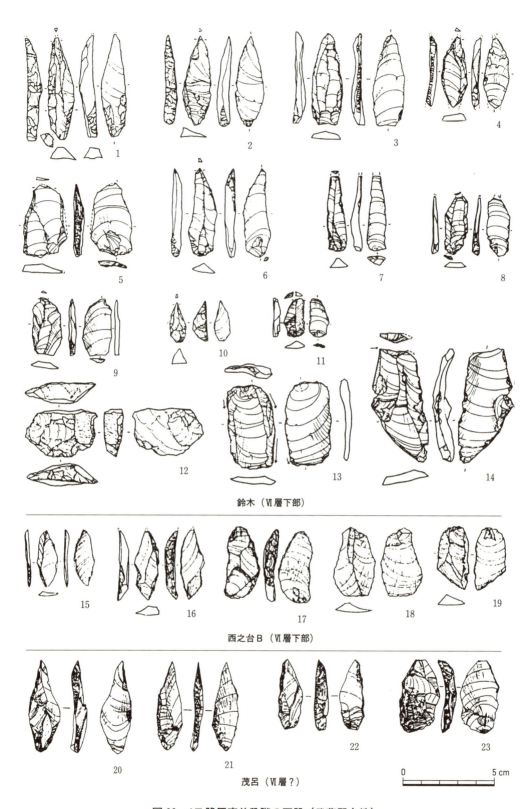

鈴木（Ⅵ層下部）

西之台Ｂ（Ⅵ層下部）

茂呂（Ⅵ層？）

図36　AT降灰直前段階の石器（武蔵野台地）

すなわち，石器が残された当時の地表面として捉えられるものである。

武蔵野台地ではⅥ層内にATが存在しているが，肉眼で確認されることは困難な場合が多い。したがって，鉱物分析によって火山ガラスのピークを確認し，AT層としていることが多い。また，石器群の垂直分布とAT層との比較検討も困難である場合も多く，AT降灰以前と明言できる石器群は少ない。こうした中にあっては，Ⅵ層下部に出土層位をもつ鈴木遺跡（織笠 1980），西之台遺跡B地点（小田 1980），石器群の内容から栗谷ツ遺跡（織笠 1989b），茂呂遺跡（杉原ほか 1959）等がAT降灰直前段階の石器群として該当すると考えられる。

これらの石器群は出土点数が 1,898 点を数える寺尾遺跡，582 点の鈴木遺跡の 2 遺跡以外は 100 点にも満たない貧弱な資料である。

当該期の石器組成はナイフ形石器，彫器，削器，掻器，錐器，石刃，剝片，石核，磨石，敲石等はとんどの器種が出そろっているが，1 石器群ですべてを備えているものはなく，出土点数の多い寺尾遺跡・鈴木遺跡においても石器組成の一部分しか表わしていないと考えるのが妥当であろう。

ナイフ形石器は二側縁加工が主体を占め，寺尾遺跡，鈴木遺跡というナイフ形石器を豊富に出土した石器群では全体の 8 割が本形態である。また，二側縁加工の中でも刃部先端角によってさらに細分が可能で，やや切出形ナイフ形石器に似る鈍角なものや，全体の形状が小型で三角形状を呈するものなどバラエティーに富む。これらのナイフ形石器には素材である石刃ないし縦長剝片を斜めに断ち切る切断手法を多用し，素材形状の変形度が激しいのが特徴である。

石材は寺尾遺跡，鈴木遺跡にみられるように，信州産の良質な黒曜石を多用する傾向にあり，9 割を超える高い黒曜石の使用率である。その他はチャートや硬質細粒凝灰岩，安山岩が使用されている。

剝片剝離技術は縦長剝片剝離技術が主体を占めている。縦長剝片剝離技術は石刃技法といえる内容をもつもので，鈴木遺跡では 180 度打面転位を頻繁に行う両設打面石核が主体であり，打面調整が顕著である。これに対し，寺尾遺跡では 90 度打面転位を行うものが多く，頭部調整が顕著で打面調整はあまり行われないという特徴がある。

横長剝片剝離技術は顕著ではないが，黒曜石以外のチャート等を石材とする横長剝片剝離技術も認められている。楕円形の礫を素材とし，半割した平坦面を打面とし，幅広の横長剝片を作出するもので，残核の形状はチョッピング・トゥール状を呈する。

(2) AT降灰直後段階の石器群

相模野台地ではAT降灰直後にS1Sの堆積があり，この上位約 10〜20cm にはB2Lが堆積している。

AT降灰直後の石器群はL3上部〜B2L下部の橋本遺跡第Ⅴ文化層[7]（金山ほか1984），B2L下底に栗原中丸遺跡第Ⅶ文化層（鈴木1984），地蔵坂遺跡（相模考古学研究会1974），月見野遺跡群上野遺跡第1地点第Ⅶ文化層（伊藤1986），柏ヶ谷長ヲサ遺跡第Ⅺb文化層（中村・諏訪間1983），B2L下部では湘南藤沢キャンパス内遺跡[8]（五十嵐・菅沼1990）までが該当する（図37〜39）。

　武蔵野台地では前述したとおり，AT層の限定が困難であることから，Ⅵ層上部からⅤ層下部の石器群を抽出した。Ⅵ層内に出土層位をもつ石器群は相対的にⅥ層上部に垂直分布の中心がある場合が多いので，厳密な意味でAT降灰後とはいい切れない。

　AT降灰直後段階の石器群はⅥ層上部の武蔵台遺跡Ⅵa層（横山1984），はけうえ遺跡Ⅵ層（小田ほか1980），西之台遺跡B地点Ⅴ層下部（小田ほか1980），鈴木遺跡Ⅴ層下部（織笠ほか1979）が相当するものと考えられる。

　これらの石器群は湘南藤沢キャンパス内遺跡を除くといずれも貧弱な資料であるため，石器組成の全容を明らかにすることはできない。

　石器組成はナイフ形石器，彫器，搔器，削器，石刃，剝片，石核等によって構成されるが，湘南藤沢キャンパス内遺跡以外ではナイフ形石器以外の加工具はきわめて少ない。

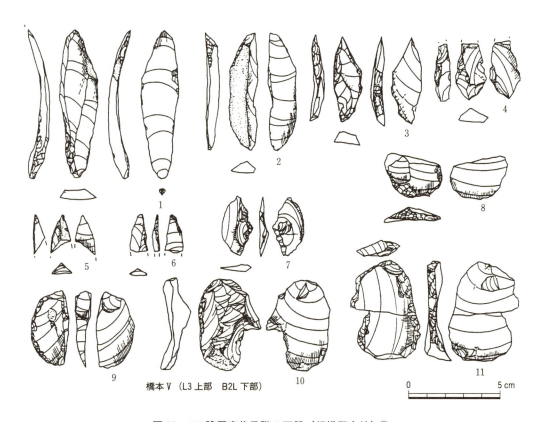

橋本Ⅴ（L3上部　B2L下部）

図37　AT降灰直後段階の石器（相模野台地）①

第Ⅲ章　AT降灰前後の石器群

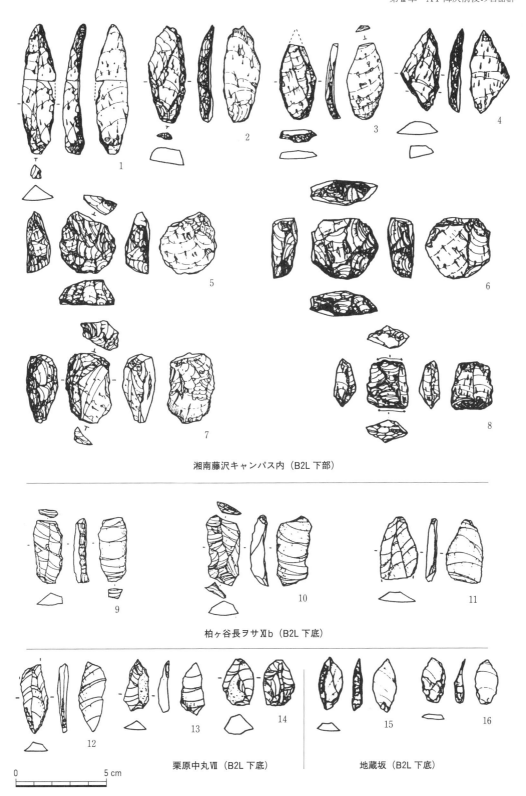

湘南藤沢キャンパス内（B2L下部）

柏ヶ谷長ヲサⅪb（B2L下底）

栗原中丸Ⅶ（B2L下底）　　地蔵坂（B2L下底）

図38　AT降灰直後段階の石器（相模野台地）②

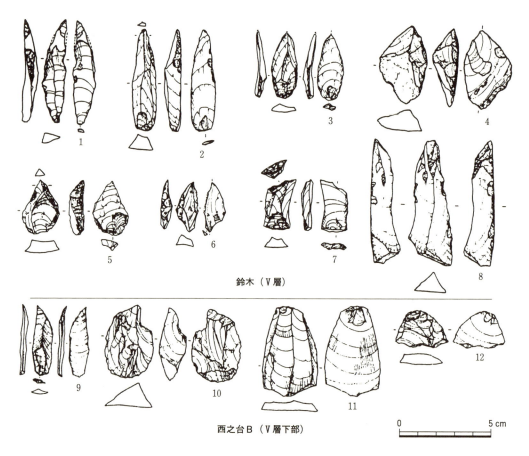

図 39　AT 降灰直後段階の石器（武蔵野台地）

　ナイフ形石器は二側縁加工が主体を占めるが，基部に打面を残すものも認められ，素材形状の変形度が小さくなっている傾向が指摘できる。また，基部加工が多く認められるようになる。
　石材は黒曜石が多用される点は AT 降灰直前段階と変わらないが，信州産の良質な黒曜石に加え，箱根・伊豆産の黒曜石が用いられる石器群も増加する。橋本遺跡では信州産の黒曜石がすべてである。これに対して，湘南藤沢キャンパス内遺跡では 99％ を箱根産で占め，それ以外の数点が信州産と伊豆産という原産地同定の分析結果が出ている。柏ヶ谷長ヲサ遺跡第Ⅺb文化層や栗原中丸遺跡第Ⅶ文化層は肉眼によるが伊豆柏峠産の可能性が高い。
　その他の石材はチャートや硬質細粒凝灰岩，安山岩等が使用されている。
　剝片剝離技術の主体を占めるのは縦長剝片剝離技術である。栗原中丸遺跡では単設打面石核と両設打面石核が認められている。湘南藤沢キャンパス内遺跡は両設打面の石刃技法と呼べる内容のもので，剝離作業面の稜形成・顕著な打面調整・180度の打面転位が認められる。
　横長剝片剝離技術は顕著ではないが，黒曜石以外のチャート等を石材とする横長剝片剝離

技術も認められている。

 以上，AT 降灰の直前・直後の石器群を抽出し，その特徴を考えてみた。続いて，AT 降灰から一定程度の時間の経過後に堆積した B2L 下部から B2U および V 層上部から IV 層下部にかけて出土している石器群をみてみよう。

(3) 段階 V 石器群

 相模野台地では層位的には B2L 下部から B2U 上面まで，武蔵野台地では V 層上部から IV 層下部に出土層位をもつものである。

 相模野台地では B2L 下部で柏ヶ谷長ヲサ遺跡第 X 文化層（堤編 1997），柏ヶ谷長ヲサ遺跡第 XIa 文化層（同上），B2L 中部では柏ヶ谷長ヲサ遺跡第 IX 文化層（諏訪間 1983b），B2L 上部では柏ヶ谷長ヲサ遺跡第 VIII 文化層（諏訪間・新田 1983），上草柳遺跡第 2 地点第 II 文化層

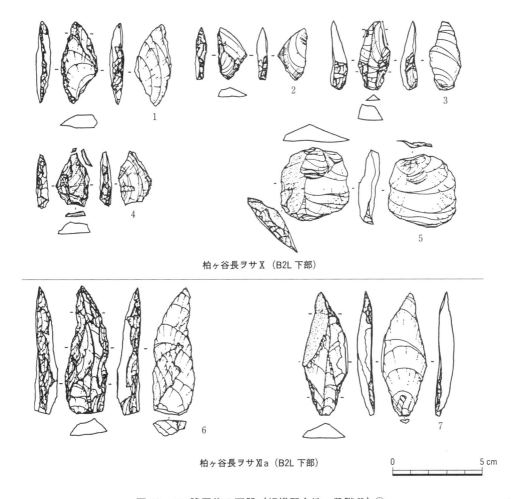

柏ヶ谷長ヲサ X（B2L 下部）

柏ヶ谷長ヲサ XIa（B2L 下部）

図 40　AT 降灰後の石器（相模野台地　段階 V）①

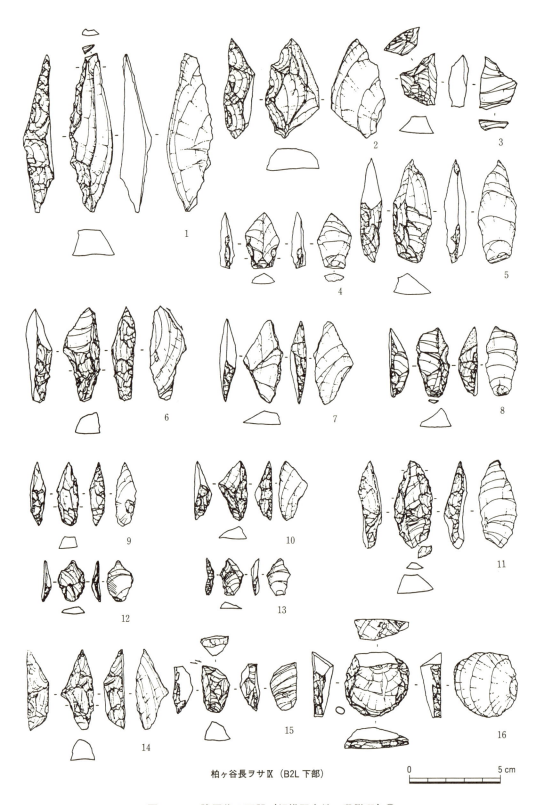

柏ヶ谷長ヲサⅨ（B2L下部）

図41 AT降灰後の石器（相模野台地　段階Ⅴ）②

（中村・服部1984），早川天神森遺跡第Ⅵ文化層（鈴木1983a），B2L上面では柏ヶ谷長ヲサ遺跡第Ⅵ文化層（堤編1997），下九沢山谷遺跡第Ⅳ文化層（中村1979），B2U中部では月見野遺跡Ⅲc地点（安蒜1985），B2U上部では栗原中丸遺跡第Ⅵ文化層（鈴木1984）などがある（図40・41）。武蔵野台地では，はけうえ遺跡Ⅴ層（小田ほか1980），鈴木遺跡Ⅳ層下部（織笠ほか1979），花沢東遺跡第Ⅳ文化層（実川1984），自由学園南遺跡Ⅳ層下部（伊藤1983），西之台遺跡B地点Ⅳ層下部（小田1980）などがある。

石器組成はナイフ形石器，角錐状石器，尖頭器，石斧，錐器，彫器，搔器，削器，楔形石器，磨石，敲石，剝片，石核等によって構成される。ナイフ形石器以外の狩猟具と考えられる角錐状石器，尖頭器などが出現する。また，彫器，搔器など加工具の量・質ともに豊富で安定した石器組成となる。

ナイフ形石器は切出形ナイフ形石器と基部加工ナイフ形石器が中心となり，一側縁加工ナイフ形石器が一定量認められる。このうち，国府型ナイフ形石器も柏ヶ谷長ヲサ遺跡第Ⅸ文化層や上土棚遺跡では共伴している。搔器は円形搔器が特徴的に認められ，各石器群に安定的にともなっている。削器は鋸歯状の加工が施されているものが多い。彫器は量的に少なく，該期には型式的に共通するものは認められない。尖頭器は量的には少ないものの両面加工，片面加工の両者が存在する。下九沢山谷遺跡第Ⅳ文化層や柏ヶ谷長ヲサ遺跡第Ⅸ文化層などでは確実に切出形ナイフ形石器などと共伴していることから，量的には少ないものの，本段階に出現するものと考えられる。

石材は黒曜石，チャート，安山岩，硬質細粒凝灰岩が使用される。黒曜石は前段階に特徴的であった信州産のものはほとんどみられず，代わって，箱根・伊豆産の黒曜石が多用される。相模野台地では硬質細粒凝灰岩，武蔵野台地ではチャートが多く使用されている。重量的には硬質細粒凝灰岩・チャートなど遺跡近傍の在地石材の比率は高い。

剝片剝離技術は横長剝片剝離技術が主体を占める。一部には縦長剝片剝離技術が認められるものの，これは基部加工ナイフ形石器と強い結び付きをもって存在しており，先端先細りの一本稜線の石刃を剝離するものである。横長剝片剝離技術は多様であり，一概には表現できないが，既設の剝離面を打面とするものや，盤状剝片を素材とするものも認められる。

3 AT降灰の石器文化に与えた影響

以上，相模野台地・武蔵野台地の層位的出土例をもとに段階Ⅳから続く段階Ⅴまでを概観した。その中で段階Ⅳを層位的にAT降灰直前と直後に二分して検討した。その結果，寺尾遺跡第Ⅵ文化層，鈴木遺跡第Ⅵ層下部の石器群を典型とするAT降灰直前段階は，次の3点が共通の特徴として抽出できた。

①剝片剝離技術は石刃技法と呼べる縦長剝片剝離技術が主体を占める。

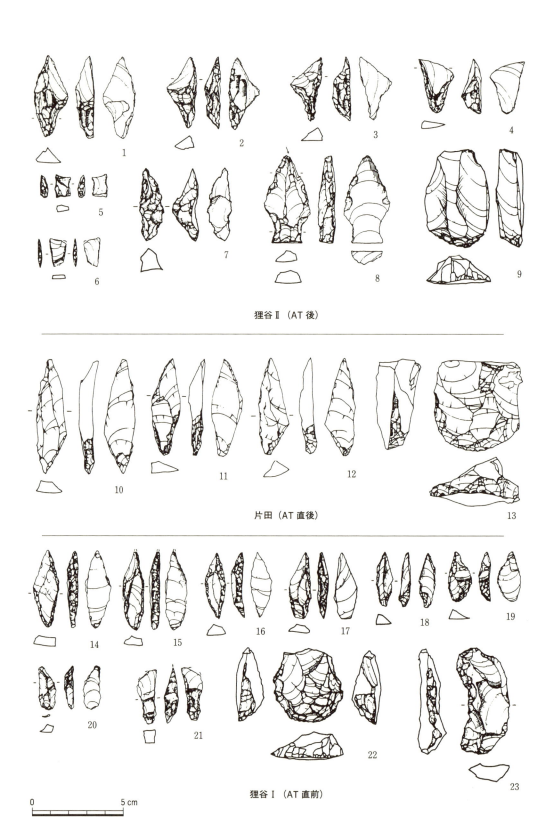

図42 九州地方のAT降灰前後の石器

②石材組成では黒曜石が9割を超えるほどの高い使用率である。

③ナイフ形石器は二側縁加工のいわゆる茂呂型ナイフ形石器が主体を占める。

この①～③までの特徴は，AT降灰直後の湘南藤沢キャンパス内遺跡などの石器群においても同様に確認できる特徴であり，段階Ⅳの石器群に共通する構造として理解できるものである。このようにAT降灰の直前と直後の石器群に共通する特徴が認められるということは，南関東地方においてはAT降灰が石器文化そのものを変化させるような直接的な影響を与えなかったと考えることができる。

ここで目を転じて，AT降灰の影響を最も直接的に受けたと考えられる九州地方の状況をみてみよう。

九州地方では熊本県狸谷遺跡の層位的出土例を基本として，関東地方との編年的対比が行われている（木﨑1987）。狸谷遺跡はシラスといわれるAT層（入戸火砕流）の直下からは二側縁加工ナイフ形石器が，AT直上からは切出形ナイフ形石器が出土しており，それぞれ，関東地方のⅥ層とⅣ層下部に対比されている。狸谷遺跡での層位的な出土例は，関東地方でのⅥ層＝縦長剥片剥離技術と二側縁加工ナイフ形石器，Ⅳ層下部＝横長剥片剥離技術と切出形ナイフ形石器というAT前後の変遷が同じようにたどれたという点で対比が可能となったのである。

こうした変遷観に最近新しい調査資料が発表された。宮崎県宮崎市金剛寺原1遺跡と延岡市片田遺跡の石器群である（図42）（橘1990）。両遺跡はAT直上層に出土層位をもつことからAT降灰後に形成されたことは明らかである。その内容は二側縁加工のナイフ形石器と掻器を特徴とする石器群であり，AT降灰直前段階として捉えられる狸谷遺跡第Ⅰ文化層に対比されるものである。さらに金剛寺原1遺跡は横長剥片を素材とした一側縁加工のナイフ形石器や角錐状石器などを出土した近接する金剛寺原Ⅱ遺跡より層位的な関係により先行すると考えられている。

この両者に対比される石器群は大分県岩戸遺跡D文化層などでも確認されており，AT降灰の影響がかなり激しかったと想像される九州地方においても，AT降灰直後までは確実にAT降灰直前段階に特徴的な二側縁加工ナイフ形石器を主体とする石器群が継続していたことが確認されている。

4　段階Ⅴ石器群への変遷

以上のように，AT降灰は石器文化の構造を変化させ，編年的に区分するほどの大きな影響は与えていなかった。しかしながら，AT降灰直後の石器群には段階Ⅳの構造枠内での新たな変化も認められる。

AT降灰直後の石器群は橋本遺跡，西之台遺跡を除いては箱根・伊豆産の黒曜石が用いら

れており，AT 降灰直前と直後では黒曜石が信州産から箱根・伊豆産へと石材の入手先が変わりつつあるという点と，二側縁加工ナイフ形石器の形態に打面を基部側に残置するものが多く認められるという点，さらには湘南藤沢キャンパス内遺跡では円形搔器を多く保有する点などである。

　こうした点を積極的に評価するならば，湘南藤沢キャンパス内遺跡は編年的には段階Ⅳの石器群として評価しなければならないものの，段階Ⅳ的な様相に段階Ⅴ的な新しい要素が加わり，ひとつの石器群の構造として両者の融合した姿を表わしていると考えることもできる。AT 降灰直後の石器群には，段階Ⅴへの変遷に向けて構造内での内的な変化が醸成されつつあったことを想定できるのである。

　大宮台地の殿山遺跡では，層位的な状況はよくないものの石器群の内容からⅤ層・Ⅳ下段階の古期段階とされ（織笠 1987b，伊藤 1990），段階Ⅴに対比が可能である。この石器群は国府型ナイフ形石器を出土したことで有名であるが，その内容は「殿山技法」と提唱された剝片素材の横長剝片剝離技術と単設打面の縦長剝片剝離技術が共存していることと，ナイフ形石器の形態は国府型ナイフ形石器を含む一側縁加工のナイフ形石器と基部に打面を残した二側縁加工のナイフ形石器が共存していることが挙げられる。

　この石器群は国府型ナイフ形石器や殿山技法という横長剝片剝離技術の存在によって段階Ⅴ石器群に対比されるものであるが，切出形ナイフ形石器をもたず，黒曜石を主体とした縦長剝片剝離技術の存在と基部に打面を残置する二側縁加工のナイフ形石器の存在は段階Ⅳ的な様相を強くもっていると評価でき，段階Ⅴ石器群の初源的な石器群と考えられる。

　段階Ⅴ石器群が確立するのは，続く柏ヶ谷長ヲサ第Ⅹ文化層およびその上層の第Ⅸ文化層の段階になってからである。石器組成の中心は切出形ナイフ形石器となり，その技術基盤は横長剝片剝離技術が中心となり，まさしく段階Ⅴ石器群の典型的な様相になるのである。

　石器群が変遷する画期を何に求めるかは重要な問題である。筆者は新出器種の出現とともに，その技術基盤の変化を読み取ることが最も重要な視点であると考えている。

　こうした点に立つと，切出形ナイフ形石器と横長剝片剝離技術が強固な構造をもつ段階を石器文化の変遷の画期とみなければならないであろう。湘南藤沢キャンパス内遺跡や殿山遺跡，柏ヶ谷長ヲサ遺跡第Ⅸ文化層の石器群は，段階Ⅳから段階Ⅴへと変遷していくそれぞれの過程（段階）を表わしているのかもしれない。

　いずれにしても石器群の画期は AT 降灰直後ではなく，降灰後しばらくたった段階であり，AT 降灰直後には石器群（文化）への直接的な影響を認めることができないと考えるのである。相模野台地の層位的出土例によれば，少なくとも AT 降灰以降の B2L の下部までは段階Ⅳの石器群が継続することを確認しておきたい。

　さて，AT 降灰前後の植生史の変遷は花粉分析によって明らかにされつつある（辻 1985）。関東地方平野部における植生は 23,000 年前を境に落葉広葉樹から針葉樹であるチョウセン

ゴヨウ林に変化し，AT 降灰後はチョウセンゴヨウの分布拡大が急速に促進された。そして，この針葉樹林時代は以後約 4,000 年間継続したと考えられている。この花粉分析の結果から最終氷期の寒冷化にともなう植生変化は AT 降灰に先行して起こり，AT 降灰によって急速に針葉樹林時代すなわち，最終氷期最寒冷期を迎えたと考えられている。

こうした植生の変化と南関東地方の AT 降灰前後の石器群の変遷はうまく整合しているのだろうか。段階 V の成立を寒冷化にともなう石器群の変化として想定した場合は，AT 降灰直後から約 4,000 年間の長期間継続した寒冷期の対応する可能性がある。段階 V の成立を考えるうえでも植生だけでなく，動物相などの狩猟対象物の変化をはじめとして，最終氷期最寒冷期前後の生態系の詳細な動態と時間的な変遷が示されなければ対応がつけられない困難な問題である。

現在のところ AT は，最終氷期の最寒冷期の初期に降灰した，列島内を一律に区分する時間軸として，最終氷期最寒冷期の開始を告げる「象徴」としての評価することしか石器群の変遷からは語れないのである。

本節では相模野台地，武蔵野台地の層位的出土例をもとに AT 降灰前後の石器群の様相を検討し，AT 降灰の影響について検討してきた。その結果，AT 降灰と石器群の変遷の直接的な関係については否定的な答えが出された。こうした議論も AT の確認から 30 年を超える年月を経過し，より細かい層位論的な検討に裏付けられた石器変遷観を積み重ねてきた結果である。今後の研究の発展のためにも安易な AT＝Ⅵ層という拡大解釈は絶対に避けなければならない。

註
1）本節の要旨の一部は石器文化研究会の第 1 回研究討論会「AT 降灰以前の石器文化」において発表した（諏訪間 1989）。
2）喜ばしいことではないが，南関東地方は人口密集地域であり，大小さまざまな開発に対しての事前調査が数多く行われている結果，膨大な資料の蓄積があることも見逃すことはできない。
3）この両遺跡の調査は「月見野・野川以前と以後」と旧石器時代研究史上の画期とされている（戸沢 1978）。
4）この「丹沢パミス」を鍵層とする両台地の層位対比に対して，小林達雄はナイフ形石器の出土層位などから異議が提出していた（小林 1971）。これに対して，町田は野川遺跡での石器組成が完全なものであるのか検討を要望している（町田 1971）。この石器の型式と層位対比が両台地で共に認定されるのは丹沢パミスが再確認されてからである。
5）相模野台地と武蔵野台他の立川ローム下半部の層位対比を提示する。
　　武蔵野台地Ⅻ層：立川ロームの基底部であり，相模野台地 L6 下部に相当する。
　　武蔵野台地Ⅺ層：地点によってはⅩ層下部（Ⅹc 層）と分層されている。相模野台地 L6 中部に相当する。
　　武蔵野台地Ⅹ層：Ⅹ層は場所によるが上部と中部，下部に分けられる。Ⅹ層上部（Ⅹa 層）が

     L5 に，Ⅹ層中部（Ⅹb層）が B5 に Ⅹ層下部（Ⅹc層，場所によってⅪ層）が
     L6 上部（S2S 層準）に対比できる。
  武蔵野台地Ⅸ層：Ⅸ層は武蔵野台他の第Ⅱ黒色帯下半部で，Ⅷ層にくらべ厚く黒い部分である。
     また，条件のいいところでⅧ層が認められるがほとんどの場合確認できない。
     Ⅷ層が L4，Ⅸ層が B4 に対比される。
  武蔵野台地Ⅶ層：武蔵野台他の第Ⅱ黒色帯の上半部に位置し，Ⅸ層にくらべやや黒みの薄い部分
     である。相模野台地では B3 に対比が可能である。
  武蔵野台地Ⅵ層：相模野台地 L3 に対比される。AT はⅥ層下半部に堆積している。このことは
     相模野台地において L3 下部に S1S の直下に認められることと矛盾はない。
  武蔵野台地Ⅴ層：相模野台地の B2L に対比される。石器群の内容の比較から B2L 下部の黒色昧
     の強い部分に対比される可能性が強い。
  武蔵野台地Ⅳ層下部：相模野台地の B2L 中部から B2U に対比がされる。
6）筆者は相模野台地の層位的な出土例をもとに，旧石器時代から縄文時代草創期までの石器群を段階Ⅰから段階Ⅻまでの12段階に区分している（諏訪間1988）。段階Ⅳは相模野第Ⅱ期後半（鈴木・矢島1988），武蔵野第Ⅰc期の後半（小田1980），段階Ⅴは相模野第Ⅲ期，武蔵野第Ⅱa期に相当する。
7）橋本遺跡第Ⅴ文化層については，金山喜昭によって明確に AT 降灰以後として位置づけられている（金山1990）。この石器群には国府型ナイフ形石器が出土しており，国府系石器文化の関東地方への影響について論じる場合にはとても重要な石器群であるが，今回は黒曜石製の石器のみを対象にした。
8）慶應義塾藤沢校地埋蔵文化財調査室の岡本孝之・五十嵐彰両氏の御好意によって実見させていただき，併せて御教示を受けた。

第Ⅳ章

後期旧石器時代後半期の石器群

第1節　砂川期・月見野期の位置づけと評価
第2節　ナイフ形石器文化の終焉と尖頭器文化の成立
第3節　相模野台地における尖頭器石器群の変遷
第4節　細石刃石器群を中心とした石器群の変遷
第5節　相模野台地における有舌尖頭器および石鏃の出現

第1節
砂川期・月見野期の位置づけと評価

1 ナイフ形石器文化終末期をめぐる議論

　1979年12月2日に神奈川考古同人会が主催したシンポジウム「ナイフ形石器文化終末期の問題」は，ナイフ形石器文化終末期のあり方を多角的に検討したものとして，その後の研究に指針を与えた重要なシンポジウムであった（神奈川考古同人会1979）。そこで，砂川遺跡にみられる二側縁加工のナイフ形石器を中心とした特徴的な石器群に対し，「砂川期」と位置づけた（田中1979）。その時点では，「ナイフ形石器文化終末期にあたる砂川期と砂川期以降」（神奈川考古同人会1980）と述べられるように，「砂川期」を含む時期までが「ナイフ形石器文化終末期」と考えられていたが，その後の議論の中で，砂川期は相模野第Ⅳ期前半に，ナイフ形石器終末期は相模野第Ⅳ期後半に位置づけられるようになってきた（諏訪間・堤1985，鈴木1986）。一方，砂川期以降には確実に尖頭器が出現するという点から，尖頭器文化として位置づけるという視点も提示されている（織笠1987a・2001）。

　さて，最近の関東地方の旧石器時代石器群の編年は，石器文化研究会の各シンポジウムでの報告などから，Ⅸ層段階，Ⅵ層段階，Ⅴ・Ⅳ層下部段階など，武蔵野台地の層位区分を用いて呼称されることが多くなっている。ところが，砂川期については「Ⅳ中」あるいは「Ⅳ上」段階とは呼称されていない。それは，当該石器群が，武蔵野台地でⅣ層中部からⅢ層下部までの層準から出土し，限定した層位名で呼べないことと無関係ではない。また，「砂川期」石器群は，二側縁加工のナイフ形石器と部分加工のナイフ形石器のセットに加え，上ヶ屋型彫器，小坂型彫器や石刃素材の掻器，抉入状削器などの存在から，他時期の石器群との峻別が容易であることも理由として挙げられる。今日では「砂川期」あるいは「砂川」は関東地方の研究者にとって，石器群の内容や特徴を共有できる共通語ともいえるものである。研究史を振り返ると「砂川期」は武蔵野台地を中心に設定されたが，次第に層位的な出土例に恵まれた相模野台地の石器群によって，再構築されたものであるともいえる。

　砂川期に続く段階をナイフ形石器終末期として捉えているが，1995年，白石浩之によって「月見野期」が再設定されてから（白石1995），砂川期に後続する段階として次第に共通語になっている。しかしながら，砂川期ほどの学史的な背景もなく，検討が十分に行われているとはいえない。

　ここでは，ナイフ形石器文化の後半期から終末期に相当する「砂川期」「月見野期」について，石器編年の一階梯として認識される過程を，月見野遺跡群の評価と相模野第Ⅳ期の細

分の経過を中心に振り返り，ナイフ形石器文化終末期の石器群をめぐる理解と評価について検討を行う。

2　ナイフ形石器文化研究の黎明

関東地方のナイフ形石器文化の研究は，岩宿遺跡の調査以降（杉原 1956），茂呂遺跡（杉原・吉田・芹沢 1959），市場坂遺跡（滝沢 1962）の調査をへて，ナイフ形石器の型式研究を中心とした編年研究が行われるようになる。全国的な資料の蓄積があり，茂呂型，杉久保型，国府型といったナイフ形石器の型式が設定され，編年や地域性が論じられるようになる（芹沢 1963）。そして，砂川遺跡の一次調査の報告の中では，ナイフ形石器の形態の検討により，茂呂→砂川→市場坂といった編年案が提示されるとともに，切出形ナイフ形石器を介して尖頭器が成立したという仮説が提示される（戸沢 1968）。この戸沢の仮説は稲田孝司に受け継がれ，切出形石器をナイフ形石器の多様性の中で出現し尖頭器への器種的変革を担う石器として捉え，切出形石器→尖頭器の変遷を体系づけた（稲田 1969）。

その後，月見野遺跡群の調査等の層位的出土例によって切出形石器の編年的位置づけは逆転し，この仮説は否定されることとなったが，石器群を構造的に捉えようとする視点はその後の研究に多大な影響を与えた。そして，月見野・野川以後と学史的に評価される 1970 年代以後になると，遺跡の構造的な把握など，さらに多岐にわたって展開するが，特に層位的に重複する良好な石器群を基に編年研究を中心に研究が前進し，相模野編年や武蔵野編年という台地単位の編年の骨格ができあがっていった（相模考古学研究会 1971・小田・キーリー 1973）。

3　相模野第Ⅳ期の細分と砂川期の設定

相模野台地のナイフ形石器文化終末期の評価は，月見野遺跡群の各石器群の位置づけと相模野第Ⅳ期の細分に関する研究史の変遷によって知ることができる。表 4 に相模野台地を中心としたナイフ形石器終末期に関する研究史を示した。

相模野編年の基礎となった月見野遺跡群の調査の結果，相模野台地の B1 層中から月見野Ⅰ遺跡 B1 下部，月見野ⅢA 遺跡 B1 中部，月見野Ⅱ遺跡 B1 上部，月見野ⅣA 遺跡 B1 上面の 4 地点からそれぞれナイフ形石器と尖頭器が共伴する事実が明らかになった（月見野遺跡調査団 1969）。そして，いくつかの試案をへて，相模野台地の石器群を層位的な事例と石器群の構造的な捉え方によって，Ⅰ期からⅤ期に区分した相模野編年が提示された（矢島・鈴木 1976）。その中でナイフ形石器を形態Ａから形態Ｆまで分類し，その形態組成を編年区分の基準とし（図 45），相模野第Ⅳ期は，形態Ａのナイフ形石器を主体とし，石器組成に新た

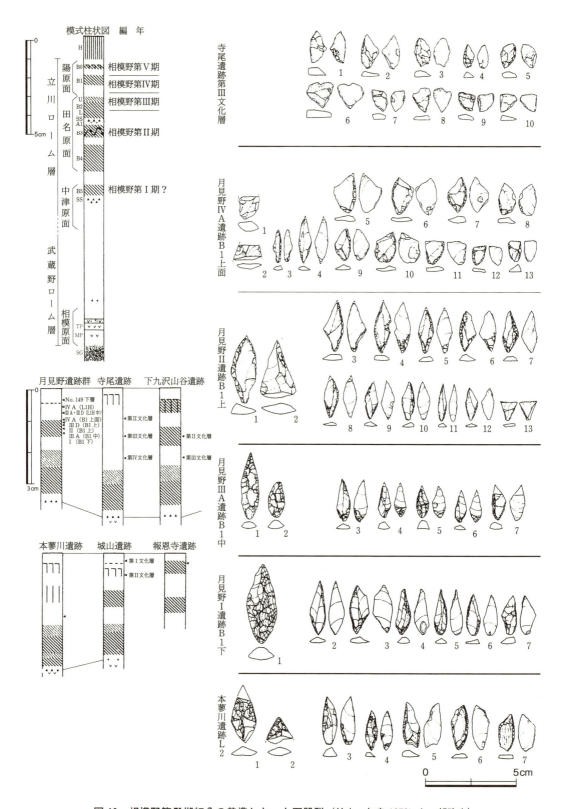

図43　相模野第Ⅳ期細分の基準となった石器群（鈴木・矢島 1979b を一部改変）

表4 相模野台地のナイフ形石器終末期をめぐる研究史

佐藤 1970	ナイフ形石器の型式学的検討により全国的な編年案を示す。 茂呂・砂川―市場坂―月見野の編年案を提示。
白石 1973	茂呂系ナイフ形石器を細分し，ナイフ形石器終末期として月見野ⅣA期を設定する。
矢島・鈴木 1976	相模野編年を体系的に提示。 月見野Ⅰ・ⅢA・Ⅱ：相模野第Ⅳ期 月見野ⅣA：相模野第Ⅴ期の中のナイフ形石器を主体とする石器群と位置づける。
鈴木・矢島 1978	月見野ⅣA：相模野第Ⅳ期終末に変更。
鈴木・矢島 1979b	相模野第Ⅳ期のグルーピング：第1→第3への変遷を提示するとともに，第2の併存を指摘。 第1グループ：月見野Ⅰ・ⅢA・Ⅱ 第2グループ：寺尾Ⅳ・下九沢山谷Ⅱ　大形・幅広ナイフ形石器 第3グループ：月見野ⅣA・寺尾Ⅲ
鈴木 1984	相模野第Ⅳ期のグルーピング 第1段階　尖頭器の共伴が不明：寺尾Ⅳ・砂川 第2段階　尖頭器の共伴が確実：栗原中丸Ⅴ 第3段階　幾何形ナイフを主体　「砂川型刃器技法」が存在しない：月見野ⅣA・寺尾Ⅲ もう一つのグループ　打面残置・幅広ナイフ：下九沢山谷Ⅱ・深見諏訪山Ⅲ・多門寺前Ⅳ上
諏訪間・堤 1985	「砂川型刃器技法」の有無によって相模野第Ⅳ期前半と後半に区分。 「砂川期」が設定されるのであれば「砂川型刃器技法」を技術基盤にする石器群に設定されるべきと指摘。尖頭器の有無やナイフ形石器の形態組成や大小は，該期の変遷・細分にかかわる次元の問題とする。
白石 1986	砂川期として，月見野Ⅰ・寺尾Ⅳ・長堀南Ⅴ→栗原中丸Ⅴ・下鶴間長堀Ⅲ・橋本Ⅲ・月見野Ⅲ→下九沢山谷Ⅲ・深見諏訪山Ⅳ・月見野Ⅱの変遷を提示。 月見野ⅣAは砂川期とは画するものとして，月見野期とする。
鈴木 1986	相模野第Ⅳ期の再検討：前半と後半に区分　後半をナイフ形石器の形態組成でグループ分け。 形態A主体：下九沢山谷Ⅱ・代官山Ⅳ・月見野ⅢD下層・橋本Ⅱ 形態E主体：月見野ⅣA中層・寺尾Ⅲ・早１天神森Ⅲ 形態Aと形態Eを多くもつ石器群：深見諏訪山Ⅲ・上野第１Ⅴ
樫田 1987	深見諏訪山Ⅲの再検討：ナイフ形石器の形態分類・尖頭器との調整加工の共通性の指摘。
伊藤 1987	中村Ⅳの石器群を「構造的伝統外」として評価。
諏訪間 1988	相模野台地の石器群を12段階に区分。相模野第Ⅳ期を段階ⅥとⅦに区分し，独立した段階と評価。 砂川型刃器技法の崩壊をもって段階Ⅶを設定。段階Ⅶをナイフ形石器文化終末期に限定。
諏訪間 1989b	終末期ナイフ形石器の学史の整理。ナイフ形石器の終焉と尖頭器文化の成立過程を検討。
諏訪間 1995a	段階Ⅶ石器群をグループ分け 深見諏訪山Ⅲグループ　畑宿産黒曜石を主体：深見諏訪山Ⅲ・中村Ⅳ・寺尾Ⅲ・台山Ⅲ・長堀南Ⅲ・代官山Ⅳ・福田札の辻Ⅱ・月見野上野Ⅴ 下鶴間長堀Ⅱグループ　信州産黒曜石を主体：橋本Ⅰ・下森鹿島Ⅱ・下鶴間長堀Ⅱ
白石 1995	「終末期のナイフ形石器を【月見野期】として捉える。」月見野期を三段階に編年 第1段階：下九沢山谷Ⅱ・城山Ⅳ中 第2段階：月見野Ⅱ／中村Ⅳ・深見諏訪山Ⅲ・代官山Ⅳ／野川Ⅳ1／多聞寺前Ⅳ上・和泉校地 第3段階：寺尾Ⅲ・月見野ⅣA／新橋Ⅳ上・高井戸東Ⅳ上
富樫 1996	相模野第Ⅳ期後半を3グループに分類 Aグループ　質の悪い黒曜石：深見諏訪山Ⅲ・中村Ⅳ・代官山Ⅳ Bグループ　良質の黒曜石：橋本Ⅱ・下鶴間長堀Ⅱ Cグループ　質の悪い黒曜石を主要石材とするが黒曜石の保有量が少なく，小形のナイフ形石器が主体となる。月見野上野Ⅴ・長堀Ⅲ・月見野上野Ⅴ

鈴木 1996	茂呂系二側縁加工ナイフ形石器の細別型式として，「砂川型」「下九沢山谷型」「小形幾何形ナイフ形石器」に分類。 ①砂川型と小型幾何形：月見野上野Ⅴ・長堀南Ⅲ ②下九沢山谷型主体：下九沢山谷Ⅱ・中村Ⅲ・代官山Ⅳ・同Ⅴ ③小形幾何形主体：月見野ⅣA・寺尾Ⅲ ④下九沢山谷型と小形幾何形：深見諏訪山Ⅲ
国武 1999	武蔵野台地のナイフ形石器終末期を石材消費と石器の製作，廃棄のあり方から，遺跡の類別化を行う。
石器文化研究会 2000 a・b	シンポジウム「砂川―その石器群と地域性」によって，砂川期の多角的研究が示される。
鈴木尚史 2003	相模野台地の砂川期・ナイフ形石器終末期石器群について，尖頭器を中心に石材「原料の消費の連鎖構造」の視点から石器群の様相に違いを段階差とはしない。
望月ほか 2003	月見野Ⅰ・同Ⅱ遺跡出土の黒曜石の原産地分析の報告。 月見野Ⅱについては，信州系黒曜石以外にも箱根・畑宿産が認められることを提示。

表5　砂川期と月見野期の比較表

	砂川期	月見野期
ナイフ形石器	二側縁加工（砂川型）・部分加工	二側縁加工（下九沢山谷型）・切出形・幾何系
尖頭器	有樋尖頭器・両面	両面・片面・周縁・有樋尖頭器
石器組成	豊富な加工具 石刃素材の掻器・ノッチ・小坂型彫器・上ヶ屋型彫器	彫器・掻器などがあるが貧弱で定型的なものはほとんどない
剝片剝離技術	両設打面を基本とした石刃技法・90度打面転位は例外的	90度打面転位をはじめ多様な残核形態
石材	相模野的石材構成 チャート・硬質細粒凝灰岩・フォルンフェルス・ガラス質黒色安山岩 ナイフ形石器は在地石材が主体	黒曜石主体の石器群が多いほかはチャート・硬質細粒凝灰岩
黒曜石	信州系主体・柏峠主体の石器群あり・畑宿・神津島産のナイフ形石器はない？	原産地により石器群の内容が異なる 信州系は尖頭器と下九沢山谷型ナイフ形石器，畑宿産は下九沢山谷型ナイフ形石器と小形幾何形ナイフ形石器

に尖頭器が加わることを特徴として設定され，尖頭器を除くすべての石器群は石刃技法を技術基盤とした構造的な石器群と評価されたのである。

　相模野第Ⅳ期の特徴とされた形態Aのナイフ形石器は「下層より上層にしたがって（月見野Ⅰ遺跡 B1 下→同ⅢA 遺跡 B1 中→同Ⅱ遺跡 B1 上），徐々に幾何形へと変化している。それが相模野第Ⅴ期には，細石刃の出現とともに完全な幾何形を示す形態Fへと変化する」とし，幾何形ナイフ形石器が主体である月見野ⅣA遺跡は相模野第Ⅴ期の石器群として，一部尖頭器を主体とする石器群との並存が考えられたのである。

　武蔵野台地では武蔵野Ⅱb期の細分が提示され（織笠 1977），武蔵野Ⅱb期前半に位置づけられる石器群に対して，砂川期として捉えようとする認識が高まっていった（田中 1979）。

　こうした状況の中で，シンポジウム「ナイフ形石器文化の終末期の問題」が開催され，ナイフ形石器の小形化，幾何形化，砂川期と尖頭器の共伴などナイフ形石器文化終末期の抱え

るさまざまな問題が議論された。そこで，田中英司によって，武蔵野Ⅱb期前半に位置づけられる砂川遺跡，前原遺跡Ⅳ中などにナイフ形石器の概形や調整加工の部位などが共通するまとまりがあることを示し，こうした石器群に対して，「砂川期」という段階が設定された（田中1979）。また，織笠昭はナイフ形石器の終末の表現として使われるナイフ形石器の「小形化」「幾何形化」「細石器化」について学史を踏まえた検討を行い，小形幾何形ナイフ形石器や台形石器と呼ばれるものを切出形石器と捉えることによって，ナイフ形石器終末期を切出形石器（小形幾何形ナイフ形石器や台形石器）の増加という視点で捉えようとした（織笠1980）。

　鈴木次郎は砂川期の良好な石器群である栗原中丸遺跡第Ⅴ文化層の報告の中でも，相模野第Ⅳ期を4つにグループ分けし，寺尾遺跡第Ⅳ文化層や下九沢山谷遺跡第Ⅱ文化層など，打面を残す幅広の二側縁加工のナイフ形石器の一群を第1・第2グループと並行関係にある可能性を示した（鈴木1984）。

　筆者らは，このような砂川期の設定や相模野第Ⅳ期の細分に関する議論に対して，相模野第Ⅳ期はその技術基盤である「砂川型刃器技法」の有無をもって前半と後半に分けるべきであることを提唱した（諏訪間・堤1985）。そして，砂川期が設定されるのであれば，この技術基盤をもって設定されるべきで，尖頭器の共伴やナイフ形石器の大きさの問題はその中での変遷・細分にかかる次元の問題であると評価した。

　そして，相模野台地では，橋本遺跡第Ⅲ・第Ⅱ文化層（金山1984），下鶴間長堀遺跡第Ⅲ文化層（諏訪間ほか1984），同第Ⅱ文化層（中村1984），月見野遺跡群上野遺跡第Ⅵ文化層（諏訪間1986），同第Ⅴ文化層（伊藤1986），長堀南遺跡第Ⅴ～Ⅲ文化層（麻生1987a），代官山遺跡第Ⅴ・Ⅳ文化層（砂田1986），中村遺跡第Ⅴ・第Ⅳ文化層（伊藤1987）など，相模野第Ⅳ期の良好な石器群の報告が相次ぎ，これらを受けて多くの論文が発表される。鈴木次郎による相模野第Ⅳ期の構造的な理解（鈴木1986），白石浩之による相模野台地の茂呂型ナイフ形石器群の検討（白石1986）などによって，相模野台地の砂川期前後の石器群の様相が急速に整理されていく。白石は，この中で層位的な出土例と石材が非黒曜石→黒曜石が移り変わる点などを考慮し，砂川期に相当する石器群を三段階に変遷案を提示している。

　こうした研究動向の中で，筆者は，相模野台地の石器群を層位的な出土例の検討により12段階に区分し，相模野第Ⅳ期前半は段階Ⅵ石器群，同後半は段階Ⅶとして，それぞれ独立した段階の石器群として評価した（諏訪間1988）。ナイフ形石器文化終末期は，段階Ⅶ石器群として砂川型刃器技法の衰退した時期として認識し，黒曜石の高い保有率や打面残置の幅広二側縁加工ナイフ形石器や小形幾何形ナイフ形石器，中～小形尖頭器の増加などを特徴とする編年的位置づけを行った。

4 月見野期の設定と石器群の評価

こうした多くの報告と研究が蓄積され，ナイフ形石器文化後半から終末にかけての議論は，相模野台地の石器群によって語られることが多くなり，筆者の中では，砂川期＝相模野第Ⅳ期前半＝段階Ⅵという図式ができあがっていった。このころから，相模野第Ⅳ期前半という枠組みは多くの研究者もほぼ同じ認識をもつようになっており，研究のテーマは尖頭器の変遷に関する議論や（織笠1987，伊藤1988，諏訪間1989），相模野第Ⅳ期後半の石器群の検討（樫田1987，諏訪間1989）に移っていった。

その後しばらくの間，相模野第Ⅳ期に関する議論も少なくなっていたが，1995年，白石浩之によって，砂川期に後続する石器群を月見野期として設定し，砂川期との比較，さらに月見野期を三段階に細分する編年案が提示された（白石1995）。その三段階とは，第1段階：下九沢山谷遺跡第Ⅱ文化層，第2段階：月見野Ⅱ遺跡・中村遺跡第Ⅳ文化層・深見諏訪山第Ⅲ文化層，第3段階：寺尾遺跡第Ⅲ文化層・月見野ⅣA遺跡というもので（図44），1986年の論文で砂川期に位置づけていた月見野Ⅱ遺跡を月見野期の第2段階に変更して位置づけた。

一方，筆者は，段階Ⅶ石器群を黒曜石原産地の違いと石器群の様相の違いを結び付けグループ分けを行った（諏訪間1995a）。畑宿産黒曜石を用いる深見諏訪山グループは深見諏訪山遺跡第Ⅲ文化層，中村遺跡第Ⅳ文化層などの打面残置する幅広二側縁加工ナイフ形石器（ティアドロップ型ナイフ）を特徴とし，信州産黒曜石を用いる下鶴間長堀グループとして橋本遺跡第Ⅱ文化層，下森鹿島遺跡第Ⅱ文化層など尖頭器の保有量の多いことを指摘するとともに編年的な新旧については保留とした。

また，富樫孝志は，相模野第Ⅳ期後半の石器群を黒曜石の質によって三つにグループ分けした。Aグループは質の悪い黒曜石を使う深見諏訪山遺跡第Ⅲ文化層など，Bグループは良質の黒曜石を使う橋本遺跡第Ⅱ文化層・下鶴間長堀遺跡第Ⅱ文化層などとし，さらにCグループとして質の悪い黒曜石を主要石材とするが黒曜石の保有量の少なく，小形のナイフ形石器が主体となる石器群として，月見野上野遺跡第Ⅴ文化層を位置づけた（富樫1996）。

こうした該期のグループ分けは，1990年代に入り石材研究の進展，特に黒曜石産地分析の成果が蓄積されたことを背景としている。そして，鈴木次郎によって茂呂系二側縁加工ナイフ形石器の細別型式として「砂川型」「下九沢山谷型」「小形幾何形」が設定され（図46），この細別型式により当該期は4つのグループに整理された（鈴木1996）。

このように1990年代はナイフ形石器の形態（型式）組成や剝片剝離技術，石材構成（黒曜石原産地）などの検討によって主に編年研究を中心に進められてきたものと評価できる。近年になって，こうした方向とは別の視点からナイフ形石器文化終末期を捉えようとする動きが出てきた。

国武貞克は，武蔵野台地のナイフ形石器終末期を石材消費と石器の製作と廃棄のあり方か

第Ⅳ章　後期旧石器時代後半期の石器群

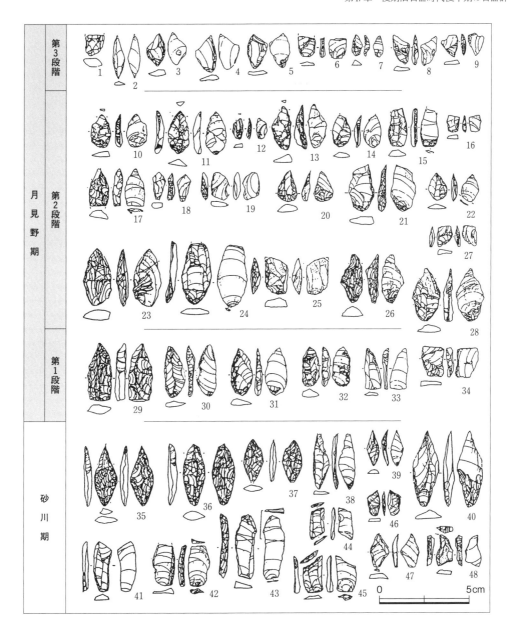

図 44　白石による砂川期と月見野期の細分（白石 1995）

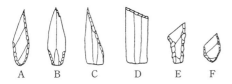

図 45　ナイフ形石器の形態分類模式図
　　　（矢島・鈴木 1976）

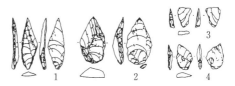

図 46　B1 層出土の二側縁加工のナイフ形石
　　　器の類型（鈴木 1996）

ら，遺跡の類別化を行い，「学史上段階内細別の根拠となってきた小形幾何学形のナイフ形石器や槍先形尖頭器の共伴その量的問題（白石1995）は，石器群ごとに違いの激しい該期の特徴の中に解消される可能性がある」とし，この時期における石器組成の変化を時間軸にあてはめるのではなく，各地点における活動内容の違いとして捉えた（国武1999）。また，鈴木尚史は相模野台地の砂川期・ナイフ形石器終末期石器群について尖頭器を中心に石材の「原料の消費の連鎖構造」を捉える視点から石器群の様相の違いは段階差とは評価しないとする（鈴木2003）。

5　砂川期とその前後の石器群の様相

上記で詳細に検討してきたナイフ形石器終末期をめぐる学史を踏まえて，ここでは相模野台地における砂川期とその前後の石器群をどのように捉えられるかを，筆者の段階区分に従い整理してみる（図47）。

(1) 段階V石器群

本段階は，相模野第Ⅲ期，武蔵野Ⅱa期，Ⅴ・Ⅳ層下部段階と位置づけられるものである。

層位は，B2L下部からB2U上面まで，武蔵野台地ではⅤ層からⅣ層下部，一部Ⅳ層中部までである。遺跡はB2L上部，Ⅳ層下部に最も多い。

主な石器群は，柏ヶ谷長ヲサ第Ⅸ文化層，同第Ⅷ文化層，上和田城山第Ⅳ文化層，上草柳遺跡第Ⅱ遺跡第Ⅱ文化層，代官山遺跡第Ⅶ文化層，上土棚遺跡第Ⅵ文化層，月見野ⅢC遺跡B2U，吉岡遺跡群等がある。

石器組成は，ナイフ形石器，角錐状石器，尖頭器，彫器，削器，掻器，錐器等がみられる。本段階はバラエティーの豊富な各種の切出形ナイフ形石器を主体とし，これに基部加工ナイフ形石器，角錐状石器，円形掻器がともなうことが特徴である。また，国府型ナイフ形石器が共伴する段階でもある。

石材組成は，黒曜石，ガラス質黒色安山岩，硬質細粒凝灰岩の三者が主体である。黒曜石は箱根畑宿産と伊豆柏峠産のものが主体となり，相模野台地では信州産黒曜石は層位的に新しい時期と考えられる月見野ⅢC遺跡や吉岡遺跡などにのみ認められる。ガラス質黒色安山岩は箱根産のもので占められる。チャートは武蔵野台地では最も多い石材であるが，相模野台地では少ない。

剝片剝離技術は，横長剝片剝離技術は主体で，打面転位を頻繁に行い，横長剝片を剝離するものや，上土棚遺跡や柏ヶ谷長ヲサⅨでは盤状剝片の一端から横長剝片を連続して剝離するいわゆる「盤状剝片石核」が少なからず確認されている（中村1989）。また，ICU Loc. 15

第Ⅳ章 後期旧石器時代後半期の石器群

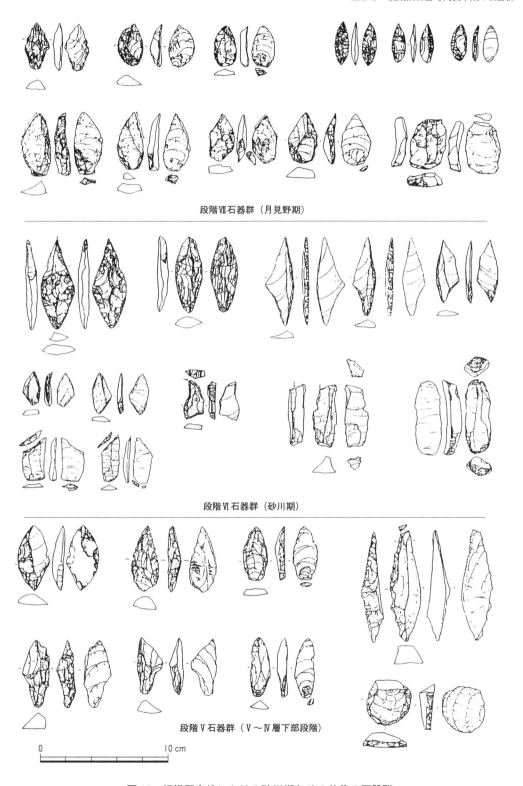

段階Ⅶ石器群（月見野期）

段階Ⅵ石器群（砂川期）

段階Ⅴ石器群（Ⅴ～Ⅳ層下部段階）

図 47 相模野台地における砂川期とその前後の石器群

遺跡で確認されたような，基部加工ナイフ形石器の素材となる先端先細りの縦長剝片を連続的に剝離する石核はまとまって認められない。むしろ，幅広で寸詰まりの縦長剝片を剝離するものが一般的である。

筆者は，国府型ナイフ形石器と角錐状石器の層位的な関係やナイフ形石器の形態の違いがⅤ層からⅣ層中部にかけて認められることは否定しないが，石器群を通時的に段階区分した場合は，切出形ナイフ形石器とその素材を作出する横長剝片剝離技術との強固な関係（構造）をもって本段階を設定しているので，現段階では同一段階として捉えるべきものと考えている。

(2) 段階Ⅵ石器群

本段階は，砂川期，相模野第Ⅳ期前半，武蔵野第Ⅱb期前半，武蔵野Ⅳ中〜上段階と位置づけられている。

層位は，L2からB1上部で，大部分の石器群はB1下底からB1下部にかけての20cm前後の層準に集中する。武蔵野台地ではⅣ層中位から上部を中心とする。同一遺跡内での層位的な出土事例は長堀南遺跡において確認されるが，石器群の内容に大きな違いはない。

主な石器群としては，月見野遺跡群上野遺跡第1地点第Ⅵ文化層，深見諏訪山遺跡第Ⅳ文化層，下鶴間長堀遺跡第Ⅲ文化層，長堀南遺跡第Ⅳ文化層・第Ⅴ文化層，月見野Ⅰ遺跡，栗原中丸遺跡第Ⅴ文化層，中村遺跡第Ⅴ文化層，橋本遺跡第Ⅲ文化層，下九沢山谷遺跡第Ⅲ文化層，下森鹿島遺跡第Ⅲ文化層，長堀北遺跡第Ⅵ文化層，宮ヶ瀬遺跡群中原遺跡第Ⅴ文化層，上原遺跡第Ⅴ文化層，南鍛冶山遺跡0410集中，本蓼川遺跡，大和市No.210遺跡，吉岡遺跡群D区等がある。

石器組成は，二側縁加工のナイフ形石器と部分加工のナイフ形石器を主体とし，基部加工のナイフ形石器，これに数点の尖頭器をともなうのが一般的なあり方である。尖頭器は男女倉型有樋尖頭器が特徴的である。また，いわゆる先刃式搔器，抉入状削器，小坂型彫器，上ヶ屋型彫器等の豊富な加工具を石器組成にもつことも特徴として挙げられる。石斧は橋本遺跡第Ⅲ文化層にのみ2点出土している。

石材は，硬質細粒凝灰岩，ガラス質黒色安山岩，チャート，黒曜石が多用される。尖頭器には信州産の黒曜石が多用される。彫器には硬質頁岩や赤玉石，黄玉石などが用いられることが多い。

剝片剝離技術は，「砂川型刃器技法」に代表されるような両設打面の石刃技法が主体である。これらは近在の石材である硬質細粒凝灰岩やチャートの円礫や亜角礫を素材としたもので，打面再生をくり返しながら石刃を剝離するものである。一方，南鍛冶山遺跡や本蓼川遺跡などでは，伊豆柏峠産黒曜石を素材とした単設打面石核の存在も認められる。柏峠産黒曜

石は原石の形状が角礫～亜角礫の状態で遺跡に搬入されていることが確認されている。

(3) 段階Ⅶ石器群

本段階は，月見野期，相模野第Ⅳ期後半，武蔵野第Ⅱb期後半と位置づけられている。

層位的にはB1上部からB1上面にかけての層厚20～30cmにわたって生活面が存在する。武蔵野台地ではⅣ層上面からⅢ層下部を中心とする。

主な石器群として，深見諏訪山遺跡第Ⅲ文化層，下九沢山谷遺跡第Ⅱ文化層，代官山遺跡第Ⅳ文化層，下鶴間長堀遺跡第Ⅱ文化層，月見野遺跡群上野遺跡第1地点第Ⅴ文化層，橋本遺跡第Ⅱ文化層，長堀南遺跡第Ⅲ文化層，寺尾遺跡第Ⅲ文化層，早川天神森遺跡第Ⅲ文化層，中村遺跡第Ⅳ文化層，台山遺跡第Ⅲ文化層などがある。

本段階は打面を残置する幅広の二側縁加工のナイフ形石器（下九沢山谷型）と小形幾何形ナイフ形石器が主体となり，二側縁加工のいわゆる茂呂型ナイフ形石器は小型化になる。彫器，削器，掻器，錐器等の加工具は極端に少なくなる。打面を残置する幅広の二側縁加工のナイフ形石器は下九沢山谷型として，認識されているものであるが（鈴木1996），信州産黒曜石を用いる下九沢山谷遺跡や橋本遺跡などと，畑宿産黒曜石を用いる深見諏訪山遺跡や中村遺跡ではナイフ形石器の長さや幅が異なる。石材の質による違いであろうが，注目すべき点である。

剥片剥離技術は前段階を特徴づける「砂川型刃器技法」に代表される両設打面の石刃・縦長剥片剥離技術は明確には認められず，90度の打面転位をくり返すものや，幅広で寸詰まりの縦長剥片を剥離するものになる。

石材は，多くの石器群が黒曜石を9割以上用いるというきわめて石材が偏った段階といえる。特に本段階を特徴づけるのは，箱根畑宿産の黒曜石を主体とする石器群で，深見諏訪山遺跡第Ⅲ文化層や中村遺跡第Ⅳ文化層などの多くの石器群があるが，信州産の黒曜石を主体とする石器群としては下鶴間長堀遺跡第Ⅱ文化層，橋本遺跡第Ⅱ文化層などもあり，複雑な様相を呈している。なお，信州産黒曜石は尖頭器製作に主眼がおかれている。

本段階の一般的な姿として，段階Ⅵにくらべて，尖頭器の石器組成に占める割合が高くなるといえるが，寺尾遺跡第Ⅲ文化層，台山遺跡第Ⅲ文化層等の尖頭器を含まない石器群も存在する。一方，尖頭器の比率がナイフ形石器を上まわるものとして下鶴間長堀遺跡第Ⅱ文化層，田名向原遺跡，根岸山遺跡などがあるが，これらは信州産黒曜石が主体の石器群である。

深見諏訪山遺跡第Ⅲ文化層や中村遺跡第Ⅳ文化層に認められる片面加工の尖頭器は，打面残置の幅広の二側縁加工のナイフ形石器と非常に形状が似ており，ナイフ形石器との一元的な製作による形態的親和性が指摘されているものである（樫田1987）。

本段階は月見野期として，位置づけられているが（白石1995），白石の月見野期の設定は

月見野Ⅱ遺跡を含んでおり問題がある。月見野Ⅱの詳細は明らかでないものの，二側縁加工ナイフ形石器と石刃技法の存在は明らかである。筆者は，月見野期はナイフ形石器終末期として，砂川型刃器技法などの石刃技法が認められない段階として設定すべきと考えている。また，近年設定された「月見野型槍先形尖頭器」(安蒜・小菅・島田 1999) についても，月見野遺跡群の正式報告が刊行されておらず，月見野ⅣA遺跡の文化層分離がいまだ明確になっていない時点での型式設定には問題があろう。月見野遺跡群は相模野台地における旧石器研究の原点である。一日も早い報告書の刊行を望みたい。

6 砂川期・月見野期をめぐる議論

　相模野台地における段階Ⅴ～段階Ⅶの石器群について概観した。段階Ⅴから段階Ⅵへの変遷は，これまで断絶する，繋がらない点が強調されてきた経緯がある。しかしながら，西井幸雄によって新屋敷遺跡や明花向遺跡などが，段階Ⅴに相当する石器群の末期に位置づけられるようになり，砂川期の石器群への繋がりが模索されるようになった (西井 1996)。相模野台地でもB2L上面からB2Uにかけて検出された石器群の中には，尖頭器が確実にともなう点や，信州産黒曜石の多用する点，ナイフ形石器の縦長指向性などを認めることができる。現段階では砂川期の成立に直接結びつけることはできないが，段階と段階を繋ぐ要素を抽出する作業を積極的に進めなければならない。

　続いて，砂川期の中での細分・変遷は，段階内での層位的な出土事例もわずかであることや，B1層の分層の困難な遺跡の存在などもあり，各遺跡の出土層位のみによって対比することは危険である。しかしながら，L2層からB1層下底部の石器群は硬質細粒凝灰岩やチャートなど在地石材が主体的であり，黒曜石が尖頭器関係以外には使われる例は少ない点は認められ，それが栗原中丸遺跡や月見野Ⅱ遺跡などのB1層中部から上部とされる石器群では黒曜石が増加する傾向が認められる。また，ナイフ形石器のサイズもこの石材の違いを反映させて大形から小形へと推移するようである。このことは段階内での変遷・細分の可能性を示すものといえるが，一方では，信州産を多用する上原遺跡や咳止橋遺跡などの層位的にもB1層下底部の石器群が存在することから，一概にいえない点も注意する必要がある。

　段階内の細分は，もう一度出土層位の確認とナイフ形石器のサイズや形態と石材との関係を洗い直す必要があり，現段階では明確な答えを用意することは難しい。まずは「砂川型刃器技法」と総称される石刃技法を技術基盤として，二側縁加工と部分加工のナイフ形石器が集中的に作られる石器群であるという枠組みを共有し，そこから次の石器群への変化を探る作業が必要である。

　続く，段階Ⅶへの変化は大局的にみれば，砂川型刃器技法とされる石刃技法の崩壊という技術基盤の変化により引き起こったものであろうが，現象として，尖頭器の石器組成に占め

表6　相模野石器群の AMS 年代と較正年代

宮ヶ瀬遺跡群 No.11 遺跡 L1S 層上面（n=4）	15,425 cal BP
吉岡遺跡群 B 区 L1H 層上部（n=2）	19,850 cal BP
用田バイパス関連遺跡群Ⅲ地区中央 L1H 層中部（n=3）	20,280 cal BP
福田丙二ノ区遺跡 B1 層上部（n=3）	21,350 cal BP
福田丙二ノ区遺跡 B1 層下部（n=10）	22,600 cal BP
用田バイパス関連遺跡群Ⅲ地区北 B1 層下部（n=6）	22,725 cal BP
宮ヶ瀬遺跡群 No.13, No.13C 遺跡 B1 層下部（n=3）	22,800 cal BP

る比率の増加や黒曜石の増加などが認められ，砂川期から大きく転換する。また，黒曜石の産地によっても箱根産はナイフ形石器，信州産は尖頭器というように黒曜石産地により器種の作り分けが認められ，石材による石器群の内容が異なっている。こうした点を直ちに時間的な序列として認めることはできず，尖頭器が狩猟具としての主体を占めることによる，行動論的な変化と無関係ではないであろう（国武1999）。

　近年，段階Ⅶの良好な石器群が複数地点で検出されている田名向原遺跡群の報告書が相次いで刊行され（麻生 1999・2001・2003），地点ごとにナイフ形石器や尖頭器の形態や組成の偏りが認められている。この地点による遺跡立地などの違いから，石器組成の相違が編年的な段階差であるのか，同一段階の遺跡の機能差であるのかは，遺跡に搬入される石材構成と石器製作の作業内容の違いを検討することによって明らかになるであろう。

　以上，相模野台地における砂川期・月見野期を中心に学史的検討を行ってきたが，該期石器群の複雑な様相の違いは何をもってどのように評価するのかによって大きく捉え方が異なってくる。田名向原遺跡群の報告書も刊行され，月見野遺跡群の石材の検討も進んできた（望月ほか 2003）。また，AMS 法による石器群の年代も明らかにされつつある（砂田 1999，御堂島 2001）。そのような意味でも，もう一度，該期の石器群の詳細で多角的な検討を行う条件はそろってきたといえる。

第2節
ナイフ形石器文化の終焉と尖頭器文化の成立

はじめに　南関東地方のナイフ形石器文化終末期については，1979年に開催された「ナイフ形石器文化終末期の諸問題」（神奈川考古同人会1979）をステップとして，今日までに数多くの論考が発表され，多角的な視点から検討が加えられている（鈴木1984・1986，白石1986，織笠1987a，樫田1987ほか）。

特に，相模野台地での良好な石器群の層位的な出土例を基に，ナイフ形石器文化終末期を含む前後の石器群の変遷が明らかにされてきており（鈴木1986，伊藤1987，織笠1987a，諏訪間1988ほか），これらは，ナイフ形石器の形態組成，尖頭器のあり方，加工具である掻器，削器，彫器，錐器のあり方，剝片剝離技術，調整加工技術まで含めた石器群の構造的な理解のうえに立脚しているものとして評価してよいであろう。

ところで，ナイフ形石器文化＝ナイフ形石器を主体とする石器文化とするならば，その終末期すなわちナイフ形石器を主体とする石器文化の終焉の実態は，かつて稲田孝司が指摘したように「尖頭器文化の出現」と「旧石器的石器製作の解体」（稲田1969）の関係をいかに構造的に理解するかという点にあるといえよう。

しかしながら，現在まで，尖頭器の出現に対する評価についても，現象面の把握から一歩踏み込んだ歴史的動態としての解明にまでは至っていないという状況にある。

本節では，この点をふまえ，層位的な出土例に恵まれ，かつ，量的にも質的にも充実した石器群が認められる相模野台地を中心に，ナイフ形石器文化の終焉と尖頭器文化の成立について検討を行うものである[1]。

1　ナイフ形石器終末期をめぐる評価　関東において岩宿遺跡の調査以降（杉原1956），茂呂遺跡（杉原・吉田・芹沢1959），市場坂遺跡（滝沢1962）の調査を契機としてナイフ形石器を中心とする本格的な編年研究が行われるようになる。そして，茂呂型，杉久保型，国府型といった各型式のナイフ形石器の存在によって地域色が論じられるようになる（芹沢1963）。このような研究の進展にともない，砂川遺跡の報告が発表される（戸沢1968）。この1次調査の報告では，ナイフ形石器自体の形態の検討によって，茂呂→砂川→市場坂といった編年案が提示される。ここでのナイフ形石器の

形態組成論はその後の編年研究の拠り所となるものとして評価される（白石1980，織笠1985）。

また，尖頭器の出現についても言及され，「ナイフ形石器から尖頭器へと発展の過程をとらえることは，切出し形のナイフ形石器を仲介とするかぎり，かなり現実性のあることである。」（戸沢1968）とし，切出形のナイフ形石器を介して尖頭器が成立したという仮説を提示した。戸沢の仮説は稲田孝司に受け継がれ，切出形石器をナイフ形石器の多様化の中で出現し尖頭器への器種的変革を担う石器として捉え，切出形石器→尖頭器の変遷を体係づけた[2]（稲田1969）。その後，月見野遺跡群の調査等によって切出形石器の編年的位置づけは逆転し，この仮説は否定されることとなったが，石器文化を構造的に捉えようとする視点はその後の研究に多大な影響を与えたのである。

旧石器時代研究は野川・月見野以後と学史的に位置づけられる1970年以後になると，遺跡の構造的な把握など，さらに多岐にわたって展開するが，特に層位的に重複する良好な石器群を基に編年研究は前進した（相模考古学研究会1971，小田・キーリー1973）。

相模野台地では月見野遺跡群の調査成果や，その後に相次いで調査された石器群を層位，石器群の構造的な捉え方によって第Ⅰ期から第Ⅴ期までの編年の体係化が行われた（矢島・鈴木1976）。

この中で相模野Ⅳ期は形態Aのナイフ形石器を主体とし，石器組成に新たに槍先形尖頭器が加わることを特徴として設定されている。槍先形尖頭器を除くすべての石器は石刃技法を技術基盤とした構造的な石器群として位置づけられ，槍先形尖頭器はその中に組み込まれない「構造外的存在である」[3]として評価された（宮塚ほか1974）。そして現在，ナイフ形石器文化終末期として捉えられている月見野ⅣA遺跡は相模野第Ⅴ期の中のナイフ形石器を主体とする石器群として位置づけられ，一部槍先形尖頭器を主体とする石器群との共伴関係が示された。

また，相模野第Ⅳ期の特徴とされた形態Aは「下層より上層になるにしたがって（月見野Ⅰ遺跡B1下→同ⅢA遺跡B1中→同Ⅱ遺跡B1上），徐々に幾何形へと変化している。これが，相模野第Ⅴ期には，細石刃の出現とともに完全な幾何形を示す形態Fへと変化する」とし，相模野第Ⅳ期内での形態的な変化は「構造の許容限度内の変化にすぎず，石刃技法を基盤とする第Ⅳ期の構造そのものを改変するもの」ではなく，形態Fの出現をもって「相模野第Ⅳ期の構造そのものを崩壊させ，新たな構造に改変」したと評価した。そして，その背景には，九州を中心とした西日本的な石器群の変遷の片鱗が相模野台地にも表われていることを示唆している。

続いて発表された論文では，対象地域を南関東へと広げ，先に相模野第Ⅴ期とされた月見野ⅣAは第Ⅴ期の槍先形尖頭器を主体とする石器群との層位差などを考慮し，第Ⅳ期終末として位置づけが変更されている（鈴木・矢島1978）。

一方，武蔵野台地では武蔵野第Ⅱb期とした石器群の細分が提示され（織笠1977），武蔵野

第Ⅱb期前半の石器群に対して，砂川期として捉えようとする認識が高まっていった（田中 1979）。

こうした中で，ナイフ形石器の小形化・幾何形化，砂川期と尖頭器の出現といったナイフ形石器文化終末期の抱えるさまざまな問題を検討する目的で，1979年に神奈川考古同人会主催のシンポジウム「ナイフ形石器文化終末期の問題」が開催されたのである。

鈴木・矢島は，相模野第Ⅳ期をナイフ形石器の形態組成や槍先形尖頭器の共伴関係から3グループに分けて整理された（鈴木・矢島 1979b）。

第1のグループは，層位的にはL2あるいはB1下底よりB1上層までで，砂川型刃器技法や本蓼川遺跡で顕著に認められた剝片剝離技術を基盤とし，形態Aを主体とする石器群として本蓼川遺跡L2，月見野Ⅰ遺跡B1下等を挙げている。第2のグループは砂川型刃器技法を基盤とする寺尾遺跡第Ⅳ文化層と幅広の縦長剝片剝離技術を主体とする下九沢山谷遺跡第Ⅱ文化層，月見野ⅢD遺跡B1を挙げ，ナイフ形石器が大形で幅広という点でまとめ，第1のグループとの時間的な併行関係にあるものとして捉えた。第3のグループは，石刃技法は例外的で小形幾何形ナイフ形石器を特徴とする石器群として月見野ⅣA遺跡B1上面，寺尾遺跡第Ⅲ文化層等を挙げ，層位的にB1上層あるいは上面に限定できるとした。

田中英司は，武蔵野第Ⅱb期前半の特徴的なナイフ形石器をもつ石器群に対して「砂川期」として設定した（田中 1979・1980）。これは，「従来極めて便宜的に用いられてきた，いわゆる『砂川期』を」，ナイフ形石器は優美な二側縁加工のものと，部分加工のものが組み合わさって認められること，尖頭器の共存しないことなどにより，一時期を画するものとして設定し直したものである。

また，織笠昭はナイフ形石器の終末の表現として使われている「小形化」「幾何形化」「細石器化」について検討を行った（織笠 1980）。これは学史的な検討を踏まえたうえで，武蔵野第Ⅱb期前半に対比される砂川遺跡等では，「少数の小形の例と多数のより大形の例とがある」とし，月見野ⅣA遺跡等の後半段階には「多数の小形の例と少数のより大形の例がある」とした。また，小形幾何形ナイフ形石器，台形石器といわれるものを切出形石器として捉えることによって，「大きなものが決して順々にだんだんと小さくなっていくということではなくて，もともとあった小さいものが量的にふえてくる」という切出形石器とナイフ形石器との量的な相関関係によってナイフ形石器文化終末期のあり方を理解しようとした。シンポジウムでは下九沢山谷Ⅱ等の打面を基部側に残置する幅広の二側縁加工のナイフ形石器も注意され，尖頭器の共伴やナイフ形石器の小形化・幾何形化といった問題と共にナイフ形石器文化終末期の複雑な様相も指摘された。

このような議論をとおして，シンポジウム以降は，ナイフ形石器文化終末期はいわゆる砂川期以降を指す表現として用いられることが多くなったが，一方，「ナイフ形石器文化終末期にあたる砂川期と砂川期以降」[4]と表現されているように，ナイフ形石器文化終末期を砂

川期まで含めて広く捉える考えもあり，研究者によっての捉え方が統一されていなかったようである。

　シンポジウム以後は新資料の増加もあって，研究が多様化する。鈴木次郎は栗原中丸遺跡の報告の中で，相模野第Ⅳ期の細分を行った（鈴木1984）。これは砂川期が尖頭器の共伴しないものであるという考えを受けたかたちで，第1段階は尖頭器の共伴が明らかでない段階として寺尾Ⅳ，前原Ⅳ中1，砂川等を挙げ，第2段階の尖頭器の共伴が明らかな栗原中丸Ⅴ等の段階と区分している。第3段階は小形幾何形ナイフ形石器を主体とし，「砂川型刃器技法」が存在しない段階として寺尾Ⅲ，月見野ⅣA等を挙げた。そして，もう一つのグループとして，打面残置する幅広の二側縁加工を主体とする下九沢山谷Ⅱ，深見諏訪山Ⅲ，多聞寺前Ⅳ上等を挙げ，第1・第2段階の石器群との時間的な併行関係にある石器群として捉えられる可能性を示した。

　このような砂川（型式）期の設定や相模野第Ⅳ期の細分に対して，筆者等は相模野第Ⅳ期をその技術基盤である砂川型刃器技法の有無をもって前半と後半に分けるべきであることを提唱した（諏訪間・堤1985）。そして，砂川期を設定するのであれば，この技術基盤をもって設定するべきで，尖頭器の共伴やナイフ形石器の大きさの問題はその中での変遷・細分にかかわる次元の問題であると評価した。

　これ以後，現在までに，下鶴間長堀遺跡，月見野遺跡群上野遺跡第1地点，代官山遺跡，中村遺跡，長堀南遺跡等の良好な石器群が詳細な検討をへて報告されている。これらの資料を基に，ナイフ形石器文化終末期や尖頭器文化の変遷等についても多角的な検討が行われている状況にある。

　特に鈴木による相模野帯Ⅳ期の構造的な理解や（鈴木1986），樫田による深見諏訪山遺跡第Ⅲ文化層の検討（樫田1987），織笠昭による尖頭器文化としての理解（織笠1987a）など多くの論文が提出されている。このように，相模野台地のナイフ形石器文化終末期の研究は，資料の増加にともなって，細分が提示されるようになって（鈴木・矢島1979b，鈴木1984，諏訪間・堤1985），独立した段階として評価され（諏訪間1988），尖頭器（文化）の検討（織笠1987a・伊藤1988）と相互補完しながら，より研究の深化が図られようとしている状況にあるといえよう。

2　相模野台地のナイフ形石器文化終末期の様相

　筆者は，相模野台地における旧石器時代から縄文時代草創期（石鏃出現以前）までの石器群を層位的出土例の検討と，特定の器種（形態）の出現によって12の段階的な変遷を把握している（諏訪間1988）。

　この中でナイフ形石器文化の終末期を，ナイフ形石器およびその他の器種を製作する技術

基盤が石刃技法でなくなることと，尖頭器が量的に増加する点を重視して，段階Ⅶ石器群に限定して考えている。この段階Ⅶの石器群は，これまで相模野第Ⅳ期後半として位置づけられていたものだが（諏訪間・堤 1985），前後の石器群との構造的な差を積極的に評価し，石器文化のひとつの過程（段階）として捉えたものである。

この考えによって，前段階の段階Ⅵ石器群はナイフ形石器文化として最も安定・充実した段階，そして，後出する段階Ⅷを尖頭器文化として捉えることが可能である。

さて，筆者がナイフ形石器文化終末期として捉える段階Ⅶの石器群はどのような様相であるのか，前後の石器群と比較する中で検討してみよう。

(1) 段階Ⅵ石器群

層位は L2 から B1 上部にかけての層厚 60cm～1m にわたって生活面が存在する。大部分の石器群は B1 下底から B1 下部にかけての 20cm 前後の層準に集中する[5]。

主な石器群としては，月見野遺跡群上野遺跡第1地点第Ⅵ文化層（諏訪間 1986），深見諏訪山遺跡第Ⅳ文化層（諏訪間 1988），下鶴間長堀遺跡第Ⅰ文化層（諏訪間ほか 1984），長堀南遺跡第Ⅳ文化層・第Ⅴ文化層（麻生 1987），月見野Ⅰ遺跡（月見野遺跡群調査団 1969），月見野Ⅱ遺跡（月見野遺跡群調査団 1969），栗原中丸遺跡第Ⅴ文化層（鈴木 1984），中村遺跡第Ⅴ文化層（伊藤 1987），橋本遺跡第Ⅲ文化層（金山・土井・武藤 1984），下九沢山谷遺跡第Ⅲ文化層（中村 1979）など多くの石器群が検出されている。

石器組成はナイフ形石器（図 48―26～36），尖頭器（図 49―20～23），掻器，削器，彫器，錐器，石斧，敲石，磨石等ほとんどの器種がそろっている。

尖頭器はナイフ形石器とくらべて非常に少なく，1～数例を数えるにすぎず，きわめて客体的なあり方を示している[6]。また，寺尾Ⅳ，下九沢山谷Ⅲ，長堀南Ⅴ等ともなわない石器群もある。

形態的には両面加工（20・21・22），半両面加工，片面加工（23）の三者が存在するが，両面加工が最も多い。大きさについては，7cm を超える大形のものはなく，ほとんどが 4～6cm の中形品が中心である。また，器体の先端に樋状剝離（ファシット）を有する深見諏訪山型尖頭器が特徴的に存在する（20・21・22）。この尖頭器は原則として器体の左側縁に樋状剝離（ファシット）が施されるもので，東内野型尖頭器とは区別されるものである（諏訪間 1988）。

これらの尖頭器の石材には黒曜石が多用される。また，単独の個体別資料が用いられることが多く，ナイフ形石器の使用石材とは基本的に識別される。しかし，下鶴間長堀Ⅲ，中村Ⅴではナイフ形石器と個体の共有が確認されており，尖頭器製作にかかわる資料も存在することから，これまで「構造外的存在」であった尖頭器は石刃技法の中に取り込まれている可

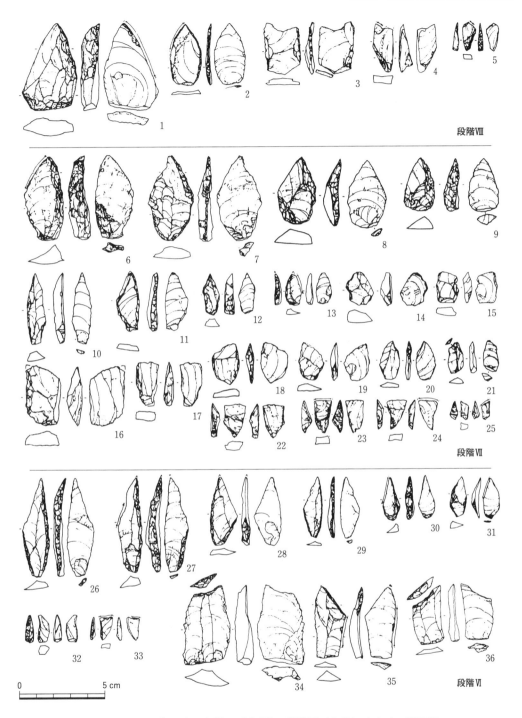

図 48　段階Ⅵ（下段）・段階Ⅶ（中段）・段階Ⅷ（上段）のナイフ形石器
（1～5 中村Ⅲ，6・7・22～25 中村Ⅳ，10～15 月見野上野1－Ⅴ，8・9・16～21 深見諏訪山Ⅲ，26～36 中村Ⅴ）

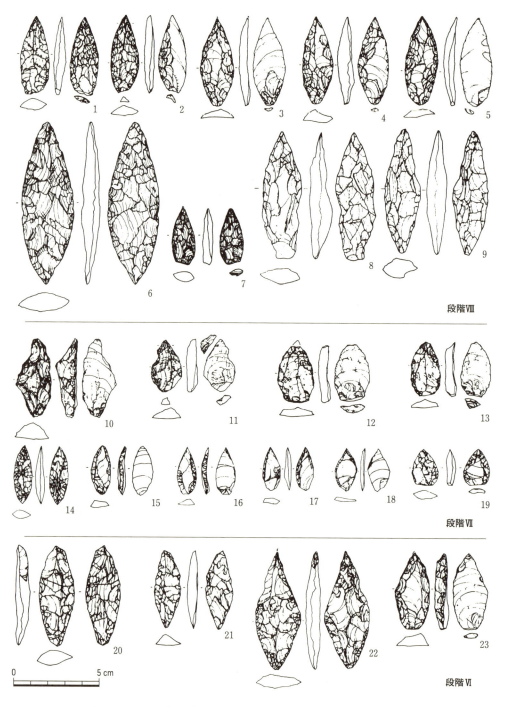

図49 段階Ⅵ（下段）・段階Ⅶ（中段）・段階Ⅷ（上段）の尖頭器
（1～5中村Ⅲ，6・7月見野上野・1－Ⅴ，8・9寺尾Ⅱ，10～13中村Ⅳ，
14～19下鶴間長堀Ⅱ，20・21深見諏訪山Ⅳ，22・23中村Ⅴ）

能性があったものとして注意したい。

　ナイフ形石器は石刃ないし石刃状の整った縦長剥片を素材とし，器体の二側縁に調整加工を施したもの（26～31），同様の素材をもとに器体の先端部に斜めに調整加工を施した部分加工（34～36）の両者を主体とする。数量的には下鶴間長堀Ⅲでは254点，栗原中丸Ⅴでは219点，中村Ⅴでは220点と多くのナイフ形石器が検出されているが，後者が前者を上まわる比率で出土している。

　二側縁加工のナイフ形石器のうち鋭い先端をもち，器体の半分までを刃部とする4～5cm大のやや大形のものが特徴的であるが（26・27），これよりやや小さい3～4cm大のものが量的には最も多く（28・29），3cm前後の小形のものも少なからず存在することは注意しなければならない（30・31）。数量的には少ないものの，2cm前後の小形のナイフ形石器も存在している（32・33）。一側縁加工，基部加工は存在するものの不安定なあり方を示している。

　加工具は豊富で，石刃の端部に調整加工を施したいわゆる先刃式掻器，石刃の二側縁にノッチ状に調整加工を施す削器，小坂型彫器や上ヶ屋型彫器といった定形化した石器が安定して存在する。

　石斧は橋本Ⅲに2例認められるが，相模野台地以外でも類例がない。

　石材は硬質細粒凝灰岩が多用される。また，黒曜石，安山岩，チャートも使われる。黒曜石はナイフ形石器においては半分以下，尖頭器においては7割を超える。剥片剥離技術は「砂川型刃器技法」（戸沢1968）に代表される石刃技法が主体となる。楕円形礫を素材として，上下両端に打面が設定される。180度打面転位を基本としてまれに90度打面転位も認められる。打面調整，打面再生を行い剥離角度を調節している。

（2）段階Ⅶ石器群

　層位的にはB1上部からB1上面にかけての層厚20～30cmにわたって生活面が存在する。

　主な石器群として，深見諏訪山遺跡第Ⅲ文化層（樫田1987），下九沢山谷遺跡第Ⅱ文化層（中村1979），代官山遺跡第Ⅳ文化層（砂田1986），下鶴間長堀遺跡第Ⅱ文化層（中村1984），月見野遺跡群上野遺跡第1地点第Ⅴ文化層（伊藤1986），橋本遺跡第Ⅱ文化層（金山・土井・武藤1984），長堀南遺跡第Ⅲ文化層（麻生1987），寺尾遺跡第Ⅲ文化層（白石1980），早川天神森遺跡第Ⅲ文化層（鈴木1983），中村遺跡第Ⅳ文化層（伊藤1987），台山遺跡第Ⅲ文化層（麻生1988）などがある。

　石器組成はナイフ形石器（図48―6～25），尖頭器（図49―10～19），掻器，削器，錐器，彫器，使用痕を有する剥片，加工痕を有する剥片，敲石，磨石，剥片，石核等によって構成される。

ナイフ形石器と尖頭器の比率は遺跡によってかなり異なった様相を呈している[7]。

ナイフ形石器のみの石器群として寺尾Ⅲ，台山Ⅲ，尖頭器の比率がナイフ形石器を上まわるものとして下鶴間長堀Ⅱがある。

尖頭器は両面加工（14）と片面加工（10～13・15・16・18），半両面（17・19）の三者が認められる。

深見諏訪山Ⅲや中村Ⅳに認められる片面加工のものは，打面残置の幅広の二側縁加工のナイフ形石器（6～9）と非常に形状が似ている特徴的なものである。樋状剝離（ファシット）を有する尖頭器は，下九沢山谷Ⅱ，代官山Ⅳに認められるが，前段階ほどの普遍性をもって存在しているとはいいがたい。

ナイフ形石器は平面形がティアドロップ形を呈し，打面を残置させる幅広の二側縁加工のもの（6～9），素材を横位に用い，折断を行ったのち調整を施し台形や切出状あるいは三角形等の形状となる，いわゆる小形幾何形を呈するもの（14～25），いわゆる茂呂型ナイフ形石器の範疇に入る二側縁加工のもの（10～12）の三者が特徴的に認められる。

また，器体の先端部を斜めに調整加工が施される部分加工のナイフ形石器はほとんど認められない。

ナイフ形石器，尖頭器以外の石器は貧弱で，搔器，削器，彫器，錐器等の加工具は少なく，定形的なものはない。

石材は黒曜石が9割以上あるいは，すべてを占めるという石器群も認められる。その中でも箱根産の黒曜石を多用する傾向が認められる。この石材と打面を残置させる幅広の二側縁加工のナイフ形石器は強い結びつきが認められる。黒曜石以外は硬質細粒凝灰岩やチャートも比較的多い。

剝片剝離技術は，段階Ⅵで主体的であった「砂川型刃器技法」に代表される石刃技法は認められなくなり，幅広で寸詰まりの縦長剝片を剝離する技術が主体になる。石材が黒曜石は，角礫が多く，硬質細粒凝灰岩やチャートなどでは円礫を用いる。打面調整や打面再生はあまり顕著ではなく，90度や180度の打面転位を頻繁に行う。したがって，残核には3面以上の打面が残されるものが多い。

(3) 段階Ⅷ石器群

L1H層中30～40cmにわたって生活面が存在する。

主な石器群としては，中村遺跡第Ⅲ文化層（伊藤1987），月見野遺跡群上野遺跡第1地点第Ⅳ文化層（相田1986），寺尾遺跡第Ⅱ文化層（白石1980），月見野ⅢA遺跡（月見野遺跡群調査団1969），同ⅢD遺跡（月見野道跡群調査団1969），同ⅣA遺跡（月見野遺跡群調査団1969），月見野遺跡群上野遺跡第3地点（相田1986）等多くの石器群が検出されている。

石器組成は尖頭器（図49-1〜9），ナイフ形石器（図48-1〜4），錐器，彫器，削器，掻器，加工痕を有する剝片，磨石，敲石，剝片，石核等によって構成される。

　尖頭器は両面加工（1・6〜9），半両面加工（2・4），片面加工（3・5）とあるが，両面加工のものが多いようである。大きさのバラエティーは顕著で，特に7cmを超える大形品が登場する。尖頭器の石材は前段階では圧倒的多数を占めた黒曜石は激減し，代わって安山岩，チャートが主体を占める。

　ナイフ形石器は各石器群に数点認められるが，これらは幾何形や台形を呈し，剝片の一端に調整加工を施したもので，定形的なものはほとんど認められない。ブランティング・トゥールとしてナイフ形石器と分類しているだけのものや，出土状況により共伴の積極的な根拠に欠けるものである。

　削器は大形の剝片を素材としたもので，比較的多く検出されているが，その他の加工具である掻器，彫器，錐器は各々存在するもののその数は少ない。段階Ⅵにみられるような，定形的なものは存在しない。

　石材は安山岩，チャート，硬質細粒凝灰岩が多用される。段階Ⅶにみられるような黒曜石の高い使用頻度はなく，比較的入手しやすい在地系の石材が多いといえる。

　剝片剝離技術は，目的とする尖頭器の大ききよりやや大きな剝片を剝離するための剝片剝離技術であると考えられる。大形の礫を素材として大形の剝片が剝離されたものと理解される。しかし，遺跡内で素材である剝片を剝離した状況を示す事例が少なく，遺跡に搬入される石材は大形の剝片としてすでに加工した状態であることが多いと考えられる。

3　ナイフ形石器の変遷

　これまで段階Ⅵから段階Ⅷまでの石器群を概観してみた。つづいて各段階のナイフ形石器の特徴と製作技術を抽出し，その変遷について検討を行ってみたい。

　まず，段階設定の根拠となった層位的出土例をみてみよう。

　3段階すべての石器群が検出されている重層遺跡は，月見野遺跡群上野遺跡第1地点，中村遺跡，寺尾遺跡の3遺跡がある。段階Ⅵと段階Ⅶの重複が認められる遺跡としては，先の3遺跡以外に深見諏訪山遺跡，橋本遺跡，下九沢山谷遺跡，下鶴間長堀遺跡，長堀南遺跡など比較的多くの遺跡で確認されている。

　同一段階での層位的な出土例は，段階Ⅵの長堀南遺跡でのL2中部（第Ⅴ文化層）とB1下底（第Ⅳ文化層），段階Ⅶでは代官山遺跡のB1上半部（第Ⅳ文化層）とB1中部（第Ⅴ文化層）の2例があるのみで，同一段階での重複はきわめて少ないと考えられる[8]。

　中村遺跡，月見野遺跡群上野遺跡第1地点，寺尾遺跡での層位的出土例は，ナイフ形石器の変遷を考えるうえで最も有効な資料である。

段階Ⅵにおいては，二側縁加工のナイフ形石器と部分加工のナイフ形石器が主体となっている。これは，砂川型刃器技法という石刃を効率的に剝離する技術基盤を背景にしていることが理解できよう。

二側縁加工のナイフ形石器は茂呂型ナイフ形石器といわれる型式であるが，小形のものも存在していることから，同一型式での大きさ（長さ）の組み合わせが存在していたとみるべきであろう。

また，小形幾何形ナイフ形石器も少ないながら存在している。

段階Ⅶになると深見諏訪山Ⅲ等に特徴的であったティアドロップ形を呈する幅広の二側縁加工のナイフ形石器が登場する[9]。このナイフ形石器は，これまでのナイフ形石器には存在しないきわめて特徴的な形態とそれを支える技術的な背景をもっている。それは，幅広で寸詰まりの縦長剝片剝離技術との強固な結びつきを示すものとして捉えられ，尖頭器との強い相関関係も認められる。特に，平面形はもとより，尖頭器に施される面的な調整加工さえこのナイフ形石器には適応されているのである。

そして，段階Ⅵにおいて少ないながらも存在していた小形幾何形のナイフ形石器は量的に増加し，ナイフ形石器の形態組成の中で重要な位置を占めるようになる。

また，大形の茂呂型ナイフ形石器はなくなり，小形の茂呂型ナイフ形石器を組成とするにとどまる。

段階Ⅷになると，尖頭器を主体とする石器群として転換する。ナイフ形石器は少量共伴するものと思われるが，定形化したものはない。

前段階までは遺跡内に原石あるいは石核素材をもち込み，目的的剝片を剝離し，それを素材に調整加工を施し，目的とするナイフ形石器等を製作するといった一連の作業工程が認められたが，本段階は尖頭器製作技術の柔軟性から，尖頭器の大きさに見合う剝片や礫があればどのようにでも適応することができるという技術をもったといえる。

尖頭器以外の石器は削器，錐器等少量の加工具が認められるだけで，石器組成としてはきわめて単純な様相を示している。

以上がナイフ形石器文化終末期を含む前後の石器群のナイフ形石器とその石器製作技術のあり方である。

そこにはナイフ形石器の形態組成上で，二側縁加工＋部分加工→幅広二側縁加工＋小形幾何形→小形幾何形の変遷を追うことができる。そして，この変遷は尖頭器の形態の変化やナイフ形石器との量的な比率，黒曜石の大量使用などの石材の変遷によっても裏づけられるものである。

4 ナイフ形石器文化の終焉と尖頭器文化の成立

さて，相模野台地におけるナイフ形石器文化終末期とその前後3段階のナイフ形石器の変遷を追ってみた。

この3段階はナイフ形石器の発達する段階（段階Ⅵ），ナイフ形石器の衰退する段階（段階Ⅶ），尖頭器が発達しナイフ形石器が消滅する段階（段階Ⅷ）として，ナイフ形石器文化から尖頭器文化へと変遷する過程（段階）を表わしているものといえる。

その中で段階Ⅶ石器群は，尖頭器の出現（段階Ⅵ）から尖頭器文化の成立（段階Ⅷ）へ，客体（構造外）的な存在から主体的存在になるといった過渡期的な位置づけができる。

このような視点からみれば，尖頭器文化は段階Ⅶにおける深見諏訪山Ⅲ，中村Ⅳ等での尖頭器とナイフ形石器の製作基盤の一体化をへて成立するとみることができよう。

すなわち，この製作基盤の一体化は，尖頭器製作における面的な調整加工技術がナイフ形石器製作において受容された結果とみることができる。

段階Ⅵにおいては石刃を素材とする強固な石器製作体系の確立によって，尖頭器製作技術体系への急激な変更はできなかったが，段階Ⅶにおける尖頭器製作とナイフ形石器製作の一体化は，素材を限定しない幅広い石器製作の適応範囲をもつことが可能になり，その結果，母岩から入念な石核調整を施し，打面調整，頭部調整等多くの準備工程を必要とした砂川型刃器技法は必要なくなったと説明できよう。これが段階Ⅶにおいて石刃技法が存在しなくなることの理由である。

そして，段階Ⅷの尖頭器製作のあり方は，これまでの石刃や縦長剥片などの素材重視のナイフ形石器製作体系とは異なり，素材に限定されない調整加工中心の石器製作体系の確立とみることができ，ここに「旧石器的石器製作が解体」として歴史的に評価することができよう。

まさしく，段階Ⅷ石器群は，ナイフ形石器文化が終焉し，尖頭器文化が成立したことを表わしているといえよう。

尖頭器文化の成立は，長い時間続いた，剥片剥離技術と目的的剥片（素材）と製作器種の三者がきわめて強い結びつきをもっていた，いわば，剥片剥離技術主導の石器製作体系が終わり，素材の限定のない，調整加工主導の石器製作体系が確立した状況と歴史的に評価することができる。

註
1）本節は1988年10月29・30日に開催された近畿旧石器交流会主催のシンポジウム「ナイフ形石器文化終末期の諸問題」において筆者が発表した「相模野台地におけるナイフ形石器文化終末期の諸問題」を基にしている。

2）稲田の論文は「従来の研究を批判し，石器群を構造的に把握することによって，旧石器時代文化を合法則的な発展過程として捉えようという視点と方法を提示した」（鈴木・矢島1978），「歴史的人間，労働力の進展，その背景にある労働用具の進化を至るところに介在させて，先土器時代文化を構造的に把握した」（白石1971）と評価されるとともに，「依拠した石器群が必ずしもその視点と方法とに十分こたえ得ないものであったこと，そして，そうした石器群の編年的な位置づけに誤りのあった」（鈴木・矢島1978）と批判されている。具体的に示されたナイフ形石器→切出形石器―尖頭器という変遷は月見野遺跡群の調査によって否定されている。

3）この尖頭器の構造外的存在という評価は，白石浩之の角錐状石器を尖頭器の初源形態とする意見と対立し，つねに尖頭器の出現問題を論じる際には重要な視点となっていく。

4）『神奈川考古』8号「シンポジウムを終えて」

5）B1層の場合はその暗色度が弱い場合があり，これらの遺跡での文化層設定には問題を含んでいる。したがって，B1中部やB1上部とされている石器群については，B1層中のどの部分に位置するのかは明確でない場合もあるといえないだろうか。

6）織笠昭は，前後の段階における加工具のあり方と尖頭器の形態・石器組成に占める割合などから，「動物質食料と植物質食料がともに重要な役割を担っていたことを類推させる。そうした状況の中で，新たな狩猟具が量的にも拡大することに無理があったのではあるまいか」（織笠1987）とし，本段階における尖頭器の客体的なあり方の背景を説明している。

7）ナイフ形石器の形態組成と尖頭器の形態組成の偏りによって，石器群の様相の異なりが指摘されている（鈴木1986，樫田1987）。鈴木は本段階（相模野第Ⅳ期後半）を，形態Aを主体とする石器群と形態Eを主体とする石器群，そして形態Aと形態Eの双方を多くもつ石器群の三者に分けている。また，樫田は槍先形尖頭器とナイフ形石器の製作過程の差異などによって3つのグループに分けて整理している。

　これらの異なった内容をもつ石器群は，層位的な前後関係を見いだすことはできず，同一の段階に存在していた可能性を示すものとして捉えられる。しかし，このことは調査者であるわれわれには層位的に分離ができないだけということも考えられ，わずかではあるが時間的な差があった可能性も考慮しなくてはならず，今後の課題である。

8）長堀南例も代官山例も，層位的にも石材やナイフ形石器のあり方から積極的に分離する根拠はないと考えられる。したがって，同一段階での層位的な出土例はほとんどないといってもよいであろう。今後，同一段階での重複が認められる場合は十分な検討を行ったうえで提示すべきであろう。

9）鈴木次郎によって「もう1つのグループ」として（鈴木1984），伊藤恒彦によって「伝統的構造外」（伊藤1987）として評価されている。この打面を残置させる幅広の二側縁加工のナイフ形石器は，その形態のみにとどまらず使用石材のほとんどが箱根産の黒曜石を用いているという，きわめて特徴的で斉一性が認められる。そしてその広がりは，相模野台地を中心に，武蔵野台地では明治大学和泉校地遺跡，東京天文台構内遺跡Ⅳ上，鈴木遺跡Ⅳ上等，大宮台地では明花向遺跡，下総台地では復山谷遺跡Ⅰ層等比較的広範囲にわたって認められる。また，箱根西麓の各遺跡や愛鷹山麓の尾上イラウネ遺跡などにも認められる。また，箱根産黒曜石の原産地に近い箱根芦の湯・朝日遺跡（坂詰1967）ではまとまって存在する。このようにみる時，黒曜石原産地である箱根を中心とした一帯とのかかわりの中で本石器群が成立したとみることも予想できよう。

第3節
相模野台地における尖頭器石器群の変遷

|はじめに| 相模野台地は，良好な石器群の層位的な出土例が増加したことによって，石器群の細かな変遷が最も明らかになっている地域である（鈴木・矢島1978，諏訪間1988）。特に尖頭器については豊富な層位的出土例を基に，ナイフ形石器や細石刃等の共伴の有無や前後関係が捉えられ，さらにはそれらの型式的な検討をふまえることによってその変遷が明らかにされている。こうした相模野台地の層位的な出土事例を基に，尖頭器をともなう石器群を検討したものには次の論文がある。

　栗島義明　　1986　槍先形尖頭器石器群研究序説―中部日本における地域的様相の把握―
　織笠　昭　　1987　相模野尖頭器文化の成立と展開
　伊藤恒彦　　1988　相模野台地の2種類の尖頭器石器群
　中村喜代重　1988　相模野台地における槍先形尖頭器の出現について
　白石浩之　　1989　旧石器時代の石槍―狩猟具の進歩―
　鈴木次郎　　1989　相模野台地における槍先形尖頭器石器群

　これらを筆者の石器群の段階的変遷観に照らせば（諏訪間1988），栗島論文は段階Ⅴ～段階ⅩⅠまで，織笠論文は段階Ⅵ～段階Ⅷまで，伊藤論文は段階Ⅴ～段階ⅩⅠまで，白石論文は段階Ⅵ～段階ⅩⅠまで，鈴木論文は段階Ⅵ～段階ⅩⅡまでを取り扱っている。

　これらを石器群ごとに並べて比較してみると表7のとおりである。

　これらの変遷案は，層位的出土例を中心に共伴石器の検討を加えた段階的な捉え方をしているために，概ねでは一致しているものと判断できる。しかし，細部に至っては微妙な差異が認められ，個々の石器群の評価は一様ではなく問題点も多い。

　ここで特に問題となる点は，第1点として，尖頭器の発生と角錐状石器の問題，第2点として，尖頭器文化とは何をもって規定するのかという石器文化を考えるうえでの基本的な問題，第3点は，細石刃文化の出現の歴史的評価と尖頭器文化の連続性の問題がある。

　こうした点は相模野台地を含む広く関東・中部の尖頭器文化を考えるうえでも避けて通れない問題であり，筆者の考えを提示してみたい。

表7　相模野台地の尖頭器石器群の時期区分対比表

層位	主要石器群	諏訪間 1988	栗島 1986	織笠 1987a	伊藤 1988	鈴木 1986	白石 1989a
FB							
漸移層	◀上野1-Ⅰ	Ⅻ				6	
L1S	◀上野1-Ⅱ ◀城山Ⅰ	Ⅺ	5			6	5
B0	◀上草柳1-Ⅰ 上野1-Ⅲ ◀城山Ⅱ ◀代官山Ⅲ	Ⅹ Ⅸ	4		5	4	4
L1H	◀月見野ⅣA ◀中村Ⅲ 上野Ⅳ 寺尾Ⅱ	Ⅷ		3	4	3	3
B1	◀諏訪山Ⅲ 中村Ⅳ 上野Ⅴ ◀代官山Ⅴ ◀栗原中丸Ⅴ	Ⅶ	3	2	3	2	2
	諏訪山Ⅳ ◀長堀Ⅲ 中村Ⅴ	Ⅵ	2	1	2	1	1
L2	◀本蓼川？		1		1		
B2U	◀下九沢山谷Ⅳ						
B2L	◀上草柳2Ⅱ ◀長ヲサⅨ ◀長ヲサⅩ	Ⅴ					
L3	◀長ヲサⅪb SIS AT ◀寺尾Ⅵ	Ⅳ					
B3							

1 相模野台地における尖頭器出現以降の石器群の変遷

筆者は相模野台地における旧石器時代から縄文時代草創期（石鏃出現以前）までの石器群を，層位的出土例の検討と特定の器種（形態）の出現によって，Ⅰ～Ⅻの段階的な変遷を把握している（諏訪間1988）。まず，相模野台地における尖頭器の様相について検討するにあたって，尖頭器が共伴したとされる段階Ⅴ石器群以降の石器群の変遷について尖頭器を中心に概観する。

(1) 段階Ⅴ石器群

層位はB2L下部からB2U上面にかけての層厚80cmから1mにわたって生活面が存在する。

主な石器群としては，柏ヶ谷長ヲサ遺跡第Ⅸ文化層（諏訪間1983b），上和田城山遺跡第Ⅳ文化層（中村編1979），上草柳第2地点遺跡第Ⅱ文化層（中村・服部1984），代官山遺跡第Ⅶ文化層（砂田1986），上土棚遺跡（月見野遺跡群調査団1969）等がある。

本段階は切出形ナイフ形石器（図50—91～93）を主体とし，これに基部加工ナイフ形石器（94・95），角錐状石器（86・87），それに円形掻器（98）がともなうことを特徴とする石器群である。また，国府型ナイフ形石器（90）が共伴する段階でもある。

本段階で尖頭器といえるものは，柏ヶ谷長ヲサⅨと下九沢山谷Ⅳに存在する。柏ヶ谷長ヲサⅨ（図51—5・6）のものは片面加工のものである。これらは角錐状石器や国府型ナイフ形石器，切出形ナイフ形石器，基部加工ナイフ形石器等と共に出土している。

この尖頭器は角錐状石器が甲高で鋸歯状の調整加工であるのに対し，比較的薄く面的な調整加工によって作り出されている。下九沢山谷Ⅳ（図51—1・2）は柏ヶ谷長ヲサ例よりもより面的な調整加工が顕著で，1は素材面の一部を残すものの半両面に平坦な調整加工を施したもので，2は上半部を欠損しているが，両面加工の尖頭器である。

(2) 段階Ⅵ石器群

層位はL2からB1上部にかけての層厚60cm～1mにわたって生活面が存在する。大部分の石器群はB1下底からB1下部にかけての20cm前後の層準に集中する。

主な石器群としては，月見野遺跡群上野遺跡第1地点第Ⅵ文化層（諏訪間1986），深見諏訪山遺跡第Ⅳ文化層（諏訪間1983c），下鶴間長堀遺跡第Ⅲ文化層（諏訪間ほか1984），長堀南遺跡第Ⅳ文化層・第Ⅴ文化層（麻生1987a），月見野Ⅰ遺跡（月見野遺跡群調査団1969），栗原中丸遺跡第Ⅴ文化層（鈴木1984），中村遺跡第Ⅴ文化層（伊藤1987），橋本遺跡第Ⅲ文化層（金山・土井・武藤1984），下九沢山谷遺跡第Ⅲ文化層（中村1979）等がある。

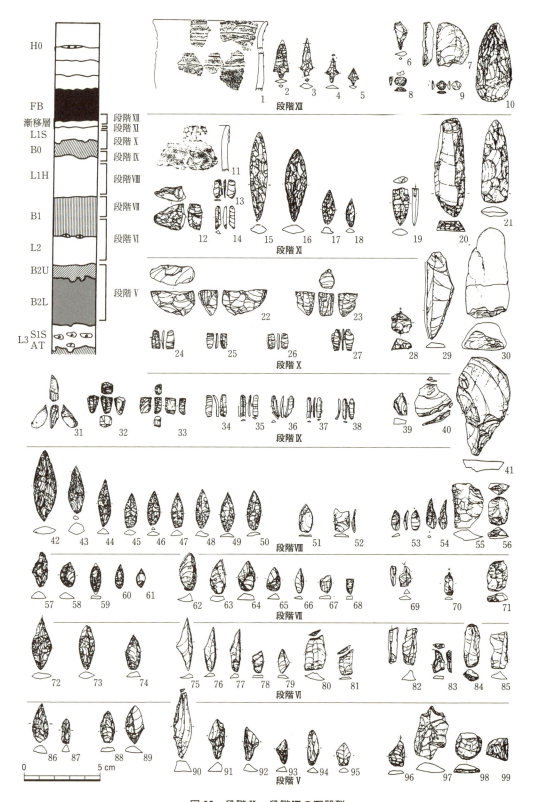

図50　段階Ⅴ～段階Ⅻの石器群

第Ⅳ章　後期旧石器時代後半期の石器群

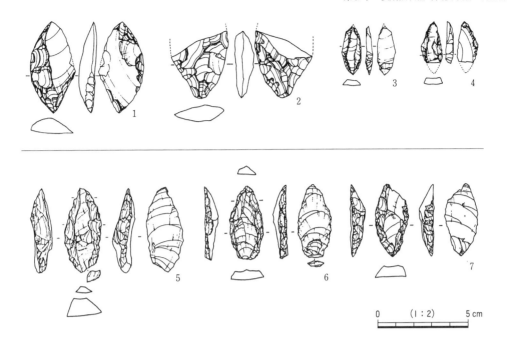

図51　段階Ⅴの尖頭器
（1〜4 下九沢山谷遺跡第Ⅳ文化層，5〜7 柏ヶ谷長ヲサ遺跡第Ⅸ文化層
ただし3・4ナイフ形石器？　7ナイフ形石器）

　本段階は二側縁加工のナイフ形石器（図50—75〜79）と部分加工のナイフ形石器（80・81）を主体とし，これに数点の尖頭器（図50—72〜74）をともなうのが一般的なあり方である。また，いわゆる先刃式掻器（84），抉入状削器（83），小坂型彫器（82），上ヶ屋型彫器（83）等の豊富な加工具を石器組成にもつことも特徴として挙げられる。そして，その技術基盤は砂川型刃器技法に代表されるような石刃技法である。
　尖頭器はナイフ形石器とくらべて非常に少なく，各石器群において1〜数例を数えるにすぎず，きわめて客体的なあり方を示している。また，寺尾Ⅳ，下九沢山谷Ⅲ等の尖頭器をともなわない石器群もある。
　形態的には両面加工（図52—2・4〜6・8〜11），半両面加工（3・12），片面加工（7・13）と三者が存在するが，両面加工が最も多い。大きさについては，7cmを超える大形のものはなく，ほとんどが4〜6cmの中形品が中心である。
　また，器体の先端に樋状剝離（ファシット）を有する深見諏訪山型尖頭器が特徴的に存在する（図52—1・3・5・8・9）。この尖頭器はすべて器体の左側縁に樋状剝離が施されるもので，東内野型尖頭器とは形態的にも，その存在する時期も異なるものである。
　これら尖頭器の石材には黒曜石が多用され，加えて単独の個体別資料が用いられることが多く，ナイフ形石器の使用石材とは基本的に識別される。しかし，下鶴間長堀Ⅲ，中村Ｖではナイフ形石器と個体の共有が確認されており，尖頭器製作にかかわる資料も存在すること

185

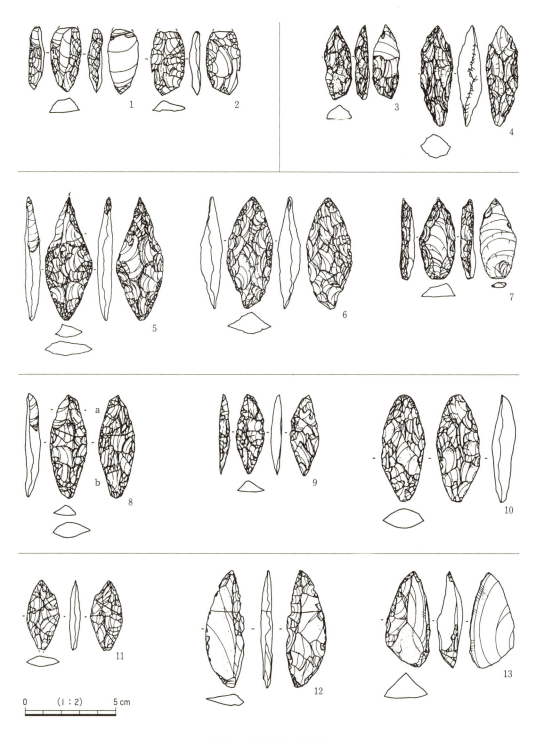

図52 段階Ⅵの尖頭器
(1・2 栗原中丸遺跡第Ⅴ文化層,3・4 上野遺跡第Ⅰ地点第Ⅳ文化層,5〜7 中村遺跡第Ⅴ文化層,
8〜10 深見諏訪山遺跡第Ⅳ文化層,11〜13 下鶴間長堀遺跡第Ⅲ文化層)

から，これまで「構造外的存在」であった尖頭器は石刃技法を中心とした石器製作体系の中に取り込まれている可能性もある。

(3) 段階Ⅶ石器群

層位的にはB1上部からB1上面にかけての層厚20～30cmにわたって生活面が存在する。

主な石器群として，深見諏訪山遺跡第Ⅲ文化層（樫田1987），下九沢山谷遺跡第Ⅱ文化層（中村1979），代官山遺跡第Ⅳ文化層（砂田1986），下鶴間長堀遺跡第Ⅱ文化層（中村1984），月見野遺跡群上野遺跡第1地点第Ⅴ文化層（伊藤1986），橋本遺跡第Ⅱ文化層（金山1984），長堀南遺跡第Ⅲ文化層（麻生1987a），寺尾遺跡第Ⅲ文化層（白石1980），早川天神森遺跡第Ⅲ文化層（鈴木1983），中村遺跡第Ⅳ文化層（伊藤1987），台山遺跡第Ⅲ文化層（麻生1988）などがある。

本段階は打面を残置する幅広の二側縁加工のナイフ形石器（図50-62～65）といわゆる幾何形ナイフ形石器といわれる小形のナイフ形石器（67・68）が主体となり，彫器（69），削器，搔器（71），錐器（70）等の加工具は極端に少なくなる。前段階に特徴である石刃技法はほとんど認められなくなる。また，ほとんどの石器群は黒曜石を9割以上保有するというきわめて石材が偏った段階といえる。

本段階の一般的な姿として，段階Ⅵにくらべて，尖頭器の石器組成に占める割合が高くなるといえるが，寺尾Ⅲ，台山Ⅲ等の尖頭器を含まない石器群も存在する。一方，尖頭器の比率がナイフ形石器を上まわるものとして下鶴間長堀Ⅱがある。

本段階の特徴的な尖頭器として，深見諏訪山Ⅲや中村Ⅳに認められる片面加工のものが挙げられる（図53-19～21・23～25）。これは打面残置の幅広の二側縁加工のナイフ形石器と非常に形状が似ており，ナイフ形石器との一元的な製作による形態的親和性が指摘されているものである（樫田1987）。また，長堀Ⅱは良質の黒曜石を用いた小形の尖頭器があり，両面加工（図53-6～8），半両面加工（9），片面加工（13・16），周縁加工（10～12・14・15・17）と加工部位がさまざまな一群である。

樋状剝離（ファシット）を有する尖頭器は，下九沢山谷Ⅱ，代官山Ⅳに1点ずつ認められるが，前段階ほどの普遍性をもって存在しているとはいいがたい。

(4) 段階Ⅷ石器群

L1層中部から上部の30～40cmにわたって生活面が存在する。

主な石器群としては，中村遺跡第Ⅲ文化層（伊藤1987），月見野遺跡群上野遺跡第1地点第Ⅳ文化層（相田1986），寺尾遺跡第Ⅱ文化層（白石1980），月見野ⅢA遺跡（月見野遺跡群調

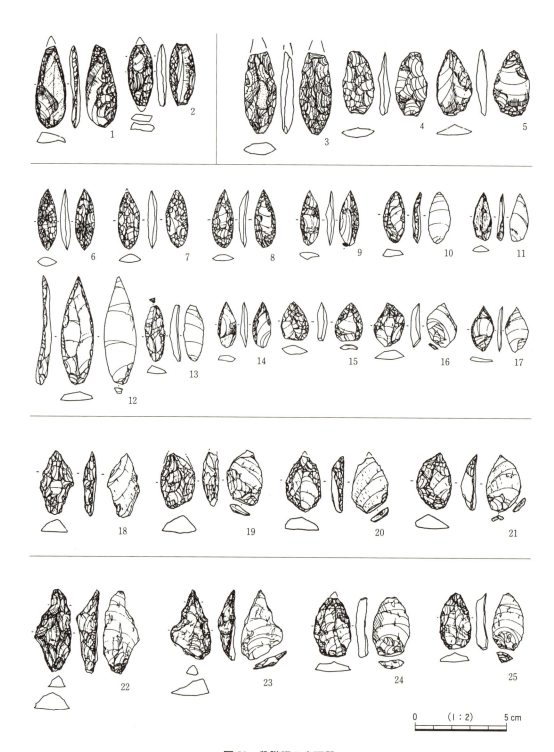

図 53 段階Ⅶの尖頭器
(1・2 上野遺跡第Ⅴ文化層, 3〜5, 橋本遺跡第Ⅱ文化層, 6〜17 下鶴間長堀遺跡第Ⅱ文化層,
18〜21 深見諏訪山遺跡第Ⅲ文化層, 22〜25 中村遺跡第Ⅳ文化層)

査団 1969），同ⅢD遺跡（月見野遺跡群調査団 1969），同ⅣA遺跡上層（月見野遺跡群調査団 1969），月見野遺跡群上野遺跡第3地点（相田 1986）等多くの石器群が検出されている。

本段階は尖頭器を主体とし，ナイフ形石器やその他に加工具は非常に貧弱な段階である。

尖頭器は両面加工（図54―1～4・9・10・12～14），半両面加工（5），片面加工（6～8・15・16）があるが，両面加工のものが多いようである。

大きさのバラエティーは顕著であり，7cmを超える大形品が登場するが，5～7cmの中形品が最も多い。尖頭器の石材は前段階では圧倒的多数を占めた黒曜石は激減し，代わって，安山岩，チャートが主体を占める。

ナイフ形石器は各石器群に数点認められるが定形的なものはきわめて少ない（図50―51・52）。また，出土状況により共伴の積極的な根拠に欠けるものも多い。

削器は大形の剝片を素材としたもの（図50―55）で，比較的多く検出されているが，その他の加工具である搔器（53），彫器（54），錐器は各々存在するものの，その数はきわめて少ない。

尖頭器製作の技術基盤としての剝片剝離技術は，目的とする尖頭器の大きさよりやや大きな剝片を剝離するものと考えられるが，遺跡内で剝片剝離を行った形跡が認められない石器群も存在する。

本段階は，これまでのナイフ形石器主体の石器群から，はじめて尖頭器が主体を占めるようになった様相を呈し，まさに尖頭器文化として評価するにふさわしい内容をもったといえる。

(5) 段階Ⅸ石器群

層位的にはL1H上部からB0中部までに生活面が存在する。

主な石器群としては，代官山遺跡第Ⅲ文化層（砂田 1986），柏ヶ谷長ヲサ第Ⅳ文化層（堤編 1997），中村遺跡第Ⅱ文化層（伊藤 1987），月見野遺跡群上野遺跡第1地点第Ⅲ文化層（堤 1986），上和田城山遺跡第Ⅱ文化層（中村 1979）等が挙げられる。

石器組成としては，細石刃（図50―34～38），細石刃核（31～33），彫器，削器（40・41），搔器，錐器（39），礫器等によって構成される。石材は細石刃関係には黒曜石がほとんどを占め，中～大形の削器等は安山岩や凝灰岩を用いている。

本段階は，細石刃核が野岳・休場型細石刃核で占められ，また，石材もほとんど黒曜石であるという斉一性の高い石器群を内容にもっている。また，細石刃は両側縁が平行し，幅が細く長いという特徴をもっている。

本段階と同じ層位で尖頭器が共伴する石器群，つまり上記の細石刃石器群以外には月見野第ⅣA遺跡上層（L1H上部，月見野道跡群調査団 1969），柏ヶ谷長ヲサ遺跡第Ⅲ文化層（B0下

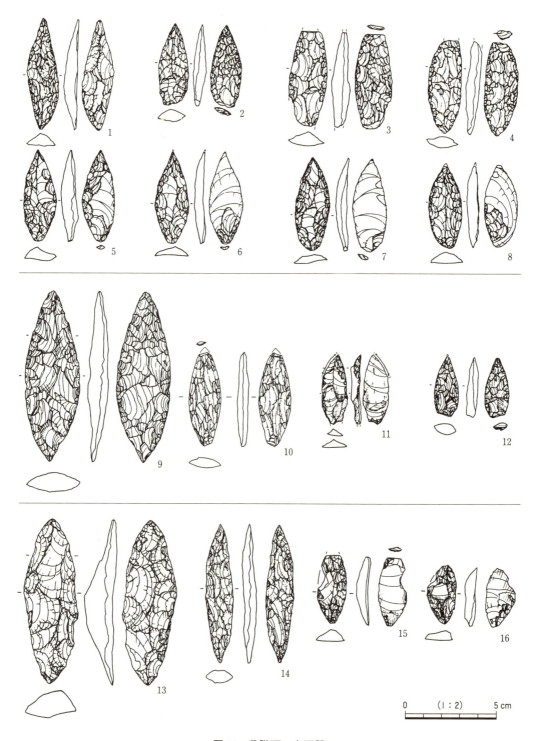

図 54　段階Ⅷの尖頭器
(1〜8 中村遺跡第Ⅲ文化層，9〜12 上野遺跡第1地点第Ⅳ文化層，13〜16 上野遺跡第Ⅲ地点第Ⅱ文化層)

部，堤1983）等がある。資料的にまとまっている月見野ⅣA遺跡上層は本報告が未刊であることもあって，層位等出土状況についての検討はできないが，L1H上部という層位的な位置関係と共伴する石器群の内容から，段階Ⅷに相当する内容の石器群として評価されるべきである。L1H上部が尖頭器を主体とする石器群から細石刃を主体とする石器群への交換する層位に当たると考えられ，月見野ⅣA遺跡上層石器群は細石刃直前段階の尖頭器石器群であると考えられ，段階Ⅷ石器群の中に位置づけられるものである。

(6) 段階Ⅹ石器群

層位的にはB0中部からL1S上部までの層準に生活面が存在する。

主な石器群としては，上草柳遺跡第Ⅰ地点（堤1984），報恩寺遺跡（鈴木・矢島1979a），相模野No.149遺跡L1S上部文化層（鈴木1989），栗原中丸遺跡第Ⅰ文化層（鈴木1984），下鶴間長堀遺跡第Ⅰa文化層（堤1984）等が存在する。

石器組成は段階Ⅸとは基本的に変わらないが，細石刃核が野岳・休場型細石刃核のみで構成されるわけではなく，船野型細石刃核（図56―22）も新たに出現する。また，細石刃の形状が全体的な傾向として幅広く（24〜27）なることと，石材が黒曜石以外の凝灰岩やチャート等も使われるようになる。

本段階の層位で尖頭器が出土しているとされる石器群は上記の細石刃石器群のほかに，栗原中丸遺跡第Ⅲ文化層（B0，鈴木1984），柏ヶ谷長ヲサ第Ⅱ文化層（B0上部，堤編1997），下鶴間長堀遺跡第Ⅰb文化層（L1S上部，中村1984）等がある。

資料的にまとまっている栗原中丸第Ⅲ文化層は，第Ⅰ文化層とした木葉形で基部が丸い尖頭器や半月形尖頭器をその形態から細石刃文化以降の所産とし，それ以外の尖頭器については第Ⅲ文化層としている経緯がある。また，出土状況も単独出土であるため，本来的にB0層内に存在したという根拠は薄いと考えられる。また，柏ヶ谷長ヲサ遺跡についても，資料が少なく調査時の所見よりまとめた概報であるため慎重な検討はしていない。このことから栗原中丸等は，細石刃文化期併行とみるよりは，細石刃文化以降の段階Ⅺの尖頭器が層位的に下がって検出されたと考えるのが妥当ではなかろうか。

(7) 段階Ⅺ石器群

層位はL1S上部から上面に限定される。層厚にして10cm内外を測る。

主な石器群としては，月見野遺跡群上野遺跡第1地点第Ⅱ文化層（相田1986），寺尾遺跡第Ⅰ文化層（白石1980），栗原中丸遺跡第Ⅰ文化層（鈴木1984），相模野No.149遺跡L1S上部文化層（鈴木編1989），長堀北遺跡第Ⅱ文化層（小池編1988）等がある。

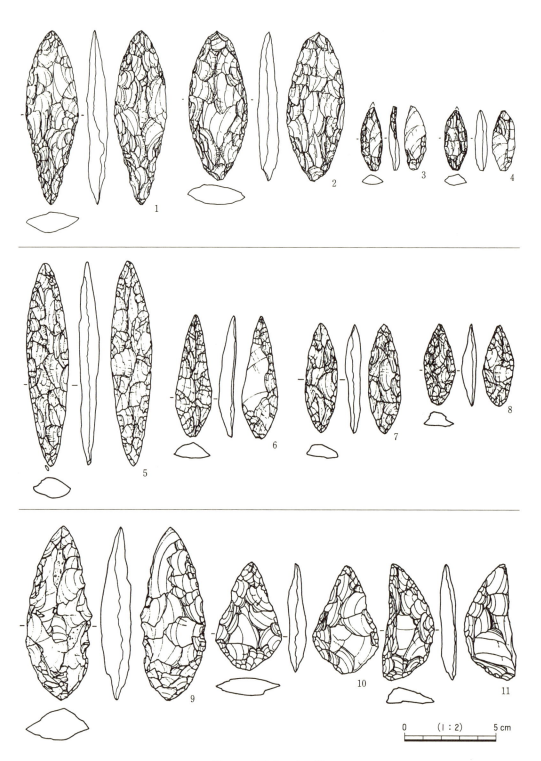

図55 段階XIの尖頭器
(1〜4上野遺跡第1地点第Ⅱ文化層, 5〜8寺尾遺跡第Ⅰ文化層, 9〜11栗原中丸遺跡第Ⅰ文化層)

石器組成は，尖頭器（図50-15～18），削器（20），掻器，石斧（21），礫器，これに削片系の細石刃核（12）と細石刃（13・14）が共伴する場合がある。寺尾Ⅰ，相模野No.149，月見野遺跡群上野第1-Ⅱでは土器（11）の共伴が認められる。また，石材は安山岩を多用するという特徴を指摘することができる。

本段階の尖頭器は両面加工がほとんどを占めており，片面加工，半両面加工はきわめて少ない（図55）。大きさは10cmを超える柳葉形を呈する大形品と，これに4～5cmの基部が丸く幅広の木葉形の小形品が特徴といえる。

本段階は神子柴・長者久保文化の影響下に成立したと考えられるが，神子柴型石斧や石刃素材の掻器等は顕著に伴出していない。また，削片系の細石刃核の共伴も認められていることや土器が出現する点を合わせて考えると，著しい動態を示す段階として捉えなければならない。この点で相模野台地への影響の仕方や関東地方の地域性の中で再検討しなければならないであろう。なお，これらの段階には有舌尖頭器は共伴していない点と，隆起線文系の土器群は登場していない点から，縄文時代草創期でも初頭として位置づけられる石器群のその内容はきわめて旧石器時代的であると考える。

(8) 段階Ⅻ石器群

層位は漸移層から富士黒土層（FB）下部までの層厚約20cmに位置する。

主な石器群としては，月見野遺跡群上野遺跡第1地点第Ⅰ文化層（小池1986），月見野遺跡群上野遺跡第2地点FB下部文化層（戸田編1984），柏ヶ谷長ヲサ遺跡FB下部文化層（中村1983），代官山遺跡第Ⅰ文化層（砂田1986），長堀北遺跡第Ⅰ文化層（小池編1988）等がある。

石器組成は，有舌尖頭器（図50-2～5），削器（7），掻器（8・9），錐器（6），石斧（10）等によって構成される。石鏃はともなわない。土器は隆起線文系土器（1）である。

本段階になると有舌尖頭器尖頭器が主体となり，尖頭器は極端に少なくなる。

2　尖頭器の諸問題

これまで段階Ⅴから段階Ⅻまでの石器群を概観してみた。ここでは尖頭器に関する諸問題について論じてみよう。

(1) 尖頭器の出現について

段階Ⅴにおいては下九沢山谷Ⅳ，柏ヶ谷長ヲサⅨに尖頭器として捉えてもよい石器が存在している。両石器群ともに概要が報告されているのみで共伴石器や出土層位についての詳細な検討を加えることはできないが，尖頭器の出現に関して重要な問題であるので筆者の考え

を明らかにしておこう。

　本段階は相模野第Ⅲ期，武蔵野第Ⅱa期として捉えられている時期で，切出形ナイフ形石器を主体とし，前後の石刃を素材とした茂呂型ナイフ形石器を主体とする石器群とは明確に一時期を画する段階である。柏ヶ谷長ヲサ例は平面形態や面的な調整加工のあり方は角錐状石器とは明確に識別されるものであり，角錐状石器のバラエティとして捉えることはできない。むしろ，縦長剝片の打面を基部側に設定している点などから，基部加工ナイフ形石器との相関関係を考える必要がある。

　さて，柏ヶ谷長ヲサⅨは段階Ⅴの典型ともいうべき内容を示しており，本段階の刺突具である角錐状石器（図50—86・87）や，さらには着柄を意識した切出形ナイフ形石器（91・92），基部加工ナイフ形石器（94・95）の存在を考えた時，さらに刺突具である尖頭器が組成することは理解しにくい。これらの刺突形態と考えられる石器（器種）の各々の使用法については明らかにすることはできないが，尖頭器の出現はこうした刺突形態の多様な分化の中で醸成されるのかもしれない。

　ナイフ形石器と分類される石器にさまざまな形態と機能（使用法）があると想定されるのと同じに，尖頭器と分類される尖頭状の石器にもさまざまな形態と機能があったと想定することができ，ここに器種としての認定と分類の難しさが生じているのであろう。筆者は尖頭器が器種として確立したものと評価できるのは両面加工のものが登場してからと考えている。この点からいえば，柏ヶ谷長ヲサⅨの尖頭器は分類上の呼称にすぎないという消極的な立場である。

　一方の下九沢山谷Ⅳは両面加工のものと素材の一部を残した半両面加工のものが各々存在する。この2点は尖頭器として分類するしかないというほどしっかりとした形態をもっているといえる。下九沢山谷Ⅳの石器群は切出形ナイフ形石器をもっているものの，これらの尖頭器を含め，2点共伴している特異な形態の彫器の存在やチャートや頁岩を主体とした石材のあり方は相模野台地の段階Ⅴ石器群の中では異質であるといえる。したがって，現段階では両面加工の尖頭器が段階Ⅴの層位には存在しているという点を提示するにとどめたい。

　さて，尖頭器の出現問題として，渋川遺跡第2地点の石器群（宮坂1962）についても論じなければなるまい。筆者は渋川遺跡を具体例として想起された，切出形ナイフ形石器が仲介となって尖頭器へと形態変化を遂げる（戸沢1965b）といった考えはもっていない。渋川遺跡の場合は切出形ナイフ形石器と肩の張る尖頭器は基本的に共伴するのではなく，混在していると考えている。共存しているとするならば，段階Ⅶの深見諏訪山Ⅲ等で認められるようにナイフ形石器と尖頭器の大きさや，調整加工の類似が認められなければならないが，渋川の場合は大きさも異なれば，切出形ナイフ形石器の調整加工はブランティングであるのに対して，尖頭器は面的な調整加工であるというように異なっている。むしろ，渋川遺跡の尖頭器は段階Ⅷにおける形態分化の著しい尖頭器石器群の中でこそ位置づけられるものと考えて

いる。

（2）尖頭器を石器組成とするナイフ形石器文化

　段階Ⅵにおいては，二側縁加工のナイフ形石器と部分加工のナイフ形石器が主体となっている石器群に，数点の尖頭器が共伴するようになる。本段階になってはじめて石器組成の一員として尖頭器が定着する段階である。尖頭器は両面加工が最も多く，樋状剝離を有する深見諏訪山型尖頭器が本段階の特徴的な尖頭器である。

　本段階の尖頭器は一部の石器群で，石刃技法を主体とする石器製作体系の構造内に取り込まれていた可能性はあるものの，基本的なあり方はナイフ形石器を中心とした石器製作体系の構造外的な存在であることは明らかである。特に凝灰岩を主体とする相模野台地の石器群の中で，尖頭器のみ黒曜石であるというあり方などから，男女倉遺跡を代表とする中部高地との関係を想定できる。

　たとえば，こうした本段階のナイフ形石器を主体とした石器組成に尖頭器が伴出する状況から，本段階以前に中部高地にはすでに尖頭器文化が展開していて，その影響によって本段階のナイフ形石器文化に尖頭器が登場するという考えはたいへんおもしろくつじつまが合う。また，中部高地と相模野台地の標高の差による気候差からは植生をはじめ生態系の差があったことが考えられ，独自の石器文化が各々展開していたと予想することも可能であろう。しかし，相模野台地と信州の黒曜石原産地との距離はわずか150kmであり，段階ⅣのAT降灰直前から直後のナイフ形石器石器群ほどでないにしろ，一定の信州産の黒曜石は相模野台地に入っていることから，ある程度の恒常的な交流，あるいは接触を考えなければいけない。

　となると，段階Ⅴにおいて，中部高地には男女倉遺跡等の尖頭器文化が展開していて，段階Ⅵになって深見諏訪山型尖頭器（男女倉型ナイフ形石器）が相模野台地に入るという階段編年は成り立たないと考えざるをえない。段階Ⅵの相模野台地と中部高地との間の何らかの交流の証として，深見諏訪山型尖頭器がもたらされたと考えておきたい。

　また，本段階はナイフ形石器文化の最盛期であり，尖頭器が量的な問題も含めて主要な刺突具としての位置をもっていたとは考えられず，本段階をもって尖頭器文化という評価はできないとする立場である。

（3）ナイフ形石器文化終末期の様相

　こうした相模野台地での段階Ⅵ石器群における尖頭器の構造外的あり方は，段階Ⅶになるとナイフ形石器と石器製作体系が同じくなり，深見諏訪山Ⅲ等に特徴的であったティアドロップ形を呈する幅広の二側縁加工のナイフ形石器との強い相関関係も認められる尖頭器が特

徴となる。器種として尖頭器が一定の保有を必要とした狩猟形態へと変化した結果であろうと推察されるが，こうした変化は石刃技法を主体としていた段階Ⅵの石器群の構造を変化させていった。そして，本段階においては旧石器的石器製作体系である素材重視型の強固な構造は崩壊していくこととなった。

　一方では，長堀Ⅱに認められる小形の尖頭器を主体とする石器群などが現われ，次の段階Ⅷの尖頭器文化への変遷を準備したのである。

(4) 尖頭器文化の成立

　段階Ⅷになると，尖頭器を主体とする石器群として転換する。前段階までは遺跡内に原石あるいは石核素材をもち込み，目的別剝片を剝離し，それを素材に調整加工を施し，目的とするナイフ形石器等を製作するといった一連の作業工程が認められた。これは，旧石器的石器製作体系の枠組みの中でのきわめて構造的なあり方を示している。尖頭器製作技術は素材の限定を受けない柔軟性のあるもので，調整加工主導の構造であるため，尖頭器の大きさに見合う剝片・礫があればいいという状況である。

　段階Ⅵにおいて尖頭器は石器組成の一員として存在するようになった時点では，一部では石刃技法の中に取り込まれた可能性を示す尖頭器が存在するものの，基本的には客体的なあり方を示し，構造外的な存在であったわけで，尖頭器製作の独自性は保たれていた。ここに，尖頭器出現の歴史的な評価を与えなければならないであろうが，段階Ⅶの尖頭器とナイフ形石器の素材および調整加工技術の一元化をへて，尖頭器製作中心の石器製作体系が確立したとみることができよう。尖頭器中心の石器製作体系確立は，長く続いたナイフ形石器製作体系の構造を崩壊させたもので，旧石器時代の石器文化の中で歴史的に画期的な出来事として評価する必要がある。

　このような尖頭器製作体系の確立を歴史的に高く評価し，本段階をもって尖頭器文化が成立したと評価したい。

　相模野台地における尖頭器文化の成立は，尖頭器出現以降にナイフ形石器と共存しながら，より狩猟具の改良が進められた結果である。こうした狩猟具の改良は，環境変化や生態系の変化にともなう狩猟対象物である動物の変化に適応しようとする狩猟形態の変化の現われと受け取れるのである。そして，こうした変化が関東および中部地方といった一定の地域で内在的に起こっていった地域的な変容であったと考えられる。

(5) 細石刃文化の出現と尖頭器文化の崩壊

　相模野台地において細石刃が登場するのは，尖頭器文化が成立しさらに発展を遂げようと

しているL1H上部の層準に当たる。細石刃の急激な進出によって，尖頭器はその狩猟具としての主役を奪われた。この尖頭器から細石刃への狩猟具の急激な交代劇は相模野台地のみならず，日本列島を覆いつくすという旧石器時代の長い狩猟具の変遷の中で画期的な出来事であったと評価できる。尖頭器が出現し，石器組成内での量的な比率を高め，ついにナイフ形石器から尖頭器へと狩猟具の交代をもたらした状況と対比して考えた場合，より細石刃の登場の歴史的意義を高く評価しなくてはならないであろう。

　細石刃出現後も尖頭器が継続して組成の一員を占める，あるいは細石刃文化と併存して尖頭器文化が継続するという考え方もあるが（鈴木 1989，白石 1989b），本段階の尖頭器はすべて単独出土であるか，その層位的な位置づけが不明確なものが多く，細石刃との共存の積極的な根拠はきわめて弱いという状況である。このことは，細石刃出現の初期である段階Ⅸにおいて，そのほとんどが黒曜石を石材とし，野岳・休場型細石刃核による細形細石刃を製作しているという斉一性と，この初現期の細石刃石器群には尖頭器の共伴はまったく認められない点からもうかがえよう。

　たしかに，細石刃製作体系と尖頭器製作体系は構造的に異なるもので，段階Ⅵにおけるナイフ形石器と尖頭器との関係のような共伴状況が考えられなくもないが，細石刃石器群へ1,2点の尖頭器の共伴があったからといって尖頭器文化の継続と捉えることはできないのである。筆者は，細石刃文化の出現を尖頭器文化の出現よりもさらに大きな歴史的な評価を与えなければならないと考えており，日本列島の石器文化の歴史の中で最も大きな画期のひとつであると評価している。

(6) 縄文文化への胎動

　段階Ⅺは尖頭器を主体に，削片系の細石刃核，石斧等，前段階の細石刃文化の中にはまったく認められない外来的な石器組成をもっている。また，これらに土器が伴出する場合もある。

　本段階になって，尖頭器文化が再び登場することをどのように捉えたらよいのであろうか。

　段階Ⅷの尖頭器文化から段階Ⅸの細石刃文化へと急激に交代した背景は，細石刃という新たな狩猟具を必要とした，あるいは受け入れる環境の変化等と人類のより向上心が発揮されたためと予想している。本段階になって，尖頭器文化が再び登場する理由も同じように，土器という新たな文化を導入しようとする人類の英知がそこにはあるのである。まさしく，縄文時代の始動を想わせる非常に急速な文化発展を遂げている状況が読み取れる。

第4節
細石刃石器群を中心とした石器群の変遷

| はじめに | 中ッ原第5遺跡B地点の細石刃石器群の調査は表面採集が契機となったが，その資料は表面採集品も含めて，細石刃石器群の単一文化層としての一括性をもっているものと評価できる |

（由井・吉沢・堤1990）。野辺山原では，日本で最初に細石刃石器群の存在が明らかになった矢出川遺跡（芹沢1954）をはじめとして多くの細石刃石器群が知られているが，中ッ原第5遺跡B地点の細石刃石器群はこれまでに知られていない特徴的な石器群であるがゆえ，その位置づけは難しい。まして，層位的な出土例に恵まれていない野辺山原では，他の石器群との簡単な対比は困難であり，より広い地域を視座においた検討が必要とされる。

こうしたことから，ここでは層位的な出土例に恵まれた相模野台地の細石刃石器群およびその前後の石器群の変遷観を提示し，中部高地の石器群との対比を試みてみよう。

| 1 相模野台地における細石刃石器群とその前後の石器群の変遷 | 相模野台地の細石刃石器群の変遷は，これまでにも鈴木次郎（1983），堤隆（1987），砂田佳弘（1988）などによって検討が加えられており，今日では三段階の変遷過程が示されている（諏訪間1988，堤1991）。ここでは，この細石刃石器群三段階（段階 |

Ⅸ〜Ⅺ）を中心として，旧石器時代終末から縄文時代初頭の石器群（段階Ⅷ〜段階Ⅻ）の変遷について提示する（図50参照）。

段階Ⅷ
L1H層中部から上部に出土層位をもつ石器群である。

主な石器群としては，中村遺跡第Ⅲ文化層（伊藤1987），月見野遺跡群上野遺跡第1地点第Ⅳ文化層（相田1986），寺尾遺跡第Ⅱ文化層（白石1980）等が挙げられる。

石器組成は尖頭器を主体とし，削器，掻器，彫器，錐器等によって構成される。尖頭器は両面加工，半両面加工，片面加工とあるが，両面加工のものが多く，大きさはバラエティに富むが5〜7cmの中形品が最も多い。削器の大半は剥片を素材としたもので，比較的多く検出されている。その他の加工具である掻器，彫器，錐器は少ない。ナイフ形石器は各石器群に数点認められることもあるが定形的なものはきわめて少なく，出土状況は共伴として積極

的な根拠に欠けるものも多い。

　石材はチャートや安山岩，硬質細粒凝灰岩を多用し，黒曜石は少ない。

　剝片剝離技術は尖頭器製作の技術基盤として，大形の剝片を目的とするものである。遺跡内で剝片剝離を行った形跡が認められない石器群もままあることは，石器の製作とその搬入のあり方の違いを暗示する。

　段階Ⅸ

L1H 上部から B0 中部までに出土層位をもつ石器群がある。

　主な石器群としては，代官山遺跡第Ⅲ文化層（砂田 1986），柏ヶ谷長ヲサ第Ⅳ文化層（堤 1983），月見野遺跡群上野遺跡第 1 地点第Ⅲ文化層（堤 1986），上和田城山遺跡第Ⅱ文化層（中村ほか 1979）等が挙げられる。

　石器組成としては細石刃，細石刃核，彫器，削器，搔器，錐器，礫器等によって構成される。

　石材は細石刃関係にはほとんどが黒曜石であり，中〜大形の削器や礫器には安山岩や凝灰岩を用いている。

　本段階の細石刃核が野岳・休場型細石刃核（鈴木 1971）で占められ，細石刃は両側縁が平行し，幅が狭いという特徴をもっている。また，細石刃の石材に黒曜石が多用されることが特徴である。

　段階Ⅹ

B0 中部から L1S 上部までに出土層位をもつ石器群である。

　主な石器群としては，上草柳遺跡第Ⅰ地点第Ⅰ文化層（堤 1984a），報恩寺遺跡（鈴木・矢島 1979a），相模野 No. 149 遺跡 L1S 下部文化層（鈴木編 1989），下鶴間長堀遺跡第Ⅰ文化層（堤 1984b）等が存在する。

　石器組成は段階Ⅸとは基本的に変わらないが，細石刃核が野岳・休場型細石刃核のみで構成されるわけではなく，船野型細石刃核も新たに出現する。また，細石刃の形状が全体的な傾向として幅広であることが特徴として挙げられる。

　石材は黒曜石が少なくなり，在地系石材といわれる硬質細粒凝灰岩やチャートが多く用いられるようになる。

　段階Ⅺ

L1S 上部から上面に出土層位をもつ石器群である。

　主な石器群としては，月見野遺跡群上野遺跡第 1 地点第Ⅱ文化層（相田 1986），寺尾遺跡第Ⅰ文化層（白石 1980），栗原中丸遺跡第Ⅰ文化層（鈴木 1984），相模野 No. 149 遺跡 L1S 上

部文化層（鈴木編1989），長堀北遺跡第Ⅱ文化層（小池1991），勝坂遺跡（青木・内川1990）等がある。

石器組成は尖頭器，削器，掻器，石斧，礫器などで構成され，これに削片系の細石刃核が共伴する石器群もある。また，本段階に有舌尖頭器が共伴するかどうかは微妙である[1]。なお，寺尾Ⅰ，相模野 No.149，月見野遺跡上野第Ⅰ－Ⅱ，勝坂遺跡では土器の共伴が認められる。

石材は安山岩，硬質細粒凝灰岩を多用するという特徴を指摘することができる。

段階Ⅻ

漸移層から富士黒土層（FB）下部に出土層位をもつ石器群である。

主な石器群としては，月見野遺跡群上野遺跡第1地点第Ⅰ文化層（小池1986），月見野遺跡群上野遺跡第2地点 FB 下部（戸田編1984），柏ヶ谷長ヲサ遺跡 FB 下部文化層（中村1983），代官山遺跡第Ⅰ文化層（砂田1986），長堀北遺跡第Ⅰ文化層（小池1991）等がある。

石器組成は有舌尖頭器，尖頭器，削器，掻器，錐器，石斧等によって構成される。有舌尖頭器が主体となり尖頭器は少なくなる。まだ，石鏃は出現していない。土器は隆起線文系土器である。

石材はチャート，安山岩，黒曜石などが用いられている。

2　中部高地との対比

中部高地での旧石器時代終末から縄文時代初頭の石器群の変遷については，柳澤和明（1985）や堤隆（1987a），森嶋稔（1988）などによって多くの編年案が提示されている。ただし，これらの編年案は層位的な裏づけに欠けることもあって，「中部高地編年」といえるような共通の編年観の構築にまでは至っていないようである。

しかしながら，細石刃石器群の変遷については，関東地方も含めて，中部日本では野岳・休場型細石刃核が最古期に展開し，船野型細石刃核，そして削片系の細石刃核の三段階の変遷は共通の認識としてもたれつつある（堤1987・1991など）。また，近年では柳又遺跡の層位的な出土例を基にして，野岳・休場型細石刃核から削片系の細石刃核への変遷が提示されるなど（谷口1991），新資料の蓄積によるその裏づけもなされつつある。

ここでは，前述した相模野台地の各段階の石器群との内容の共通性を検討しながら，中部高地の旧石器時代終末期から縄文時代初頭までの石器群の編年的な対比を行ってみよう。

段階Ⅷに対比できる石器群

相模野台地では段階Ⅷとして区分された尖頭器を中心とした石器文化は，ナイフ形石器以

後細石刃以前として位置づけられるものであるが，中部高地では明確にこの段階として位置づけられる石器群は少ない。すなわち，細石刃文化直後の縄文時代初頭の石器群との判別がつきにくいという理由もあってのことである[2]。あえて，この段階の石器群を抽出すると，層位的に明らかなものは柳又遺跡C地点に細石刃石器群に先行し，ナイフ形石器石器群に後続すると考えられる石器群が挙げられるくらいであろう[3]。

　また，層位的に前後の石器群との関係が明らかになっておらず，ナイフ形石器などと混在している観はあるが，柏垂遺跡の尖頭器石器群がこれに対比される可能性があろう。また，中ッ原遺跡（麻生1955）や矢出川第Ⅷ遺跡（明治大学考古学研究室1982）の尖頭器石器群にもその可能性が残ろう。

段階Ⅸ・Ⅹに対比される石器群

　段階ⅨおよびⅩは野岳・休場型細石刃核を共にもつ細石刃石器群であり，石器組成など基本的な部分の変化はほとんどない。相模野台地では段階Ⅸが野岳・休場型細石刃核のみで構成され，細石刃自体も細く長い形状が指向され，また石材もほとんどが黒曜石であるという点によって段階Ⅹと区分がされている。さらに，段階Ⅹは船野型細石刃核の出現と，その影響のための細石刃の幅広化の段階としても捉えられるものである。

　しかし，中部高地ではこの二段階の区分は現在のところ微妙であるのであえて分離しないでおくことにする。こうした細石刃石器群は矢出川第Ⅰ遺跡をはじめ，同Ⅲ・Ⅳ・Ⅶ遺跡など矢出川遺跡群には多く（戸沢1964），野辺山原はもとより中部高地の細石刃石器群の大半を占めるものと考えられる。

　矢出川第Ⅰ遺跡や同Ⅳ遺跡などでは，多量の野岳・休場型細石刃核と一緒に船野型細石刃核が出土している。このことをもって，確実な両者の共伴例といえるかは疑問であるが，相模野台地では野岳・休場型細石刃核を主体とした細石刃石器群の後半に船野型細石刃核が共伴する事例もあることから，矢出川第Ⅰ遺跡，同第Ⅳ遺跡では段階Ⅹに対比される石器群が存在していたと考えることも可能である[4]。

段階Ⅺに対比される石器群

　段階Ⅺは尖頭器を主体とした石器群である。相模野台地の当該期の石器群は，尖頭器を中心に削片系細石刃核がともなうものも多い段階である。そして，隆起線文系土器以前の土器群をもつものである。

　相模野台地では現在までのところ，神子柴系石器群とされるものでも，石刃が欠落するものや，土器や細石刃がともなうものが多く，中部高地との単純な比較は困難である。あえて対比を試みると，神子柴遺跡（林・藤沢1961）や唐沢B遺跡（森嶋1970），横倉遺跡（神田・永峯1958）などの神子柴系の石器群が対比される。さらに，下茂内遺跡（近藤1990）や馬場平

遺跡（芹沢 1955），上ノ平遺跡（杉原 1973）などの尖頭器石器群も対比できよう。

段階XIIに対比される石器群

段階XIIは相模野台地では有舌尖頭器を主体とし，隆起線文系土器群が共伴する段階の石器群で，中部高地では柳又遺跡B地点BⅡ群（小林 1967）や立石遺跡の隆起線文系土器と有舌尖頭器・尖頭器の一群（宮下・吉沢 1982），さらに，小馬背遺跡（國學院大学考古学研究室 1989a），西又Ⅱ遺跡（國學院大学考古学研究室 1989b）などが対比される。

3　中部日本の細石刃石器群の変遷と中ッ原第5遺跡の位置づけ

以上，中部高地の細石刃石器群およびその前後の石器群と相模野台地における変遷観との大まかでやや乱暴ともいえる対比を行ってみたが，肝心な中ッ原第5遺跡B地点の石器群は相模野台地の段階区分のどこに対比できるのであろうか。

中部高地において中ッ原第5遺跡B地点の細石刃石器群は，石器組成や細石刃の製作技術の特徴から柳又遺跡C地点や池の原遺跡などとほぼ同じ段階の石器群であると評価できよう。しかし，相模野台地には同様の内容をもち直接対比できる石器群が存在していない。ただ，それが削片系細石刃核のみで構成され，尖頭器を含まないということは，神子柴系文化の波及以前と考えることができ，相模野台地の削片系の細石刃核を出土した月見野遺跡群上野遺跡第1地点第Ⅱ文化層や長堀北遺跡第Ⅱ文化層などの尖頭器や土器を共伴する石器群に先行する段階の石器群であることが少なくともいえよう。

ここで，中ッ原第5遺跡B地点を含めた中部日本での細石刃石器群を石核構成で変遷観を整理すると，次の四段階区分が提示できる（図56）。

　　細石刃第1段階：野岳・休場型細石刃核のみ（段階Ⅸ）
　　細石刃第2段階：野岳・休場型細石刃核＋船野型細石刃核（段階Ⅹ前半）
　　細石刃第3段階：削片系細石刃核のみ（段階Ⅹ後半）
　　細石刃第4段階：神子柴系尖頭器＋削片系細石刃核（段階Ⅺ）

上記の四つの段階区分はいくつかの問題を含んでおり[5]，第3段階と第4段階の差は時間的な差を表わす一方，中部高地と相模野台地との地理的な隔離による削片系細石刃石器群や神子柴系石器群の波及のしかたの違いとして捉えられる可能性もあり，地域相の違いを反映しているのかもしれない。今後さらに検討を加えなければならない問題である。

そうした問題があるにせよ，この段階区分において中ッ原第5遺跡B地点は，神子柴系石器群を含む直前の段階である細石刃石器群第3段階，すなわち旧石器時代の最終末期の細石

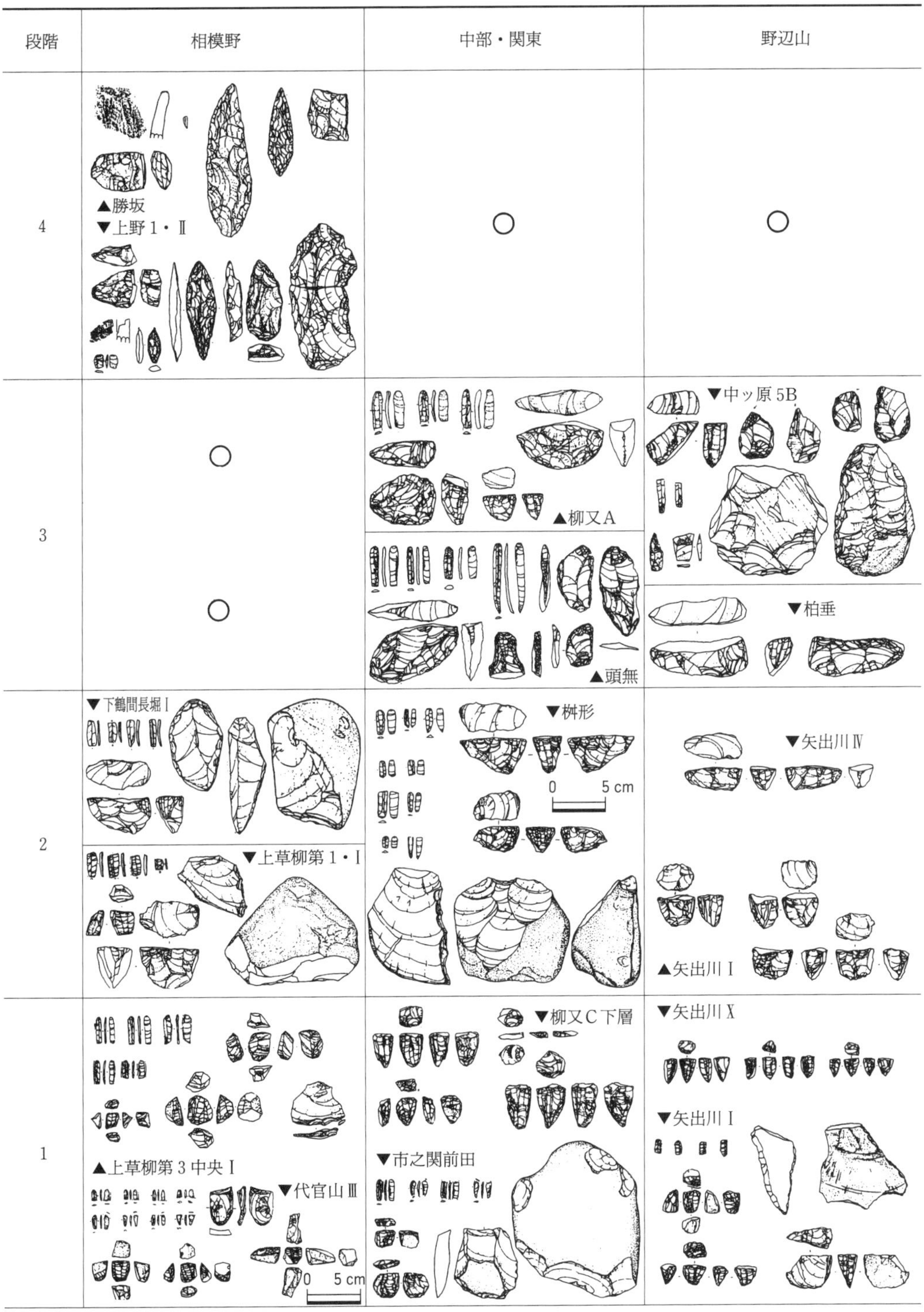

第Ⅳ章 後期旧石器時代後半期の石器群

段階	相模野	中部・関東	野辺山
4	▲勝坂 ▼上野Ⅰ・Ⅱ	○	○
3	○ ○	▲柳又A ▲頭無	▼中ッ原5B ▼柏垂
2	▼下鶴間長堀Ⅰ ▼上草柳第1・Ⅰ	▼桝形	▼矢出川Ⅳ ▲矢出川Ⅰ
1	▲上草柳第3中央Ⅰ ▼代官山Ⅲ	▼柳又C下層 ▼市之関前田	▼矢出川Ⅹ ▼矢出川Ⅰ

図56 中部日本における細石刃石器群の段階変遷についての試案

刃石器群であると評価できる。そして，その内容からは北方系の細石刃石器群が直接的波及した段階よりはやや後出し，在地化し変容した段階を示しているものと捉えたい。

いずれにしても，中ッ原第5遺跡B地点の細石刃石器群の存在は，その直後に到来する北方系の石器群である神子柴文化の波及・定着の過程と合わせて，縄文文化の起源を探るうえでも重要な位置を占める石器群であるといえよう。

相模野台地の細石刃石器群およびその前後の石器群の層位的な出土例を検討し，中部高地の石器群との対比を行ってみた。黒曜石原産地とその消費地ともいえる両地域の関係は大枠では合致することが示せたものと考える。しかしながら，中部高地の諸石器群はその一括性に不安があり，柳又遺跡等の一部を除いては相模野台地の段階区分によれば，複数の段階の内容が混在しているようにも見受けられた。特に尖頭器を含む石器群の位置づけは非常に困難なものであった。

註

1) 勝坂遺跡，上野遺跡では基部が意識的に作り出された尖頭器が存在しており，これを初源的な有舌尖頭器と評価するかは議論の分かれるところである。また，相模野 No.149 遺跡と長堀北遺跡第Ⅱ文化層では明確な有舌尖頭器が存在しているが，いずれも排土中から検出されたものでその共伴についての根拠は弱い。筆者はこれまで本段階には有舌尖頭器はともなわないものと評価していたが，勝坂遺跡の例などを考慮し，初源的な有舌尖頭器が共伴する段階として再評価をする方向で検討しているが，結論はいまだ着いていない。

2) たとえば，馬場平遺跡や上の平遺跡の尖頭器石器群の位置づけについて，矢出川遺跡の細石刃石器群の以前にするか以後にするかは研究者でまちまちである。細石刃以前に位置づけている研究者は大竹憲昭（1988），森嶋稔（1988），白石浩之（1989b）らがおり，細石刃以後に位置づけている研究者は柳沢和明（1985），栗島義明（1986），堤隆（1987）らがいる。これは極端な例であるが，尖頭器をめぐる評価の難しさを表わしているといえよう。

3) 柳又遺跡からは，相模野台地の段階Ⅴから段階Ⅱまでのほぼすべての段階に対比できる石器群が層位的に出土している。中部高地において編年研究の基準となる良好な石器群である。

4) 安蒜政雄は矢出川遺跡群の性格を検討する中で，矢出川第Ⅰ遺跡の船底形細石刃核の存在から「細石器文化の新旧二つの段階にまたがって残された，時間的な差を持つ複数の石器群のかさなりがあった」（安蒜1982）ことを指摘しているが「船底形細石刃核」は「稜柱形細石刃核」にくらべ古期に位置づけられており，筆者とは逆転した位置づけとなっている。

5) この第三段階には群馬県頭無遺跡（前原1988），や埼玉県白草遺跡（埼玉県埋蔵文化財調査事業団 1990）などのような，荒屋遺跡などに同質な頁岩製の石器群が認められている。こうした，東北日本の細石刃石器群そのものの波及により残されたと推定できる石器群と，中ッ原第5遺跡B地点や柳又遺跡A地点等のような在地の石材によって細石刃が製作された石器群とを，時間的な差を表わすものとして区分するのか，湧別技法の分布範囲による地域相の違いによるものとして評価するかは今後の課題である。

第5節
相模野台地における有舌尖頭器および石鏃の出現

|はじめに| 相模野台地を中心とする神奈川県は富士黒土層から関東ローム層上部の層位が厚く，細石刃石器群から縄文時代草創期の尖頭器石器群や有舌尖頭器などの層位的な出土例が豊富である。このため旧石器時代終末から縄文時代初頭の石器群の変遷がよく理解できる地域である。ここでは，相模野台地における細石刃石器群の終末の様相と，その後に続く縄文時代草創期の有舌尖頭器や石鏃の出現について若干の検討を行う。

|1 細石刃石器群の終末| 関東・中部地方における細石刃石器群については，相模野台地の豊富な出土事例と詳細な検討がくり返されたことにより，稜柱形（野岳・休場型細石刃核）—船底形（船野型細石刃核）—楔形（削片系細石刃核）の大きく三段階の細石刃石器群の変遷が明らかになっている（堤1987a・b）。

そして，最も新しい削片系の細石刃核は，①頭無遺跡や白草遺跡，木戸場遺跡のような珪質頁岩製で荒屋型彫器を明確にともなう東北日本的な特徴をもつ石器群と，②中ッ原遺跡B5地点，同1G地点や柳又遺跡のような珪質頁岩以外（主に黒曜石）の石材を用いた荒屋型彫器を明確にともなわない石器群，③月見野遺跡群上野遺跡第1地点，勝坂遺跡45次など尖頭器を主体として，無文や刺突文土器と石斧が共伴する石器群に分類でき，①から③へと変遷していくものと考えられる。そして，②と③の間に旧石器時代と縄文時代の境があるものといえる。

ここでは，縄文時代草創期を無文土器段階（隆起線文土器以前），隆起線文土器段階，爪形文土器段階の三段階に区分し検討する。

|2 無文土器段階の石器群と有舌尖頭器| さて，神奈川県内の③の石器群は，土器の有無，細石刃，尖頭器の三者のあり方から四つにグルーピングできる。
①土器＋細石刃＋尖頭器：上野遺跡第1地点第Ⅱ文化層，勝坂遺跡，寺尾遺跡第Ⅰ文化層

②土器＋尖頭器：相模野No.149遺跡第L1S上部文化層，宮ヶ瀬遺跡群北原遺跡
③細石刃＋尖頭器：長堀北遺跡第Ⅱ文化層
④尖頭器のみ：栗原中丸遺跡第Ⅰ文化層，宮ヶ瀬遺跡群馬場遺跡

　これらの石器群にみられる組成の差は，遺跡の機能差も反映されているものと考えられ，細かな時期差に置き換えることは難しい。

　層位的には，L1S中部から上部が主体となり，一部では漸移層から富士黒土層下部にまで及ぶものもある。宮ヶ瀬遺跡群北原遺跡では，上杉らによるテフラナンバーY-139直上から土器と尖頭器が出土している。Y-139は，相模野台地ではL1S上部の赤色スコリアに対比されるが，このスコリアの直上が本来の出土層位であろうと考えられる。宮ヶ瀬遺跡群の立地する丹沢山地と相模野台地との土層堆積環境の違い，あるいは分解能の違いを考慮すべきであろう。

　これらの石器群は尖頭器を主体としていることから神子柴系石器群として評価できる石器群であるが，石刃や彫器の欠落など典型的な神子柴系石器群とはいいがたい側面ももっている。さてそこで，その内容を詳細に検討する余裕がないが，有舌尖頭器の共伴について考えてみたい（図57）。

　上野遺跡では，尖頭器10，細石刃18，細石刃核2，無文土器等が出土している。この中には，有舌尖頭器は認められないが，1の尖頭器は基部の作り出しがていねいで，あたかも「なかご」として装着を意識した基部の形態である。

　勝坂遺跡では，無文土器21，尖頭器12，細石刃核1，同削片1，その他掻器，削器等が出土している。尖頭器は，欠損品が多く完形品はわずかに1点のみである。したがって，この残された石器のみで判断することは危険であるが，基部の加工がなかごを意識したものもあり（4～6），6などは初源的な有舌尖頭器の形態としてよいものかもしれない。

　長堀北遺跡第Ⅱ文化層では，尖頭器13，細石刃52，細石刃核2，削片11などが出土している。10の有舌尖頭器は同文化層の水洗選別の際検出されたものであるが，ロームがこびりついていることから同一文化層の可能性が高いとしている。

　相模野No.149遺跡第Ⅱ文化層では，尖頭器4，掻器1，削器3などとともに，12の有舌尖頭器が排土から採集された。

　筆者は勝坂については形態的に尖頭器のバラエティに含め，長堀北と相模野No.149例については排土中の出土であることから共伴については確実でないとの立場でいた。6・10・12の形態は，身部と舌部の転換点が認められ，かえりがないものの，舌部は確実に意識されたものであると評価すれば，有舌尖頭器の初源形態として認められなくはない。また，次の隆起線文土器にともなう有舌尖頭器の中には認められない形態であることもいえそうである。

　他地域ではどうであろうか。前田耕地遺跡や多摩ニュータウンNo.796遺跡や弥三郎第2

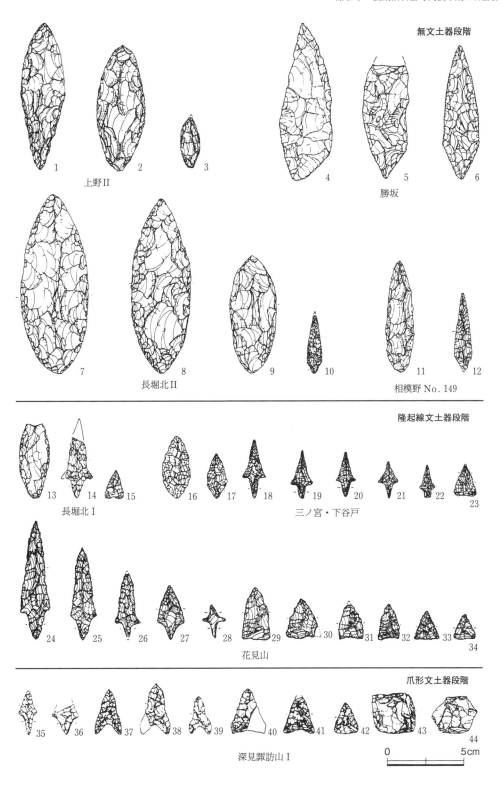

図57 神奈川県内の縄文草創期の尖頭器・有舌尖頭器・石鏃

遺跡など，尖頭器が多量に出土している石器群の中には，舌部が不明瞭な尖頭器は認められなくはない。しかしながら，有舌尖頭器として完成された形態とは認められない。始原的な舌部未発達の「有舌尖頭器」とこれまで評価されていた石器については，尖頭器の基部の装着にともなうものであり，「通時間的存在の尖頭器形態」（栗島1991）とみるべきものも多く，形態的な安定性をもって有舌尖頭器と器種認定すべきであろうと考える。したがって，ここでは勝坂遺跡例については，尖頭器の多様な形態の中の一つと位置づけておきたい。

3　隆起線文土器段階の石器群と石鏃

隆起線文土器をともなう石器群の出土層位は，漸移層〜富士黒土層下部であり，無文土器段階との層位的な出土例をもつ，上野遺跡第Ⅰ文化層や相模野No.149遺跡FB下部文化層，長堀北遺跡第Ⅰ文化層などの相模原面での層位が安定している場所では，富士黒土層下部が本来の出土層位ではないかと考えている。丘陵部では，吉岡遺跡群や湘南藤沢キャンパス内遺跡などのように漸移層を中心になっていることから，その立地する場所によって土層堆積環境の違いを考慮する必要がある。したがって，遺跡ごとに出土層位を直接対比し，編年的な位置づけとすることは難しいこともある。

主な石器群は，相模野台地では上野遺跡や相模野No.149遺跡，長堀北遺跡第Ⅰ文化層などが安定した地層堆積を示す相模原面に位置し，吉岡遺跡群や湘南藤沢キャンパス内遺跡は丘陵上に位置する。多摩丘陵では花見山遺跡，多摩ニュータウンNo.426遺跡などが，西相模地域では三ノ宮・宮の前遺跡，三ノ宮・下谷戸遺跡などいずれも丘陵上に立地している。

上野遺跡は，富士黒土層では有舌尖頭器4，尖頭器8，石斧5などが出土しているが，石鏃は認められていない。広大な面積を調査した湘南藤沢キャンパス内遺跡では，住居状の竪穴遺構が検出されているが，隆起線文期の石器群には石鏃はともなわない。三ノ宮・宮の前遺跡では有舌尖頭器の製作跡と捉えられるが，石鏃はない。

石鏃がともなうとされる遺跡は，長堀北遺跡，三ノ宮・下谷戸遺跡，花見山遺跡など多くはない。そして，これらの石鏃の出土状況をみると，長堀北例については，集中地点の外縁部で層位的に若干上位であることから混在の可能性を否定できない。石材が信州産と思われる透明の黒曜石であることも否定的な根拠の一つとなろう。

三ノ宮・下谷戸遺跡は有舌尖頭器の製作跡で20,000点の関連資料が出土しているが，石器集中地点から1点のみ石鏃が出土している。出土状況から共伴の可能性が高いと思われるが遺物整理が行われておらず，報告書刊行後に検討を加えたい。

花見山遺跡では，尖頭器30，有舌尖頭器54，石鏃19と石鏃が最もまとまって共伴したとされる遺跡である。石鏃は二等辺三角形での形態で，石材も小型の有舌尖頭器と同じチャートが主体となっている。早期以降の石鏃は黒曜石を主体とし，形態的にも異なっている。石

鏃と有舌尖頭器をはじめとするその他の器種とは分布状況がほぼ重なっている。

　こうしたことから，花見山遺跡においては，隆起線文土器に石鏃はともなっていると考えるのが妥当であろう。しかしながら，神奈川県内の隆起線文段階の石器群の中では石鏃はともなわないか，きわめて不安定なあり方であり，唯一花見山遺跡をもって石鏃がともなう段階と考えるのは難しい。花見山遺跡は，住居状の遺構や多量の土器，石器から多摩丘陵の中でも特異な拠点的な集落であったと考えられ，湘南藤沢キャンパス内遺跡をはじめとする県内の他遺跡よりも，同一時期においては最も早く石鏃が導入された遺跡であった可能性があろうか。石鏃の出現についても，平面分布，垂直分布，石材組成，石器製作技術などさまざまな視点から詳細に検討を加えなければ結論は導き出せない。

4　爪形文土器段階の石器群

　隆起線文土器段階に続く石器群は良好なものは少ない。深見諏訪山遺跡第Ⅰ文化層ぐらいであろうか。深見諏訪山遺跡では，尖頭器，有舌尖頭器，多量の石鏃およびその未成品，石鏃製作に関する楔形石器が出土している。この石器群は，チャートの厚手の剝片を両極打撃により石鏃の素材となる剝片を作出している。

　出土層位は富士黒土層の中部から下部にかけてであり，隆起線文土器段階の出土層位よりは上層である。

　この段階の石器群は，尖頭器，有舌尖頭器などの前段階の器種を残しつつも，より縄文時代の石器の特徴である石鏃が主体的となっている。この段階以降は，石鏃を狩猟具の中心におく縄文時代的石器組成となっていくことになる。

　以上，神奈川県の細石刃段階から縄文草創期の石器群について若干の検討を行ったが，細石刃石器群以降についでは，石器製作過程の各工程が残されにくく，石器製作技術の構造的な理解が難しい。相模野台地における旧石器時代石器群の技術基盤の構造的なあり方からみれば，この構造的な理解が難しいということが，まさしく縄文時代への転換を表わすのではないだろうか。旧石器時代から縄文時代への転換点はさまざまな視点から検討が必要であるが，石器群のもつ技術基盤の構造的なあり方から，爪形文土器出現以降の石鏃製作が中心になる段階からが縄文時代的石器製作構造になると確認できる。

　有舌尖頭器や石鏃といった新しい器種の出現がどこに位置するのか，それぞれの石器群にともなう土器型式はどんなものであるのか，原位置論という考古学の原点に帰って，土器と石器の一括性の確認から検討しなければならないと考える。

第 V 章

石器石材研究と行動領域

- 第 1 節　相模野台地における石材構成
- 第 2 節　相模野台地における AT 降灰前後の石器石材
- 第 3 節　伊豆柏峠黒曜石原産地遺跡の研究
- 第 4 節　相模野台地における黒曜石の利用と変遷
- 第 5 節　相模野台地における石器石材の変化と行動領域の位相

第1節
相模野台地における石材構成

はじめに

相模野台地は厚いローム層堆積に恵まれており，石器群の層位的把握について最も良好なフィールドといえる。しかしながら，地表から立川ローム基底まで8～10mという恵まれた層位が障害となって，AT下位まで及ぶ調査は少ない。したがって，AT下位の石器群のまとまった資料に恵まれず，こうした利点を生かすことができなかった。近年，吉岡遺跡群でAT下位の良好な石器群が検出され，少しずつではあるがその様相が明らかになってきた（白石1996，砂田1996）。また，長い間その全容の報告が待たれていた柏ヶ谷長ヲサ遺跡の報告も刊行され（諏訪間・堤1997），当該期の資料が充実してきた。

ここでは，この両遺跡を中心として，各段階の代表的な石器群である栗原中丸遺跡第Ⅸ文化層，根下遺跡第Ⅳ文化層，寺尾遺跡第Ⅵ文化層，湘南藤沢キャンパス内遺跡第Ⅴ文化層を組み入れた石材の点数と重量の表を作成し，検討を行うことにする（表8・9）。

なお，石材名は遺跡によって石材鑑定者が異なるため統一が取れていない[1]。たとえば，主要な石材のひとつであるガラス質黒色安山岩は，寺尾遺跡では玄武岩，栗原中丸遺跡では粘板岩，代官山遺跡では安山岩とそれぞれ別の名称で呼ばれていた。ここでは可能なかぎり，吉岡遺跡群，柏ヶ谷長ヲサ遺跡の石材を鑑定した柴田らの石材名に合わせ作表し，原報告での石材名を（　）内に示した。

1　相模野台地における段階区分と石材構成

(1) 段階Ⅰ

これまで，この段階の良好な石器群がなかったため，まったく様相がつかめなかったものであるが（諏訪間・麻生1991），吉岡遺跡群D区B5層ではじめてまとまった石器群が検出されようやく検討できるようになった。しかしながら，吉岡遺跡のみの一例であり，資料不足は否めない。

本段階は台形様石器やナイフ状石器，錐器，削器などが石器組成の中心となり，二側縁加工ナイフ形石器の成立以前の石器群である。武蔵野台地では，武蔵台遺跡Ⅹb層や中山谷遺跡Ⅹ層など立川ローム基底部に位置する最古の石器群に対比される。

吉岡遺跡群D区 B5層文化層（白石1996，分析：柴田・上本・山本，黒曜石：藁科・東村）

　台形様石器9点，ナイフ状石器6点，削器3点，彫器2点など100点が出土している。相模野台地最古の石器群である。石材はチャート91点，硬質細粒凝灰岩2点，頁岩2点，珪質頁岩2点，黒曜石1点などで，チャートが91％とほとんどを占めている。黒曜石は霧ヶ峰産と推定されているもので，本段階に信州産黒曜石が搬入されていることは注目すべきである。

（2）段階Ⅱ

　本段階はL5からB4までに出土層準をもつ石器群である。台形様石器，ナイフ形石器，石斧，削器などをもつものであるが，石器群ごとに石器組成にばらつきが大きい。本段階はいわゆるⅨ層段階に相当するものである。

栗原中丸遺跡第Ⅸ文化層（鈴木1984，分析：松島）

　L5層上部に出土層準をもち，局部磨製石斧1点，削器1点，縦長剝片などで構成される。石材は台石を除く9点中，チャート5点，硬質細粒凝灰岩（細粒凝灰岩）3点，ガラス質黒色安山岩（粘板岩）1点である。

吉岡遺跡群D区 B4層下部文化層（白石1996，分析：柴田・上本・山本，黒曜石：藁科・東村）

　台形様石器3点，削器3点，局部磨製石斧1点など54点で構成されている石器群である。石材は，黒曜石49点，水晶2点，硬質細粒凝灰岩1点，ガラス質黒色安山岩1点，ホルンフェルス1点で構成されている。黒曜石はほとんどが畑宿産である。

吉岡遺跡群C区 B4層中部文化層（白石1996，分析：柴田・上本・山本，黒曜石：藁科・東村）

　楔形石器24点，尖頭状石器3点，ナイフ状石器5点，台形様石器4点，搔器3点，削器2点，彫器4点など466点で構成される石器群である。石材は，ガラス質流紋岩317点，チャート45点，ガラス質黒色安山岩34点，珪質頁岩25点などで構成され，ガラス質流紋岩が68％と主体を占めている。黒曜石は含まれない。

吉岡遺跡群A区 B4層上部文化層（砂田1996，分析：柴田・上本・山本，黒曜石：藁科・東村）

　ナイフ形石器4点，搔器1点，削器1点など211点で構成される。石材は，ガラス質黒色安山岩191点，硬質細粒凝灰岩13点，黒曜石3点などで，ガラス質黒色安山岩が90.5％とほとんどを占めている。黒曜石は柏峠1点，畑宿2点である。

柏ヶ谷長ヲサ遺跡第ⅩⅢ文化層（B4上部）（堤1997，分析：柴田・山本，黒曜石：望月）

　ナイフ形石器1点，楔形石器1点，剝片，石核など17点で構成される。石材は，硬質細粒凝灰岩7点，黒曜石6点，ホルンフェルス2点，中粒凝灰岩2点で構成される。黒曜石は全点柏峠である。

表8 石器石材①（上段：点数　下段：％）

段階	遺跡名	出土層位	黒曜石	硬質細粒凝灰岩	ガラス質黒色安山岩	ガラス質流紋岩	チャート	ホルンフェルス	珪質頁岩	その他	合計	備考
I	吉岡D区	B5	1 1.0%	2 2.0%			91 91.0%		2 2.0%	4 4.0%	100	流紋岩1、中粒凝灰岩1、頁岩2
II	栗原中丸 IX	L5上部		3 33.3%	1 11.1%		5 55.6%				9	
	吉岡D区	B4下部	49 90.7%	1 1.9%	1 1.9%			1 1.9%		2 3.7%	54	水晶2
	吉岡C区	B4中部		4 0.9%	34 7.3%	317 68.0%	45 9.6%	4 0.9%	25 5.4%	37 7.9%	466	安山岩7、トロトロ安山岩3、頁岩6、輝緑岩7、流紋岩質凝灰岩14
	吉岡A区	B4上部	3 1.4%	13 6.2%	191 90.5%					4 1.9%	211	中粒凝灰岩3、頁岩1
	吉岡B区	B4上部			5 83.3%					1 16.7%	6	中粒凝灰岩1
	吉岡E区	B4上部		1 4.2%	23 95.8%						24	
	柏ヶ谷長ヲサ XIII	B4上部	6 35.3%	7 41.1%				2 11.8%		2 11.8%	17	中粒凝灰岩2
	根下 IV	B4上部		5 15.6%	19 59.5%		1 3.1%	1 3.1%		6 18.7%	32	凝灰岩質泥岩1、砂岩5
	合計		58 7.1%	34 4.2%	274 33.5%	317 38.7%	51 6.2%	8 0.9%	25 3.1%	52 6.3%	819	
III	柏ヶ谷長ヲサ XII	B3下部	19 43.1%	10 22.7%	11 25.0%			1 2.3%		3 6.9%	44	安山岩1、輝緑岩1、デーサイト1
	吉岡C区	B3下部上面	4 2.8%	47 32.8%	50 35.0%		12 8.4%	4 2.8%	12 8.4%	14 9.8%	143	中粒凝灰岩7、頁岩2、砂岩1、斑糲岩1、石英1、石英閃緑岩1、赤色チャート1
	合計		23 12.3%	57 30.5%	61 32.6%		12 6.4%	5 2.7%	12 6.4%	17 9.1%	187	
IV	寺尾 VI	B3上部〜上面	1,829 96.4%	1 0.05%	12 0.6%		53 2.8%			3 0.2%	1,898	硬砂岩1、アプライト2
	湘南藤沢キャンパス内 V	B2L下位	2,015 99.2%				1 0.05%			16 0.8%	2,032	頁岩9、粗粒凝灰岩6、安山岩1
	合計		3,844 97.8%	1 0.02%	12 0.3%		54 1.4%			19 0.5%	3,930	
V	柏ヶ谷長ヲサ X	B2L下部	125 44.8%	82 29.4%	51 18.3%		14 5.0%	6 2.1%		1 0.4%	279	流紋岩1
	IX	B2L中部	1,164 40.7%	926 32.4%	442 15.4%		24 0.8%	129 4.5%	7 0.2%	163 6.0%	2,855	黒色頁岩76、珪質岩8、流紋岩6、中粒凝灰岩4、メノウ2、安山岩10、鉄石英1、多孔質安山岩41 など
	VIII	B2L上部	91 8.1%	795 70.9%	33 2.9%		19 1.7%	92 8.2%	11 1.0%	80 7.2%	1,121	流紋岩51、安山岩3、珪質岩2、メノウ2、多孔質安山岩9、不明13
	VII	B2L上部	182 77.8%	45 19.3%	1 0.4%		2 0.9%	1 0.4%		3 1.2%	234	珪質岩1、頁岩1、結晶片岩1
	VI	B2L上面	139 76.0%	35 19.2%	7 3.8%					2 1.0%	183	安山岩1、細粒斑糲岩1
	合計		1,701 36.4%	1,883 40.3%	534 11.4%		59 1.3%	228 4.9%	18 0.4%	249 5.3%	4,672	
	総計		5,627 58.0%	1,977 20.3%	881 9.1%	317 3.3%	267 2.7%	241 2.5%	57 0.6%	341 3.5%	9,708	

表 9 石器石材② (上段:重量 (g) 下段:%)

段階	遺跡名	出土層位	黒曜石	硬質細粒凝灰岩	ガラス質黒色安山岩	ガラス質流紋岩	チャート	ホルンフェルス	珪質頁岩	その他	合計	備考
I	吉岡D区	B5	0.7 0.1%	45.7 9.3%			374.5 76.1%		6.6 1.3%	64.9 13.2%	492.4	流紋岩16.7, 中粒凝灰岩5.3, 頁岩42.9
II	栗原中丸 IX	L5上部		339.3 83.3%	1.6 0.4%		66.6 16.3%				407.5	
	吉岡D区	B4下部	210.0 47.5%	66.6 15.1%	9.1 2.1%			150.5 34.0%		6.1 1.3%	442.3	水晶6.1
	吉岡C区	B4中部		91.6 3.4%	216.2 7.9%	1,021.9 37.4%	148.7 5.4%	139.3 5.1%	312.9 11.5%	801.1 29.3%	2,731.7	安山岩93.3, トロトロ安山岩15.3, 頁岩17.8, 輝緑岩511.7, 流紋岩質凝灰岩163.0
	吉岡A区	B4上部	15.7 0.3%	534.0 10.2%	1,920.3 36.7%					2,761.4 52.8%	5,231.4	中粒凝灰岩2753.4, 頁岩8.0
	吉岡B区	B4上部			73.9 5.1%					1,375.0 94.9%	1,448.9	中粒凝灰岩1375.0
	吉岡E区	B4上部		37.0 11.2%	292.1 88.8%						329.1	
	柏ヶ谷長ヲサ XIII	B4上部	20.0 2.6%	460.6 60.0%				14.3 1.9%		271.9 35.5%	766.8	中粒凝灰岩271.9
	根下 IV	B4上部										未計測
	合計		245.7 2.2%	1,529.1 13.5%	2,513.2 22.1%	1,021.9 9.0%	215.3 1.9%	304.1 2.7%	312.9 2.7%	5,215.5 45.9%	13,295.7	
III	柏ヶ谷長ヲサ XII	B3下部	48.9 1.6%	514.9 16.7%	168.0 5.5%			3.0 0.1%		2,339.7 76.1%	3,074.5	安山岩475.3, 輝緑岩1863.4, デーサイト1.0
	吉岡C区	B3下部上面	9.5 0.1%	2,079.5 25.2%	642.8 7.8%		57.7 0.7%	58.6 0.7%	289.4 3.5%	5,116.5 62.0%	8,254.0	中粒凝灰岩2980.2, 石英閃緑岩1350.0, 斑糲岩670.0, 石英75.2 など
	合計		58.4 0.5%	2,594.4 22.9%	810.8 7.2%		57.7 0.5%	61.6 0.5%	289.4 2.6%	7,456.2 65.8%	11,328.5	
IV	寺尾 VI	B3上部〜上面										詳細不明
	湘南藤沢キャンパス内 V	B2L下位										詳細不明
V	柏ヶ谷長ヲサ X	B2L下部	711.0 7.7%	7,524.0 81.0%	599.0 6.5%		192.0 2.1%	246.0 2.6%		10.0 0.1%	9,282.0	流紋岩10.0
	IX	B2L中部	4,099.0 10.5%	2,289.0 58.7%	5,504.0 14.1%		283.0 0.7%	3,946.0 10.1%	237.0 0.6%	1,982.0 5.3%	38,941.0	多孔質安山岩は除く, 黒色頁岩513.0, 中粒凝灰岩588.0, 安山岩403.0 など
	VIII	B2L上部	147.3 1.2%	1,119.5 88.9%	366.7 2.9%		58.7 0.5%	631.1 5.0%	28.7 0.2%	153.4 1.3%	12,580.9	多孔質安山岩は除く, 細粒安山岩未計測, 流紋岩135.1, 珪質岩16.1, メノウ2.2
	VII	B2L上部	462.3 14.6%	2,578.5 81.7%	3.6 0.1%		14.2 0.5%	91.2 2.8%		3.4 0.3%	3,153.2	珪質岩1.0, 頁岩1.3, 結晶片岩1.1
	VI	B2L上面	406.0 27.1%	395.0 26.4%	119.0 7.9%					579.0 38.6%	1,499.0	安山岩570.0, 細粒斑糲岩9.0
	合計		5,825.6 8.9%	4,458.2 68.1%	6,592.3 10.1%		547.9 0.8%	4,914.3 7.5%	265.7 0.4%	2,727.8 4.2%	65,456.1	
	総計		6,130.4 6.9%	4,875.2 55.0%	9,916.3 11.2%	1,021.9 1.2%	1,195.4 1.3%	5,280.0 6.0%	874.6 1.0%	15,464 17.4%	88,634.5	

根下遺跡第Ⅳ文化層（B4上部）（麻生1987，分析：高田）

ナイフ形石器1点，打製石斧1点など32点で構成される。石材は，ガラス質黒色安山岩（安山岩）19点，硬質細粒凝灰岩（凝灰岩）5点，砂岩5点，チャート1点，ホルンフェルス1点，凝灰岩質泥岩1点で構成される。黒曜石は含まれない。

(3) 段階Ⅲ

本段階は，B3層に出土層準をもつ石器群で，ナイフ形石器，台形様石器，楔形石器，削器，掻器などをもつものである。いわゆるⅦ層段階に対比される。

柏ヶ谷長ヲサ遺跡第ⅩⅡ文化層（B3下部）（堤1997，分析：柴田・山本，黒曜石：望月）

ナイフ形石器，掻器など44点が出土している。石材は，黒曜石19点，ガラス質黒色安山岩11点，硬質細粒凝灰岩10点などである。黒曜石の原産地は，柏峠15点，畑宿4点である。

吉岡遺跡群C区B3層下部上面文化層（白石1996，分析：柴田・上本・山本，黒曜石：藁科・東村）

ナイフ形石器12点，台形様石器12点，楔形石器9点，彫器4点など143点が出土している。

石材は，ガラス質黒色安山岩50点，硬質細粒凝灰岩47点，チャート12点，珪質頁岩12点，中粒凝灰岩7点，黒曜石4点などである。黒曜石は全点柏峠である。

(4) 段階Ⅳ

本段階は，B3上部からB2L下部に出土層準をもつ石器群で，二側縁加工のナイフ形石器を主体として，掻器，削器，彫器などが石器組成の中心となるものである。黒曜石を主体とした石器群である。いわゆるⅥ層段階に対比される。

寺尾遺跡第Ⅵ文化層（B3上部）（鈴木1980，分析：松島）

ナイフ形石器163点，掻器3点，削器6点，彫器1点，錐器1点など合計1,898点が出土している。石材は黒曜石1829点，チャート53点，ガラス質黒色安山岩（玄武岩）12点などで，黒曜石が96.4％とほとんどを占めている。黒曜石は藁科によって2回にわたって産地推定が行われ，分析数41点中，和田峠31点，星ヶ塔2点，柏峠8点となっている（藁科1992・1997）。

湘南藤沢キャンパス内遺跡第Ⅴ文化層（B2L）（五十嵐1993，分析：末包，黒曜石：二宮）

ナイフ形石器37点，掻器20点，彫器1点，楔形石器7点など2,032点が出土している。石材は黒曜石2,015点，頁岩12点，チャート1点などで，黒曜石が99.2％とほとんどを占めている。黒曜石は，分析数210点中，畑宿196点，信州系11点，柏峠4点となっている。

第Ⅴ章　石器石材研究と行動領域

五十嵐によって，畑宿産以外の思われる黒曜石は砕片まですべて分析しているため，畑宿は2,000点としてよいであろう。

(5) 段階Ⅴ

本段階は，B2L下部からB2Uまでに出土層準をもつ石器群で，角錐状石器，切出形ナイフ形石器，基部加工ナイフ形石器，円形掻器などが石器組成の中心となるものである。いわゆるⅤ～Ⅳ下層段階に相当する。

柏ヶ谷長ヲサ遺跡第Ⅹ文化層（B2L下部）（堤1997，分析：柴田・山本，黒曜石：望月）

角錐状石器2点，ナイフ形石器13点，削器6点，掻器3点など合計279点が出土している。

石材は黒曜石125点，硬質細粒凝灰岩82点，ガラス質黒色安山岩51点，チャート14点，ホルンフェルス6点，流紋岩1点で構成される。重量は硬質細粒凝灰岩が7,524gと約80％を占めている。黒曜石の原産地は，柏峠58点，畑宿62点，分析不可能5点であり，柏峠と畑宿の比率はほぼ同じである。

柏ヶ谷長ヲサ遺跡第Ⅸ文化層（B2L中部）（堤1997，分析：柴田・山本，黒曜石：望月）

尖頭器2点，角錐状石器2点，ナイフ形石器113点，彫器1点，錐状石器1点，削器26点，掻器11点，楔形石器3点など合計2,855点が出土している。

石材は黒曜石1,164点，硬質細粒凝灰岩926点，ガラス質黒色安山岩442点，チャート24点，ホルンフェルス129点，黒色頁岩76点などで構成される。この内黒曜石の原産地は，畑宿615点，柏峠490点，和田峠2点，霧ヶ峰2点，蓼科1点，神津島2点，高原山8点である（望月1997）。ガラス質黒色安山岩は分析された48点中45点が箱根産，3点が大洗産である（山本1997）。重量は硬質細粒凝灰岩が22.9kgと多く，次いでガラス質黒色安山岩5.5kg，黒曜石4.1kgである。

柏ヶ谷長ヲサ遺跡第Ⅷ文化層（B2L上部）（堤1997，分析：柴田・山本，黒曜石：望月）

角錐状石器2点，ナイフ形石器23点，彫器3点，錐器1点，削器7点など合計1,121点が出土している。

石材は，硬質細粒凝灰岩795点，ホルンフェルス92点，黒曜石91点，ガラス質黒色安山岩33点などで構成され，これにチャート，珪質頁岩，メノウなどが若干含まれる。硬質細粒凝灰岩が重量にして11.2kgと多量に使用されている。黒曜石は84点が分析され，柏峠69点，畑宿15点であり，柏峠が全体の82％と主体を占めている。

柏ヶ谷長ヲサ遺跡第Ⅶ文化層（B2L上部）（堤1997，分析：柴田・山本，黒曜石：望月）

ナイフ形石器9点，錐状石器1点，削器3点，石斧1点など合計234点で構成される。

石材は黒曜石182点，硬質細粒凝灰岩45点，ガラス質黒色安山岩1点，チャート2点で

217

構成される。この内黒曜石の原産地は柏峠175点，畑宿3点で，柏峠が98％とほとんどを占めている。

柏ヶ谷長ヲサ遺跡第Ⅵ文化層（B2L上面）（堤1997，分析：柴田・山本，黒曜石：望月）

ナイフ形石器12点，錐器1点，削器3点，搔器1点，楔形石器1点など合計183点で構成される。

石材は黒曜石139点，硬質細粒凝灰岩35点，ガラス質黒色安山岩7点，細粒ハンレイ岩1点，安山岩1点で構成される。このうち黒曜石の原産地は畑宿132点，柏峠2点，和田峠1点であり，畑宿が全体の98％と主体を占めている。

2 相模野的石材構成と領域

以上のように層位別に石材構成を一覧してみると，相模野台地における石材環境と石材獲得行動の動態をよく表わしている。以下，気づいた点を列挙しまとめとしたい。

相模野台地における主要な石材は，伊豆・箱根系黒曜石（柏峠および畑宿），丹沢産硬質細粒凝灰岩，箱根産ガラス質黒色安山岩，多摩川産チャートである。この四（五）者は相模野三大石材と呼べるものである。ほとんどの石器群は，その比率こそ異なるが，この4石材の合計が9割以上を占めている。これが「相模野的石材構成」ともいえる相模野台地における石器石材の特徴である。

最も古期に位置づけられる，吉岡遺跡群D区B5層ではチャートがじつに91％もの高い比率を示し，武蔵野台地X層下部に相当する石器群と共通する傾向をもっている（西井・千葉・川口1991）。また，石材構成だけでなく，石器組成や剝片剝離技術などを含めて，武蔵台遺跡などとの共通性が強く感じられる。

この時期においては，武蔵野台地との石材選択の指向性が同じであった可能性があり，相模野的石材構成成立以前の様相を示している。これが南関東地方におけるナイフ形石器成立以前の石器群の特徴のひとつといえようか。こうした傾向はしばらく続き，栗原中丸遺跡第Ⅸ文化層でチャートが，吉岡遺跡群D区B4下部でガラス質流紋岩が主体となっていることから，段階Ⅱの前半期まで続くものと考えられる。

B4上部になると，箱根産のガラス質黒色安山岩が主体を占めている石器群が多くなる。一方，大型の石材が必要となる石斧は相模野台地ではいずれも硬質細粒凝灰岩が使用されているのに対し，武蔵野台地では砂岩が多いことから，大型石器の石材供給のあり方が両台地で明確に異なっていることを示している。重量の必要な大型石器に使用される石材は近場で調達したものと考えられる。剝片石器におけるガラス質黒色安山岩や硬質細粒凝灰岩が安定して用いられていることと併せて考えるとB4層上部あたり，すなわち，Ⅸ層段階の後半で，石材環境による両台地の地域差が認められるようになったものといえよう。この時期が相模

野的石材構成の成立期といえようか。

　こうした相模野的石材構成は，B3層上部からL3層にかけての段階Ⅳ石器群の前半で崩壊し，寺尾遺跡第Ⅵ文化層や橋本遺跡第Ⅴ文化層など信州系黒曜石が大量に使用される時期が一時的に認められる。相模野台地のみならず，武蔵野台地，下総台地でも同様に信州系黒曜石が大量に使用されている状況を示す。

　続く段階Ⅳ石器群の後半ともいえる時期には，湘南藤沢キャンパス内遺跡第Ⅴ文化層にみられるように，黒曜石の大量使用の構造を変えずに，その産地を信州から箱根畑宿産へと変化し，再び相模野的石材構成への回帰が認められるようになる。

　B2L層の段階Ⅴ石器群が成立すると，石器群ごとに比率こそ異なるものの，この四者の割合が90％以上を占める石材構成となる。信州系黒曜石や硬質頁岩など遠隔地からの搬入石材はきわめて少なくなり，相模野台地を中心とした半径50〜70km程度の地域内で採集できる石材に収斂する。まさしく，相模野的石材構成の確立期といえよう。

　こうした中で，柏ヶ谷長ヲサ遺跡第Ⅸ文化層は，高原山産，信州産，神津島産黒曜石が微量であるが搬入され（望月1997），ガラス質黒色安山岩にも利根川産や大洗産が若干認められた（山本1997）。柏ヶ谷長ヲサ遺跡第Ⅸ文化層は，こうした遠隔地石材の搬入や国府型ナイフ形石器を含む豊富な石器群の内容，さらには石器分布の広がりなどから，交通や情報の核となりえた当該期でも特異な拠点的な集落の様相を示しているものと評価できよう。

　以上，「相模野的石材構成」をキーワードに相模野台地の石材構成の検討を行った。今後の石器研究はますます石材研究の比重が高まると考えられる。地域を越えての石材名称の共有が望まれる。

註
１）各遺跡の石材鑑定者は次のとおりである。
吉岡遺跡群：柴田徹，上本進二，山本薫，黒曜石産地推定は藁科哲男・東村武信
柏ヶ谷長ヲサ遺跡：柴田徹，山本薫，黒曜石産地推定は望月明彦
栗原中丸遺跡：松島義章，寺尾遺跡：松島義章，根下遺跡：高田亮（東京大学地質教室）
湘南藤沢キャンパス内遺跡：末包鉄郎（東海大学付属相模高校），黒曜石推定は二宮修治

第2節
相模野台地におけるAT降灰前後の石器石材

1 石材研究の視点

筆者は相模野台地における旧石器時代から縄文時代草創期の石器群を，出土層位，石器組成，剥片剥離技術，石材構成などの多角的な視点から検討し，段階Ⅰから段階Ⅻまでの12段階の変遷観を提示している（諏訪間1988）。この段階区分された石器群の変遷は，後期旧石器時代を中心とした約2万年間の相模野台地に居住した狩猟採集民の生活や社会の変化の一端を反映させたものといえる。

こうした石器群の変遷と石材構成の変化を通史的にみてみると，段階ごとに特定の石材を多用する時期があり，石器群の変遷と石材構成の変化は連動している状況がみられる。特に黒曜石の産地構成の変化や搬入のされ方は重要であり，在地石材との関係を検討することによって，当時の社会構造の変化を読み取ることができるものと思われる。

近年，相模野台地の黒曜石産地推定は増加しており，各石器群の具体的な黒曜石産地構成が明らかになりつつある。こうした分析データの蓄積により，従来から，段階Ⅳ（Ⅵ層段階）石器群は黒曜石の比率が高く，特に信州系黒曜石で占められているといった評価も（金山1990），再検討の必要がでてきた（藁科1992・1997）。続く段階Ⅴ（Ⅴ～Ⅳ下層下部段階）は信州系黒曜石がほとんど搬入されず，代わって畑宿産や柏峠産の黒曜石が多用されていることも，具体的な分析を通じて明らかになっている（望月1997）。

本節では，相模野台地におけるAT降灰前後の，筆者が段階Ⅳ，段階Ⅴと位置づけている石器群を対象に，その石材構成（表10）と黒曜石産地構成（表11）を集成し，そこから，相模野台地の石材環境や狩猟採集民の行動領域について考えてみたい。

なお，黒曜石の集計にあたっては，分析者によって原産地の名称が異なっており理解しづらい。黒曜石全点分析している場合と個体別資料分類ごとにその一部を分析した場合とがあり，これらを一律に評価することはできないが，一定の傾向は押さえられるものと考え集計した。

また，段階Ⅴ石器群については，黒曜石産地分析が行われていないものについては集計の対象としていない。

黒曜石以外の石材については，石材の鑑定者が異なるため統一のとれていないという状況にある。たとえば，主要な石材のひとつであるガラス質黒色安山岩は，寺尾遺跡では玄武岩，栗原中丸遺跡では粘板岩，代官山遺跡では安山岩とそれぞれ別の名称で呼ばれていた。ここ

ではガラス質黒色安山岩に統一して集計した。また，硬質細粒凝灰岩は，凝灰岩，細粒凝灰岩，緑色凝灰岩などといくつかの名称で報告されている場合もあるが，ここでは硬質細粒凝灰岩に統一した。

本来，石器石材を検討するうえで石材点数よりも重量を重視すべきであると考えているが，重量の集計ができなかった報告もあり，点数のみを提示した。なお，一部ではあるが，重量を集計したものがあるのでそちらを参照されたい（表9）。

2 段階Ⅳ石器群の石材構成

本段階は，B3上部からB2L下部に出土層準をもつ石器群で，AT降灰の直前から直後に位置づけられるものである。二側縁加工のナイフ形石器を主体として，掻器，削器，彫器などが石器組成の中心となるもので，いわゆるⅥ層段階に対比される。ここでは，AT降灰以前と以後に別けて検討する。

AT降灰以前の石器群としては，寺尾遺跡（鈴木1980），上土棚遺跡第Ⅵ文化層（矢島ほか1997），地蔵坂遺跡第Ⅵ文化層（矢島ほか1997）の3遺跡が挙げられる。

寺尾遺跡第Ⅵ文化層は，ナイフ形石器163点，掻器3点，削器6点，彫器1点，錐器1点など合計1,898点が出土している。出土層準はB3上部であり，5カ所のブロックが検出された。礫群はともなっていない。石材構成は，黒曜石1,829点，チャート53点，ガラス質黒色安山岩（玄武岩）12点などで，黒曜石が96.4%とほとんどを占めている。黒曜石産地構成は，藁科哲男によって2回にわたって産地推定が行われ，分析数41点中，和田峠31点，星ヶ塔2点，柏峠8点となっている（藁科1992・1997）。

黒曜石産地分析結果を個体別資料分類にあてはめて検討すると，47点が柏峠，1,782点が信州系ということになる。ちなみに，ナイフ形石器164点中24点が柏峠産で約15%の比率を占め，柏峠産の石核や剝片の点数にくらべナイフ形石器の比率が非常に高いことがいえる。そして，この柏峠産黒曜石（個体別資料No.13）のナイフ形石器は，他の遺跡で製作されたものが搬入されたものと考えられている。また，ナイフ形石器には使用痕がほとんど認められていないことが指摘されている（鈴木1984：p.204），未使用のナイフ形石器が大量に残されている状況や「世帯装備である磨石の遺棄を考慮すれば，将来の必要時に備えてcachingされたもの」と考えられている（田村1992）。

図58上段は，寺尾遺跡第Ⅵ文化層のナイフ形石器を石材ごとに並べたものであるが，1～3は第1ブロックのガラス質黒色安山岩製のナイフ形石器，4～11は第2～5ブロックから出土した黒曜石製ナイフ形石器である。4～7は信州系黒曜石（和田峠），8～11は柏峠産黒曜石である。ガラス質黒色安山岩は大型のナイフ形石器であり，黒曜石は中～小型のナイフ形石器であり，信州系と柏峠産ともに同じような形態のナイフ形石器が製作されているこ

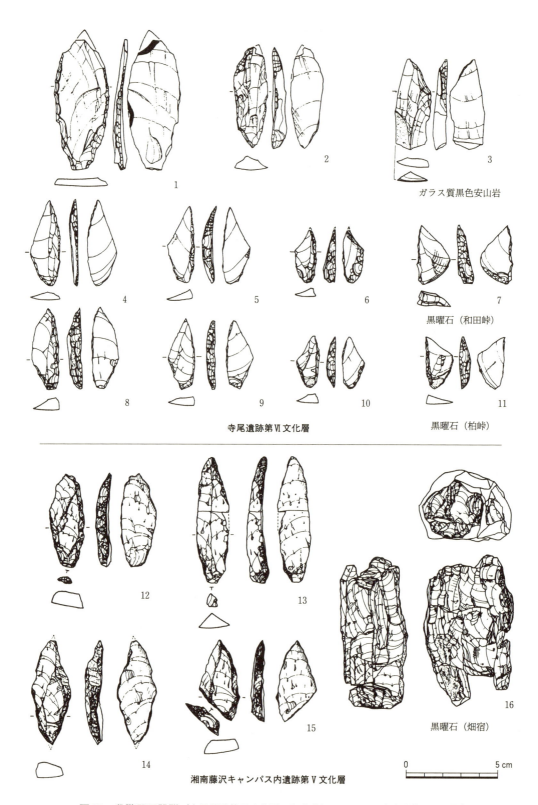

ガラス質黒色安山岩

黒曜石（和田峠）

寺尾遺跡第Ⅵ文化層

黒曜石（柏峠）

黒曜石（畑宿）

湘南藤沢キャンパス内遺跡第Ⅴ文化層

図58　段階Ⅳ石器群（寺尾遺跡第Ⅵ文化層・湘南藤沢キャンパス内遺跡第Ⅴ文化層）

第Ⅴ章 石器石材研究と行動領域

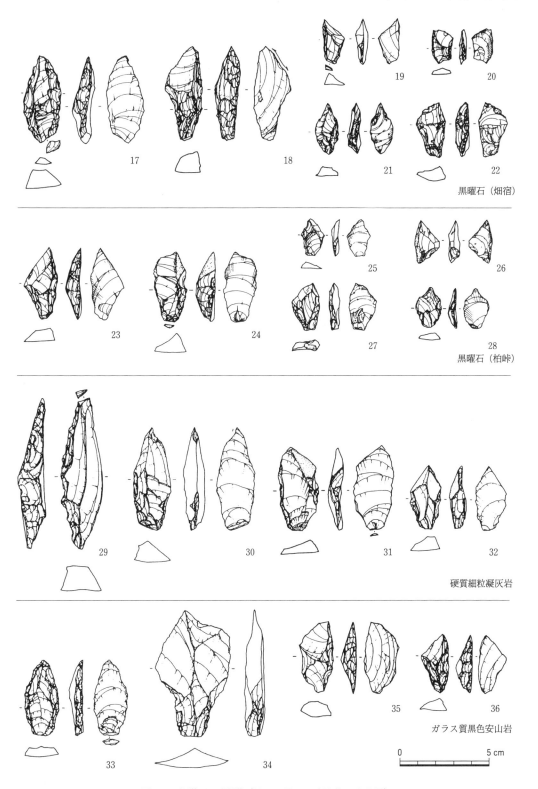

黒曜石（畑宿）

黒曜石（柏峠）

硬質細粒凝灰岩

ガラス質黒色安山岩

図59 段階Ⅴ石器群（柏ヶ谷長ヲサ遺跡第Ⅸ文化層）

とが理解できる。

　このことから，黒曜石原石のサイズさえ確保できれば，柏峠産黒曜石は信州系黒曜石とくらべなんら遜色のない良好な石材であり，信州系黒曜石を補完する代替石材であったものと考えられる。

　上土棚遺跡第Ⅶ文化層は，ナイフ形石器14点，掻器1点，石核2点，剥片類など164点が出土している。出土層準はB3上面で，6カ所のブロックと6カ所の礫群がともなう。石材構成は，黒曜石158点，硬質細粒凝灰岩3点などで，黒曜石が約96.3％を占める。黒曜石産地構成は，150点が分析され，その内，柏峠が143点とほとんどを占め，信州系5点，畑宿2点となっている。

　地蔵坂遺跡第Ⅵ文化層は，ナイフ形石器11点，彫器4点，楔形石器2点，石核6点，剥片類など合計128点が出土している。出土層準はB3上面で，礫群をともなう。石材構成は，黒曜石83点，硬質細粒凝灰岩25点，ガラス質黒色安山岩7点，黒色頁岩6点などで，黒曜石が約65％を占める。黒曜石は望月明彦によって56点が分析され，柏峠30点，信州系17点，畑宿9点となっている。

　AT降灰以後の石器群としては，橋本遺跡第Ⅴ文化層（金山1984），柏ヶ谷長ヲサ遺跡第Ⅺa文化層（堤1997），栗原中丸遺跡第Ⅶ文化層（鈴木1984），湘南藤沢キャンパス内遺跡第Ⅴ文化層（五十嵐1993），上土棚遺跡第Ⅵ文化層（矢島ほか1997），地蔵坂遺跡第Ⅴ文化層（同左），同第Ⅳ文化層（同左）などが挙げられる。

　橋本遺跡第Ⅴ文化層は，ナイフ形石器9点，掻・削器10点，敲石3点，石核11点，剥片類など合計178点が出土している。出土層準はL3上部からB2L下部とされる。石材構成は，黒曜石156点，ガラス質黒色安山岩1点，珪岩7点などで，黒曜石が約87.6％を占める。黒曜石産地構成は，鈴木正男によって24点が分析され，信州系20点，柏峠4点となっている。

　栗原中丸遺跡第Ⅶ文化層は，ナイフ形石器2点，掻器1点，楔形石器1点，石核4点，剥片類など合計41点が出土している。出土層準はB2L下底である。資料化された24点の石材構成は，黒曜石21点，硬質細粒凝灰岩2点，ガラス質黒色安山岩1点であり，黒曜石が主体を占める。黒曜石の分析は行われていないが，ほとんどが柏峠産と考えられるもので占められる。

　上土棚遺跡第Ⅵ文化層は，ナイフ形石器3点，掻器5点，削器3点，楔形石器17点，敲石3点，石核1点，剥片類など合計192点が出土している。出土層準はB2L下底である。石材構成は，黒曜石156点，硬質細粒凝灰岩4点，ガラス質黒色安山岩21点，黒色頁岩9点などで，黒曜石が約84％を占める。黒曜石産地構成は，望月明彦によって153点が分析され，柏峠128点，畑宿8点，信州系17点となっている。

　湘南藤沢キャンパス内遺跡第Ⅴ文化層は，ナイフ形石器37点，掻器20点，彫器1点，楔

形石器 7 点など 2,032 点が出土している。出土層準は B2L（下部）である。石材構成は，黒曜石 2,015 点，頁岩 12 点，チャート 1 点などで，黒曜石が 99.2% とほとんどを占めている。黒曜石産地構成は，二宮修治によって 210 点が分析され，畑宿 196 点，信州系 11 点，柏峠 3 点となっている。五十嵐彰によって，畑宿産以外と思われる黒曜石は砕片まですべて抽出され，分析に出されているとのことであるので，2,001 点が畑宿産としてよいであろう。

図 58 下段は湘南藤沢キャンパス内遺跡第 V 文化層の石器群であるが，ナイフ形石器 37 点中完形品は 3 点のみと少ない（12・14・15）。その他はすべて欠損しており，製作途上で失敗したナイフ形石器であろうと判断される（13）。こうした状況から，湘南藤沢キャンパス内遺跡第 V 文化層の石器群は，畑宿産黒曜石によるナイフ形石器の集中的な製作跡の状況を示していると考えられ，完形品は次の移動先にもち出されたものと推定される。

このほかは，柏ヶ谷長ヲサ遺跡第 XIb 文化層や地蔵坂遺跡第 V・第 IV 文化層などがあるが，いずれも数点の貧弱な石器群である。石材構成は黒曜石が主体となり，その産地は柏峠および畑宿産で占められ，信州系黒曜石は認められない。

3 段階 V 石器群の石材構成

本段階は，B2L 下部から B2U までに出土層準をもつ石器群で，角錐状石器，切出形ナイフ形石器，基部加工ナイフ形石器，円形掻器などが石器組成の中心となるものである。いわゆる V 〜IV 下層段階に相当する。本段階の石器群は数多く検出されているが（栗原ほか 1996），ここでは黒曜石産地分析が行われた石器群を中心に集計した。

集計した石器群は，柏ヶ谷長ヲサ遺跡第 X 文化層（堤 1997），同第 IX 文化層（堤 1997），同第 VIII 文化層（堤 1997），橋本遺跡第 IV 文化層（金山ほか 1984），代官山遺跡第 VI 文化層（砂田 1986），柏ヶ谷長ヲサ遺跡第 VI 文化層（堤 1997），南葛野遺跡第 II 文化層（関根 1995）などである。

柏ヶ谷長ヲサ遺跡第 X 文化層は，角錐状石器 2 点，ナイフ形石器 13 点，削器 6 点，掻器 3 点など合計 279 点が出土している。出土層準は B2L 下部で，段階 V 石器群では最も下層に位置づけられる石器群である。石材構成は，黒曜石 125 点，硬質細粒凝灰岩 82 点，ガラス質黒色安山岩 51 点，チャート 14 点，ホルンフェルス 6 点，流紋岩 1 点などで，黒曜石が最も多く 44.8% を占めるが，重量では硬質細粒凝灰岩が 7,524 点と 80% を占めている。黒曜石産地構成は望月明彦によって分析され，柏峠 58 点，畑宿 62 点，分析不可能 5 点となっている。柏峠と畑宿の比率はほぼ変わらない。

柏ヶ谷長ヲサ遺跡第 IX 文化層は，尖頭器 2 点，角錐状石器 2 点，ナイフ形石器 113 点，彫器 1 点，錐状石器 1 点，削器 26 点，掻器 11 点，楔形石器 3 点など合計 2,855 点が出土している。出土層準は B2L 中部であり，24 カ所のブロック，100 カ所の礫群が残されている当

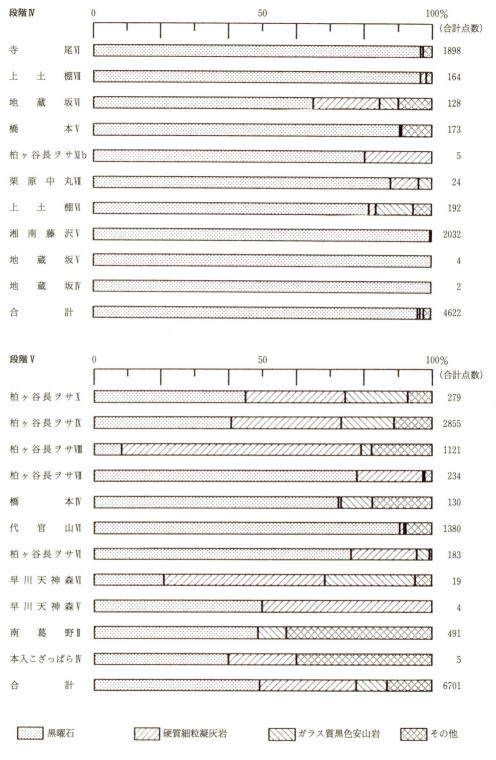

図 60 相模野段階Ⅳ・段階Ⅴ石器群の石材構成

第Ⅴ章　石器石材研究と行動領域

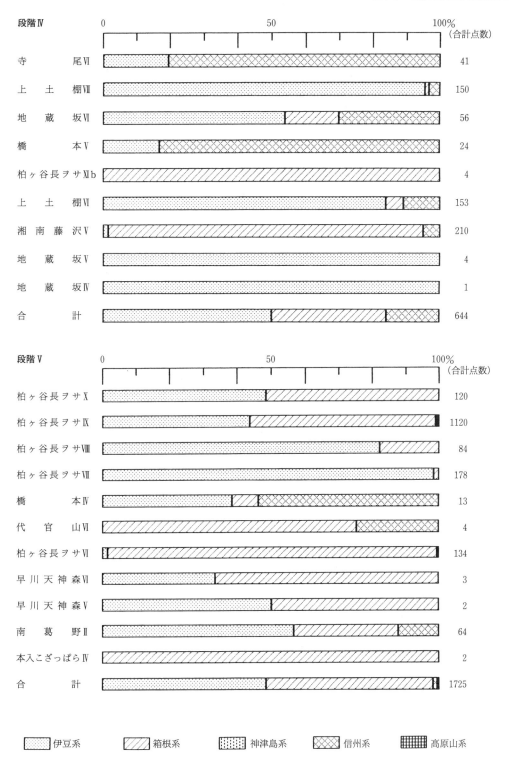

図 61　相模野段階Ⅳ・段階Ⅴ石器群の黒曜石産地構成

該期有数の石器群である。

　石材構成は，黒曜石1,164点，硬質細粒凝灰岩926点，ガラス質黒色安山岩442点，チャート24点，ホルンフェルス129点，黒色頁岩76点などである。黒曜石産地構成は望月明彦によって分析が行われ，畑宿615点，柏峠産490点，和田峠産2点，霧ヶ峰産2点，蓼科産1点，神津島産2点，高原山産8点となっている（望月1997）。ガラス質黒色安山岩については，山本薫によって48点が分析され，箱根産が45点，大洗産3点となっている（山本1997）。

　相模野台地から比較的近い箱根産が主体を占めるが，遠隔地といえる大洗産のガラス質黒色安山岩も一定量搬入されていることが明らかになった。本文化層は，24ブロック，100礫群という当該期としても有数の遺跡であり，約39kgという多量の石材が搬入され，消費されている。点数としては最も多いのは黒曜石であるが，重量では硬質細粒凝灰岩が23kgと全石材の約60％を占めている。

　図59に示したように，畑宿および柏峠産黒曜石は中型のナイフ形石器をはじめとする各器種が製作されているが，主に小型ナイフ形石器は畑宿および柏峠産の5cm前後の黒曜石原石を直接遺跡内に搬入し石器製作が行われている。硬質細粒凝灰岩及びガラス質黒色安山岩は中型を中心としたナイフ形石器を中心に製作されている。

　柏ヶ谷長ヲサ遺跡第Ⅷ文化層は，角錐状石器2点，ナイフ形石器23点，彫器3点，錐器1点，削器7点など合計1,121点が出土している。出土層準はB2L上部である。

　石材構成は，硬質細粒凝灰岩795点，ホルンフェルス92点，黒曜石91点，ガラス質黒色安山岩33点などで，これにチャート，珪質頁岩，メノウなどが若干含まれる。硬質細粒凝灰岩が重量にして11.2kgと多量に使用されている。黒曜石産地構成は望月明彦によって84点が分析され，柏峠69点，畑宿15点となっており，柏峠が全体の82％と主体を占めている。

　柏ヶ谷長ヲサ遺跡第Ⅶ文化層は，ナイフ形石器9点，錐状石器1点，削器3点，石斧1点など合計234点で構成される。出土層準はB2L上部であるが，第Ⅷ文化層とは別地点である。石材構成は，黒曜石182点，硬質細粒凝灰岩45点，ガラス質黒色安山岩1点，チャート2点で構成される。黒曜石産地構成は望月明彦によって178点が分析され，柏峠産175点，畑宿3点で，柏峠産が全体の98％とほとんどを占めている。

　橋本遺跡第Ⅳ文化層は，角錐状石器2点，ナイフ形石器8点，掻・削器8点，石核5点など合計130点が出土している。出土層準はB2Uで，礫群をともなう。石材構成は，黒曜石94点，硬質細粒凝灰岩1点，ガラス質黒色安山岩12点，チャート19点などである。黒曜石産地構成は鈴木正男によって13点が分析され，畑宿1点，柏峠産（鍛冶屋）5点，信州系7点となっている。

　代官山遺跡第Ⅵ文化層は，角錐状石器4点，ナイフ形石器46点，彫器3点，掻器9点，

錐器1点など合計1,380点が出土している。出土層準はB2U下部である。石材構成は、黒曜石1,244点、硬質細粒凝灰岩16点、ガラス質黒色安山岩7点、粘板岩、チャートなどである。黒曜石産地構成は藁科哲男により4点が分析され、畑宿3点、信州系1点となっている。

柏ヶ谷長ヲサ遺跡第Ⅵ文化層は、ナイフ形石器12点、錐器1点、削器3点、掻器1点、楔形石器1点など合計183点で構成される。出土層準はB2L上面である。石材構成は、黒曜石139点、硬質細粒凝灰岩35点、ガラス質黒色安山岩7点、細粒ハンレイ岩1点、安山岩1点であり、黒曜石が約76%と主体を占めている。黒曜石産地構成は畑宿132点、柏峠2点、和田峠1点となっており、畑宿が全体の98%と主体を占めている。

南葛野遺跡第Ⅱ文化層は、出土層準がB1下部からB2中部から出土したものを一括して報告されており、文化層分離ができていない（関根1995）。このため段階Ⅴと段階Ⅳの石器群が混在しており、取扱いに苦慮したが、黒曜石の分析点数が多いので集計に加えた。角錐状石器8点、ナイフ形石器21点、掻器12点、削器11点、錐器1点、石核32点など490点が出土している。黒曜石産地構成は二宮修治によって64点が分析され、伊豆系36点、箱根系20点、信州系8点となっている。信州産については上層の第Ⅰ文化層に帰属する可能性が高いと考えられる。

4 段階Ⅳから段階Ⅴの石材獲得と行動領域の変化

相模野台地における石器石材は、伊豆・箱根系黒曜石（柏峠および畑宿）、丹沢系硬質細粒凝灰岩、箱根系ガラス質黒色安山岩、多摩川産チャートが主体となっている。この5石材は相模野台地から半径70kmの範囲で採集が可能な在地的な石材である。筆者はこの5石材の合計が80%を超えるような石器石材構成をもつものを「相模野的石材構成」と呼び、相模野台地に居住した集団がその周辺の石材環境に適応した石材獲得行動を示したものとして評価している（諏訪間1997・1998）。

ここではまとめとして、相模野的石材構成の変化と信州系黒曜石の獲得という視点から、段階Ⅳから段階Ⅴへかけての石材獲得と行動領域の変化について考えてみることにする。

段階Ⅳ石器群は、集計点数4,622点のうち95.8%が黒曜石で占められている（表10上段）。本段階での黒曜石の高い保有のあり方は、黒曜石に対する強い選択性・指向性を表わしているものといえる。こうした状況は、武蔵野台地の鈴木遺跡Ⅵ層や下総台地の権現後遺跡Ⅵ層などの事例からもうかがうことができ、AT降灰直前・直後の南関東地方一帯の石器群に共通する石材選択のあり方といえる。

この時期に、石器製作技術や石器組成に加えて、石材の選択をも共有する地域的な社会が、集団や集団間を越えて関東・中部地方という広域的な範囲でつながりをもったことの表われ

表 10　相模野段階 Ⅳ・Ⅴ 石器群の石材構成（点数）

段階 Ⅳ

遺跡名	合計	黒曜石	硬質細粒凝灰岩	ガラス質黒色安山岩	その他
寺尾 Ⅵ	1,898	1,829	1	12	56
上土棚 Ⅶ	164	158	3	0	3
地蔵坂 Ⅵ	128	83	25	7	13
橋本 Ⅴ	173	156	0	1	16
柏ヶ谷長ヲサ Ⅺb	5	4	1	0	0
栗原中丸 Ⅶ	24	21	2	1	0
上土棚 Ⅵ	192	156	4	21	11
湘南藤沢 Ⅴ	2,032	2,015	0	0	17
地蔵坂 Ⅴ	4	4	0	0	0
地蔵坂 Ⅳ	2	2	0	0	0
合　計 (%)	4,622 100.0	4,428 95.8	36 0.8	42 0.9	116 2.5

段階 Ⅴ

遺跡名	合計	黒曜石	硬質細粒凝灰岩	ガラス質黒色安山岩	その他
柏ヶ谷長ヲサ Ⅹ	279	125	82	51	21
柏ヶ谷長ヲサ Ⅸ	2,855	1,164	926	442	323
柏ヶ谷長ヲサ Ⅷ	1,121	91	795	33	202
柏ヶ谷長ヲサ Ⅶ	234	182	45	1	6
橋本 Ⅳ	130	94	1	12	23
代官山 Ⅵ	1,380	1,244	18	7	111
柏ヶ谷長ヲサ Ⅵ	183	139	35	7	2
早川天神森 Ⅵ	19	4	9	5	1
早川天神森 Ⅴ	4	2	2	0	0
南葛野 Ⅱ	491	239	0	41	211
本入こざっぱら Ⅳ	5	2	1	0	2
合　計 (%)	6,701 100.0	3,286 49.0	1,914 28.6	599 8.9	902 13.5

とみることができよう。

　一方で，相模野台地における本段階の黒曜石産地構成を細かくみてみると，信州系黒曜石は寺尾遺跡第Ⅵ文化層と橋本遺跡第Ⅴ文化層の2遺跡で高い構成比を示すものの，それ以外の石器群ではむしろ柏峠産が主体を占めていることがわかる（表11上段）。寺尾遺跡第Ⅵ文化層のような，信州系黒曜石の集中的な石器製作後にキャッシングによる石器の保管・管理が行われるような大規模な遺跡がある一方で，地蔵坂遺跡第Ⅵ文化層や上土棚遺跡第Ⅵ文化

表11　相模野段階Ⅳ・Ⅴ石器群の黒曜石産地構成（点数）

段階Ⅳ

遺跡名	合計	伊豆系（柏峠）	箱根系（畑宿）	神津島系	信州系	高原山系
寺尾Ⅵ	41	8	0	0	33	0
上土棚Ⅶ	150	143	2	0	5	0
地蔵坂Ⅵ	56	30	9	0	17	0
橋本Ⅴ	24	4	0	0	20	0
柏ヶ谷長ヲサⅪb	4	0	4	0	0	0
上土棚Ⅵ	153	128	8	0	17	0
湘南藤沢Ⅴ	210	3	196	0	11	0
地蔵坂Ⅴ	4	4	0	0	0	0
地蔵坂Ⅳ	1	1	0	0	0	0
合計（％）	644 100.0	321 49.8	219 34.0	0 0	104 16.2	0 0

段階Ⅴ

遺跡名	合計	伊豆系（柏峠）	箱根系（畑宿）	神津島系	信州系	高原山系
柏ヶ谷長ヲサⅩ	120	58	62	0	0	0
柏ヶ谷長ヲサⅨ	1,120	489	616	2	5	8
柏ヶ谷長ヲサⅧ	84	69	15	0	0	0
柏ヶ谷長ヲサⅦ	178	175	3	0	0	0
橋本Ⅳ	13	5	1	0	7	0
代官山Ⅵ	4	0	3	0	1	0
柏ヶ谷長ヲサⅥ	134	2	131	0	1	0
早川天神森Ⅵ	3	1	2	0	0	0
早川天神森Ⅴ	2	1	1	0	0	0
南葛野Ⅱ	64	36	20	0	8	0
本入こざっぱらⅣ	2	0	2	0	0	0
合計（％）	1,725 100.0	836 48.5	857 49.7	2 0.1	22 1.3	8 0.4

層などのように，信州系黒曜石の製品を一定量もち，柏峠産黒曜石などの在地的な石材による石器製作が行われるといった中小規模の遺跡も存在している。

　こうした遺跡規模や内容による黒曜石産地の違いは，どのように考えたらよいのであろうか。中小規模の遺跡において，信州系黒曜石の石器製作の痕跡が認められないことから，信州系黒曜石の獲得・確保が恒常的に行われる状況になかった可能性が考えられる。おそらく，この段階での中部高地の環境は，最終氷期最寒冷期ほどの環境悪化には至らなかったものの相当に厳しく，信州系黒曜石の獲得は夏季を中心とした季節的・限定的なものにならざるを

えなかったのではないだろうか。それ以外の季節は，柏峠産黒曜石などの相模野台地を中心とした行動領域内で採取できる石材で補完していたものと考えられよう。

こうした遠隔地石材と在地石材のあり方から，段階Ⅳの前半期（AT降灰以前）においては，相模野台地周辺を基本としながらも，信州系黒曜石の採取を季節的なスケジュールに組み込んだ広域的な行動領域が確立していたものと推定される。

湘南藤沢キャンパス内遺跡第Ⅴ文化層は，黒曜石の大量利用という構造を変えずに，信州系から畑宿産へと黒曜石産地が変わっている。畑宿産黒曜石は気泡が多く，石刃・縦長剝片剝離が相当に困難な性質のもので，この石器群に残されたナイフ形石器や剝片類には欠損品が多いことからも確認ができる。にもかかわらず，この石器群での畑宿産黒曜石を使わなければならなかった状況やB2L下部のその他の石器群での信州系黒曜石の激減を積極的に評価すれば，この段階が最終氷期最寒冷期へ向かっての寒冷化が進み，中部高地への信州系黒曜石の採取が困難になった状況を表わしているのではないだろうか。また，ナイフ形石器の形態や円形搔器の存在などからも，続く段階Ⅴ石器群の新しい要素を合わせもつものといえ，段階Ⅳから段階Ⅴへと移行を示す石器群として評価できる（諏訪間1996a）。

段階Ⅴ石器群の石材構成は，石器群ごとに比率は異なるものの，黒曜石が約50％，硬質細粒凝灰岩約30％，ガラス質黒色安山岩約10％，その他の石材約10％という状況がうかがえる（表10下段）。今回集計していない上草柳遺跡第2地点第Ⅱ文化層などの柏峠産黒曜石で占められる石器群などを加えると，本段階の黒曜石の比率はもう少し高くなるであろうが，この5石材によって9割以上とほとんどが占められている。黒曜石の産地構成は，畑宿産，柏峠産のみであり，信州系黒曜石や硬質頁岩などの遠隔地石材がほとんど搬入されていない（表11下段）。

こうした相模野台地周辺のみで構成される石材のあり方は，相模野台地に居住した集団の石材獲得行動が，最も遠い柏峠までの半径70km圏内という狭い範囲に限定されていることを意味する。石材獲得行為は，通常，集団の狩猟採集活動とともに計画的な移動生活の中に組み入れられていたものと考えられることから，本段階の集団の行動領域は「相模野石材圏」ともいえる相模野台地を中心としたきわめて限定的な地域であったものと考えられる。

筆者は，北関東地方や中部高地において本段階に直接対比できる石器群の分布が稀薄であることから，最終氷期最寒冷期における環境適応として南関東地方への人口の集中を想定している（諏訪間1996a）。この時期の「相模野石材圏」の確立した状況から，相模野の独自な地域社会の成立を読み取ることも可能であろう。

これまで検討してきた相模野台地におけるAT降灰前後の石器群の石材構成の検討から，相模野台地に居住した集団の行動領域は次の三段階の変遷として整理できよう。

①AT降灰直前段階は，信州系黒曜石の採取を季節的なスケジュールに組み込んだ広域的な移動領域をもつ。具体的には信州系黒曜石の獲得は夏季を中心とした季節的なもので，そ

れ以外の季節は，柏峠産黒曜石などの相模野台地を中心とした行動領域内（相模野石材圏）で採取できる石材で補完していた。

②AT降灰直後段階は，最終氷期最寒冷期への移行時期にあたる環境悪化によって信州系黒曜石の獲得が困難になり，畑宿産を中心とした相模野石材圏へと範囲を狭めていった。

③B2L下部から上部にかけての段階Ⅴにおいては，最終氷期最寒冷期の環境に適応するために，相模野石材圏ともいえる限定された行動領域となったため，結果として相模野的石材構成が顕著になった。

こうした石材構成の変化から，相模野台地に石器を残した集団の狩猟採集活動や石材獲得行動を行う行動領域は，最終氷期最寒冷期の環境に適応するため徐々に狭まり，相模野台地に集中するといった過程を想定することができよう。

なお，吉岡遺跡群C区・D区B2L層や月見野ⅢC遺跡B2U層などの石器群には，信州系黒曜石が一定量含まれているようである。段階Ⅴ（Ⅴ～Ⅳ下層段階）の後半段階では，信州系黒曜石の採取が可能となった環境の回復があったのであろうか。それとも環境を克服する何らかの適応方法を見いだしたのだろうか。この点については，相模野台地以外の状況の把握と具体的な黒曜石の産地分析が進んだ時点で検討したいと考えている。

第3節
伊豆柏峠黒曜石原産地遺跡の研究

はじめに　伊豆柏峠産の黒曜石は，相模野台地や愛鷹・箱根山麓では通時的に使用される石材であるが，これまで原産地遺跡の存在は明らかにされていなかった。石材研究の実践として伊豆柏峠原産地遺跡で発見された石刃石核の報告を基に，相模野台地で検出されている柏峠産黒曜石を主体とする石器群との比較研究を行う。

　関東・中部地方の旧石器時代遺跡では，長野県和田峠などの信州産や伊豆七島の神津島産の黒曜石が利用されていることはよく知られている。これらの黒曜石は，原産地の規模が大きく産出量が豊富であり，その質が良いことから関東・中部地方一円に広く流通したものと考えられている。

　一方，関東平野の外縁部には，栃木県高原山，神奈川県箱根畑宿，静岡県伊豆柏峠などの黒曜石原産地が点在していることが知られている。高原山産黒曜石は赤城山麓や常総台地などの北関東に[1]，箱根畑宿産や伊豆柏峠産黒曜石は相模野台地や愛鷹・箱根山麓など[2]，原産地に地域では，時代を通じて利用される重要な石器石材である。

　和田峠や星糞峠などの信州産黒曜石原産地では，男女倉遺跡群や鷹山遺跡群などをはじめとする原産地遺跡の存在が古くから知られているが，関東平野外縁部の黒曜石原産地では，原産地遺跡の存在は必ずしも明確にされておらず[3]，黒曜石研究の課題の一つであった。その中でも，柏峠産黒曜石は良質な黒曜石であり，相模野台地や愛鷹・箱根山麓では後期旧石器時代初頭から通時的に搬入・利用されているにもかかわらず，柏峠原産地における旧石器人の活動の痕跡はまったく不明であった。

　筆者らをはじめ多くの研究者が柏峠産黒曜石に注目をし，それぞれ原産地の踏査を重ねてきたが，明確な石器の採集はできないでいた[4]。そのような中，関口によって石刃石核など旧石器時代のまとまった資料が採集された。採集資料は柏峠原産地において石器製作が実際に行われたことを示すもので，原産地遺跡の存在を証明する重要な資料である。このため，関口はその資料的意義を踏まえ，自身のHP上でその一部を公開したが，正式な資料報告の必要性があると考えていた。

　ここに採集資料の報告を行うとともに，相模野台地において関連すると考えられる本蓼川遺跡，南鍛冶山遺跡との比較を試みることにする。

1 柏峠産黒曜石の研究略史

　柏峠の黒曜石は，1958年，長田実によって『伊東市史』の中で紹介され，その存在が注目されるようになった（長田1958）。長田は柏峠の東西両側に産出地があることを示し，柏峠トンネルの左手の断崖に大きな露頭があったことを報告している。この露頭は西伊豆地震の際にトンネルの崩落と同時に土砂により埋まったことが記されている。また，柏峠産黒曜石と神奈川県三浦半島田戸遺跡出土の黒曜石との類似点から，相模・武蔵へと原石が搬出された可能性を指摘した。赤星直忠も長田の指摘を受ける形で，三浦半島の古代人と伊豆との関係を論じる中で，柏峠の黒曜石産地の踏査の記録を残している（赤星1971）。

　続いて，1973年には，斎木勝によって「原石は層間生成岩の如き扁平板状を呈し，両面には褐色の軽石が付着している。剝離面は観察によると，色調は淡黒色から灰色を呈し縞状を示す。透明度はかなり低いが，箱根山系よりガラス光沢は優る。（中略）厚さ10cm前後の原石は，この気泡質軽石がきわめて少なく，岩質そのものは厚さのある原石より良質である。」とはじめて柏峠産黒曜石の産状および特徴を指摘した（斎木1973）。

　1980年代になると理化学的な方法による黒曜石原産地推定のさまざまな方法が検討される中で，原産地の一つとして柏峠の記載が行われる。高橋豊は顕微鏡観察による屈折率と晶子形態の分類により伊豆・箱根産黒曜石の判別を行い，その中で柏峠産黒曜石の特徴を詳細に報告した（高橋1981・1983）。蛍光X線による黒曜石原産地推定の方法を確立した藁科哲男・東村武信は，伊豆・箱根産黒曜石の原産地資料のサンプリングを重ね，柏峠産黒曜石原産地を柏峠西と呼称した（藁科・東村1983）。

　一方，黒曜石産地推定の先鞭をつけた鈴木正男らは，箱根火山古期外輪山形成にかかわる活動に由来する黒曜石群の総称として，柏峠を包括して熱海市上多賀産の名称を代表させて呼称している（鈴木・戸村1991）。

　1980年代後半以降，黒曜石原産地推定の分析事例の蓄積が進み，柏峠産黒曜石は箱根畑宿産黒曜石とともに注目されるようになる。特に柏峠産黒曜石の存在が注目されるようになったのは，相模野台地において最古級の細石刃石器群である代官山遺跡第Ⅲ文化層の分析である（鈴木1986）。代官山遺跡には柏峠の小型の角礫が搬入され，「代官山技法」と呼称された石核調整を施さない特徴的な細石刃製作技術が提示された（砂田1986）。諏訪間伸らは伊豆・箱根系黒曜石原産地の踏査を重ね，柏峠黒曜石の特徴や原産地の産状を報告する（諏訪間伸・野内1991）。

　このころより次第に黒曜石＝信州和田峠産という認識から，神津島産，畑宿産，柏峠産という，伊豆・箱根系黒曜石と一括されるそれぞれの黒曜石の特徴が理解されるようになっていく。

　1994年，望月明彦・池谷信之らによる蛍光X線分析による黒曜石全点分析が行われた。これは，これまでの黒曜石研究を大きく変える画期的なものであった。そして，愛鷹・箱根

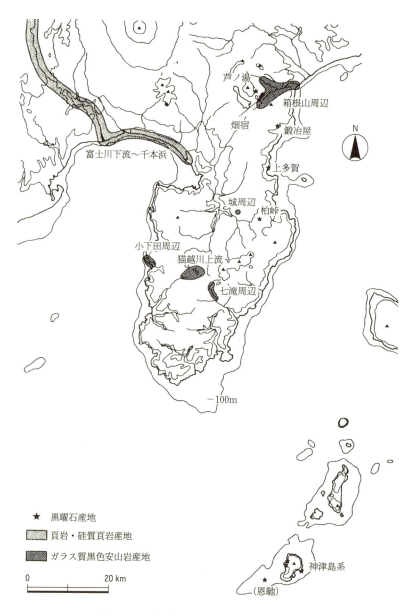

図 62　伊豆地方の石器石材産地（池谷 2003）

山麓の旧石器時代遺跡には柏峠産黒曜石が数多く搬入されている状況が具体的な数量で示された（池谷・望月 1994）。相模野台地でも望月を中心に産地推定分析が蓄積されるようになり，柏ヶ谷長ヲサ遺跡の B2L 層を中心とした複数の文化層の石器群には，箱根畑宿産とともに柏峠産の数多くの利用が確認された（望月 1997）。

　このころより，池谷・望月は天城系柏峠として呼称するようになり（池谷・望月 1994），近年は天城エリア柏峠群柏峠と呼称されている（望月 2005）。さらに，黒曜石石器群として著名であった寺尾遺跡第Ⅵ文化層の黒曜石産地分析が行われ，ナイフ形石器 163 点中，柏峠産

26点と一定の割合で保持されていることが明らかになった（鈴木1999a）。そして，柏峠産黒曜石は信州産黒曜石を補完する良質な石材であるという意義が見いだされた（諏訪間1998）。

近年は，池谷信之によって，中部日本の黒曜石をめぐる多くの研究が発表されているが，その一つに地質学的な所見を踏まえた伊豆・箱根産の各黒曜石原産地の産状と成因について検討が加えられ，柏峠については「デイサイト質溶岩の層理に沿って角礫状の黒曜石が生成し」たことが明らかにされている（池谷2003）。

2　柏峠産黒曜石原産地の分布と産状

柏峠は，伊東駅から南西へ4kmほど入った険阻な山中にある古道の峠で，標高443mを測る。この峠は伊東市と伊豆市（旧中伊豆町）とを分けるが，江戸時代以前より，伊東から中伊豆を経由して伊豆長岡や三島方面へとつなぐ交通の要衝路であった。明治15年には柏峠にトンネルが開通したが（写真1），急峻なルートであったため，明治39年には新しく冷川峠側の県道開通にともない廃れていった。

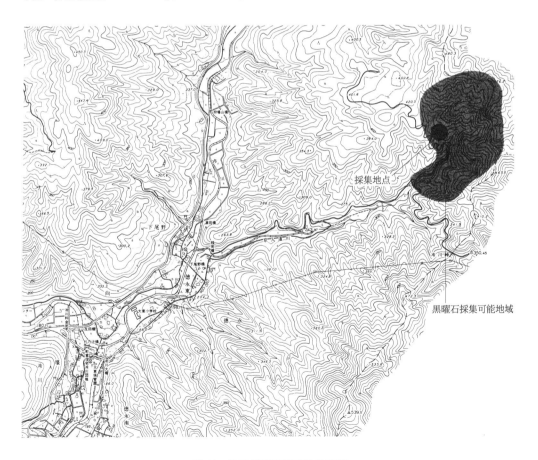

図63　柏峠黒曜石原産地位置図

写真1　柏峠トンネルの現況
このトンネルの左側に露頭があったという記載があるが，土砂崩れにより現在は確認できない。

写真2　柏峠の標柱
県道からこの標柱を左に入ると原産地が広がる。

写真3　柏峠の露頭

写真4　露頭のアップ
20～30cmの厚さで小型の角礫が帯状に入る。白色の層は流紋岩質の溶岩。

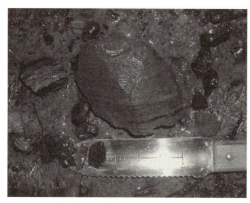

写真5　露頭直下採集の原石
2～3cm大の角礫が多量に散布する。沢筋には大型の原石も採集できる。

写真6　石核採集地点
右上の勾配がきつい斜面が採集地点。

柏峠の黒曜石の産状は，地質学的にも十分な調査が行われておらず，また，考古学的な見地に立った綿密な分布調査もこれまでに行われていなかった。主要な黒曜石原産地としてマークされながらも全体像は意外と知られていないのが実情である。

　当該地一帯は，針葉樹および落葉広葉樹が広がる森林で，地表面には落葉などに覆われ，石材の採集は困難である。これまでの筆者らの踏査の結果，黒曜石が採集できるおよその範囲を網がけで示したが（図63），この範囲の中でも原石の採集できる場所は沢筋や谷の斜面などスポット的である。その範囲のほとんどは伊豆市に属する。

　柏峠までのルートは伊豆スカイライン冷川インターチェンジから冷川沿いに県道12号線を伊東方面に進むと大きなカーブの左に柏峠への古道の入口の説明板がある（写真2）。この地点から左の林道に入った右手に広がる針葉樹林一帯に原石が採集できる。そして，説明版から300mほど登った地点を沢に沿って右に折れ，しばらく登ると，林道の地表面に白い流紋岩質の溶岩帯が表われてくる。この岩帯の左上の露頭には20～30cm幅で黒曜石の角礫の入った層が認められる（写真3・4）。そして，その直下では5cm以下の角礫が多量に認められる。この露頭直下の沢筋や周辺の斜面には黒曜石の角礫が散布しており，柏峠原産地の中心のひとつである。沢筋に流出したものの中には拳大の角礫もみられる（写真5）。

　柏峠産黒曜石は鼠色の縞模様が特徴的であり，肉眼での判別も容易である。原産地で採集できる原石は角礫もしくは板状礫が多い。このうち小型の角礫は，黒色または黒色と灰黒色の縞状で，夾雑物が少なく良質であり石器石材として適している。一方，大型の角礫は，鼠色から灰黒色で気孔や斑晶が目立つ粗悪なものが多く，石器石材としてはあまり適していない。

　今回報告する遺物の採集地点は，柏峠の主稜線から南へ張り出した尾根筋の末端で，その山塊を挟んで東西より流れ出る冷川源流の合流点にあたる付近である（写真6）。

　調査者の一人，関口は1997年10月10日の踏査において，うす暗い針葉樹林の中，湿地の窪みにある黒い塊に目を止めた。泥から拾い上げてみると，それは一見してわかる石刃の剥離痕が際立った石核（写真7—1）であった。そして後日，11月3日に再びその場所を訪れて周囲一帯を精査したところ，すぐ近くにある急斜面において，10mほどの範囲で，落葉に見え隠れする石核等10点あまりを発見した。

　採集地点は湿地の窪みおよび急峻な斜面であり，遺跡そのものの存在する可能性は考えにくい場所である。本来の遺跡は，その背後の緩斜面に展開する可能性が高いものと考えられる。ここでは，採集地点周辺を「柏峠遺跡」と仮称し，説明を加えることにする。

3 採集された遺物

報告する遺物（図64・65，写真7）は，石刃石核5点と石刃2点であり，いずれも黒曜石製のものである。これらの資料には全面に風化がみられるが，その度合は石質や遺存状態などによってさまざまである。

1は，厚手の剝片を素材とした石核で，単設打面からの剝離進行によって三角錐の残核形状を呈する。大きさは，高さ7.0cm，幅3.3cm，厚さ3.7cmである。石核構成は，まず，右側面の上半で自然表皮を剝ぐ2条は旧く，その頭部は，やや遠く対向方向からの剝離によって更新された現打面の単剝離面によって切られている。

次いで，この打面更新後の母石核から本石核の素材となる厚手剝片が剝離分割されており，そのポジティブな腹面が左側面にあてられている。素材剝片の整形はなされていないようであり，本石核における石刃剝離は，素材剝片の側縁小口側の一方を剝離作業面として後退し，正面中央に幅1.5cmほどの幅狭の石刃剝離痕が2条残されている。打面と石刃剝離作業面がなす角度は83度である。さらなる頭部調整と，打面には打撃痕の集中した割れ円錐の内在が認められる（・マーク）。

2は，三角錐の不整形な厚手剝片を素材とした石核である。風化が著しく進行した資料である。大きさは，高さ7.4cm，幅3.1cm，厚さ5.5cmである。石核構成は，本石核も1と同様に母石核から剝離分割された厚手剝片を素材に，その背腹両面を左右の両側面とする。左側面を観察すると，既存の下方向からの旧い石刃剝離痕2条が認められ，それを切って剝離面構成を悪化させた横長のステップ剝離痕がみうけられる。次いで剝離されたのが下膨れ形状となった本素材剝片であり，その底面を180度逆転させて新たな石刃核の打面としている。

本資料は，石刃核原形であり，素材剝片の側縁小口側に限定した正面での作業は石刃剝離には至っておらず，表皮除去の寸詰まりの剝離痕数条にとどまる。また，打面の荒れた単剝離面へ打面縁調整かとみられる剝離が入る。なお本黒曜石の質は，石核右側面に流紋岩質の空洞が目立つ粗悪な石材である。

3は，自然表皮をもつ拳大よりも小さな角礫を素材とした石核である。単設打面からの剝片剝離によって楔形の残核形状を呈する。大きさは，高さ5.3cm，幅5.0cm，厚さ2.4cmである。石核構成は，自然表皮のフラット面を打面に設定し，石核正面の広面側を弧状に剝離して石刃剝離作業面としており，その裏側には自然面が残置されている。石刃剝離作業面の構成は，稜線がやや不整となった石刃剝離痕8条の切り合いがみられ，その後に頭部調整はなされておらず，鋸歯状の打面縁を呈する。打面と石刃剝離作業面がなす角度は，中央の剝離で68度である。

4は，採集された石核の中では最も石刃剝離作業が進行した資料である。裏側に自然表皮を残置する偏平四角錐の残核形状を呈する。大きさは，高さ5.5cm，幅4.2cm，厚さ2.0

第V章　石器石材研究と行動領域

写真7　柏峠採集の石器

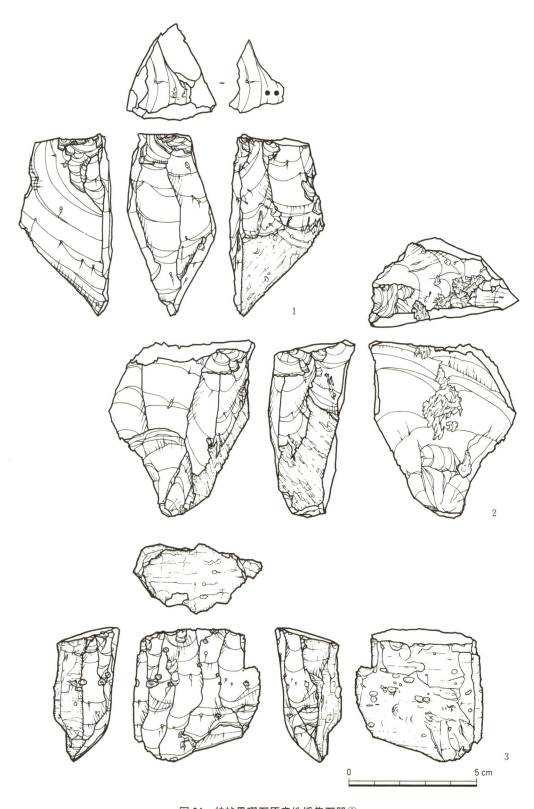

図64 柏峠黒曜石原産地採集石器①

第Ⅴ章　石器石材研究と行動領域

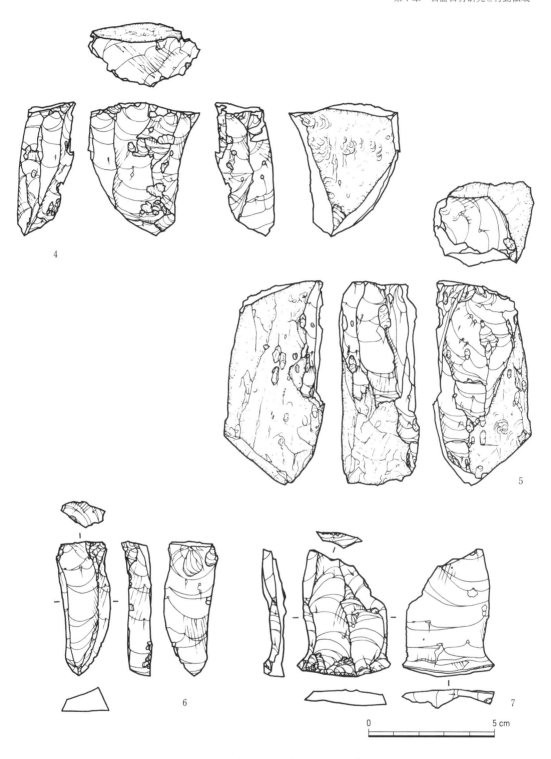

図 65　柏峠黒曜石原産地採集石器②

cmである。石刃剝離工程では打面転位が行われており，先行する左側面に下方向からの石刃剝離痕4条の切り合いがみられ，次に180度の打面転位を行っている。そして新たな上位打面は右側面方向からの単剝離面であって，石刃剝離作業面は右側面に旧く1条，次いで正面の広面側に4条の石刃剝離痕が残されている。その終わりは中央の幅1.5cmの剝離となるが，さらにその稜線を狙って失敗したステップ剝離痕がみられる。打面と石刃剝離作業面がなす角度は，正面中央の剝離で75度である。

　5は，自然表皮をもつ角柱状の礫を素材とした石核である。大きさは，高さ7.8cm，幅3.2cm，厚さ3.9cmである。石核構成は，素材礫の大きさ形のままに特に石核整形はなされず，小口側の正面および右側面が石刃剝離作業面であり，それに先立って正面方向から剝離された単剝離面の単設打面を有する。石刃剝離作業面には，気泡やクラックの内在によって不整となった剝離痕数条がみてとれ，ヒンジ・フラクチャーとなり，比較的長い剝離面をもつ右側面での剝離を最後に作業が終了している。

　6は，稜線のよく並行したやや厚みのある石刃である。背面構成には，同一打面より剝離された石刃剝離痕が大きく3条みられ，その打面は石核正面方向からの剝離による単剝離面とみられる。右側縁末端側の直立した縁辺が潰れて微細剝離痕がみうけられる。大きさは，長さ5.0cm，幅2.0cm，厚さ0.9cmである。

　7は，打面側を欠いた幅広の石刃で，両設打面の石核から剝離されたものである。背面構成は主に下位打面からの剝離痕であり，やや肥厚した末端にその打面縁をとどめる。転位した上位打面のあり方は不明であるものの，腹面リングの収束状態によると，打面は折れ部分のすぐ直上である。なお，折れ面には腹面側からのリングが生じ，その角には腹面側からの微細剝離痕がみうけられる。大きさは，長さ4.9cm，幅3.5cm，厚さ0.7cmである。

4　柏峠遺跡採集資料の位置づけ

(1) 編年的位置づけの検討

　採集された石核と石刃は，いずれも単独資料であるため，接合資料による剝片剝離技術の全体像を明らかにすることはできないが，石核の素材や剝離工程の復元から次の二とおりの剝片剝離技術を読み取ることができた。それは，素材が剝片であるか角礫であるかによって区分できる。1・2の分厚い剝片を素材とした石核は，剝片の側縁小口側を石刃剝離作業面としたもので，素材の剝片の打面をそのまま利用した単設打面の残核である。3～5の角礫を素材とした石核は，裏面および側面に原礫面を大きく残したものであり，最終的に石核の広面側を石刃剝離作業面とした残核である。これらの石核調整では，素材を大きく改変せずに単剝離面あるいは自然面を打面としているが，剝離作業の進行に応じて180度打面転位した調整が4・7に認められている。

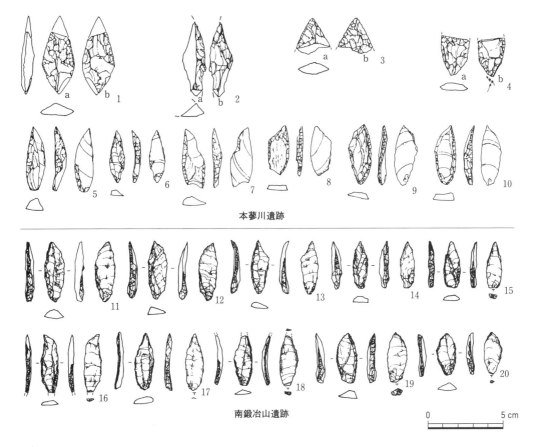

図66　本蓼川遺跡と南鍛冶山遺跡の石器

　柏峠遺跡における剝片剝離技術は，角礫もしくは大型の剝片を素材として，自然面打面もしくは単剝離打面から石刃を連続的に剝離し，剝片剝離作業の進行に応じて180度の打面転位が行われるものもあるが，単設打面石核が基本形であろうと考えられる。打角は80～90度と直角に近く，作業の進行によって70度前後まで鋭角になるが，打面再生を行うことなく作業は終わっている。

　さて，相模野台地台地において，本遺跡のような黒曜石の角礫を用い，石刃製作を行った石器群は，相模野台地や愛鷹・箱根山麓において認められる。

　相模野台地では，B3上部に出土層準をもつ寺尾遺跡第Ⅵ文化層（鈴木1980）をはじめとする段階Ⅳ石器群（諏訪間1988）と，本蓼川遺跡（宮塚ほか1974），南鍛冶山遺跡401石器集中（望月1996）など段階Ⅵ石器群の二時期に認められる[5]。柏峠遺跡採集の石刃石核は，このどちらかの時期のものと考えられるが，段階Ⅳ石器群においては良好な接合資料が認められないこともあり，両者の比較を通じて，その時期を特定することは難しい。

　寺尾遺跡では信州産黒曜石を角礫のまま遺跡に搬入し石器製作が行われている。その石刃

剥離は，入念な打面調整と頭部調整が施され，石刃剥離の進行に合わせ打面再生も行われるというものである。柏峠産黒曜石については，ナイフ形石器が完形品として遺跡内に搬入されているものの，石核や調整剥片など製作工程を表わす資料がない。この柏峠産黒曜石製ナイフ形石器はどのような石刃製作技術によって石刃が剥離されたのか，推定の域を出ないが，信州産黒曜石と同様の石刃製作技術が柏峠産黒曜石に対しても採られていた可能性が強い。

こうした点で，本遺跡の石刃製作技術は，打面調整や打面転位，頭部調整が顕著である寺尾遺跡よりは，石核調整技術が認められない本蓼川遺跡との類似点が多いようである。したがって，柏峠産黒曜石を素材とした石刃製作が行われた本遺跡は，相模野段階Ⅵ石器群に対比される可能性が高いものと考えたい。

一方，愛鷹・箱根山麓では，清水柳北遺跡BBⅢや中身代遺跡第Ⅰ地点BBⅢなどをはじめとして，BBⅢ層に柏峠産黒曜石を素材とする二側縁加工ナイフ形石器が認められるが，これらの剥片剥離は連続した石刃剥離とは認められず，寺尾遺跡例とくらべても一段階古い様相として捉えることができる。また，BBⅠ層や休場層の石器群の中にも存在しているが，まとまった集中地点を形成する資料は認められず，詳細な検討は現在のところ難しい。愛鷹・箱根山麓においては，今後まとまった資料が検出される可能性が高いことを視野におきながら，相模野台地の石器群との比較を試みることにする。

(2) 本蓼川遺跡の石刃製作技術

本蓼川遺跡は1968年に相模考古学研究会によって発見され，加藤良興によって採集された石器群で，2～3mの狭い範囲から採集された一括性の高い資料である。出土層位はL2層もしくはB1層下半部と推定されており，相模野第Ⅳ期の石器群として報告されているものである（宮塚ほか1974)[6]。

石器組成は尖頭器3点，ナイフ形石器11点，石核5点，目的的剥片（石刃）13点，剥片多数である。石材構成は黒曜石がほとんどを占めており，黒曜石以外では安山岩製縦長剥片など数点とされる。黒曜石は肉眼観察ではあるが，尖頭器を除くナイフ形石器および石刃や石核，調整剥片などのほとんどが柏峠産黒曜石と推定されるものである。

この中で，石刃石核の剥離面構成や調整剥片や目的的剥片である石刃のあり方から，「黒曜石の拳大の角礫を素材の長軸にそって45度回転させて，角礫の稜を正面（および背面）にあてている。打面は上下にくる礫面をとり去って作出し，打面の調整は顕著であるが，石核の再生はほとんど行うことなく，目的的剥片の剥離を行っている」という剥片剥離技術の特徴が復原された。また，同時期の石器群に特徴的であった「砂川型刃器技法」は「珪岩・凝灰岩などの楕円形の礫を素材とし，両設打面石核より石刃を目的的剥片として連続的に剥離する剥片剥離技術で，打面の再生や移動が頻繁に行われることを特徴とする」とした。こ

第Ⅴ章　石器石材研究と行動領域

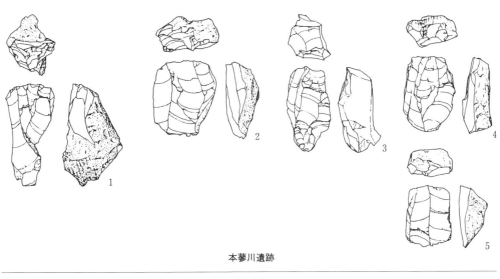

本蓼川遺跡

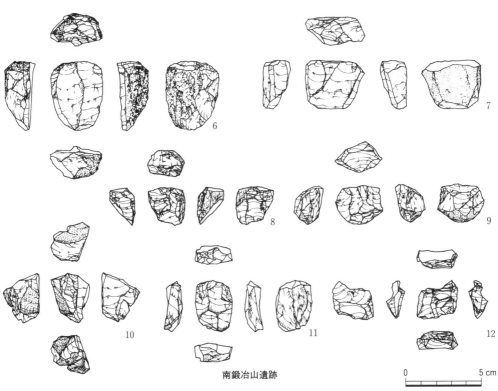

南鍛冶山遺跡

図 67　本蓼川遺跡と南鍛冶山遺跡の石核

こに素材礫や石核調整の違いから，相模野第Ⅳ期における二つの剥片剥離技術の存在を提示した。

　本蓼川遺跡の石核は，4.9〜6.5cmとほぼ5cmを超えるサイズであり，本遺跡よりはやや小さい。遺跡には原石をもち込み，打面の作出から数枚の石刃剥離を行った段階で作業は終わっている。打面再生を行われず作業面の高さの減少までの作業は行われていない。

(3) 南鍛冶山遺跡の石刃製作技術

　南鍛冶山遺跡は相模野台地の南部，高座丘陵の南端の引地川右岸に位置する遺跡である。旧石器時代の石器群は複数の文化層が検出されているが，このうち，0401集中では，直径5m前後に遺物が密集する平面分布に1,084点の石器が出土した。このうち，1点のホルンフェルス製石刃を除く1,083点のすべてが黒曜石製である。これらの黒曜石の産地推定は行われていないが，いずれも鼠色の縞が入る柏峠産黒曜石の特徴を有しており，肉眼観察によれば，すべてが柏峠産と推定されるものである。

　石器組成は，ナイフ形石器81点，削器3点，リタッチ19点，石核7点，剥片624点，砕片350点であり，豊富な接合資料の存在から，遺跡内に黒曜石原石がもち込まれ，石刃剥離からナイフ形石器の製作までの一連の作業が行われた遺跡と考えられる。石刃についても完形品が少なく，剥離時に折れたものが目立ち，ナイフ形石器は製作途中で破損した先端部の破片が多く残されている[7]。

　南鍛冶山遺跡に搬入された黒曜石の形状は，5cm前後の角礫もしくはやや角が丸くなった亜角礫である。打面は複数の剥離が認められる複剥離打面であるが，いずれも原礫面を除去するための薄く小さな剥離であり，これは素材礫のサイズが大きくないことから，素材である石刃の長さを有効に確保するため採られた技術適応と考えられる。打面調整および頭部調整は行われていない。基本的には単設打面から石刃が剥離されているが，作業の進行に応じて180度打面転位も行われている。石核のサイズは2.5〜4.4cmであり，本蓼川遺跡よりも一まわり小さい。打面再生が複数回行われる石核もあり，これらは目的とするサイズの石刃が剥離できないところまで作業が行われている。

(4) 柏峠遺跡・本蓼川遺跡・南鍛冶山遺跡の比較

　ここでは柏峠産黒曜石を用いた3遺跡のあり方について簡単に比較してみよう（図68）。

　柏峠遺跡では，素材となる角礫のサイズが大きく，剥片素材の石核も認められる。大型の原石から厚手の剥片を剥離し，その剥片の片方の側縁から石刃を剥離するものと，自然面打面もしくは表皮を一枚剥いだだけの単打面石核の二者が認められる。石核のサイズは原産地

資　料	長	幅	厚
柏峠 No.1	70	33	37
柏峠 No.2	74	31	55
柏峠 No.3	53	50	24
柏峠 No.4	55	42	20
柏峠 No.5	78	32	39
本蓼川 No.1	49	40	21
本蓼川 No.2	55	29	25
本蓼川 No.3	48	33	19
本蓼川 No.4	39	29	19
本蓼川 No.5	65	33	38
南鍛冶山 No.1	44	35	21
南鍛冶山 No.2	31	40	18
南鍛冶山 No.3	25	31	20
南鍛冶山 No.4	33	24	12
南鍛冶山 No.5	25	24	17
南鍛冶山 No.6	25	30	17
南鍛冶山 No.7	32	26	25

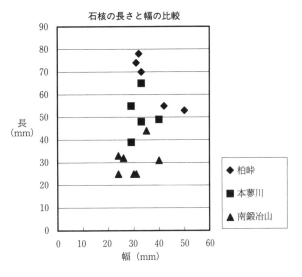

図68　柏峠・本蓼川・南鍛冶山各遺跡の石核の長幅比

であることから7cm以上のものが多く，他の2遺跡との大きな違いである。また，これまでにナイフ形石器は採集されておらず，原産地で集中的にナイフ形石器の製作を行った痕跡は認められない。今後の調査によって，ナイフ形石器が発見される可能性はあるものの，現段階では石刃生産までの作業が行われた遺跡であると評価しておく。

　本蓼川遺跡は，すべて角礫の状態で搬入されている。打面は自然面打面もしくは表皮を薄く剝いだだけの打面調整であり，素材の長さを有効に使おうとする意図が読み取れる。剝片剝離作業は一定の石刃を連続剝離しているものの，さらに石刃剝離が可能な状態で作業が終わっている。一方，南鍛冶山遺跡では，角礫もしくはある程度の石刃が剝離された作業途中の石核が搬入される。遺跡での剝片剝離作業は，打面再生が複数回行われるまで行われ，これ以上の剝片剝離が行えない状態で放棄されている。

　以上のように3遺跡は，搬入された石材の形状やサイズ，石核の消費過程がそれぞれ異なっていることが確認できた[8]。それぞれの遺跡は次のように捉えることが可能であろう。

　柏峠遺跡は，原材料である黒曜石原石を採取した「原料採取遺跡」であるとともに，その場で製作した石刃をもち出した可能性があるもので，いわば「石刃製作遺跡」を兼ねた原産地遺跡として評価できる。

　本蓼川遺跡は，柏峠産黒曜石の原石が角礫の状態で搬入され，表皮の除去から始まり石刃剝離からナイフ形石器の製作までの一連の作業が行われている。原料をすべて消費されつくすまでの作業は行われず，まだ石刃の剝離が可能な状態で作業が終了している。本蓼川遺跡は，柏峠原産地から60kmほど離れた相模野台地の南端に位置する地理的立地であることから，集団が柏峠原産地まで黒曜石を採取し，相模野台地に戻り，最初に残された遺跡である

可能性が高いと考えることができる。いわば「原料補給遺跡」といえる状況を示している。

一方，南鍛冶山遺跡は，本蓼川遺跡のような原石表皮の除去という石器製作の最初の工程が残されていないことから，一定の石刃剝離の行われた石核がもち込まれたものといえる。すなわち，本蓼川遺跡のような「原料補給遺跡」から，次の移動先に残された遺跡であるものと評価できる。そして，ここでの作業は原料をすべて消費し尽している状況が観察されたことから，この遺跡は「原料完全消費遺跡」ともいえる状況を示しているといえよう。

本蓼川遺跡・南鍛冶山遺跡ともにそれぞれが柏峠産黒曜石の消費過程を示しているものと評価できるが，両遺跡ともに硬質細粒凝灰岩やチャートなどの在地石材を新たに補給していない。おそらく，南鍛冶山遺跡から次の地点に移動する際に，礫層や河原などから硬質細粒凝灰岩などの在地石材を獲得したものと考えられる。

相模野台地における砂川期石器群（段階Ⅵ）は，相模野台地中央部では下鶴間長堀遺跡第Ⅲ文化層をはじめとする硬質細粒凝灰岩を多用する石器群が多く，同北部の橋本遺跡第Ⅲ文化層や中村遺跡第Ⅴ文化層などではチャートを多用する石器群が多い傾向が認められる（吉田2000・笠井2000）。こうした在地石材の高い利用状況から，在地石材をつねに補給しながら移動をくり返すという，砂川期の原料補給体制のモデルが構築されている（島田1998）。

柏峠産黒曜石の搬入・消費のあり方は，在地石材をつねに補給しながら移動をくり返すという，砂川期の原料補給体制のモデルとは異なる一面をみることができた。これは，両遺跡が相模野台地南部に位置するという地理的立地や石材環境のあり方を示しているものと考えられる。そして，相模野台地に居住した集団の行動領域や石材産地との回遊ルートの一端を示している可能性もあろう。

おわりに

以上，柏峠産黒曜石原産地において石刃石核と石刃が採集されたことにより，石刃製作が行われた原産地遺跡の存在を明らかにすることができた。また，柏峠遺跡の石刃剝離と相模野台地の本蓼川遺跡，南鍛冶山遺跡とを比較を通じ，柏峠黒曜石の搬入・消費過程のそれぞれの段階において残された遺跡であることが確認できた。

柏峠産黒曜石は，相模野台地や愛鷹・箱根山麓においては，最も近傍にある良質な石器石材であり，旧石器時代初頭より利用されつづけられた原産地である。

本論でその一端を明らかにすることができたが，黒曜石の産状や分布については未解明な部分も多く，地質学的な研究を含めた総合的な研究が行われることを期待したい。

また，現在まで埋蔵文化財包蔵地になっておらず，文化財保護上の措置もとられる必要がある。

註

1）大宮台地や下総台地においても多くの利用が確認されているが，産地分析例が少ないので具体的な数量で示せない。
2）武蔵野台地でも，南西部においては原石での搬入が確認されている（国武2004）。今後の産地分析の進展によって，その流通範囲が大きくあらたまる可能性もある。
3）箱根町朝日遺跡は箱根芦の湯の黒曜石原産地に近く（坂詰1967），原産地遺跡として評価できる可能性があるが，出土遺物の分布状況は原産地遺跡特有の濃密な石器集中とはいえず，現段階では評価を保留しておく。
4）筆者は諏訪間伸とともに，1980年代後半より柏峠の踏査を二十数回重ねてきた。諏訪間の場合は自宅から2時間弱と比較的近いことと趣味のクワガタ採集と兼ねての採集であったため，回数の割には十分な踏査を行っていない。また，踏査は沢筋を中心に行っていたため，これまで遺物の採集は果たせなかった。関口は石器製作実験用の原石採集を目的として踏査を行っていたが，幸運なことに4回目の踏査で石核を採集することができた。また，柏峠には池谷信之も数多く踏査を重ねており，近年石核等を採集している。池谷によれば，地元中伊豆出身の鈴木裕篤ら何人かは原産地遺跡の存在を知っていたが，原産地の保護を意識し公表を控えていたようだ。
5）神奈川県において柏峠産黒曜石を多用する石器群は，段階IXの細石刃石器群に特徴的に認められる。それらは代官山遺跡，吉岡遺跡，横須賀市打木原遺跡などで，愛鷹山麓では野台遺跡が相当するものと考えられる。これらは現在のところ関東・東海地方における最古期の細石刃石器群として評価されるものである。
6）この報告の中で検討されたことは多義にわたり，相模野台地の旧石器研究の黎明期における重要な報告のひとつである。特に尖頭器出現問題については，尖頭器とナイフ形石器の製作技術の違いを技術基盤の違いと捉え，尖頭器は「構造外的存在」であるとし，石器群の構造的理解のひとつの指針を示した。また，抽出された相模野第IV期の二つの剝片剝離技術を，砂川型刃器技法は東北日本を中心としたもの，本蓼川遺跡で出された技術を西南日本的として評価した。
7）本蓼川遺跡，南鍛冶山遺跡のナイフ形石器は40mm以下と小型のものを中心とするが，若干，本蓼川遺跡の幅・長さともに大きく，原石サイズに規制されているようだ。両遺跡のナイフ形石器の特徴は砂川期の普遍的な斜め整形のナイフ形石器は認められず，すべて二側縁加工ナイフ形石器で占められている。そして，素材である石刃の主軸とナイフ形石器の主軸が同じであり，確保できる石刃の長さを最大限に使うことを意図したものと考えられる。
8）柏峠産黒曜石は原産地においては，大型の素材の入手が可能であったものの，相模野台地までもち出す際には，あえて小型角礫を選んでいる可能性がある。これまで柏峠に原産地遺跡が確認されていない理由として，小型角礫を原産地から相模野台地などの消費地に搬入するという石材獲得の方法が採られていると考えていたが，今回の原産地遺跡の確認によって，移動コストなどを考慮し，あえて小型角礫のもち出しを行っているという点を考える必要がある。大型石材よりも小型石材を選定し，消費地に搬入するという積極的な石材決定論を読み取ることができるかもしれない。この点については，池谷信之からご教示を受けた。

第4節
相模野台地における黒曜石の利用と変遷

1　相模野台地の層位

関東地方は，石器群を包含する地層が厚く堆積していることから，編年研究をはじめ多くの研究が進められている。なかでも関東地方の西部に位置する相模野台地は，日本列島の中で最も層位的出土例に恵まれたフィールドである。相模野台地は，石器群が包含されている立川ローム層が6〜8mと，関東地方の中で最も層位が厚く堆積しており，広域火山灰である姶良 Tn 火山灰（AT）や相模野上位スコリア層（S1S），相模野下位スコリア層（S2S），6枚の黒色帯などの鍵層の存在により，石器群を層位的に分離することが容易である（図70参照）。

相模野台地では，同一遺跡から数枚から十数枚の文化層が検出されることが多く，その文化層の特徴を石器の種類（器種），製作技術（剝片剝離技術や調整加工技術），使用石材などを検討すると，概ね，後期旧石器時代を10段階，石鏃が出現する以前の縄文時代草創期を2段階に編年区分が可能である。

ここでは，相模野台地における石材構成や黒曜石産地構成の変遷に焦点をあて，黒曜石利用のあり方を検討する。

2　相模野台地の石材環境

相模野台地は，関東平野の西南部に位置する南北30km，東西10kmの台地で，近隣に丹沢山地や箱根・伊豆山地などの石材産地を控え，良好な石材環境に恵まれた地域といえる。そして，編年区分された段階ごとに，在地石材が主体となる時期，黒曜石が主体となる時期など，特徴的な石材産地の構成をもっている。

相模野台地の最も近くにある石材は硬質細粒凝灰岩とチャートである。硬質細粒凝灰岩は，丹沢山地および相模川河床に産出し，台地内の河川の河床や礫層中からも採取が可能である。また，チャートは多摩川流域に広く採集が可能である。これらが最も近隣の石材産地であり，ともに半径10km以内で採取可能な在地石材といえる。

そして，相模野台地の西に約半径30〜50kmには，箱根山中に箱根畑宿産の黒曜石や箱根山から早川沿岸にかけて箱根産ガラス質黒色安山岩の産地がある。さらに，70km以内には伊豆柏峠産の黒曜石原産地がある。相模野台地では，丹沢産硬質細粒凝灰岩，多摩川産チャ

第Ⅴ章 石器石材研究と行動領域

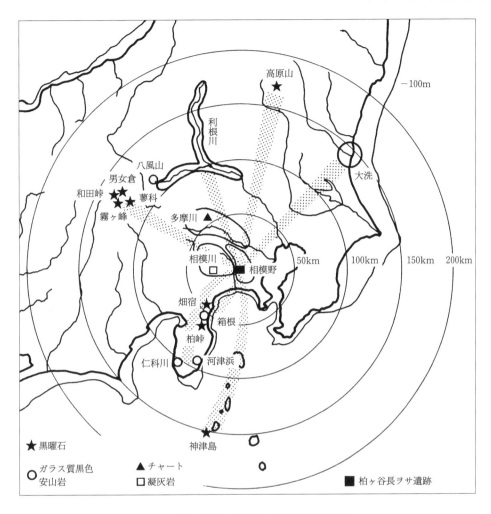

図69 柏ヶ谷長ヲサ遺跡に搬入された石材

ート，箱根産ガラス質黒色安山岩，畑宿産黒曜石，柏峠産黒曜石の5石材が主に使用される石材である。

相模野台地に搬入される遠隔地の石材としては，和田峠を中心とした信州産や，伊豆七島の神津島産など150km圏の黒曜石があり，これらは特定の時期に大量に搬入されている。一方，東北地方の硬質頁岩や北関東地方の頁岩の搬入は極めて限定的な存在である。

相模野台地と石材産地の関係を図に示したが（図69・図33参照），相模野に搬入された石材産地と距離および想定される採取する時間は次のとおりである。

在地石材
10km以内，丹沢産硬質細粒凝灰岩・多摩川産チャート，日帰り採集。

近在地石材
30〜70km前後，畑宿産黒曜石・箱根産ガラス質黒色安山岩・柏峠産黒曜石，一泊程度の

253

採集。

遠隔地石材

100km 以上，信州系黒曜石・高原山産黒曜石・神津島産黒曜石・東北系硬質頁岩，数日以上の採集もしくは集団単位での移動，もしくは交換の可能性。

3 相模野台地における石器群の変遷と石材構成

ここでは，相模野台地の石器群の変遷と石材構成・黒曜石産地構成について概観する（図70～72）。

段階Ⅰ石器群

本段階は，L6層からB5層上面までに出土層位をもつ石器群である。吉岡遺跡B5層石器群は，台形様石器（1・2），ナイフ状石器（3・4），楔形石器，彫器などが報告されている。

石材構成は，チャートが主体を占めている。黒曜石はこの段階から使用されており，吉岡遺跡では信州産黒曜石が，大和市No.159遺跡では柏峠産の黒曜石を素材とした台形様石器が出土している。

段階Ⅱ石器群

本段階は，L5上部～B4上面までとし，台形様石器（5）と基部加工（6），一側縁加工ナイフ形石器（7），局部磨製石斧（8）を特徴とする。剝片剝離技術は石刃・縦長剝片剝離技術の存在が確認されており，横長・幅広剝片剝離技術の両者が認められる段階である。

石材構成は，箱根産ガラス質黒色安山岩，チャートに加え，硬質細粒凝灰岩など近在地産石材で占められている。黒曜石は，箱根畑宿産黒曜石が最も利用されており，伊豆柏峠産黒曜石が続く。信州産黒曜石は認められない。古淵B遺跡ではB4層から畑宿産黒曜石を用いた台形様石器などがまとまって出土している。

段階Ⅲ石器群

本段階はB3下部を中心とするが，B4上面との判別はできない。縦長剝片に段階Ⅱから続く基部加工（10・11）や一側縁加工（12・13）のナイフ形石器に加え，二側縁加工ナイフ形石器（14）が新たに登場する段階である。

石材構成は，段階Ⅱと変わらず，箱根産ガラス質黒色安山岩，チャートに加え，硬質細粒凝灰岩など近在地産石材で占められている。黒曜石は柏峠産，畑宿産が多い。

段階Ⅳ石器群

本段階はB3上部～B2L下部まで，AT層，S1S層を挟んだ上層までが相当する。二側縁加工のナイフ形石器（15～19）とそれを量産するための石刃技法が強固な結びつきをもつ段階である。

石材構成は，黒曜石が9割以上と多用される段階である。黒曜石以外は良質の硬質細粒凝灰岩や箱根産ガラス質黒色安山岩も使われている。

第 V 章　石器石材研究と行動領域

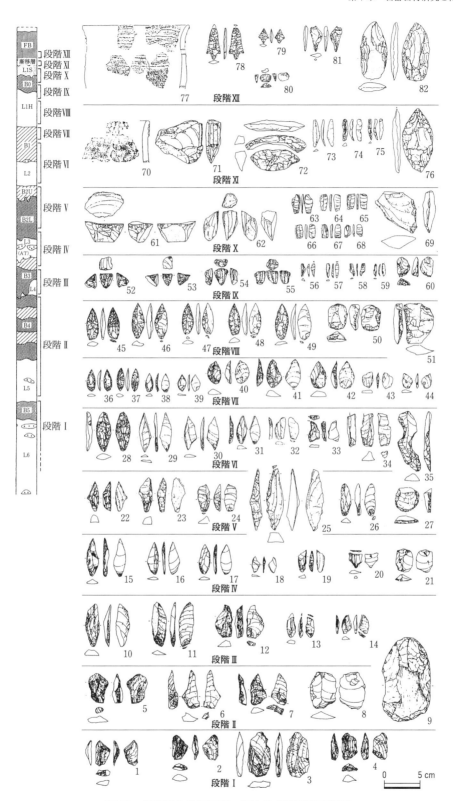

図 70　相模野台地旧石器～縄文時代草創期変遷図

黒曜石は寺尾遺跡，橋本遺跡など大規模な石器群で多用されているが，中～小規模石器群では，柏峠産が用いられている。湘南藤沢キャンパス内遺跡第Ⅴ文化層では畑宿産が多用されている。

段階Ⅴ石器群

本段階はB2L下部～B2Uまでで，切出形ナイフ形石器（23・24），基部加工ナイフ形石器（26），角錐状石器（22），円形掻器（27）が特徴的な段階である。本段階は横長・幅広剝片剝離技術と鋸歯状の粗い調整加工である点が前後の段階との大きな違いである。

石材構成は，箱根畑宿産，伊豆柏峠産の黒曜石，硬質細粒凝灰岩，ガラス質黒色安山岩の在地・近在地石材によって占められる。B2Uを中心とする後半には信州産黒曜石も搬入されるようである。遠隔地石材の搬入はきわめて少ない。

段階Ⅵ石器群

本段階はL2からB1中部までで，二側縁加工（29～31）と部分加工（32）のナイフ形石器，男女倉型有樋尖頭器（28）が特徴的な段階である。ほかに先刃掻器，上ヶ屋型彫器（33），小坂型彫器（34），ノッチ（35）などの加工具類が豊富になることも本段階の特徴である。ナイフ形石器をはじめ石器のほとんどが，「砂川型刃器技法」と呼ばれる両設打面を典型とする石刃技法により剝離された石刃を素材として製作される。

石材構成は，硬質細粒凝灰岩やチャート，箱根産ガラス質黒色安山岩などの在地石材が多用されており，黒曜石の利用は相対的に少ない段階である。

黒曜石は，南鍛冶山遺跡や本蓼川遺跡などで柏峠産が主体的に使われている。また，相模野台地から少し離れた丹沢山地の宮ヶ瀬遺跡群中原遺跡，咳止橋遺跡などでは信州産のまとまった利用が認められる。尖頭器には深見諏訪山遺跡などにみられるように，信州産黒曜石が主体に用いられている。

段階Ⅶ石器群

本段階はB1上部～上面までを出土層位とし，打面を残置する幅広の二側縁加工のナイフ形石器（下九沢山谷型）（41・42），小形幾何形ナイフ形石器（43・44）が主体となり，二側縁加工のいわゆる茂呂型ナイフ形石器は小型化になる段階である。剝片剝離技術は両設打面の石刃・縦長剝片剝離技術は明確には認められず，90度の打面転位をくり返すものや，幅広で寸詰まりの縦長剝片を剝離するものになる。

石材構成は，多くの石器群が黒曜石を9割以上用いるというきわめて石材が偏った段階といえる。深見諏訪山遺跡や中村遺跡は，下九沢山谷型ナイフ形石器を中心とするが，箱根畑宿産の黒曜石が多用されている。一方，田名向原遺跡や下鶴間長堀遺跡では小形尖頭器が信州産黒曜石を用い大量に製作されている。本段階の特徴は，ナイフ形石器や尖頭器など製作される器種により，黒曜石産地が明確に分けられていることが指摘できる。

第V章 石器石材研究と行動領域

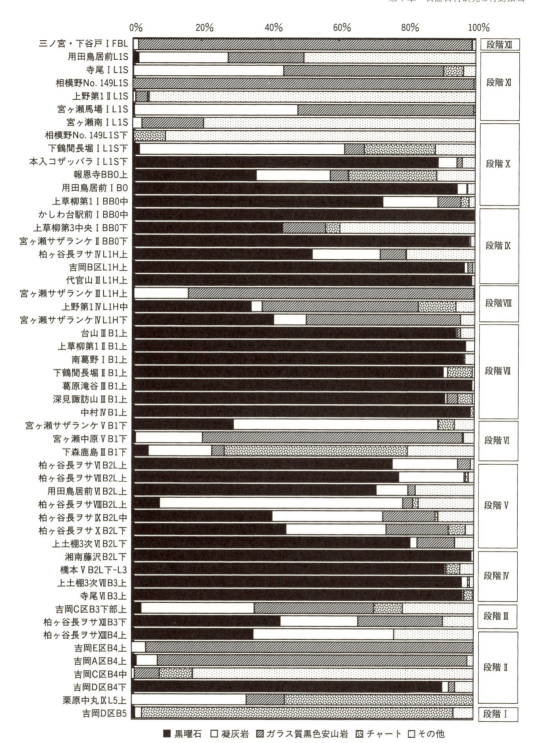

図 71　相模野台地の石材構成変遷図（池谷信之作図）

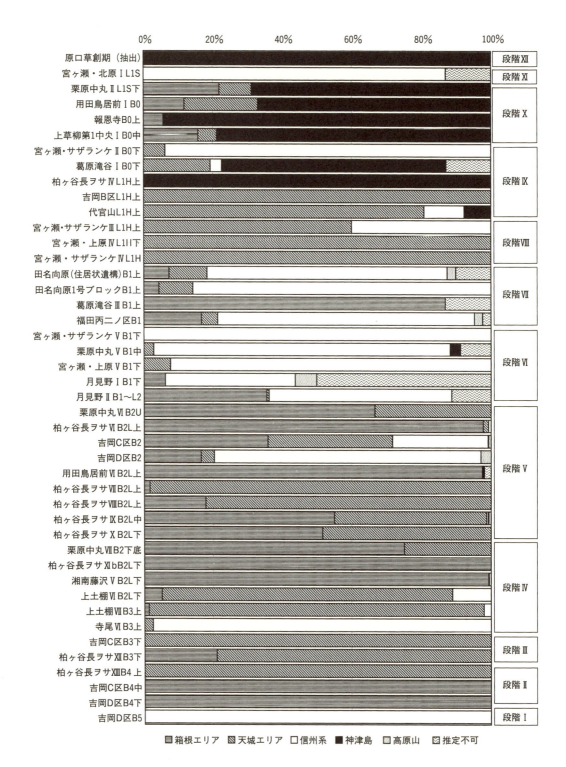

図 72　相模野台地の黒曜石産地構成変遷図（池谷信之作図）

段階Ⅷ石器群

　本段階はL1H中部を中心とする出土層位で，中型の尖頭器を主体となる段階である。尖頭器は両面加工（45），半両面加工（46～48），片面加工（49）とバラエティをもつが，両面加工のものが多い。大きさのバラエティも顕著である。ナイフ形石器は各石器群に数点ときわめて少ない。加工具類は大型の削器（51）をともなう。大型の剥片や縦長剥片を素材とした尖頭器製作が主体であり，遺跡内での剥片剥離の痕跡を残さない場合も多い。

　石材構成は，前段階で主体を占めた黒曜石が激減し，代わってガラス質黒色安山岩やチャートが主体となる。尖頭器のサイズに見合った大きさを確保できる在地石材が主体となっている。黒曜石は月見野上野遺跡や宮ヶ瀬サザランケ遺跡などでは少なからず利用されているが，そのほとんどが柏峠産である。

段階Ⅸ石器群

　本段階はL1H上部～B0下部までに出土層位がある細石刃石器群である。石器組成は，細石刃核（52～55），細石刃（56～59），削器（60），錐器，礫器などで構成される。

　L1H上部の吉岡遺跡群B区，代官山遺跡第Ⅲ文化層では伊豆柏峠産黒曜石の小角礫を素材とし，打面調整を施さず分割面を打面とする「代官山型」細石刃核がまとまって出土している（52・53）。B0層では，打面調整が顕著となる典型的な「野岳・休場型」の細石刃核になり（54・55），神津島産や信州産の黒曜石に原産地が変わる。

　石材構成は，黒曜石の高い利用が認められる。石材のサイズなどの特性により，細石刃には黒曜石，削器などの小型石器にはガラス質黒色安山岩，礫器などの大型石器には凝灰岩やホルンフェルスがそれぞれ使われている。

　黒曜石の産地構成は，「代官山型」細石刃核には柏峠産が特徴的に使用され，「野岳・休場型」細石刃核には神津島産が特徴的に使用されている。

段階Ⅹ石器群

　本段階はB0中部～L1S上部までに出土層位をもつ細石刃石器群で，「野岳・休場型」（62）に加え，「船野型」細石刃核（61）が組成に加わることを特徴とする。細石刃核は段階Ⅸよりも一まわり大きく，細石刃（63～68）も幅広で長くなる傾向がある。

　石器組成は単純で，大型の削器（69）や礫器がともなうことが多い。

　石材構成は，前段階とほぼ同じであるが，「野岳・休場型」は神津島産黒曜石が多用され，「船野型」は硬質細粒凝灰岩などの在地系石材を素材とする。また，B0層中の石器群は神津島産黒曜石を主体とするが，L1S下部の削器などはガラス質黒色安山岩や硬質細粒凝灰岩である。

　黒曜石の産地構成は神津島産が多用されるが，石器群によっては信州産が主体を占めることもある。

段階XI石器群

本段階はL1S中部〜漸移層までに出土層位をもち，尖頭器（76），掻器，削器，石斧などに削片系細石刃核（71・72），細石刃（73〜75）が共伴する段階である。また，隆起線文土器以前の最古段階の土器群（70）が共伴する段階でもある。

石材構成は，黒曜石がほとんど使われなくなり，ガラス質黒色安山岩，硬質細粒凝灰岩などの在地石材が多用される。黒曜石は信州産や畑宿産などが使われている。

段階XII石器群

本段階は漸移層〜富士黒土層下部に出土層位をもち，有舌尖頭器（78・79），掻器（80），ドリル（81），打製石斧（82）などに隆起線文土器群（77）が共伴する段階である。石鏃は花見山遺跡，三ノ宮下谷戸遺跡など相模野台地周辺部の大規模な遺跡での共伴は認められるものの，台地内では明確な共伴事例は少ない。

石材構成は，前段階同様に黒曜石の使用は少なく，ガラス質黒色安山岩やチャートを主体としている。黒曜石は神津島産が使われている。

4 相模野台地における黒曜石利用の変遷

相模野台地における石器群の変遷は，それぞれ区分された段階ごとに石材構成に特徴が認められる時期がある。相模野台地の石器群を通史的にみると，黒曜石が多用される時期，使われない時期が認められる。

吉岡遺跡D区B5層では信州産黒曜石が1点出土しており，相模野台地最古の石器群から黒曜石利用が行われていることが確認されている。

段階I〜III石器群

一石器群の規模も大きくないため，特定の石材に偏っている。石器群によっては黒曜石が多用されるものもあるが，相対的には黒曜石の利用は少なく，黒曜石の産地は畑宿・柏峠が主体となっている。

段階IV石器群

黒曜石の利用が本格化する。大規模な遺跡である寺尾遺跡第VI文化層や橋本遺跡第V文化層では，大量の信州系黒曜石が搬入されるが，中〜小規模の石器群では近在地である柏峠産黒曜石に依存している。AT降灰以後は信州産黒曜石の利用は減少し，湘南藤沢キャンパス内遺跡第V文化層では畑宿産黒曜石で占められている。

段階V石器群

前段階にくらべると黒曜石の比率は低下し，信州産は激減するが，畑宿産および柏峠産黒曜石は多く利用されている。また，点数的には一定の比率を占める黒曜石であるが，重量では硬質細粒凝灰岩が最も多く，ガラス質黒色安山岩などがこれに続いている。また，本段階

の終末である B2U 層では信州産黒曜石の利用も認められるようになる。

段階Ⅵ石器群

硬質細粒凝灰岩やチャートなどの在地石材に依存した石器群になり，黒曜石の利用が減少する。しかしながら，本蓼川遺跡や南鍛冶山遺跡などでは柏峠産黒曜石の高い利用が認められる石器群もある。畑宿産黒曜石はこの段階での利用は限定的で，月見野Ⅱ遺跡のみにまとまって検出されている。

段階Ⅶ石器群

黒曜石が多用される段階である。畑宿産は打面を残す二側縁加工ナイフ形石器（下九沢山谷型）や小形幾何形ナイフ形石器との強い関係が認められる。一方，小形尖頭器が多く出土する石器群もあり，下鶴間長堀遺跡第Ⅱ文化層や田名向原遺跡 No.4 遺跡住居状遺構などでは信州産黒曜石が多用されている。

段階Ⅷ石器群

尖頭器を主体とするが，ガラス質黒色安山岩やチャートが主体となっている。この段階では月見野上野遺跡などで柏峠産黒曜石を用いた石器群があるが限定的である。

段階Ⅸ・Ⅹ石器群

細石刃石器群であるが，この段階になると黒曜石の利用が増加する。大まかには柏峠産から神津島産へと変遷する。B0 層中の神津島産の利用はピークを示している。

段階Ⅺ・Ⅻ石器群

縄文時代草創期に位置づけられる時期であるが，黒曜石の利用は極端に減少し，ガラス質黒色安山岩やチャートが主体となる。

以上，概観したように，相模野台地では，丹沢産硬質細粒凝灰岩，多摩川産チャート，箱根産ガラス質黒色安山岩，畑宿産黒曜石，柏峠産黒曜石の 5 つが主に使用される石材である。これらの石材が 80% を超える高い保有率を占めていることが多く，こうした石材構成は「相模野的石材構成」とも呼べる相模野台地の石器群の基本的な石材構成である。

そして，こうした石材構成として表われる状況は，相模野に居住した集団が，相模野周辺の石材環境を熟知していたことを伺わせるとともに，日常の狩猟採集活動や移動生活に，各石材産地への石材獲得行動を計画的に組み込んでいたことを意味する。こうした相模野の集団の行動領域は，柏峠産黒曜石原産地までのおよそ半径 70km の「相模野石材圏」とも呼べる範囲であったものといえる。

一方，信州産黒曜石は①B3 上部から L3 下部，②B1 上部の 2 段階に大量に搬入・使用されており，神津島産黒曜石は B0 層を中心とする「野岳・休場型」細石刃石器群に特徴的に利用されている。

こうした信州産黒曜石や神津島産黒曜石などの相模野台地から 150km 以上も離れた地域から搬入された遠隔地石材の供給のされ方は，集団の行動領域や社会構造の変化，寒冷化適

応などを探る手がかりになるものと考えられる（諏訪間 2002）。黒曜石産地分析の蓄積を重ね，さらに検討すべき課題である。

第V章 石器石材研究と行動領域

第5節
相模野台地における石器石材の変化と行動領域の位相

はじめに

相模野台地方は，旧石器時代の石器群を研究するにあたり，日本列島の中で最も優れた条件がそろっている地域のひとつである。その最大の理由は，石器群の出土する地層が厚く，各時期の石器群が層位的に出土することである。すなわち，①層位的な出土例を基にして精緻な石器編年が構築されていること。②この編年に準拠にして，遺跡構造研究が進み，遺跡間の関係性が明らかになったこと。③関東近傍の石材産地が明らかになり，石材産地との関係が明らかになったこと。④黒曜石やガラス質黒色安山岩などの原産地推定方法が確立し，そのデータが蓄積されたこと。⑤上記の成果から，遊動生活を送っていた集団の移動や活動領域について具体的な議論が行われるようになってきたことなどに要約できる。

ここでは，本書の総括として，相模野台地における編年研究と石器石材研究からみた地域集団の行動領域や最終氷期寒冷期に対する適応過程としての見通しを記す。

1 相模野台地の石器群編年

神奈川県の中央に位置する相模野台地では，立川ローム層から石器群が出土し，現在までのところ，それより古い武蔵野ローム層以下からの出土はない。したがって，相模野台地の石器群はすべて後期旧石器時代に相当するものである。相模野台地の立川ローム層は火山灰の供給源である富士・箱根火山に隣接することから，層厚にして7〜8mの堆積がある。ちなみに，武蔵野台地（3〜4m）の約2倍，下総台地（1.5〜2m）の約4倍の層厚があり，近隣地域にくらべても圧倒的に土層堆積の条件がいいことが理解できる（図16参照）。

相模野台地では現在までにおよそ300カ所以上の旧石器時代の遺跡が発掘され，少なくても500を超える文化層が確認されている。一遺跡の発掘では，出土層位を違えて，数枚〜十数枚の文化層が検出される。その文化層の内容を石器の種類（器種），製作技術（剥片剥離技術や調整加工技術），使用石材などの項目で詳細に検討すると，概ね後期旧石器時代は10段階，石鏃が出現する以前の縄文時代草創期は2段階に編年区分ができる（諏訪間1988）。

こうした相模野の旧石器編年は，「地層累重の法則」の原理・原則に則った編年体系であることと，新出器種の出現を基準にするものの，その器種が出現する背景としての石器製作技術総体（技術基盤）を構造的に捉え，その変化を編年の基準としていることから，その大

枠は確固たるものとなっている。そして，相模野台地という限定された地域の編年ではあるが，日本の後期旧石器編年としては，最も細分が進んだ精緻な編年といえる。

ここでは筆者による相模野の石器群の12段階変遷について，出土層位，特徴的な器種，剝片剝離技術，石材構成の順に概述する（図70参照）。

段階Ⅰ石器群

本段階は，L6層からB5層上面までとし，台形様石器と石斧を特徴とした石器群である。明確なナイフ形石器と石刃・縦長剝片剝離技術の成立以前と位置づけられる。台形様石器（図70の1・2），ナイフ状石器（3・4），楔形石器，彫器，石斧調整剝片などが出土している。石材構成はチャートが主体で，黒曜石も認められる。剝片剝離技術は，不定形の剝片を剝離するものが主体となり，明確な石刃・縦長剝片剝離技術は認められない。この段階の石器群は資料不足で実態を十分捉えきれていないが，チャートを主体とした石材の選択性や明確な石刃技法が認められないことなどは武蔵野台地のⅩ層下部の中山谷遺跡や西ノ台遺跡，武蔵台遺跡などと共通する。

段階Ⅱ石器群

本段階は，L5上部～B4上面までとし，台形様石器（5）と基部加工（6），一側縁加工ナイフ形石器（7），局部磨製石斧（98）を特徴とする。剝片剝離技術は石刃・縦長剝片剝離技術の存在が確認されており，横長・幅広剝片剝離技術の両者が認められる段階である。石材はチャートに加え，硬質細粒凝灰岩，箱根畑宿産黒曜石やガラス質黒色安山岩などの在地産石材が使用される。

段階Ⅲ石器群

本段階はB3下部～中部に出土層位をもつ。段階Ⅱから続く基部加工（10・11）や一側縁加工（12・13）のナイフ形石器に加え，二側縁加工ナイフ形石器（14）が新たに登場する段階である。台形様石器は平坦加工から急斜なブランティングへと調整加工に変化がみられる。

石材は段階Ⅱと大きな変化はなく，硬質細粒凝灰岩やガラス質黒色安山岩などの在地産石材が使われる。

段階Ⅳ石器群

本段階はB3上部～B2L下部まで，AT層，S1S層を挟んだ上層までが相当する。二側縁加工のナイフ形石器（15～19）とそれを量産するための石刃技法が強固な結びつきをもつ段階である。円形搔器は本段階後半に位置づけられる湘南藤沢キャンパス内遺跡第Ⅴ文化層に認められる。

石材は黒曜石が9割以上と多用されるが，信州産だけでなく，伊豆柏峠産，箱根畑宿産も用いられる。

段階Ⅴ石器群

本段階はB2L下部～B2Uまでで，切出形ナイフ形石器（23・24），基部加工ナイフ形石

器（26），角錐状石器（22），円形掻器（27）が特徴的な器種となる段階である。量的には少ないが，国府型ナイフ形石器（25）が前半期に，尖頭器が後半期に出現する。本段階は横長・幅広剥片剥離技術と鋸歯状の粗い調整加工が主流となる点が前後の段階との大きな違いである。

石材は箱根畑宿産，伊豆柏峠産の黒曜石が全体を通じて多く，B2Uを中心とする後半には信州産黒曜石も搬入されるようである。黒曜石以外には硬質細粒凝灰岩，ガラス質黒色安山岩の比較的近在地系の石材の比率が高く，遠隔地石材の搬入はきわめて少ない。本段階は遺跡数が急激に増加し，礫群も数多く構築されることも特徴である。

段階Ⅵ石器群

本段階はL2からB1中部までで，二側縁加工（29～31）と部分加工（32）のナイフ形石器，男女倉型有樋尖頭器（28）が特徴的な段階である。他に先刃掻器，上ヶ屋型彫器（33），小坂型彫器（34），ノッチ（35）などの加工具類が豊富になる点も指摘できる。ナイフ形石器をはじめ石器のほとんどが「砂川型刃器技法」と呼ばれる両設打面を典型とする石刃技法により剥離された石刃を素材として製作される。石材構成は硬質細粒凝灰岩やチャートなどの在地石材が多用され，尖頭器には信州産黒曜石が主体に用いられている。また，箱根畑宿産はほとんど使われない段階である。

段階Ⅶ石器群

本段階はB1上部～上面までを出土層位とする。小型の尖頭器（36～40）が大量にともなうようになり，ナイフ形石器は，打面を残置する幅広の二側縁加工（下九沢山谷型）（41・42）や小形幾何形ナイフ形石器（43・44）が主体となる。剥片剥離技術は両設打面の石刃・縦長剥片剥離技術は明確には認められず，90度の打面転位をくり返すものや，幅広で寸詰まりの縦長剥片を剥離するものになる。石材構成は，多くの石器群が黒曜石を9割以上用いるというきわめて石材が偏った段階といえる。箱根畑宿産の黒曜石は下九沢山谷型ナイフ形石器，信州産の黒曜石は尖頭器と黒曜石産地で明確に作りわけをしており，黒曜石産地によって石器群の内容に大きな差が認められる。

段階Ⅷ石器群

本段階はL1H中部を中心とする出土層位で，中型の尖頭器が主体となる段階である。尖頭器は両面加工（45），半両面加工（46～48），片面加工（49）とバラエティをもつが，両面加工のものが多い。大きさのバラエティも顕著である。ナイフ形石器は各石器群に数点ときわめて少ない。加工具類は大型の削器（51）がともなう。大型の剥片や縦長剥片を素材とした尖頭器製作が主体であり，遺跡内での剥片剥離の痕跡を残さない場合も多い。石材は前段階で主体を占めた黒曜石が激減し，代わって尖頭器のサイズに見合った大きさが確保できるチャートやガラス質黒色安山岩が主体となる。

段階Ⅸ石器群

　本段階はL1H上部～B0下部までに出土層位がある細石刃石器群である。石器組成は，細石刃核（52～55），細石刃（56～59），削器（60），錐器，礫器などで構成される。L1H上部の吉岡遺跡群B区，代官山遺跡第Ⅲ文化層では伊豆柏峠産黒曜石の小角礫を素材とし，打面調整を施さず分割面を打面とする「代官山型」細石刃核がまとまって出土している（52・53）。これは相模野最古段階の細石刃石器群である。続く，B0層では，打面調整が顕著となる典型的な「野岳・休場型」の細石刃核になり（54・55），神津島産や信州産の黒曜石に原産地が変わる。

　この段階の細石刃は黒曜石，削器はガラス質黒色安山岩，礫器は凝灰岩やホルンフェルスがそれぞれ使われる。

段階Ⅹ石器群

　本段階はB0中部～L1S上部までに出土層準を持つ細石刃石器群で，「野岳・休場型」（62）に加え，「船野型」細石刃核（61）が組成に加わることを特徴とする。細石刃核は段階Ⅸよりも一まわり大きく，細石刃（63～68）も幅広で長くなる傾向がある。石器組成は単純で細石刃に大型の削器（69）がともなうことが多い。石材は「野岳・休場型」は神津島産黒曜石が多用され，「船野型」は硬質細粒凝灰岩などの在地産系石材を素材とする。削器などはガラス質黒色安山岩や硬質細粒凝灰岩が使われる。

段階Ⅺ石器群

　本段階はL1S中部～漸移層までに出土層位をもち，尖頭器（76），掻器，削器，石斧などに削片系細石刃核（71・72），細石刃（73～75）が共伴する段階である。また，隆起線文土器以前の最古段階の土器群（70）が共伴する段階でもある。尖頭器は両面加工の中型～大型品である。石斧は神子柴型石斧の範疇に入る特徴的な形態のものが認められる。石材は黒曜石がほとんど使われなくなり，ガラス質黒色安山岩，硬質細粒凝灰岩などの石材が多用される。本段階は神子柴・長者久保系石器群として捉えられるもので，縄文時代草創期初頭に位置づけられる。

段階Ⅻ石器群

　本段階は漸移層～富士黒土層下部に出土層位をもち，有舌尖頭器（78・79），掻器（80），ドリル（81），打製石斧（82）などに隆起線文土器群と共伴する段階である。石鏃は花見山遺跡，三ノ宮下谷戸遺跡など相模野台地周辺部の大規模な遺跡での共伴は認められるものの，台地内では明確な共伴事例はない。本段階も黒曜石の使用はきわめて少なく，チャートやガラス質黒色安山岩を主体とした石材である。

2 相模野旧石器編年の年代観

　以上，相模野台地の石器群の変遷を概観した。この時代は，最終氷期最寒冷期を前後する厳しい環境変動の時代であるが，ここで認められた石器群の変遷が，こうした環境変動のどの時期に相当するのかは興味がもたれるところである。

　近年の高精度年代測定の進歩により，相模野の石器群にも加速器を用いた放射性炭素^{14}C年代測定（AMS法）が行われ，これを暦年に補正しなおす「暦年較正」も試みられている（砂田1999）。相模野台地のデータは，石器群の変遷と各年代はおおむね齟齬がなく変遷していることが理解できる。

　相模野の各段階の石器群の較正年代は，段階ⅥのB1下部で22,500〜23,000年前，段階ⅦのB1上部21,000〜21,500年前，段階ⅧのL1H中部20,000〜20,500年前，段階Ⅸの前半のL1H上部19,500〜20,000年前，段階ⅪのL1S上部15,500〜16,000年前となる。AT降灰年代を28,000年前に設定し，前後の年代を考えると段階Ⅳは29,000年前〜27,000年前，段階Ⅴが27,000〜23,000年前におよその較正年代を与えることが可能であろう。

　それでは，こうした較正年代と地球規模の気候変動との対比はどうなるか。近年のグリーンランドの氷床コアなどによる酸素同位体の気候変動から読み取ると，最寒冷期は較正年代で，27,000〜23,000年前までの約4,000年に相当し，相模野段階Ⅴを中心にした段階Ⅳの後半から段階Ⅵの時期に対応が可能であろうと考えられる。

3 相模野台地の石材環境と行動領域

　相模野台地の石器群の変遷を通史的にみると，段階ごとに石材構成の偏りや，特定の器種と特定の石材の強い相関関係が認められる。こうした石材構成のあり方は，当時の集団の石材獲得行動を表わしたものといえ，特に遠隔地である信州産黒曜石などの入り方は集団の移動や交通関係を示すものであろう。

　相模野台地は硬質細粒凝灰岩の産地である丹沢山地および相模川に隣接し，河川の礫層中からも採取が可能であった。また，多摩川流域にはチャートがあり，この2カ所が最も近隣の石材産地であり，半径10km以内で採取可能な在地石材といえる。そして，やや距離はあるが，半径30〜50kmには，箱根畑宿産の黒曜石や箱根産ガラス質黒色安山岩の産地がある。また，70km以内に伊豆柏峠産の黒曜石原産地がある（図33・69参照）。

　多くの石器群はこの5カ所の合計点数が80％を超える高い保有率であり，こうした石材構成は「相模野的石材構成」とも呼べる相模野台地の基本的な石材構成である。そして，こうした石材構成として表われる状況は，相模野に居住した集団が相模野周辺の石材環境を熟知していたことをうかがわせるとともに，日常の狩猟採集活動や移動生活に計画的に各石材産地への石材獲得行動を組み込んでいたことを意味する（Binford 1979）。こうした相模野の

集団の行動領域は，柏峠産黒曜石原産地までのおよそ半径70kmの「相模野石材圏」とも呼べる範囲であったといえよう。

一方，遠隔地の石材としては，和田峠を中心とした信州産や伊豆神津島産など150km圏の黒曜石があり，東北地方の硬質頁岩はまれな存在である。信州産黒曜石は①B3上部からL3下部，②B1上部の二段階に大量に搬入・使用されており，神津島産黒曜石はB0層を中心とする「野岳・休場型」細石刃石器群に特徴的に利用されている。こうした遠隔地石材の供給のされ方は，集団の行動領域や社会構造の変化，寒冷化適応などを探る手がかりになるものと考えられる。

相模野の石器群は「相模野的石材構成」が基本的には各段階を通じて保持されるが，信州産黒曜石などの遠隔地石材の供給のされ方から，集団の行動領域や社会構造の変化，寒冷化適応などを探ることができる。

4 石器群の変化と最寒冷期の適応過程

相模野において遠隔地石材である信州産黒曜石の本格的な利用はB3上部に始まる。寺尾遺跡第Ⅵ文化層など段階Ⅳの石器群は，黒曜石の大量使用が特徴づけられる。この段階の石器群の黒曜石の産地構成をみると，寺尾遺跡のような大規模遺跡には信州産黒曜石の大量使用が認められるが，地蔵坂遺跡や上土棚遺跡などの中規模遺跡では，信州産黒曜石の数は限定的で，むしろ柏峠産黒曜石が主体となっていた。こうした遺跡規模と黒曜石産地の消費の関係から，この段階は信州産黒曜石の原石確保により集中的な石器製作が行われた大規模遺跡が形成され，消費しつくすと柏峠産黒曜石を獲得し，中小規模遺跡で使用するというパターンが読み取れる。

こうした良質な黒曜石に依存した石材構成のあり方から，この段階の集団の移動生活そのものが，相模野石材圏を越え，信州までも取り込んだ広域的な行動領域であった可能性がある。ところで，段階Ⅳ前半の時期は，最寒冷期に近い環境であったものと想定される。標高2000m級の高地である信州の原産地への採取はきわめて厳しい環境であったと思われる。したがって，信州産黒曜石の獲得は夏季を中心とした採取行動の季節性を考慮する必要がある。

続く，段階Ⅳ石器群の後半期にあたる湘南藤沢キャンパス内遺跡第Ⅴ文化層は最寒冷期への適応の過程を示すきわめて重要な石器群である。層位的には礫群をともなわないため垂直分布のピークはB2L中位とされるが，本来の生活面はB2L下部と推定される。

石器群の内容は，石核調整を施した石刃技法により剥離された石刃を素材として，二側縁加工のナイフ形石器，基部加工ナイフ形石器，円形搔器，楔形石器などが製作されている。総点数2,032点のうち，2,001点が箱根畑宿産黒曜石で占められている。気泡が多く質が悪

い畑宿産黒曜石に対し，打面の調整や打角の補正，打面縁への細かい頭部調整などもてる技術をすべて駆使して石刃剥離を行ったとも受け取れる。この石器群はナイフ形石器の形態や剥片剥離技術は段階Ⅳの特徴をもつものの，石刃・縦長剥片剥離技術と強い相関のある信州産黒曜石や柏峠産黒曜石が使われていないこと，円形搔器の量的な保持は段階Ⅴ石器群の特徴でもあり，注目すべき点である。搔器は，使用痕分析や民族例から皮なめしに使用された石器であり，寒冷環境への適応を示す石器と考えられている（堤2003）。

　また，畑宿産黒曜石が占められていることは，信州産黒曜石の供給が途絶えた状況を示すものと考えられなくもない。こうした点は信州産黒曜石やそれを補完する柏峠産の黒曜石を獲得する行動パターンが崩壊したことを意味し，まさしく最終氷期最寒冷期の環境悪化にともない行動領域が変化したものと考えることができる。

　湘南藤沢キャンパス内遺跡第Ⅴ文化層以後，続くB2L層中の段階Ⅴ石器群には，箱根畑宿産や伊豆柏峠産，箱根産ガラス質黒色安山岩，丹沢産硬質細粒凝灰岩などの石材に収斂する。石器製作の技術も石刃・縦長剥片剥離技術はほとんど認められず，分厚い横長剥片を剥離し，粗い調整加工によって素材である剥片の形状を大きく変えてナイフ形石器などの石器が製作される。

　信州産黒曜石と技術的適応により発達した石刃剥離技術が，供給が途絶え畑宿産黒曜石に適応しようとしたものの，石材の性質により果たせず，横長剥片と鋸歯状加工による調整加工技術を発達させたとみることができよう。

　いずれにしても，段階Ⅴ石器群の成立期には，最寒冷期が進んだ結果，信州産黒曜石の供給が一時的に途絶えたと考えるべきで，相模野の集団の行動領域が「相模野石材圏」に狭まった状況を読み取ることができる。続く，B2Uになるといくつかの遺跡で信州産黒曜石が一定量含まれるようになるので，段階Ⅴの後半には，信州産黒曜石の採取が可能となった環境の回復があった可能性がある。おそらくは，寒暖の振幅の中での一時的な気温の上昇と関係するのではないだろうか。

　それにしても，段階Ⅴになると遺跡数が急激に増加することは，礫群の増加や大規模化などとともに，頻繁な移動生活を送る集団の遺跡（キャンプ）への回帰性の高さを物語っている。遺跡数の増加は，相模野台地に限らず，武蔵野台地や大宮台地でも同様な傾向がある。

　一方，信州の中部高地や北関東地方では，段階Ⅴに対比される石器群はきわめて少ないことが指摘できる。特に北関東の赤城山麓では，AT降灰以前の石器群の密集地帯として知られているが，段階Ⅴに対比される石器群は岩宿遺跡第Ⅱ文化層以外にはほとんど認められない。当時の大宮台地と赤城山麓から続く館林台地とは地形的にも連続するものであり，寒冷化や浅間火山噴火の影響などの環境悪化にともない，集団の南下があったと考えられる。すなわち，この時期には関東・中部の集団の南関東地方沿岸部への移動，集中があったものと考えたい。こうした視点は，当時の集団の行動領域や交通関係を反映したと考えられる石材

構成の極端な在地化のあり方からも支持されるであろう。

　こうして成立した南関東地方の段階Ⅴ石器群に並行する時期は，地理的な環境に適応し，周辺の石材などの資源環境などの開発をへて地域性が確立していったのであろう。こうした地域社会の成立は，旧石器時代の最寒冷期の環境適応の過程を示しているものといえよう。

　以上，相模野台地を中心として，旧石器研究の成果の一端を提示した。相模野では層位的出土例を基に精緻な編年研究が進展したこと加え，近年は AMS 年代測定も行われ，較正年代が得られるようになった。石器群の編年という相対的な時間軸は，較正年代という世界共通の時間軸（年代観）との整合が計られつつある。

　精緻な相模野旧石器編年と世界的な整備が進みつつある地球環境変動との対比から，人類進化の過程を地域に根ざして明らかする作業がはじまろうとしている。そのためにも石器群の文化層単位の基礎的な分析を数多く蓄積し，多角的な検討を行う地道な作業が必要であろう。

終　章

結　語

　本書は，相模野台地の層位的出土例に裏付けられた，精緻な石器群の編年を提示し，その編年研究を基に石材環境や石材分析などから導き出される地域社会の成立や集団の行動領域などを明らかにすることを目指したものである。

　具体的には，相模野台地の後期旧石器時代から縄文時代草創期の石器群について，層位的出土例を基に，文化層単位で，石器の種類（器種），製作技術（剝片剝離技術や調整加工技術），使用石材などを多角的に検討し，後期旧石器時代を10段階，石鏃が出現する以前の縄文時代草創期を2段階に区分した編年を提示した。次に後期旧石器時代開始期の石器群について関東・東海地方の層位的に良好な石器群の分析を通じて検討を行い，武蔵野台地のⅩb層およびその相当層である立川ローム層基底部の出土石器群には，台形様石器に加え，基部加工ナイフ形石器や石刃あるいは縦長剝片，黒曜石の利用も行われるなど，後期旧石器時代の指標とされるすべての石器と技術が備わっていることを明らかにした。

　そして，相模野段階12編年という詳細な石器編年を時間軸として，相模野台地周辺の石材環境の検討や石器群の石材構成の分析を行い，集団の領域性や地域性の発現を検討した。

　その結果，段階による黒曜石産地構成比の変化などから集団の石材獲得領域の変化を読み取り，AT降灰後の段階Ⅴでは，環境変化に対応するために集団の行動領域が縮小し，地域性が高まったことを指摘した。そして，関東・中部地方の遺跡分布のあり方から南関東地方への人口の集中を推定し，最終氷期最寒冷期の環境悪化に対する人類の適応戦略と姿であると結論づけた。

　各章で展開した検討内容とその成果の要点は次のとおりである。

　序章では，本書の研究の背景や目的を記し，関東地方における旧石器時代研究の研究を振り返るとともに，石器石材研究と高精度年代測定などの旧石器時代研究の今日的な課題を明確にしたものである。

　第1節では，研究の背景と目的について記した。相模野台地を中心とした地域研究の果たす役割と地域の石器文化を日本列島やアジアの中に位置づける研究の視点について示すとともに，相模野台地の旧石器時代の石器編年の有効性と重要性について記した。

　第2節では，関東地方における岩宿遺跡の発見以降の旧石器時代研究史を全国的な研究動向をふまえながら振り返り，それぞれの研究史上の転換点を明確にした。そのうえで，今日

の旧石器時代研究の重要な課題として，石器石材に関する研究の現状と課題を指摘し，さらに展望として，社会生態学的視点による新しい研究とこれまでの実践的な研究との融合やAMS法による年代測定とその較正年代という高精度年代測定に関する展望を記した。

　第Ⅰ章では，本書の根幹となる相模野台地における旧石器時代石器群の編年研究について提示した。

　第1節では，相模野台地における旧石器時代石器群の編年研究の前提となる問題について提示した。具体的には，遺物包含層である関東ローム層の層位区分や遺跡間対比など，発掘調査や報告書作成における課題を明確にした。さらに，石器群の年代に関して相模野台地のAMS年代とその較正年代を示し，黄褐色ローム層と黒色帯の堆積期間や編年区分された段階の時間幅についても考察を行った。

　第2節では，相模野台地における後期旧石器時代から縄文時代草創期の石器群を文化層ごとに層位的出土例を検討し，重複関係をもつ石器群を一文化層ごとに層位的に並べて整理し，ナイフ形石器，尖頭器，細石刃，石斧等の出現・発展・終焉と，各器種の形態組成の変化，さらに剝片剝離技術と調整加工技術を中心とした技術基盤の変化等によって画期を見いだし，この画期から次の画期までの共通した特徴をもつ石器群を抽出し段階として設定した。その結果，従来の相模野5期編年を再構成し，後期旧石器時代から石鏃出現前までの縄文時代草創期の石器群を12段階の変遷として提示した。

　第3節では，相模野12段階編年を資料の増加により充実したAT降灰以前の石器群を加え再論した。相模野台地では30〜35の石器群が出土する層準があることを明らかにし，通史的にみた段階ごとの石材構成の変化と編年の相関について検討した。また，これまでの相模野編年は石器群の技術基盤を構造的に捉えた「石器構造編年」であるが，今後は，集団の生活した痕跡である遺跡構造の変化などを編年する「遺跡構造編年」や人類活動のすべてを包括する「社会構造編年」の構築に向かうべきとの提言を行った。

　第Ⅱ章は，後期旧石器時代の開始期から前半期の石器群についての研究を記した。特に，「前・中期旧石器捏造事件」後に筆者が取り組んできた後期旧石器時代の開始期の石器群の評価に関する研究を含んでいる。

　第1節では，日本列島の後期旧石器時代を遡る前・中期旧石器時代の石器群として認定される条件を示し，関東・東海地方の立川ローム層基底部に位置するⅩ層およびその相当層から出土した石器群を検討した。まず，これまでのⅩ層出土の石器群は，武蔵台遺跡Ⅹ層中の二つの石器群，Ⅹa層とⅩb層の文化層分離によって編年的な細分が行われていた。この点について，石器群の分布や石材，石器組成などについて検討を加え，同一の石器群として捉えた。

そして，武蔵野台地のXb層出土石器群には，台形様石器に加え，基部加工ナイフ形石器や石刃あるいは縦長剝片も認められ，黒曜石の利用も行われるなど，後期旧石器時代の指標とされるすべての石器と技術が備わっていることを明らかにした。また，愛鷹山麓の上部ローム層BBⅦ層出土の石器群において，これまでその石材から古相と評価されていたホルンフェルス製の礫器状石核と黒曜石製台形様石器の共伴を見いだし，武蔵野台地でのXb層段階の石器群との共通性を指摘した。さらに，こうした後期旧石器時代開始期の石器群の放射性炭素^{14}C年代とその較正年代から3.6～3.8calBPであることを明らかにし，これらはホモ・サピエンスによって残されたものであることを確認した。

第2節では，相模野台地のAT降灰以前から直後の段階Ⅰ～段階Ⅴ石器群について，層位，石器組成，石材構成，剝片剝離技術を整理し，それぞれの段階の特徴と問題点について記した。また，武蔵野台地との層位対比を示すとともに，AT降灰直後まで段階Ⅳ石器群が継続することを示し，AT降灰後直ちに切出形ナイフ形石器や角錐状石器を指標とする段階Ⅴ石器群に変化するものではないことを明示した。

第Ⅲ章では，後期旧石器時代前半から後半への指標となるAT降灰前後の石器群について研究したものである。

第1節では，相模野第Ⅲ期（筆者の段階Ⅴ，Ⅴ～Ⅳ下層段階）石器群が何をもって設定されたかを研究史的に確認した。そして，相模野台地での段階Ⅳ～段階Ⅵ石器群を，ナイフ形石器の形態や石器組成，剝片剝離技術，石材構成など15項目の整理を行い，段階Ⅴ石器群の時間的編年的位置を明確にした。そして，段階Ⅴ石器群の特徴を切出形ナイフ形石器とその技術基盤である横長剝片剝離技術として捉えて，関東地方各地や中部高地，東北南部，東海地方までを対象にどのように展開しているかを検討した。その結果，当該期においては，南関東地方以外では遺跡の分布が希薄で，南関東地方への遺跡集中が認められることを明らかにした。

第2節では，AT降灰の石器文化に与えた影響について，相模野台地・武蔵野台地という層位的・編年的分解能の高いフィールドの石器群の分析をとおして検討したものである。

その結果，AT降灰前後に共通する石器群の特徴として，①石刃技法と呼べる縦長剝片剝離技術が主体を占める，②黒曜石が9割を超える高い使用率を占める，③二側縁加工ナイフ形石器が主体を占める，ことを明らかにし，AT降灰後，直ちには石器群が変化していないことを確認した。

また，九州地方のAT直後の石器群の検討を加え，九州でもAT直後には二側縁加工ナイフ形石器と石刃技法が存在することを明らかにした。そして，ATは最終氷期最寒冷期の初期に降灰した列島内を一律に区分する時間軸として，最終氷期最寒冷期の開始を告げる「象徴」として評価した。

終章

　第Ⅳ章は，相模野台地を中心として，後期旧石器時代後半期のナイフ形石器石器群や尖頭器石器群，細石刃石器群から縄文時代初頭期の石器群など，それぞれの石器群の編年的細別や評価について提示した。

　第1節では，ナイフ形石器後半から終末期に位置づけられる「砂川期」「月見野期」について，月見野遺跡群の各石器群の位置づけと相模野第Ⅳ期の細分がどのように変わったかを研究史的に検討した。

　第2節では，相模野台地におけるナイフ形石器文化の終焉と尖頭器文化の成立という歴史的なテーマについて検討した。具体的には，段階Ⅵ〜段階Ⅷの石器群の技術基盤を中心にした石器群の構造を分析し，段階Ⅵは石刃を素材とする強固な石器製作体系の確立した段階，段階Ⅶは尖頭器とナイフ形石器の製作技術の一体化による石刃技法の崩壊段階，段階Ⅷは素材に限定されない調整加工中心の石器製作体系の確立段階と評価した。

　そして，段階Ⅷの尖頭器石器群の成立を，それまでのナイフ形石器を製作するための技術基盤の構造的なあり方が崩壊した，すなわち「旧石器的石器製作の解体」を示す歴史的なものと評価した。

　第3節では，相模野台地における尖頭器石器群の変遷について，その出現から消滅までの段階Ⅴ〜段階Ⅻ石器群までを通史的に検討した。その中で，尖頭器の出現，ナイフ形石器の終焉，尖頭器文化の成立，細石刃の出現と尖頭器の消滅，縄文時代初頭の神子柴文化の出現，有舌尖頭器の出現以降の縄文文化の胎動について，それぞれの石器群の成立する歴史的評価を示した。

　第4節では，相模野台地における細石刃石器群の変遷を提示し，中部高地における細石刃石器群との対比を試みた。そして，関東・中部地方における細石刃石器群を四段階に細分し，その変遷を示した。

　第5節では，相模野台地及び周辺における有舌尖頭器と石鏃の出現について検討した。細石刃石器群の終末にあたる削片系細石刃石器群から石鏃をともなう石器群までを，無文土器段階，隆起線文土器段階，爪形文土器段階に整理し，その中での有舌尖頭器と石鏃の出現・共伴問題について検討を加え，段階Ⅺには有舌尖頭器は明確でないこと，段階Ⅻには石鏃は相模野台地には認められず，西相模や多摩丘陵に立地する大規模遺跡に出現する状況を示した。

　第Ⅴ章は，相模野台地の石器群の石材構成を集成し，その石材産地との関係から相模野台地に居住した集団の行動領域や寒冷化にともなう適応戦略について考察した。

　第1節では，相模野台地における段階Ⅰ〜段階Ⅴまでの石器群の石材構成を集成し，相模野台地の主要石材は，伊豆・箱根系黒曜石（柏峠および畑宿），丹沢産硬質細粒凝灰岩，箱根産ガラス質黒色安山岩，多摩川産チャートであることを明らかにした。そして，この5石

材の合計が8割以上を占めて状況を「相模野的石材構成」と呼び，相模野台地における石器石材の特徴であると評価した。

さらに相模野的石材構成は，段階Ⅳ石器群の前半に崩壊し，信州系黒曜石が大量に搬入されるが，段階Ⅳの後半以降，相模野的石材構成への回帰が認められることを示した。段階Ⅴ石器群では，遠隔地からの搬入石材は極めて少なくなり，相模野台地を中心とした半径50〜70km程度の地域内の石材に収斂することを示し，相模野的石材構成の確立期と評価した。

第2節では，相模野台地におけるAT降灰前後の石器石材構成を集成し，段階Ⅳから段階Ⅴにかけての石材獲得と行動領域の変化を考察した。その結果，①AT降灰直前段階は，信州系黒曜石の採取を季節的なスケジュールに組み込んだ広域的な移動領域をもつ，②AT降灰直後段階は，環境悪化により信州系黒曜石の獲得が困難になり畑宿産を中心とした相模野石材圏へと範囲を狭めていった，③B2L下部から上部にかけての段階Ⅴにおいては，最終氷期最寒冷期の環境に適応するために，相模野石材圏ともいえる限定された行動領域となったため，結果として相模野的石材構成が顕著になった，ことを明らかにし，相模野台地の集団の石材獲得にみる行動領域は，最終氷期最寒冷期の環境に適応するため徐々に狭まり，相模野台地や武蔵野台地など南関東に集中するといった過程を提示した。

第3節では，石材研究の実践として伊豆柏峠原産地遺跡で発見された石刃石核の報告を基に，相模野台地で検出されている柏峠産黒曜石を主体とする石器群との比較研究を行った。柏峠原産地遺跡と本蓼川遺跡，南鍛冶山遺跡との原石の消費過程の観察から，柏峠遺跡は石刃製作を行われた「原産地遺跡」，本蓼川遺跡は柏峠原産地から黒曜石を採取し最初に残された「原料補給遺跡」，南鍛冶山遺跡は原料をすべて消費し尽した「原料完全消費遺跡」と評価した。また，柏峠産黒曜石の搬入・消費のあり方は，在地石材をつねに補給しながら移動をくり返すという，砂川期の原料補給体制のモデルとは異なる点も指摘した。

第4節では，相模野台地における段階Ⅰ〜段階Ⅻまでの石材構成と黒曜石産地構成を集成し，石材構成変遷図と黒曜石産地構成変遷図として具体的に示した。相模野台地の石材構成を通史的にみると，段階ごとに石材構成の違いが明確になる。そのうち，信州産黒曜石は，B3上部（段階Ⅳ），B1上部（段階Ⅵ）の二段階，神津島産黒曜石はB0層（段階Ⅸ）にそれぞれ大量に搬入されており，こうした信州産黒曜石や神津島産黒曜石などの遠隔地石材の搬入状況は，集団の行動領域や社会構造の変化，寒冷化適応などを探るうえで重要であることを示した。

第5節では，本書の総括である。まず，相模野段階12編年を再度提示し，それぞれの石器群の放射性炭素^{14}C年代と較正年代を示し，石器群と環境変動との対比を示した。その中で最終氷期最寒冷期は段階Ⅴを中心とした時期に対応することを示した。

続いて，石器しか残らない日本列島の旧石器時代研究では，遺跡内に残される石器の原料

である石器石材の産出地や石材構成からその石器群を残した集団の履歴，すなわちどのような領域を遊動していたのかを示すひとつの根拠となると考え，相模野台地の石材環境と行動利用域について考察した。相模野台地に残された石器群の石材構成から導き出された行動領域は，相模野台地を中心とした半径70kmを基本として，時代によって大きく伸縮する状況を読み取った。そして，石材構成，特に黒曜石産地の変化からは，最終氷期最寒冷期になると急速に近在地の石材産地を行動領域に取り込んだ比較的狭い範囲の領域形成が行われて，寒冷化による環境悪化に適応するため，相模野台地を含む南関東地方の沿岸部への移動を想定するなど集団の領域形成についても問題を提示した。

最後に，今後に残された研究課題について述べる。

1990年代末より，日本においてもこれまでにくらべ微量資料の測定が可能になり，格段に精度が上がったAMS法（加速器質量分析）が導入され，高精度年代測定とその較正年代への換算が可能となった（小野1998）。そして，その較正プログラムの開発が進展し，これまでINTCAL98の較正曲線は約24,000CalBPまでであったのが，60,000CalBPまでカバーする新しい^{14}C較正年代，CalPal-2007$_{HULU}$が構築されている（イェリス，ヴェーニンガー2008）。こうした較正年代の対象範囲の拡大と信頼性の向上によって，世界的に整備が進みつつある地球環境変動と考古学資料との対比が進むことは間違いない（工藤2008）。

これまで，相模野台地の旧石器編年は日本列島の中でも圧倒的な豊富で良好な資料を基に精緻な編年が構築されている。この石器編年は層位的な出土例を基準にしているものの相対的な年代であったが，較正年代への換算により，環境変遷史の中に位置づけが行われるようになった（諏訪間2002，工藤2005）。今後は，さらに年代測定の蓄積を積極的に進め，相対的な石器編年を較正年代に置き換え，環境変遷史の中に位置づけていく作業が必要となる。日本列島のごく狭い地域である相模野台地の石器群の変遷を地球規模の環境変動の中に位置づけ，ホモ・サピエンスの日本列島における進化・適応の過程を示す，地域モデルの一つとして示したい。

特に，本書の中でも検討した石器群の変遷や石材構成の変化などから読み取ることができる集団の行動領域の変化などは，激変する環境変動への適応戦略として位置づけられる。今後はさらに精度を高めて，後期旧石器時代開始期の年代とその環境的背景などの議論，ステージ3からステージ2にかけて寒冷化の環境変化と人類の適応など，人類の歴史的動態を探る議論を進めたい。

そして，相模野台地における石器群の変遷とその（較正）年代，環境変遷（気候・生態系・地形・海水面変動など）を総合化した「相模野第四紀総合編年」の構築を目指したい。

また，これまでの相模野編年は，石器群の技術基盤を構造的に捉えた「石器構造編年」といえるが，今後は，石器原料の入手・消費からみた遺跡構造，遺跡に残された人間活動の痕

跡の変化を石器群とともに包括的に捉え，その変化を追う「遺跡構造編年」あるいは「社会構造編年」という新しい編年の構築を課題としたい。

参考文献

相田　薫　1986「第Ⅱ文化層」「第Ⅳ文化層」『月見野遺跡群上野遺跡第1地点』大和市教育委員会
青木　豊・内川隆志　1980「神奈川県勝坂遺跡第45次調査　相模野台地における草創期の一様相」『考古学ジャーナル』324　ニュー・サイエンス社
赤沢　威・小田静夫・山中一郎　1980『日本の旧石器』立風書房
赤星直忠　1971「三浦半島の古代人と伊豆」『三浦古文化』9
麻生順司　1987『大和市長堀南遺跡』大和市北部処理場建設予定地内遺跡調査団
麻生順司　1987『藤沢市大庭根下遺跡発掘調査報告書』根下遺跡発掘調査団
麻生順司　1988『大和市台山遺跡』台山遺跡発掘調査団
麻生順司　1999『田名塩田遺跡群Ⅰ発掘調査報告書』田名塩田遺跡群発掘調査団
麻生順司　2001『田名塩田遺跡群Ⅱ発掘調査報告書』田名塩田遺跡群発掘調査団
麻生順司　2002『田名塩田遺跡群Ⅲ発掘調査報告書』田名塩田遺跡群発掘調査団
麻生順司　2003『田名向原No.4遺跡発掘調査報告書』田名塩田遺跡群発掘調査団
麻生　優　1955「信濃・中ッ原の無土器文化」『石器時代』2　石器時代文化研究会
麻生　優・織笠　昭　1986「姶良Tn火山灰層確認前後の旧石器編年」『日本考古学における層位論の基礎的研究』
麻生　優・岡本東三　1990「岐阜県池の原遺跡発掘調査概要」『第3回長野県旧石器文化研究交流会発表要旨』長野県旧石器文化交流会
荒井幹夫・実川順一・小田静夫　1970「大宮台地の先土器時代新資料について」『Prehistory』23　先史文化研究会
安斎正人　1988「斜軸尖頭器石器群からナイフ形石器群への移行－前・中期／後期旧石器時代過渡期の研究－」『先史考古学研究』1　阿佐ヶ谷先史研究会
安斎正人　1990『無文字社会の考古学』六興出版
安斎正人　2003『旧石器社会の構造変動』同成社
安斎正人・佐藤宏之編　2006『旧石器時代の地域編年的研究』同成社
安蒜政雄　1973「関東地方における切出形石器を伴う石器文化の様相」『駿台史学』32　駿台史学会
安蒜政雄　1979「石器の形態と機能」『日本考古学を学ぶ　2』有斐閣
安蒜政雄　1982「細石器文化における矢出川遺跡群の性格」『報告・野辺山シンポジウム1981』明治大学考古学研究室
安蒜政雄　1984「日本の細石器文化」『駿台史学』60　駿台史学会
安蒜政雄　1985「先土器時代における遺跡の群集的な成り立ちと遺跡群の構造」『論集・日本原史』吉川弘文館
安蒜政雄　1994「関東地方の地域性と石器の製作」『考古学ジャーナル』370　ニュー・サイエンス社
安蒜政雄・小菅将雄・島田和高　1999「月見野遺跡群と槍先形尖頭器」『大和市史研究』25　大和市
五十嵐彰　1993「B2L層出土石器群（第Ⅴ文化層）を巡る諸問題」『慶應義塾湘南藤沢キャンパス内遺跡1　総論』慶應義塾
五十嵐彰　1998「『慶応藤沢第Ⅴ文化層こうもり編』の提唱－範囲と細分についてのコメントに代えて－」『石器文化研究』6　石器文化研究会
五十嵐彰　2000「「文化層」概念の検討－旧石器資料報告の現状（Ⅱ）－」『旧石器考古学』60　旧石器文化談話会
五十嵐彰・菅沼圭介　1990「藤沢市慶応義塾藤沢校地内遺跡の調査」『第14回神奈川県遺跡調査・研究発表会発表要旨』神奈川県遺跡調査・研究会
池谷信之　2003「伊豆・箱根黒曜石原産地の産状と成因」『黒耀石文化研究』2　明治大学黒耀石研究センター
池谷信之・望月明彦他　1994「遺跡内における黒曜石製石器の原産地別分布について」『静岡県考古学研究』26　静岡県考古学会
磯貝基一　1995「群馬県における石器石材」『第3回岩宿フォーラム／シンポジウム　石器石材　予稿集』笠懸

野岩宿文化資料館・岩宿フォーラム実行委員会
出居　博　2005「環状に分布する石器群に定住性を探る―上林遺跡集落形成論からの視座―」『唐沢考古』25　唐沢考古会
伊藤　健　1990「ナイフ形石器文化の画期と変容」『物質文化』54　物質文化研究会
伊藤　健　1991「ナイフ形石器の変異と変容」『東京都埋蔵文化財センター研究論集』X　東京都埋蔵文化財センター
伊藤　健　1995「先土器時代社会の人口と領域」『古代文化』47-2　古代学協会
伊藤　健　1996「列島内対比」『石器文化研究』5　石器文化研究会
伊藤　健　2006「多摩蘭坂・武蔵国分寺跡関連・武蔵台遺跡の石器群」『岩宿フォーラム2006／シンポジウム岩宿時代はどこまで遡れるか―立川ローム層最下部の石器群―　予稿集』岩宿博物館・岩宿フォーラム実行委員会
伊藤　健　2007「ナイフ形石器文化編年枠組みの形成過程―V層・IV層下部段階の解消に向けて―」『旧石器研究』3　日本旧石器学会
伊藤　健　2008「石器文化編年と遺跡形成過程論―V層・IV下部段階の解体へ向けてII―」『石器に学ぶ』10　石器に学ぶ会
伊藤恒彦　1983「IV層下部」『自由学園南遺跡』自由学園南遺跡発掘調査団
伊藤恒彦　1986「第V文化層」『月見野遺跡群上野遺跡第1地点』大和市教育委員会
伊藤恒彦　1987『中村遺跡』中村遺跡調査団
伊藤恒彦　1988「相模野における2つの尖頭器石器群について」『大和のあけぼのII』大和市教育委員会
稲田孝司　1969「尖頭器文化の出現と旧石器的石器製作の解体」『考古学研究』15-3　考古学研究会
稲田孝司　1981「先土器時代遺跡群のとらえ方」『報告・野辺山シンポジウム1981』明治大学考古学研究室
稲田孝司　1984「旧石器時代武蔵野台地における石器石材の選択と入手過程」『考古学研究』30-4　考古学研究会
稲田孝司　2001『遊動する旧石器人』岩波書店
茨城県考古学協会編　2002『茨城県における旧石器時代研究の到達点―その現状と課題―』
岩宿文化資料館・岩宿フォーラム実行委員会編　1994『岩宿フォーラム予稿集　群馬の岩宿時代の変遷と特色』
岩宿文化資料館・岩宿フォーラム実行委員会編　1995『岩宿フォーラム予稿集　石器石材：北関東の原石とその流通を中心として』
岩宿文化資料館・岩宿フォーラム実行委員会編　2004『岩宿フォーラム予稿集　武井遺跡の槍先形尖頭器』
上本進二・上杉　陽・由井将雄・米澤　宏・中村喜代重　1994「南関東の立川ローム層と考古学土層―富士山東麓～神奈川県西部～相模野～武蔵野～房総半島の土層対比―」『神奈川考古』30　神奈川考古同人会
上本進二・上杉　陽　1996「神奈川県のテフラ層と遺跡層序―考古学のためのY-no・S-no分層マニュアル」『関東の四紀』20　関東四紀研究会
大井晴男　1968「日本の先土器時代石器群の系統について」『北方文化研究』3
大竹憲昭　1988「長野県先土器時代文化の編年」『第1回長野県旧石器文化研究交流会資料』長野県旧石器文化交流会
大竹憲昭　2005「長野県竹佐中原遺跡における旧石器時代の石器文化」『長野県埋蔵文化財センター発掘調査報告書』75
オーラフ・イェリス，ベルンハルト・ヴェーニンガー（工藤雄一郎）　2008「フールー（HULU）のウラン―トリウム年代（U/Th）に基づいた放射性炭素年代の較正が酸素同位体ステージ3（OIS 3）の考古学的記録へ与えるインパクトについて―」『第6回講演・研究発表・シンポジウム予稿集　日本列島の旧石器時代遺跡―その分布・年代・環境―』日本旧石器学会
岡村道雄　1976「日本前期旧石器時代の始源と終末」『考古学研究』23-3　考古学研究会
岡村道雄　1990「前期旧石器文化から後期旧石器文化への移行について」『伊藤信雄先生追悼考古学古代史論攷』
岡本　勇・松沢亜生　1965「相模野台地における関東ローム層中遺跡群の研究」『物質文化』6　物質文化研究会
岡本孝之・鈴木次郎ほか　1983『早川天神森遺跡』神奈川県立埋蔵文化財センター調査報告2
長田　実　1958「黒曜石交易の問題」『伊東市史2』伊東市
小田静夫　1979「広域火山灰と先土器時代の編年―特にATについて―」『史館』11　市川ジャーナル

小田静夫　1980「武蔵野台地に於ける先土器文化」『神奈川考古』8　神奈川考古同人会
小田静夫　2001「日本の旧石器と「前期旧石器」問題」『シンポジウム：前期旧石器問題を考える』国立歴史民俗博物館
小田静夫・キーリー.C.T　1974『武蔵野公園遺跡Ⅰ』野川遺跡調査会
小田静夫ほか　1975『中山谷遺跡』国際基督教大学
小田静夫ほか　1977a『高井戸東遺跡』高井戸東遺跡調査会
小田静夫ほか　1977b『新橋遺跡』国際基督教大学
小田静夫ほか　1980『西之台遺跡B地点』東京都埋蔵文化財調査報告書7
小野　昭　1969「ナイフ形石器の地域牲とその評価」『考古学研究』16-2　考古学研究会
小野　昭　1976「後期旧石器時代の集団関係」『考古学研究』23-1　考古学研究会
小野　昭　1998「新たな人類史のはじまり」『科学』68-1　岩波書店
小野　昭　2007『旧石器時代の日本列島と世界』同成社
小野正敏　1970「相模野における遺跡の分布変動とその問題」『さがみの』6　相模考古学研究会
小野正敏・坂入民子・鈴木次郎・髙橋芳宏・矢島國雄　1972『小園前畑遺跡発掘調査報告書』綾瀬町文化財調査報告書Ⅰ
小畑弘己　2003「朝鮮半島における後期旧石器時代初頭の文化」『第1回シンポジウム予稿集　後期旧石器時代のはじまりを探る』日本旧石器学会
織笠明子　1993「スクレイパー刃部の形態的研究」『大和市史研究』19　大和市
織笠明子　1999「石器石材研究」『石器文化研究』7　石器文化研究会
織笠　昭　1977「石器」『新橋遺跡』国際基督教大学考古学研究センター
織笠　昭　1978「鈴木遺跡Ⅵ層石器群の一考察」『鈴木遺跡Ⅰ』鈴木遺跡調査会
織笠　昭　1979「ナイフ形石器と切出形石器」『神奈川考古』7　神奈川考古同人会
織笠　昭　1980「ナイフ形石器の小形化について」「コメント「ナイフ形石器終末期」の再検討」『神奈川考古』8　神奈川考古同人会
織笠　昭　1983「細石刃の形態学的一考察」『人間・遺跡・遺物―わが考古学論集―』1　発掘者談話会
織笠　昭　1984「細石器文化組成論」『駿台史学』60　駿台史学会
織笠　昭　1985「ナイフ形石器型式論」『論集日本原史』吉川弘文館
織笠　昭　1987a「相模野尖頭器文化の成立と展開」『大和市史研究』13　大和市
織笠　昭　1987b「殿山技法と国府型ナイフ形石器」『考古学雑誌』72-4　日本考古学会
織笠　昭　1987c「国府型ナイフ形石器の形態と技術（上）」『古代文化』39-10　古代学協会
織笠　昭　1987d「国府型ナイフ形石器の形態と技術（下）」『古代文化』39-12　古代学協会
織笠　昭　1988「角錐状石器の形態と技術」『東海史学』22　東海史学会
織笠　昭　1989a「尖頭器文化とは何か―文化・考古学的文化・石器文化―」『長野県考古学会誌』59・60　長野県考古学会
織笠　昭　1989b「栗谷ツ遺跡第15・16地点出土の石器群の概要と問題点」『富士見市遺跡群Ⅶ』富士見市教育委員会
織笠　昭　1991「先土器時代人の生活領域―集団移動と領域の形成―」『日本村落史講座』6　雄山閣出版
織笠　昭　1992a「南関東における国府型ナイフ形石器の受容と変容」『えびなの歴史』3　海老名市
織笠　昭　1992b「茂呂系ナイフ形石器型式論」『東北文化論のための先史学・歴史学論集』加藤稔先生還暦記念会
織笠　昭　1993「石器に見る文化との出会い―先土器時代の柏ヶ谷長ヲサ遺跡から―」『海老名市史研究』5　海老名市
織笠　昭　1994「時を紡ぐ人たち―岩宿石器文化の編年付けとその変遷―」『第2回岩宿フォーラム／シンポジウム群馬の岩宿時代の変遷と特色　予稿集』笠懸野岩宿文化資料館・岩宿フォーラム実行委員会
織笠　昭　1998「先土器時代の限定形態と広域比較」『石器文化研究』6　石器文化研究会
織笠　昭　2001「相模野ナイフ形石器文化の終焉」『相模野旧石器編年の到達点』神奈川県考古学会
織笠　昭・松井政信・高野博光　1976「埼玉県における先土器時代編年の概要」大古里遺跡発掘調査会
織笠　昭・金山喜昭・桑野一幸・織笠明子　1979「先土器時代」『鈴木遺跡Ⅱ』鈴木遺跡調査団
織笠　昭ほか　1990「細石器文化・縄文時代草創期文献目録」『神奈川考古』26　神奈川考古同人会

貝塚爽平　1958「関東平野の地形発達史」『地理評論』31　日本地理学会
海部陽介　2005『人類がたどってきた道"文化の多様性"の起源を探る』NHKブックス
笠井洋祐　2000「相模野台地北部」『石器文化研究』8　石器文化研究会
樫田　誠　1983「第Ⅲ文化層」『深見諏訪山遺跡』大和市教育委員会
樫田　誠　1987「神奈川県大和市深見諏訪山遺跡第Ⅲ文化層のナイフ形石器と槍先形尖頭器」『大和市史研究』13　大和市
カタン．マリー＝イザベル（稲田孝司）　2007「マドレーヌ文化期における石材獲得領域：スイス高原の状況」『先史時代における居住様式と動物相の歴史変遷に関する日仏比較研究』稲田孝司編
加藤真二　1997「東アジアの石刃技術成立期に関する予察―中国北部の様相解明を中心として―」『第四紀研究』36-3　日本第四紀学会
加藤晋平　1970「先土器時代の歴史性と地域性」『郷土史研究と考古学』朝倉書店
加藤秀之　2007「武蔵野台地北部の旧石器時代遺跡」『考古学リーダー　野川流域の旧石器時代』六一書房
かながわ考古学財団・神奈川県立埋蔵文化財センター　1998『公開セミナー記録集「用田バイパス関連遺跡群ローム層中出土の炭化材」「旧石器時代の住居遺構を探る」』
神奈川考古同人会編　1979「特集　ナイフ形石器文化終末期の問題」『神奈川考古』7
神奈川考古同人会編　1980「特集　ナイフ形石器文化終末期の問題（Ⅱ）」『神奈川考古』8
神奈川考古同人会編　1982『シンポジウム　南関東を中心としたナイフ形石器文化の諸問題《資料》』
神奈川考古同人会編　1983「シンポジウム　南関東を中心としたナイフ形石器文化の諸問題」『神奈川考古』16
金山喜昭　1984「橋本遺跡第Ⅴ文化層における黒曜石石器群の記載と遺跡間の比較」『橋本遺跡　先土器時代編』相模原市橋本遺跡調査会
金山喜昭　1990「姶良Tn火山灰降下期における黒耀石石器群」『國學院大學考古学資料館紀要』6　國學院大学考古学資料館
金山喜昭・土井永好・武藤康弘　1984『橋本遺跡　先土器時代編』相模原市橋本遺跡調査会
亀田直美　1995「武蔵野台地Ⅴ層Ⅳ層下部段階における遺跡構造」『古代探叢』Ⅳ　早稲田大学
亀田直美　1996「角錐状石器」『石器文化研究』5　石器文化研究会
川口　潤　1990「武蔵台遺跡Ⅹa・Ⅹb層」『石器文化研究』2　石器文化研究会
神田五六・永峯光一　1958「奥信濃横倉遺跡」『石器時代』5　石器時代文化研究会
関東ローム研究グループ　1965『関東ローム』
木﨑康弘　1987「狸谷遺跡」熊本県文化財調査報告90　熊本県教育委員会
木﨑康弘　1989「姶良Tn火山灰下位の九州ナイフ形石器文化」『九州旧石器』創刊号　九州旧石器文化研究会
キダー．J.E.・小田静夫・小山修三・及川昭文　1973「国際基督教大学構内Loc.15の先土器文化」『人類学雑誌』80-1　日本人類学会
ギャンブル．C．（田村　隆）　2001『ヨーロッパの旧石器社会』同成社
工藤雄一郎　2005「本州島東半部における更新世終末期の環境史との時間的対応関係」『第四紀研究』44-1　日本第四紀学会
工藤雄一郎　2008「40～15kaの石器群の年代と古環境」『第6回講演・研究発表・シンポジウム予稿集　日本列島の旧石器時代遺跡―その分布・年代・環境―』日本旧石器学会
国武貞克　1999「石材消費と石器製作，廃棄による遺跡の類別―行動論的理解に向けた分析法の試み―」『考古学研究』46-3　考古学研究会
国武貞克　2002「旧石器時代の領域分析」『東京大学考古学研究室研究紀要』17　東京大学考古学研究室
国武貞克　2003「両面体調整石器群の由来―関東地方Ⅴ・Ⅳ層下部段階から砂川期にかけての石材消費戦略の連続性―」『考古学』Ⅰ
国武貞克　2004「石刃生産技術の適応論的考察」『考古学』Ⅱ
国武貞克　2005「後期旧石器時代前半期の居住行動の変遷と技術構造の変容」『物質文化』78　物質文化研究会
国武貞克　2008「回廊領域仮説の提唱」『旧石器研究』4　日本旧石器学会
栗島義明　1983「ナイフ形石器形態組成の変遷とその意義」『人間・遺物・遺跡』発掘者談話会
栗島義明　1986「槍先形尖頭器石器群の研究序説」『考古学研究』32-4　考古学研究会
栗島義明　1988「神子柴文化をめぐる諸問題―先土器・縄文の画期をめぐる問題（1）―」『研究紀要』4　埼玉県埋蔵文化財事業団

栗島義明　1991「「上ノ平尖頭器文化」再考（上）」『古代文化』43-2
栗原伸好　1999「相模野第Ⅲ期と第Ⅳ期の間―相模野第Ⅲ期・第Ⅳ期の石器群の連続性の存在に関する予察―」『神奈川考古』35　神奈川考古同人会
栗原伸好　2000「槍先形尖頭器の変遷―相模野台地における「砂川期」石器群の例を中心に―」『石器文化研究』9　石器文化研究会
栗原伸好・畠中俊哉・大塚健一・井関文明・加藤　学　1996「Ⅴ～Ⅳ層下部の石器群―相模野台地の様相―」『石器文化研究』5　石器文化研究会
栗原伸好・加藤勝仁　2010「神奈川県」『日本列島の旧石器時代遺跡』日本旧石器学会
小池　聡　1986「第Ⅰ文化層」『月見野遺跡群上野遺跡第1地点』大和市教育委員会
小池　聡　1991『長堀北遺跡―本文編―』大和市教育委員会
小池　聡　1994『上和田城山遺跡第4次調査』大和市上和田城山遺跡調査会
小池　聡　1996「旧石器時代の調査」『神奈川県大和市県営高座渋谷団地内遺跡』県営高座渋谷団地内遺跡調査団
小池　聡　1998「相模野の有樋尖頭器―月見野上野遺跡第10地点資料とその他の出土例から―」『神奈川考古』34　神奈川考古同人会
小池　聡　2001「相模野台地の立地と文化層」『相模野旧石器編年の到達点』神奈川県考古学会
國學院大學考古学研究室　1989a『小馬背遺跡1989』國學院大學文学部考古学研究室
國學院大學考古学研究室　1989b『西又Ⅱ遺跡1989』國學院大學文学部考古学研究室
國學院大學考古学研究室　1990『柳又遺跡A地点第一次発掘調査報告書』
小林達雄　1967「長野県西筑摩郡開田村柳又遺跡の有舌尖頭器とその範型」『信濃』19-4　信濃史学会
小林達雄　1971「町田・鈴木・宮崎論文に対する評論」『第四紀研究』10-4　日本第四紀学会
小林達雄・小田静夫・羽鳥謙三・鈴木正男　1971「野川先土器時代遺跡の研究」『第四紀研究』10-4　日本第四紀学会
近藤尚義　1990「大形両面加工尖頭器の典型的な製作跡」『考古学ジャーナル』324　ニュー・サイエンス社
斉木　勝　1973「伊豆柏峠の黒曜石原産地」『考古学ノート』3
埼玉県埋蔵文化財調査団　1990「埼玉県白草遺跡の細石刃文化」『考古学ジャーナル』324　ニュー・サイエンス社
酒井弘志・宇井義典　2004「印旛沼周辺地域における石器群の変遷」『印旛沼の原始・古代―旧石器時代編―』印旛郡市文化財センター
坂上寛一　1984「府中市武蔵台遺跡における土壌環境と先土器時代における焼土認定試験」『武蔵台遺跡Ⅰ』都立府中病院内遺跡調査会
坂上寛一　1987「立川ロームの層序と埋没腐食層」『都立府中高等学校体育施設建設予定地の調査』都立高等学校遺跡調査会
榊　剛史　2000「両面調整尖頭器の変遷観―相模野台地における検討―」『専修考古』8　専修大学考古学研究会
坂詰秀一　1967「芦ノ湯の旧石器時代遺跡」『箱根町誌』1　箱根町
相模考古学研究会　1971『先土器時代遺跡分布調査報告書　相模野編』
相模考古学研究会　1974『地蔵坂遺跡発掘調査報告書』綾瀬町文化財調査報告書2
笹原芳郎　1996a「第2・3期の石器群をめぐって」『愛鷹・箱根山麓の旧石器時代編年収録集』3　静岡県考古学会
笹原芳郎　1996b「愛鷹・箱根（第3期について）」『石器文化研究』5　石器文化研究会
笹原芳郎　2005「最近の愛鷹山麓旧石器時代調査状況―第二東名関連を中心に―」『ニュースレター』4　日本旧石器学会
佐藤達夫　1970「ナイフ形石器の編年的一考察」『東京国立博物館紀要』5
佐藤宏之　1988「台形様石器研究序論」『考古学雑誌』73-3　日本考古学会
佐藤宏之　1991「「尖頭器文化」概念の操作の有効性に関する問題点」『長野県考古学会研究叢書』1　長野県考古学会
佐藤宏之　1992『日本旧石器文化の構造と進化』柏書房
佐藤宏之　1995「技術的組織・変形論・石材受給―下総台地後期旧石器時代の社会生態学的考察―」『考古学研

究』42-1　考古学研究会
佐藤宏之　1996「社会構造」『石器文化研究』5　石器文化研究会
佐藤宏之　2007「分類と型式」『ゼミナール　旧石器考古学』同成社
沢田　敦　1999「氷期を生きた人びと」『ここまでわかった日本の先史時代』角川書店
実川順一　1984「第Ⅳ文化層」『花沢東遺跡発掘調査報告書』恋ヶ窪遺跡調査会
柴田　徹　1996a「Ⅴ～Ⅳ下層段階の南関東における石器石材の採集地推定について」『石器文化研究』5　石器文化研究会
柴田　徹　1996b「大和市を中心とした相模野台地における旧石器時代の使用石材について」『大和市史研究』22　大和市
柴田　徹　1997「柏ケ谷長ヲサ遺跡出土のガラス質黒色安山岩についての岩石学的考察」『柏ケ谷長ヲサ遺跡』柏ケ谷長ヲサ遺跡調査団
島田和高　1996「移動生活のなかの石器作りの営み―砂川型刃器技法の再検討―」『駿台史学』98　駿台史学会
島田和高　1998「中部日本南部における旧石器地域社会の一様相」『駿台史学』101　駿台史学会
島田和高　2005「黒耀石・槍先形尖頭器・ナイフ形石器―石材別資料の分類からみた黒耀石のふるまい―」『地域と文化の考古学Ⅰ』明治大学考古学研究室編
島立　桂　1993「相模野台地における槍先形尖頭器と細石刃の展開」『潮見浩先生退官記念論文集』
島立　桂　2004『千原台ニュータウンⅩ―市原市草刈遺跡（東部地区旧石器時代）―』千葉県文化財センター調査報告462
島立　桂・宇田川浩一　1994『千原台ニュータウンⅥ―草刈六之台遺跡―』千葉県文化財センター調査報告241
白石浩之　1971「先土器時代における切出形石器出現の背景について」『Prehistory』25　先史文化研究会
白石浩之　1973「茂呂系ナイフ形石器の細分と変遷に関する一試論」『物質文化』21　物質文化研究会
白石浩之　1974「尖頭器出現過程における内容と評価」『信濃』26-1　信濃史学会
白石浩之　1976「東北日本におけるナイフ形石器変遷の素描」『神奈川考古』1　神奈川考古同人会
白石浩之　1980「第Ⅰ文化層」「第Ⅱ文化層」「第Ⅲ文化層」『寺尾遺跡』神奈川県教育委員会
白石浩之　1981「茂呂系ナイフ形石器の型式学的研究―武蔵野台地の資料を中心として―」『考古学研究』28-3　考古学研究会
白石浩之　1983「考古学と火山灰層序―特に関東地方を中心とした旧石器時代の層位的出土例と石器群の様相―」『第四紀研究』22-3　日本第四紀学会
白石浩之　1986「ナイフ形石器文化終末期の様相―相模野台地の茂呂型ナイフ形石器群について―」『神奈川考古』22　神奈川考古同人
白石浩之　1989a『旧石器時代の石槍―狩猟具の進歩―』東京大学出版会
白石浩之　1989b「尖頭器文化とは何か」『中部高地の尖頭器文化』長野県考古学会
白石浩之　1995「関東地方におけるナイフ形石器文化終末期の様相」『古代文化』47-1　古代学協会
白石浩之　1996「中期旧石器時代終末から後期旧石器時代にかけての石器群に対する新視点」『神奈川考古』32　神奈川考古同人会
白石浩之　1998「細石器文化の諸問題―原料・技術・分布―」『九州の細石器文化―九州島における細石器文化の石器と技術―』九州旧石器文化研究会
白石浩之　2002『旧石器時代の社会と文化』山川出版社
白石浩之・荒井幹夫　1976「茂呂系ナイフ形石器を主体とした石器群の変遷」『考古学研究』23-2　考古学研究会
白石浩之ほか　1996『吉岡遺跡群Ⅱ』かながわ考古学財団調査報告7
白石浩之ほか（旧石器時代研究プロジェクト）　1998「旧石器時代後半における石器群の諸問題―L3層からB3層の石器群の様相―」『かながわの考古学　研究紀要』3
白石浩之ほか（旧石器時代研究プロジェクト）　1999「旧石器時代後半における石器群の諸問題―L4層以下の石器群の様相―」『かながわの考古学　研究紀要』4
白石浩之ほか（旧石器時代研究プロジェクト）　2000「旧石器時代における石器群の諸問題―新たなる相模野編年の構築に向けて―」『かながわの考古学　研究紀要』5
杉原重夫　1983「地形環境」『季刊考古学』4　雄山閣
杉原荘介　1953「日本における石器文化の階梯について」『考古学雑誌』39-2　日本考古学会

杉原荘介　1956「群馬県岩宿発見の石器文化」『明治大学文学部研究報告　考古学第1冊』
杉原荘介　1973「長野県上ノ平尖頭器文化」『明治大学文学部研究報告　考古学第3冊』
杉原荘介編　1965『日本の考古学1　先土器時代』河出書房
杉原荘介・吉田　格・芹沢長介　1959「東京都茂呂における関東ローム層中の石器文化」『駿台史学』9　駿台史学会
鈴木次郎　1970「相模野台地と石器文化」『さがみの』6　相模考古学研究会
鈴木次郎　1980「第Ⅳ文化層」「第Ⅴ文化層」「第Ⅵ文化層」『寺尾遺跡』神奈川県教育委員会
鈴木次郎　1983「関東ローム層の調査」『早川天神森遺跡』神奈川県立埋蔵文化財センター調査報告2
鈴木次郎　1983「細石器―関東・中部地方を中心に―」『季刊考古学』4　雄山閣
鈴木次郎　1984『栗原中丸遺跡』神奈川県立埋蔵文化財センター調査報告3
鈴木次郎　1986「ナイフ形石器の終末と槍先形尖頭器石器群の出現」『神奈川考古』22　神奈川考古同人会
鈴木次郎　1989「槍先形尖頭器石器群と細石刃石器群の時間的関係」『中部高地の尖頭器文化』長野県考古学会
鈴木次郎　1994「南関東地方の様相」『第2回岩宿フォーラム／シンポジウム　群馬の岩宿時代の変遷と特色予稿集』笠懸野岩宿文化資料館・岩宿フォーラム実行委員会
鈴木次郎　1996「旧石器時代後半期における石器群の諸問題」『かながわの考古学　研究紀要』1
鈴木次郎　1999a「寺尾・栗原中丸両遺跡の石器石材の再検討」『かながわの考古学　研究紀要』4
鈴木次郎　1999b「編年論」『石器文化研究』7　石器文化研究会
鈴木次郎　2000「相模野台地におけるナイフ形石器文化の出現」『神奈川考古』36　神奈川考古同人会
鈴木次郎編　1989『相模野 No.149 遺跡』大和市教育委員会
鈴木次郎・矢島國雄　1978「先土器時代の石器群とその編年」『日本考古学を学ぶ』3　有斐閣
鈴木次郎・矢島國雄　1979a「神奈川県綾瀬市報恩寺遺跡の細石刃石器群」『神奈川考古』6　神奈川考古同人会
鈴木次郎・矢島國雄　1979b「相模野台地におけるナイフ形石器終末期の様相」『神奈川考古』7　神奈川考古同人会
鈴木次郎・矢島國雄　1988「先土器時代の石器群とその編年」『新版　日本考古学を学ぶ（1）』有斐閣
鈴木忠司　1971「野岳遺跡の細石核と西南日本における細石刃文化」『古代文化』23-8　古代学協会
鈴木尚史　2003「槍先形尖頭器の出現と変遷―相模野台地を中心に―」『駿台史学』118　駿台史学会
鈴木正男・戸村健児　1991「三の原遺跡出土の黒曜石の分析」『三の原遺跡』
須藤隆司　1986「群馬県薮塚遺跡の石器文化―ナイフ形石器の型式学的研究―」『明治大学考古学博物館館報』2　明治大学考古学博物館
須藤隆司　1996「中部・東海・北陸地方におけるⅤ・Ⅳ下層段階の石器群の成立―列島内対比の視点から―」『石器文化研究』5　石器文化研究会
須藤隆司　2005「杉久保型・砂川型ナイフ形石器と男女倉型有樋尖頭器」『考古学』Ⅲ
砂田佳弘　1986『代官山遺跡』神奈川県立埋蔵文化財センター調査報告書11
砂田佳弘　1988「相模野の細石器―その発生と展開に向けて―」『神奈川考古』24　神奈川考古同人会
砂田佳弘　1990「ナイフ形石器と細石器の分布」『神奈川県下における主要遺跡の分布と問題点』かながわの考古学1
砂田佳弘　1994a「相模野細石器の出現―器種変遷と石材流通―」『國學院大學考古学資料館紀要』10　國學院大學考古学資料館
砂田佳弘　1994b「相模野細石器の変遷」『神奈川考古』30　神奈川考古同人会
砂田佳弘　1996『吉岡遺跡群Ⅱ』かながわ考古学財団調査報告6
砂田佳弘　1997「日本列島細石器文化の編年へ向けて」『九州の細石器文化―細石器文化の開始と編年研究―』九州旧石器文化研究会
砂田佳弘　1999「相模野細石器の暦年補正年代」『吉岡遺跡群Ⅸ』（財）かながわ考古学財団
砂田佳弘　2000「砂川時代の剥片剥離工程」『石器文化研究』9　石器文化研究会
諏訪間伸　1996「石材環境（黒曜石）」『石器文化研究』5　石器文化研究会
諏訪間伸・野内秀明　1991「伊豆・箱根系黒曜石原産地について」『第4回長野県旧石器文化研究交流会発表要旨』長野県旧石器文化交流会
諏訪間順　1983a「神奈川県相模原市長久保遺跡採集の石器」『神奈川考古』15

諏訪間順　1983b「第Ⅸ文化層」『柏ヶ谷長ヲサ遺跡発掘調査概要報告書』柏ヶ谷長ヲサ遺跡調査団
諏訪間順　1983c「第Ⅳ文化層」『深見諏訪山遺跡』大和市教育委員会
諏訪間順　1986「第Ⅵ文化層」『月見野遺跡群上野遺跡第1地点』大和市教育委員会
諏訪間順　1988「相模野台地における石器群の変遷について―層位的出土例の検討による石器群の段階的把握―」『神奈川考古』24　神奈川考古同人会
諏訪間順　1989a「ATの影響はあったのかどうか」『石器文化研究』1　石器文化研究会
諏訪間順　1989b「ナイフ形石器文化の終焉と尖頭器文化の成立―相模野台地を中心として―」『旧石器考古学』38　旧石器文化談話会
諏訪間順　1989c「相模野台地における尖頭器の様相」『長野県考古学会誌』59・60　長野県考古学会
諏訪間順　1991a「AT降灰の石器文化に与えた影響」『立正史学』69　立正大学史学会
諏訪間順　1991b「細石刃石器群を中心とした石器群の変遷に関する予察」『中ッ原第5遺跡B地点の研究』八ヶ岳旧石器研究グループ
諏訪間順　1993「相模野台地における細石刃石器群と尖頭器」『細石刃文化研究の新たなる展開』Ⅱ　八ヶ岳旧石器研究グループ
諏訪間順　1995a「関東地方におけるAT上位石器群の変遷」『静岡県考古学会シンポジウムⅨ　愛鷹・箱根山麓の旧石器時代編年予稿集』静岡県考古学会
諏訪間順　1995b「柏ヶ谷長ヲサ遺跡」『第3回石器文化研究交流会発表要旨』石器文化研究会
諏訪間順　1996a「Ⅴ～Ⅳ下層段階の石器群の範囲―最終氷期寒冷期に適応した地域社会の成立―」『石器文化研究』5　石器文化研究会
諏訪間順　1996b「愛鷹・箱根山麓におけるAT降灰以降の石器群をめぐって」『愛鷹・箱根山麓の旧石器時代編年収録集』静岡県考古学会
諏訪間順　1996c「かながわにおける有舌尖頭器及び石鏃の出現時期について」『かながわの縄文文化の起源を探る　記録集』神奈川県考古学会
諏訪間順　1997「相模野台地の石器石材」『第5回岩宿フォーラム／シンポジウム予稿集　石器石材Ⅱ』笠懸野岩宿文化資料館・岩宿フォーラム実行委員会
諏訪間順　1998「相模野台地におけるAT降灰前後の石器石材について」『列島の考古学　渡辺誠先生還暦記念論集』渡辺誠先生還暦記念論集刊行会
諏訪間順　1999「第Ⅰ部　列島各地域の研究成果と展望　関東地方」『石器文化研究』7　石器文化研究会
諏訪間順　2000「「砂川」の時間的枠組みと前後の変遷」『石器文化研究』9　石器文化研究会
諏訪間順　2001「相模野旧石器編年の到達点」『シンポジウム　相模野旧石器編年の到達点』神奈川県考古学会
諏訪間順　2002「相模野台地旧石器編年と寒冷期の適応過程」『科学』72-2　岩波書店
諏訪間順　2003a「南関東における旧石器編年」『第15回長野県旧石器文化研究交流会　シンポジウム「野尻湖遺跡群の旧石器時代編年」』長野県旧石器文化研究交流会
諏訪間順　2003b「南関東地方における立川ローム基底部の石器群」『第1回シンポジウム予稿集　後期旧石器時代のはじまりを探る』日本旧石器学会
諏訪間順　2003c「相模野旧石器編年の前提」『考古論叢神奈河』11　神奈川県考古学会
諏訪間順　2003d「相模野台地におけるナイフ形石器文化終末期をめぐる学史的検討」『第9回　石器文化研究交流会発表要旨』石器文化研究会
諏訪間順　2006a「相模野台地における黒耀石利用の変遷」『黒耀石研究』4　明治大学黒耀石研究センター
諏訪間順　2006b「旧石器時代の最古を考える―「X層」研究の意義―」『岩宿フォーラム2006／シンポジウム　岩宿時代はどこまで遡れるか―立川ローム層最下部の石器群―　予稿集』岩宿博物館・岩宿フォーラム実行委員会
諏訪間順　2007a「後期旧石器最初期の石器群の評価」『日本考古学協会第73回総会研究発表　テーマセッション：日本旧石器時代文化のはじまりと特質　発表要旨』日本考古学協会
諏訪間順　2007b「道具としての石　旧石器時代」『季刊考古学』99　雄山閣
諏訪間順ほか　1984「下鶴間長堀遺跡第Ⅲ文化層」『一般国道246号（大和・厚木バイパス）地域内遺跡発掘調査報告Ⅲ』大和市教育委員会
諏訪間順・麻生順司　1991「AT降灰以前の石器文化　相模野台地の様相」『石器文化研究』3　石器文化研究会

諏訪間順・堤　隆　1985「神奈川県大和市深見諏訪山遺跡第Ⅳ文化層の石器群について」『旧石器考古学』30　旧石器文化談話会
諏訪間順・堤　隆　1997「柏ヶ谷長ヲサ遺跡における旧石器時代石器群」『柏ヶ谷長ヲサ遺跡』柏ヶ谷長ヲサ遺跡調査団
諏訪間順・新田浩三　1983「第Ⅷ文化層」『概報・先土器時代　柏ヶ谷長ヲサ遺跡』
関口昌和・諏訪間順　2005「伊豆柏峠黒曜石原産地採集の石刃石核」『旧石器研究』1　日本旧石器学会
関根唯充　1995「第7節　第Ⅱ文化層（B1層下部〜B2層中部）」『南葛野遺跡―県道横浜・伊勢原線藤沢葛原地区内に伴う埋蔵文化財発掘調査報告書―』南葛野遺跡発掘調査団
石器文化研究会編　1989「第1回　研究討論会　AT降灰以前の石器文化」『石器文化研究』1
石器文化研究会編　1990「第2回　研究討論会　AT降灰以前の石器文化Ⅱ」『石器文化研究』2
石器文化研究会編　1991「シンポジウム　AT降灰以前の石器文化―列島内の様相と対比―」『石器文化研究』3
石器文化研究会編　1992「記録・論評・回答集　シンポジウム　AT降灰以前の石器文化―列島内の様相と対比―」『石器文化研究』4
石器文化研究会編　1996「シンポジウム　AT降灰以降のナイフ形石器文化」『石器文化研究』5
石器文化研究会編　1998「記録・論評・回答集　シンポジウム　AT降灰以降のナイフ形石器文化」『石器文化研究』6
石器文化研究会編　2000a「シンポジウム砂川―その石器群と地域性―資料集成南関東各地域の基礎的検討」『石器文化研究』8
石器文化研究会編　2000b「シンポジウム砂川―その石器群と地域性―　予稿集」『石器文化研究』9
石器文化研究会編　2001「シンポジウム砂川―その石器群と地域性―　コメント・まとめ集」『石器文化研究』10
石器文化研究会編　2005a「シンポジウム「ナイフ形石器文化終末期」再考―ナイフ形石器文化終末期石器群の変動　資料集成」『石器文化研究』11
石器文化研究会編　2005b「シンポジウム「ナイフ形石器文化終末期」再考―ナイフ形石器文化終末期石器群の変動―　予稿集」『石器文化研究』12
石器文化研究会編　2006「シンポジウム「ナイフ形石器文化終末期」再考―ナイフ形石器文化終末期石器群の変動―論攷・コメント集」『石器文化研究』13
芹澤清八　1998「栃木県における槍先形尖頭器の様相」『第6回岩宿フォーラム／シンポジウム　武井遺跡と北関東の槍先形尖頭器文化　予稿集』笠懸町教育委員会・新里村教育委員会・岩宿フォーラム実行委員会
芹沢長介　1954「関東及中部地方に於ける無土器文化の終末と縄文文化の発生とに関する予察」『駿台史学』4　駿台史学会
芹沢長介　1955「長野県馬場平遺跡略報」『石器時代』1　石器時代文化研究会
芹沢長介　1963「無土器時代の地方色」『国文学解釈と鑑賞』28-5
芹沢長介　1965「大分県早水台における前期旧石器時代の研究」『日本文化研究所研究報告』1
前・中期旧石器問題調査研究特別委員会編　2003『前・中期旧石器問題の検証』日本考古学協会
髙尾好之　2006「東海地方の地域編年」『旧石器時代の地域編年的研究』同成社
滝沢　浩　1962「埼玉県市場坂遺跡略報―ナイフ形石器を主体とするインダストリー―」『考古学手帖』15
滝沢　浩　1964「埼玉県市場坂遺跡　関東地方におけるナイフ形石器文化の一様相」『埼玉考古』2　埼玉考古学会
竹岡俊樹　2005『前期旧石器時代の形式学』学生社
高橋　豊　1981「尾上イラウネ遺跡出土黒曜石片の産地について」『尾上イラウネ遺跡発掘調査報告書』沼津市教育委員会
高橋　豊　1983「黒曜石の2・3の岩石学的特徴―遺跡出土黒曜石の原産地推定のため―」『沼津市歴史民俗資料館紀要』7　沼津市歴史民俗資料館
橘　昌信　1990「AT（姶良Tn火山灰）上位のナイフ形石器文化―宮崎県における最近の調査例から―」『別府大学考古学研究会史学論叢』21　別府大学考古学研究会
田中英司　1979「武蔵野台地Ⅱb期前半の石器群と砂川期の設定について」『神奈川考古』7　神奈川考古同人会

田中英司　1980「尖頭器の共存について」「コメント『ナイフ形石器文化終末期』の再検討」『神奈川考古』8　神奈川考古同人会
田中裕子　1999「関東西南部における尖頭器文化成立についての一考察」『石器に学ぶ』2　石器に学ぶ会
田村　隆　1989「二項的モードの推移と巡回」『先史考古学研究』2　阿佐ヶ谷先史考古学研究会
田村　隆　1992「遠い山・黒い石―武蔵野II期の社会生態学的考察―」『先史考古学論集』2
田村　隆　2000「木苅峠再訪―房総半島小型石槍の変遷―」『千葉県史研究』8　千葉県史料財団
田村　隆　2006「関東地方の地域編年」『旧石器時代の地域編年的研究』同成社
田村　隆・橋本勝雄　1984『房総考古学ライブラリー1　先土器時代』千葉県文化財センター
田村　隆・澤野　弘ほか　1987「自然科学の手法における遺跡・遺物の研究5」『研究紀要』11　千葉県文化財センター
田村　隆・国武貞克・吉野真如　2003「下野―北総回廊外縁部の石器石材（第1報）―」『千葉県史研究』11　千葉県史料財団
田村　隆・国武貞克　2006「高原山黒曜石原産地遺跡群の発見」『旧石器研究』2　日本旧石器学会
千葉県立房総風土記の丘　1987「シンポジウム　房総の先土器時代―AT降灰以前の石器群―　記録集」『千葉県立房総風土記の丘年報』10
千葉県立房総風土記の丘　2002『シンポジウム　有樋尖頭器の発生・変遷・終焉　予稿集・記録集』千葉県立房総風土記の丘
辻誠一郎　1983「植物相」『季刊考古学』4　雄山閣
辻誠一郎　1985「火山活動と古環境」『岩波講座　日本考古学』2　岩波書店
堤　隆　1984a「上草柳第I地点遺跡」『一般国道246号（大和・厚木バイパス）地域内遺跡発掘調査報告書』II　大和市教育委員会
堤　隆　1984b「Ia文化層」『一般国道246号（大和・厚木バイパス）地域内遺跡発掘調査報告書』III　大和市教育委員会
堤　隆　1986「第III文化層」『月見野遺跡群上野遺跡第1地点』大和市教育委員会
堤　隆　1987a「相模野台地の細石刃石核」『大和市史研究』13　大和市
堤　隆　1987b「矢出川遺跡における船野系の細石刃文化資料について」『旧石器考古』32　旧石器文化談話会
堤　隆　1989「樋状剝離を有する石器の再認識（下）―男女倉型・東内野型等と呼称されるある種の石器をめぐって―」『信濃』41-5　信濃史学会
堤　隆　1991「相模野細石刃文化における石器装備の構造」『大和市史研究』17　大和市
堤　隆　1994「細石刃はどのように使われたか？」『大和市研究』20　大和市
堤　隆　1997「遊動から定住への変革」『ここまでわかった日本の先史時代』角川書店
堤　隆　2000「搔器の機能と寒冷地適応としての皮革利用システム」『考古学研究』47-2　考古学研究会
堤　隆　2002「旧石器時代をフィールドから見つめなおす」『科学』72-6　岩波書店
堤　隆　2003「後期旧石器時代の石器群と寒冷環境への適応戦略」『第四紀研究』42-3　日本第四紀学会
堤　隆編　1997『柏ヶ谷長ヲサ遺跡』柏ヶ谷長ヲサ遺跡調査団
富樫孝志　1996「磐田原台地の旧石器編年」『愛鷹・箱根山麓の旧石器編年　収録集』静岡県考古学会
戸沢充則　1964「矢出川遺跡」『考古学集刊』2-3　東京考古学会
戸沢充則　1965a「先土器時代における石器群研究の方法」『信濃』17-4　信濃史学会
戸沢充則　1965b「尖頭器文化」『日本の考古学1　先土器時代』河出書房
戸沢充則　1968「埼玉県砂川遺跡の石器文化」『考古学集刊』4-1　東京考古学会
戸沢光則　1977「岩宿へのながい道」『季刊どるめん』15
戸沢充則・安蒜政雄・鈴木次郎・矢島國雄　1974『砂川先土器時代遺跡』所沢市教育委員会
戸田哲也編　1984『月見野遺跡群上野遺跡第2地点』玉川文化財研究所
戸田正勝　1988「茂呂系ナイフ形石器文化成立の一試論」『太平臺史窓』7　史窓会
戸田正勝　1999『考古学ライブラリー67　旧石器』ニュー・サイエンス社
戸田正勝ほか　1982『鈴木遺跡御幸第I地点』小平市遺跡調査会
戸谷　洋　1962「南関東の赤土に関する若干の自然地理学的考察」『東北地理』14　東北地理学会
直良信夫　1931「播磨国西八木海岸洪積層中発見の人類遺品」『人類学雑誌』46-5　日本人類学会

仲田大人　2007「社会と生態」『ゼミナール旧石器考古学』同成社
中村喜代重　1979「神奈川県相模原市下九沢山谷遺跡の石器群」『神奈川考古』7　神奈川考古同人会
中村喜代重　1983「第IX文化層」『概報・先土器時代　柏ヶ谷長ヲサ遺跡』
中村喜代重　1983「FB下部文化層」『概報・先土器時代　柏ヶ谷長ヲサ遺跡』
中村喜代重　1984「下鶴間長堀遺跡第II文化層」『一般国道246号（大和・厚木バイパス）地域内遺跡発掘調査報告III』大和市教育委員会
中村喜代重　1988「相模野台地における槍先形尖頭器の出現について」『旧石器考古学』36　旧石器文化談話会
中村喜代重　1995「旧石器時代の相模野台地と凝灰岩原産地」『旧石器考古学』51　旧石器文化談話会
中村喜代重編　1979『上和田城山遺跡』大和市教育委員会
中村喜代重・諏訪間順　1983「第XIb文化層」『概報・先土器時代　柏ヶ谷長ヲサ遺跡』
中村喜代重・服部隆博　1984「第Ｖ章　上草柳第II地点遺跡」『一般国道246号（大和・厚木バイパス）地域内遺跡発掘調査報告』II　大和市教育委員会
中村真理　2005「武蔵野面・野川源流部の様相」『シンポジウム立川ローム層下部の層序と石器群　記録・コメント集』六一書房
中村真理　2006「武蔵野台地中央部の後期旧石器時代初頭の石器群」『岩宿フォーラム2006／シンポジウム　岩宿時代はどこまで遡れるか―立川ローム層最下部の石器群―　予稿集』岩宿博物館・岩宿フォーラム実行委員会
中村真理ほか　2003『多摩蘭坂遺跡IV』国分寺市遺跡調査会
西井幸雄　1991「南関東地方における武蔵野台地第IV下層～第VI層のナイフ形石器」『埼玉考古学論集』埼玉県埋蔵文化財事業団
西井幸雄　1996「Ｖ～IV下層段階の細分」『石器文化研究』5　石器文化研究会
西井幸雄　1998「Ｖ～IV下層段階の範囲と細分の可能性」『石器文化研究』6　石器文化研究会
西井幸雄　2001「新屋敷遺跡出土石器の再検討」『第7回石器文化研究交流会発表要旨』石器文化研究会
西井幸雄　2007「後期旧石器時代遺跡の石器文化層の諸問題」『多摩川流域の考古学的遺跡の成立と古環境復元シンポジウム「土と遺跡　時間と空間」予稿集』多摩川流域の考古学的遺跡の成立と古環境復元研究会
西井幸雄・千葉　寛・川口　潤　1991「武蔵野台地・大宮台地の様相」『石器文化研究』3　石器文化研究会
西井幸雄ほか　1997「埼玉の旧石器時代」『埼玉考古』別冊5　埼玉考古学会
日本旧石器学会編　2003『第1回シンポジウム予稿集　後期旧石器時代のはじまりを探る』
野口　淳　1995「武蔵野台地IV下・Ｖ上層段階の遺跡群―石器製作の工程配置と連鎖の体系―」『旧石器考古学』51　旧石器文化談話会
野口　淳　1996「ナイフ形石器」『石器文化研究』5　石器文化研究会
野口　淳　2005a「後期旧石器時代第III期の石器群構造とナイフ形石器―殿山からの視点―」『埼玉考古別冊8　県指定文化財上尾市殿山遺跡シンポジウム―石器が語る2万年―』埼玉考古学会・上尾市教育委員会
野口　淳　2005b「旧石器時代遺跡研究の枠組み」『旧石器研究』1　日本旧石器学会
野口　淳　2006「ローム層と文化層，時期区分―旧石器時代研究の時間尺度についての覚え書き―」『明治大学校地内遺跡調査団年報』3　明治大学大学校地内遺跡調査団
橋本勝雄　1989「AT降灰以前における特殊な遺物分布の様相」『考古学ジャーナル』309　ニュー・サイエンス社
橋本勝雄　1995「茨城県の旧石器」『茨城県考古学協会誌』7　茨城県考古学協会
橋本勝雄　2005「環状ユニットと石斧との関わり」『旧石器研究』2　日本旧石器学会
服部実喜　1981「武蔵野台地における先土器時代石器群の出現期の一様相―ナイフ形石器のあり方をめぐって―」『神奈川考古』12
服部隆博　1989「関東地方におけるVI層段階の石器群」『石器文化研究』1　石器文化研究会
服部隆博　1990「寺尾遺跡第VI文化層」『石器文化研究』2　石器文化研究会
服部隆博　1992「ナイフ形石器の型式学的基礎研究―特に姶良Tn火山灰降灰前後のナイフ形石器を対象として―」『考古論叢神奈河』1　神奈川県考古学会
林　茂樹・藤沢宗平　1961「神子紫遺跡第1次発掘調査概報」『考古学』9-3
春成秀爾　2001「旧石器時代から縄文時代へ」『第四紀研究』40-6　日本第四紀学会
比田井民子　1990「角錐状石器の地域的動態と編年的予察」『古代』90　早稲田大学考古学会

ひたちなか市文化・スポーツ振興公社編　2002『武田西塙遺跡　旧石器・縄文・弥生時代編』
廣瀬高文　2006『追平B遺跡』長泉町教育委員会
廣瀬高文・岩名健太郎・高尾好之　2006「静岡県内の岩宿時代Ⅰ期初頭の石器群」『岩宿フォーラム2006／シンポジウム　岩宿時代はどこまで遡れるか─立川ローム層最下部の石器群─　予稿集』岩宿博物館・岩宿フォーラム実行委員会
深澤幸江　1999「L1Hの細石器文化」『石器に学ぶ』2　石器に学ぶ会
福沢仁之　1998「最終終氷期以降の東アジアの気候変動の復元」『科学』68-1　岩波書店
藤波啓容　2003「前・中期旧石器と立川ローム下層の石器群」『前・中期旧石器問題の検証』日本考古学協会
前原　豊　1988「群馬県柳久保遺跡群頭無遺跡」『第2回東北日本の旧石器文化を語る会』
町田　洋　2005「日本旧石器時代の編年：南関東立川ローム層の再検討」『旧石器研究』1　日本旧石器学会
町田　洋・鈴木正男・宮崎明子　1971「南関東の立川・武蔵野ロームにおける先土器時代遺物包含層の編年」『第四紀研究』10-4　日本第四紀学会
町田　洋・新井房夫　1976「広域に分布する火山灰─姶良Tn火山灰の発見とその意義」『科学』46　岩波書店
松井政信　1980「埼玉県上尾市殿山遺跡出土の先土器時代資料」『石器研究』1　石器研究会
松藤和人　2004「日本列島における後期旧石器文化の始源」『日本列島における後期旧石器文化の始源に関する基礎的研究』
御堂島正　1991「考古資料の形成過程と自然現象」『古代史探叢』Ⅲ　早稲田大学出版部
御堂島正　2001「相模野旧石器編年の年代観（14C年代測定法と暦年代）」『相模野旧石器編年の到達点』神奈川県考古学会
宮坂英弌　1962『渋川』尖石考古資料館研究報告2
宮下健司・吉沢靖　1982「野辺山原における「土器出現期」遺跡の発見」『報告・野辺山シンポジウム1981』明治大学考古学研究室
宮塚義人・矢島國雄・鈴木次郎　1974「神奈川県木蓼川遺跡の石器群について」『史館』3　市川ジャーナル
明治大学考古学研究室・月見野遺跡群調査団　1969『概報月見野遺跡群』
明治大学考古学研究室　1982『報告・野辺山シンポジウム1981』
望月明彦　1996「愛鷹・箱根山麓の黒曜石製石器の産地同定」『愛鷹・箱根山麓の旧石器時代編年収録集』静岡県考古学会
望月明彦　1997「蛍光X線分析による柏ケ谷長ヲサ遺跡出土の黒曜石製石器の産地推定」『柏ケ谷長ヲサ遺跡』柏ヶ谷長ヲサ遺跡調査団
望月明彦　2005「大和市内遺跡出土の黒曜石製石器の産地推定」『大和市史研究』31　大和市
望月明彦・堤　隆　1997「相模野台地の細石刃石器群の黒曜石利用に関する研究」『大和市史研究』23　大和市
望月明彦・阿部芳郎・石川日出志・安蒜政雄・矢島國雄・島田和高・吉田　望　2003「月見野遺跡群第Ⅰ・第Ⅱ遺跡出土黒耀石石器群の産地推定分析」『黒耀石文化研究』2　明治大学黒耀石研究センター
望月　芳　1996『南鍛冶山遺跡発掘調査報告書　第3巻　先土器時代』藤沢市教育委員会
森先一貴　2004「杉久保型尖頭形石器の成立とその背景─東北日本日本海側石器群の批判的再検討─」『考古学』Ⅱ
森先一貴　2005「国府石器群の成立─大阪平野周辺部石器群再考─」『待兼山考古学論集─都出比呂志先生退任記念─』大阪大学考古学研究室
森嶋　稔　1988「Ⅱ　時代と編年　1先土器時代」『長野県史考古資料編　全1巻（四）遺構・遺物』
矢島國雄　1970「相模野台地の地形と地質」『さがみの』6　相模考古学研究会
矢島國雄　1996「第2章先土器時代」『綾瀬市史　9　別篇　考古』綾瀬市
矢島國雄　2005「月見野遺跡群の調査と旧石器時代研究」『地域と文化の考古学』Ⅰ　明治大学文学部考古学研究室編　六一書房
矢島國雄・鈴木次郎　1976「相模野台地における先土器時代研究の現状」『神奈川考古』1　神奈川考古同人会
矢島國雄・野口淳・門内政広・吉川耕太郎　1997「相模野第Ⅱ期をめぐる諸問題（1）」『綾瀬市史研究』4　綾瀬市
矢島國雄・野口淳・門内政広・吉川耕太郎　1998「相模野第Ⅱ期をめぐる諸問題（2）」『綾瀬市史研究』5　綾瀬市

八幡一郎　1937「日本に於ける中石器文化的様相」『考古学雑誌』27-6　日本考古学会
柳澤和明　1985「中部高地における後期旧石器時代石器群の構造変化」『東北大学考古学研究報告』1　東北大学考古学研究室
山本　薫　1996「Ⅴ～Ⅳ層下部段階における石材組成およびガラス質黒色安山岩製石器の石材入手元について」『石器文化研究』5　石器文化研究会
山本　薫　1997「神奈川県海老名市柏ケ谷長ヲサ遺跡における石器石材の入手について」『柏ケ谷長ヲサ遺跡』柏ヶ谷長ヲサ遺跡調査団
由井茂也・吉沢　靖・堤　隆　1990「信池野辺山原の細石刃文化—中ッ原５Ｂ地点の細石刃文化資料から—」『古代文化』42-11　古代学協会
横山裕平地　1984『武蔵台遺跡Ⅰ』都立府中病院内遺跡調査会
吉川耕太郎　1998「後期旧石器時代における石器原料の消費過程と石器石材に関する一考察」『旧石器考古学』56　旧石器文化談話会
吉田　格　1952「東京都国分寺町熊ノ郷・殿ヶ谷戸遺跡」『考古学雑誌』38-2　日本考古学会
吉田　望　2000「相模野台地南部」『石器文化研究』8号　石器文化研究会
藁科哲男　1992「神奈川県下遺跡出土の黒曜石製遺物の石材産地分析」『向原遺跡』Ⅱ　神奈川県立埋蔵文化財センター調査報告25
藁科哲男　1997「宮ケ瀬遺跡群他出土の黒曜石製遺物の石材産地分析」『宮ケ瀬遺跡群』Ⅹ　かながわ考古学財団調査報告16
藁科哲男・東村武信　1983「伊豆諸島遺跡出土黒曜石の分析」『文化財の保護』16

Binford, L.R. 1979 Organization and formation processes. *Journal of Anthropological Research*. 35
Kitagawa, H and van der Plicht, J 1998 Atmospheric radiocarbon to 45,000 yrBP.: Late Glacial Fluctuations and cosmogenic isotope production. *Science*, 279
Munro, N.G. 1908 *Prehistoric Japan*
Oda, S. and Keally, C.T. 1975 *Japanese Preceramic Age* (Occasional Papers No. 1)
Odell, G.H. 2003 *Lithic Analysis*. Manuals in Archaeological Method, Theory, and Technique. Springer Sciences+Business Media, LLC
Suwama, J. 2004 Historical Changing of Obsidian Use in Sagamino Upland An Overview. *Obsidian Summit International Workshop Meiji University Session* Obsidian and its Use in Stone Age of East Asia Proceeings Meiji University Center for Obsidian and Lithic Studies

あとがき

　本書は，2009年1月に東京都立大学より博士（史学）を授与された学位論文「相模野台地における旧石器時代石器群の研究」を改題したものである。

　学位論文は，筆者が相模野台地という一地域を中心に重点的に研究を行ったもので，序章と終章以外は，これまでに発表した論文等を一書となるように再構成したものである。本のタイトルは『相模野台地の旧石器考古学』と歯切れよく改めた。

　筆者は，1988年の『神奈川考古』24号に相模野段階編年を発表して以来，一貫してこの編年を基本として研究を進めてきた。このため，一書とするには重複する部分も多く，発表時期による検討資料の不備・不足も多いが，原則として発表時のオリジナルな論旨を尊重し，ほぼそのままの文章で掲載している。以下に初出掲載を示す。

　　序　章　研究の背景と目的
　　第1節　本書の目的（新稿）
　　第2節　関東地方における旧石器時代研究の背景
　　　【1999「第Ⅰ部　列島各地域の研究成果と展望　関東地方」『石器文化研究』7】
　　第Ⅰ章　相模野台地の旧石器編年
　　第1節　相模野旧石器編年の前提
　　　【2003「相模野旧石器編年の前提」『考古論叢神奈河』11】
　　第2節　相模野台地における石器群の変遷
　　　【1988「相模野台地における石器群の変遷について―層位的出土例の検討による石器群の段階的把握―」『神奈川考古』24】
　　第3節　相模野旧石器編年の到達点
　　　【2001「相模野旧石器編年の到達点」『シンポジウム　相模野旧石器編年の到達点』】
　　第Ⅱ章　後期旧石器時代前半期の石器群
　　第1節　後期旧石器時代開始期の石器群の評価
　　　【2007「後期旧石器最初期の石器群の評価」『日本考古学協会第73回総会研究発表　テーマセッション：日本旧石器時代文化のはじまりと特質　発表要旨』の一部】
　　　【2006「旧石器時代の最古を考える―「X層」研究の意義―」『岩宿フォーラム2006／シンポジウム　岩宿時代はどこまで遡れるか―立川ローム層最下部の石器群―　予稿集』】
　　第2節　相模野台地におけるAT降灰以前の石器群
　　　【1991「AT降灰以前の石器文化　相模野台地の様相」『石器文化研究』3（麻生順司と共著）】
　　第Ⅲ章　AT降灰前後の石器群
　　第1節　最寒冷期の石器群の評価
　　　【1996「Ⅴ～Ⅳ下層段階の石器群の範囲―最終氷期寒冷期に適応した地域社会の成立―」『石器文化研究』5】
　　第2節　AT降灰の石器文化に与えた影響
　　　【1991「AT降灰の石器文化に与えた影響」『立正史学』69】

第Ⅳ章　後期旧石器時代後半期の石器群
第1節　砂川期・月見野期の位置づけと評価
　【2003「相模野台地におけるナイフ形石器文化終末期をめぐる学史的検討」『第9回　石器文化研究交流会発表要旨』】
　【2000「「砂川」の時間的枠組みと前後の変遷」『石器文化研究』9】
第2節　ナイフ形石器の終焉と尖頭器文化の成立
　【1989「ナイフ形石器文化の終焉と尖頭器文化の成立―相模野台地を中心として―」『旧石器考古学』38】
第3節　相模野台地台地における尖頭器石器群の変遷
　【1989「相模野台地における尖頭器の様相」『長野県考古学会誌』59・60】
第4節　細石刃石器群を中心とした石器群の変遷
　【1991「細石刃石器群を中心とした石器群の変遷に関する予察」『中ッ原第5遺跡B地点の研究』】
第5節　相模野台地における有舌尖頭器及び石鏃の出現
　【1996「かながわにおける有舌尖頭器及び石鏃の出現時期について」『かながわの縄文文化の起源を探る　記録集』】
第Ⅴ章　石器石材研究と行動領域
第1節　相模野台地における石材構成
　【1997「相模野台地の石器石材」『第5回岩宿フォーラム／シンポジウム予稿集　石器石材Ⅱ』】
第2節　相模野台地におけるAT降灰前後の石器石材
　【1998「相模野台地におけるAT降灰前後の石器石材について」『列島の考古学　渡辺誠先生還暦記念論集』】
第3節　伊豆柏峠黒曜石原産地遺跡の研究
　【2005「伊豆柏峠黒曜石原産地採集の石刃石核」『旧石器研究』1（関口昌和と共著）】
第4節　相模野台地における黒曜石の利用と変遷
　【2006「相模野台地における黒耀石利用の変遷」『黒耀石研究』4】
第5節　相模野台地における石器石材の変化と行動領域の位相
　【2002「相模野台地旧石器編年と寒冷期の適応過程」『科学』72-2】
終　章　結語（新稿）

　筆者は，小学生のころに自宅の建築中に縄文時代の土器や石器が出土したことから，考古学に興味をもち，中学生のころに読んだ相沢忠洋氏の『岩宿の発見』に感銘し，旧石器考古学を目指すことになった。高校入学前の春休みには野尻湖の湖底発掘に参加し，旧石器人とナウマン象とのかかわりへロマンをかきたてていた。

　1978年に立正大学文学部史学科に入学し，考古学を専攻し，旧石器時代遺跡の調査に参加する機会をえた。当時，神奈川県教育委員会で調査を実施していた，早川天神森遺跡や栗原中丸遺跡であった。そこで，相模野台地の旧石器研究を推進してきた鈴木次郎氏の下で調査に参加させていただき，関東ローム層の調査方法，研究視点を学ぶことができた。そして，卒業論文は相模野第Ⅲ期の石器群をテーマに取り組み，坂詰秀一先生から学史をしっかりと学ぶこと，資料を実見することが大切であるとの指導を受け論文執筆を行った。

卒論執筆に際しては，中村喜代重先生の下で大和市上草柳遺跡第Ⅱ地点の角錐状石器の実測作業を行い，その後，中村先生を団長とする海老名市柏ヶ谷長ヲサ遺跡の調査に参加することができた。柏ヶ谷長ヲサ遺跡では，B2層中から6枚もの文化層が層位的に検出され，いくつもの礫群と膨大な数の石器群の調査を堤隆氏ら多くの研究仲間と経験できたことは何ものにも代えがたい財産になった。

　卒業後に小田原市教育委員会に奉職した後も，樫田誠氏，堤隆氏らと大和市下鶴間長堀遺跡，深見諏訪山遺跡，月見野上野遺跡などの整理作業に参加し，報告書執筆の一部を担当した。また，1985年に石器文化研究会が発足し，その例会にほぼ毎月参加するようになり，白石浩之先生，安蒜政雄先生，鈴木次郎氏，織笠昭氏，織笠明子氏，佐藤宏之氏，砂田佳弘氏，麻生順司氏，西井幸雄氏ら多くの先生や先輩，須藤隆司氏，伊藤健氏ら多くの研究仲間との議論を通じ多くの刺激を受けた。

　こうした経験を踏まえ，相模野台地における石器群の編年研究を進め，1988年に『神奈川考古』24号に「相模野台地における石器群の変遷について―層位的出土例に基づく石器群の段階的把握―」を発表することができた。その後，いくつかのシンポジウムでナイフ形石器終末期や尖頭器石器群の変遷などのテーマで発表する機会に恵まれ，それぞれ論文としてまとめることができた。

　筆者の勤務先は小田原市教育委員会文化財保護課で，小田原城の発掘調査や史跡整備，埋蔵文化財の調整・調査・報告などに携わり，直接，旧石器時代の調査・報告にかかわる機会はほとんどなかった。就職して15年を過ぎたころ，考古資料による小田原の地域史の再構築を行いたいという気持ちが強くなっていった。そこで，2001年3月にシンポジウム「相模野旧石器編年の到達点」を開催し，これをまとめることにより筆者自身は旧石器時代研究から少し距離をおこうと考えるようになっていた。その矢先に，「前・中期旧石器捏造事件」が発覚したのである。2000年11月5日の捏造発覚を契機に，距離をおこうとした旧石器時代研究に再び取り組むこととなったのである。日本考古学協会の「前・中期旧石器問題調査研究特別委員会」のメンバーとして，高森遺跡，座散乱木遺跡における検証調査などに参加する機会があり，誰もが認める最古の旧石器はどのようなものか，後期旧石器時代開始期の石器群の研究が必要と考えた。そして，小菅将夫氏，仲田大人氏らと「X層研究会」を組織し，立川ローム層基底部出土の石器群の調査・研究を行った。また，同時期に明治大学学術フロンティアのメンバーに誘われ，その後は明治大学黒耀石研究センターの客員研究員として黒曜石の原産地の踏査や相模野台地の石材構成の研究にも取り組むようになった。この2000年代に行った二つのテーマは本書を構成する主要な研究テーマとなっている。

　2007年ごろ，これまでの研究を取りまとめた学位論文を執筆したいと考えるようになった。そのことを東京都立大学教授小野昭先生に相談したところ，学位論文のご指導を快く引き受けていただき，短期間に集中的に取り組むことができた。

あとがき

　学位論文は，2008年10月に提出し，小野昭先生に主査を山田昌久先生・鈴木毅先生に副査をお願いすることができ，2009年1月15日付けで学位授与となった。ご多忙の中，ご指導をいただいた先生方には，本書の刊行をご報告するとともに，深く感謝を申し上げたい。

　本書は，学位論文提出後に直ちに刊行に向けて，新泉社の竹内将彦氏に相談し，2010年には刊行する予定で原稿の入稿をした。しかし，その4月に筆者が文化財保護課から観光課へと異動となり，職場環境が大きく変わったことから，校正および原稿の修正作業が滞っていた。その間，小田原城天守閣の耐震改修・展示リニューアルなど小田原市職員としての業務に没頭してきた。そして，旧石器時代研究の機会は激減し，小田原城と小田原北条氏に関する研究や執筆が激増している状況が今も続いている。

　入稿後10年が過ぎようとしている2018年12月，盟友，堤隆氏から本書を刊行すべきとの強い後押しがあり，原稿の通読とともに貴重なアドバイスをもらった。また，小野昭先生には学位論文の提出から本書の刊行まで有形無形のご配慮とご心配をおかけした。この二人の存在がなければ，本書の刊行もなかったといえる。重ねての感謝を申し上げたい。

　学位論文の提出からおよそ10年の歳月が過ぎ，その間の研究動向を反映していない研究書の刊行はいかがなものかという想いもあるが，直ちに大幅な改定ができる状況にもなく，一方で，発表当初のオリジナルな論旨の尊重したうえでの学位論文刊行の責務もあり，本書として刊行することにした。お許し願いたい。

　振り返ると立正大学入学後，小田原市教育委員会に勤務しながら相模野台地の旧石器時代研究を行うことができたのは，上記でお名前を挙げさせていただいた諸先生・研究者のほか，小田原市の文化財の同僚をはじめ全国の研究者仲間など実に多くの方々にご指導やご協力をいただいたおかげである。逐一お名前を記すことはできないが，深い感謝の意を表します。

2019年4月8日　　諏訪間　順

著者紹介

諏訪間 順（すわま・じゅん）

1960年1月，神奈川県に生まれる
1982年3月，立正大学文学部史学科考古学専攻課程卒業
1982年より小田原市教育委員会文化財保護課に勤務
現在，小田原市経済部副部長・小田原城天守閣館長
専門は，旧石器考古学，城郭考古学
2008年，第17回岩宿文化賞受賞
2009年，東京都立大学にて博士（史学）取得
日本旧石器学会副会長，石器文化研究会代表世話人，明治大学黒耀石研究センター研究員，日本城郭協会学術委員会委員，鶴見大学非常勤講師

主な著作

「相模野台地における石器群の変遷について ―層位的出土例の検討による石器群の段階的把握―」『神奈川考古』24　神奈川考古同人会　1988年
「相模野旧石器編年の到達点」『シンポジウム　相模野旧石器編年の到達点』神奈川県考古学会　2001年
「相模野台地旧石器編年と寒冷期の適応過程」『科学』72-2　岩波書店　2002年
「相模野台地における黒耀石利用の変遷」『黒耀石研究』4号　明治大学黒耀石研究センター　2006年
「旧石器時代の最古を考える―「X層」研究の意義―」『岩宿フォーラム2006／シンポジウム　岩宿時代はどこまで遡れるか―立川ローム層最下部の石器群―　予稿集』岩宿博物館・岩宿フォーラム実行委員会　2006年

口絵「立川ローム層の土層断面」写真提供

愛鷹山麓（土手上遺跡）：沼津市教育委員会
相模野台地（栗原中丸遺跡）：神奈川県教育委員会
武蔵野台地（武蔵国分寺関連遺跡）：府中市郷土の森博物館

相模野台地の旧石器考古学

2019年5月17日　第1版第1刷発行

著　者＝諏訪間 順

発行者＝株式会社　新　泉　社
東京都文京区本郷 2-5-12
TEL 03(3815)1662／FAX 03(3815)1422
印刷・製本／太平印刷社

ISBN978-4-7877-1915-7　C1021